高等教育工程管理专业“十三五”规划教材

工程项目管理理论

侯学良　侯意如　编著

科学出版社
北京

内 容 简 介

本书以中国项目管理知识体系为基础，以工程项目为论述主题，结合工程项目的特点，分别从工程项目管理概论、工程项目范围管理、组织管理、计划管理、质量管理、进度管理、费用管理、安全管理、风险管理、资源管理、信息管理、招投标管理、合同管理和综合管理十四个方面，对其所包含的专业知识进行详细的介绍。通过本书所述知识的系统性学习，读者可以全面了解和掌握工程项目管理专业的基础知识。

本书所述内容主要以工程项目管理理论为主，基于工程项目管理理论的普适性和实用性，既可作为高等院校工程管理专业中工程项目管理课程的专业教材，亦可选取部分内容作为高职高专和成人教育工程管理专业的教材，还可作为政府工程建设主管部门、工程建设单位、工程科研院所等单位工程项目管理者和决策者的培训教材，也是考取工程管理专业硕博研究生的主要参阅书目。

图书在版编目（CIP）数据

工程项目管理理论 / 侯学良，侯意如编著. —北京：科学出版社，2017.6
高等教育工程管理专业“十三五”规划教材
ISBN 978-7-03-053191-9

Ⅰ. ①工… Ⅱ. ①侯… ②侯… Ⅲ. ①工程项目管理–高等学校–教材 Ⅳ. ①F284

中国版本图书馆 CIP 数据核字（2017）第 125733 号

责任编辑：方小丽 / 责任校对：李 影
责任印制：张 伟 / 封面设计：蓝正设计

科学出版社 出版
北京东黄城根北街 16 号
邮政编码：100717
http://www.sciencep.com

北京市密东印刷有限公司 印刷

科学出版社发行 各地新华书店经销

*

2017 年 6 月第 一 版 开本：787×1092 1/16
2017 年 6 月第一次印刷 印张：20 1/4
字数：480 000

定价：45.00 元

（如有印装质量问题，我社负责调换）

序

在高等教育的人才培养体系中，对不同专业、不同层次的人才培养提出了不同的培养目标和教学要求，这就需要在各类不同层次人才的培养中施以不同的教学方式和教学内容。特别是在同一学科、同一专业的人才教育与培养中，由于在专业知识的学习上需要从初级到高级、从理论到实践、从认识到升华、从感悟到创新的渐进性累积过程，就更需要通过科学的教育方式和适宜的教学材料给予学生更好的教育与引导，而该套丛书正是将这一思想转化为现实的最新教学科研成果。

该套丛书是为高等院校培养工程管理专业的本科生、硕士生和博士生而编写的工程项目管理专业系列教材。该套丛书共分三册，第一册为《工程项目管理理论》，主要供本科生使用；第二册为《工程项目管理理论与应用》，主要供硕士生使用；第三册为《工程项目管理理论与创新》，主要供博士生和博士后参阅。

该系列教材以我国项目管理知识体系为框架，以工程项目管理为主题，以作者多年的教学和科研成果为基础，以大量的工程实际项目为案例，对工程项目管理知识进行了系统、全面、深入的科学阐述。与其他同类书籍相比，该系列教材具有三大显著特点：一是具有系统性，是我国工程项目管理领域第一套本硕博工程项目管理专业课程的成套系列书籍；二是具有层次性，是为我国培养工程管理专业本硕博不同层次人才而编写的同一学科不同层级的专业书籍；三是具有科学性，所述内容不仅全面系统、逻辑清晰，而且深入浅出、推陈出新，在保留工程项目管理核心知识和经典理论的基础上，融入了现代工程项目管理的新思想、新观点、新理念、新技术和新方法，为该专业学生系统学习专业基础理论知识、了解理论应用的主要法则、掌握科学研究的基本思路、感悟科学研究的哲理之道，以及实现多学科知识的综合集成与创新提供了一套全新的专业书籍。因此，该系列教材的出版不仅是管理科学与工程教育领域的一项新成果，而且是工程项目管理科研领域的一项新成就，具有很高的理论价值和实用价值。

在该系列教材中，管理与创新为主旨内容，也是当今工程项目管理领域的时代主题。特别是在当前经济环境下，为激发我国经济发展潜力、增强我国经济发展动力、提升我国经济发展实力，如何在管理中促改革、在改革中求发展、在发展中寻创新、在创新中出效益已成为当今时代的主旋律和社会的最强音。而要达到这一目的、实现这一目标，不仅需要管理创新、制度创新和科技创新，更需要思想创新和知识创新。因此，在科技和教育这一前沿领域，如何教育和引导学生不断学习并汲取新的知识、形成新的思想、提出新的观念、取得新的进步，并在进步中提升、在提升中创新，破除阻碍创新的禁锢，越过约束创新的藩篱，就成为当今人才培养中需要高度重视且必须解决的一项重要问题。而该系列教材正是在此方面进行的新探索、开展的新尝试、开辟的新路径。因此，在高等教育和人才培养方面，该系列教材的出版将具有非常重要的指导意义和引领价值。

鉴于该系列教材所述内容在工程项目管理方面所具有的前沿性、创新性和引导性以及在工程实践中所具有的实效性，值作者结笔之际，有感于作者编辑此书历时三年之久的辛勤耕耘和为我国高层次人才培养所做的重要贡献，特此作序，同甘协励。相信该套丛书的出版必将为我国工程项目管理人才的培养和工程项目管理水平的提高发挥积极有益的促进作用。

牛东晓：长江学者特聘教授、新世纪百千万人才工程国家级人选、国务院政府特殊津贴获得者、中国科学技术协会决策咨询专家、国家自然科学基金评议专家。华北电力大学教授，博士生导师。

前　　言

专业人才的培养是一个从初级到高级、从基础到专业、从理论到实践的渐进过程，在这个过程中，不同专业、不同层次的学生所需学习、了解和掌握的专业知识各有不同。面对不同专业、不同层次的学生，如何通过相应的教育引导和相关的课程教材，使之了解和掌握相应的专业知识并拥有相应的专业技能，是高等教育和人才培养中需要认真思考并解决的一个重要问题。特别是对于同一专业不同层次的人才培养，如何使之完成从理论学习到实践应用、从实践应用再到知识创新的转化，并同时具备各层次人才所应具有的专业学识和专业技能则是当今专业人才教育和培养中最为关切、也最需解决的主要问题之一。而本套教材正是针对这一问题，以工程项目管理这一最具普适性、广泛性和代表性的专业为例，为满足高等院校本硕博同一专业不同层次的人才教育和培养而编写的一套专业系列教材。

为了便于高等院校教师对工程管理这一专业的本硕博学生进行不同的教育与培养，同时也为了便于该专业不同层次的学生能够系统逻辑条理地学习和掌握不同层次的专业知识，本套教材在编写中以工程项目管理为主题，以我国项目管理知识体系为框架，以作者多年的研究成果为基础，以大量的工程实践成果为案例，对工程项目管理专业知识进行了系统全面的阐述。本套教材共分三册，第一册以工程项目管理理论为核心，对工程项目所包含的各个管理对象及其基本概念、基本原理、性质特点、技术机理、使用方法等内容进行了详细的介绍；第二册以工程项目管理理论应用为主题，在工程项目管理理论论述的基础上，结合工程实际案例，就如何应用工程项目管理理论来解决工程实际问题进行了系统的阐述；第三册以工程项目管理理论创新为中心，分别以如何在科研中获得思想创新、模式创新、技术创新、方法创新、机制创新为研究范例，就其创新背景、创新构思、创新过程和创新启发进行了详细的解析。本书为第一册。这三个分册所阐述的内容相互衔接、逐层递进，理论部分是应用部分的基础，应用部分是理论部分的深化，创新部分是理论和应用部分的升华。虽然各册各有侧重，但不论是本科生，还是硕博研究生，都可分开阅读，也可完整阅读。特别是全部阅读完该套书籍后，无论在知识的深度上还是广度上，读者都将会对工程项目管理从理论到实践所涉及的相关知识有一个更新的认识、更深的感悟与更高的提升。

在编写过程中，作者参阅和借鉴了国内外较多的相关文献，这些资料与文献对确保丛书所述知识的科学性、系统性、完整性和正确性发挥了非常重要的作用。丛书中所涉及的创新成果与实际案例已先后得到了工程实践的多次验证，取得了良好效果，并获得了多项省部级科学技术进步奖。同时，丛书中所涉及的各个创新主题，还先后得到了国家自然科学基金项目、国家社会科学基金项目、国家教育部新世纪优秀人才项目、北京市自然科学基金项目及中央高校科研基金等项目的大力资助。更重要的是，鉴于丛书编写的意义和价值，在丛书的编写过程中，还得到了华北电力大学工程管理专业在校本硕博学生的大力支持，尤其是本研究团队的谢智慧、王毅、侯植元、唐辉等优秀硕博研究生，他们以极高的热情参与了本丛书的编写，并从学生如何更好地了解和掌握这一专业知识的角度以及他们学习的体会和切身的感受为本丛书提出了许多宝贵的建议。同时，在本丛书的写作过程中，我国著名项目管理专家、长江学者特聘教授、新世纪百千万人才工程国家级人选、国务院政府特殊津贴获得者牛东晓博士生导师也给予了极大的关怀，并在百忙之中为本丛书作序。在本丛书出版之际，华北电力大学教务处处长柳长安博导专门以华北电力大学教育教学与改革的高度，给予了专项支持；科学出版社的编辑同志也给予了极大的支持和帮助，使本丛书得以顺利出版。在此，对他们一并致以崇高的敬意和诚挚的感谢。

目前，在我国七百余所工科院校中，工程管理专业已成为一门普遍开设的专业，工程项目管理这一课程也成为该专业的必修课程。同时，再加上工程项目管理这一知识的普适性，其在工程项目的建设中已被广泛使用并成为工程项目管理必不可少的重要工具。可以确信，工程项目管理这一专业知识必将有更光明的前程、更美好的前景及更大的发展空间。因此，在出版之际，作者衷心期望丛书的出版不仅能为我国工程管理专业教育的发展和高层次人才的培养产生积极的促进作用，带来有益的学术影响，也期望为从事工程项目管理研究的有关科技人员、从事工程项目管理的政府主管部门人员及企事业单位的工程项目管理人员在解决工程实际问题方面带来有益的指导和启发。同时，鉴于作者有限的学识和研究水平，书中可能存在若干不足之处，为此，欢迎读者交流指正，为促进我国工程管理教育事业的发展和工程项目管理水平的提高而共同努力。

作　者

2017 年 1 月

目　　录

第1章

工程项目管理概论

在当今社会的各个领域里，工程项目管理作为一种科学的管理方法已被广泛应用，但究其具体和准确的定义，可谓仁者见仁，智者见智，有关工程项目管理的书籍对其解释也不尽相同，可以说，至今仍缺乏一个清晰、具体、准确的定义。同时，随着社会的不断发展和科学技术的不断进步，工程项目管理的应用范围也在不断扩大，这不仅丰富了工程项目管理的内涵，而且极大地扩展了其外延。因此，在工程项目管理的学习中，全面、系统、深入地了解和掌握工程项目管理的内涵与外延就具有十分重要的意义。

1.1 工程项目管理的基本概念

1.1.1 工程的概念

“工程”是一个极具普适性的常规用词，不仅可以用在土木工程、道桥工程、航天工程、能源工程、电力工程、水利工程、农业工程、环境工程等专业技术领域，而且可以用于人口普查工程、爱心捐助工程、西部计划工程、全民健身工程、“菜篮子”工程、精神文明建设等人文社科领域。正因如此，工程的内涵和外延都具有了一定的深度与广度。

从本意上来讲，依据《汉字流源》可知，“工”有人员、事业、行为、数量、技术、技巧、修养等多种含义。当泛指人员时，主要是指工人、职工、劳工等劳动者；泛指事业时，主要是指制造生产资料和生活资料的工业行业；泛指行为时，主要是指从事体力或脑力劳动工作；泛指数量时，主要是指工尺、工作量等；泛指技术或技巧时，主要是指劳动者所具有的能力；泛指修养时，主要是指劳动者在某一方面的特长，如工书善画、工艺水平等。但从工程项目管理的专业角度来看，“工”更多地是指工程中的建造技术和施工工艺。

同样，对于“程”字来讲，依据《汉字流源》可知，“程”字除可用于姓氏之外，还有规矩、时段、度量、步骤等含义。当指规矩时，主要是指组织规程或办事条例，是对人的行为约束，如规程、章程等；当指时段时，主要是指工作的过程、历程、进展或进程；当指度量时，主要是指工作实施的效果或某一事物所处的层次、水平与程度，或是表示一段距离的路程；当指步骤时，主要是指工作实施的流程、程序或次序。

在英文中，工程是用 engineering 一词表述的，其含义是“Engineering is the work involved in designing and constructing engines and machinery or structures such as roads and bridges，is also the subject studied by people who want to do this work”。

由此可知，工程一词有广义和狭义之分。就广义而言，工程可被定义为人类为达到某种目的，在一段时间内开展活动的过程；就狭义而言，工程可被定义为应用相关学科知识、经验和技术，通过人类有组织活动，将某一设想转化为具有预期使用价值的产品的过程。在这一过程中，工程具有如下几项职能。

（1）研究：应用科学知识和实践经验，探求管理对象的未知。

（2）设计：为达到某一目的，选择不同的方法、材料并确定符合要求的规定，构建出系统完整的设想或蓝图。

（3）施工：在考虑各种因素的情况下，利用多种知识和资源，按照预定的计划和方案，组织人员实施的过程。

（4）开发：把研究成果转化为具有实用价值产品或工具的过程。

（5）管理：应用科学知识和实践经验，对过程实施监管和控制的过程。

因此，在现代社会中，综合工程更多的应用场合及其主要作用，很多词典将工程定义为：可使自然界的物质和能源通过各种结构、机器、产品和行为，为人类的发展和需求而服务的系统过程。当从知识与学科的角度来认知时，工程则被定义为将自然科学的理论应用到具体生产中形成的学科总称，如系统工程、遗传工程、生物工程、海洋工程、化学工程、自控工程等学科。

1.1.2 项目的概念

“项目”一词的应用也十分广泛，在不同的语言和环境里，它具有不同的含义。例如，《辞海》里，项目是指在特定目标下的一组任务或活动。在《现代汉语词典》里，项目是指事先划分的类别。在《新华字典》里，项目是指一件事情或一项任务。在《现代汉语解析》里，项目泛指一些有计划的工程或工作。在英语里，项目用 project 一词来表述，其含义是“A project is a finite endeavor （having specific start and completion dates） undertaken to create a unique product or service which brings about beneficial change or added value”。

此外，一些专业学术组织鉴于项目在其工作环境中所担负的作用，还赋予了它特殊的、与其他领域和专业不同的含义，具体如下。

（1）ISO 10006 定义项目为：具有独特的过程，有开始和结束日期，由一系列相互协调和受控的活动组成，过程的实施是为了达到规定的目标，包括满足时间、费用、资源、质量等约束条件。

（2）世界银行将其定义为同一性质的投资，或同一部门内一系列有关的投资。

（3）美国项目管理协会（Project Management Institute，PMI）将项目定义为一个有开始和结束时间的任务，它需要使用一种或多种资源，具有许多为完成该任务所必需的互相联系和互相依赖的活动。

（4）现代管理学认为，项目是在一定时间内，为了达到特定的目标而调集到一起的资源组合，是为了取得特定的成果而开展的一系列活动。

由此可以看出，项目这个词的内涵是非常丰富的。从《汉字流源》究其本意来看，“项”字除可表示脖子和用做姓氏之外，还有表示数量的含义，如几项、款项等。“目”字则具有较多的含义，可表示眼睛的目光，也可表示为首的头目，还可表示想要达到的目标或目的，以及表示主要含义和纲领的题目、汇集标题的目录。但从工程项目管理的角度来看，项目的内涵更倾向于项数和目标、目的的含义。同时，从上述若干学术组织对项目的定义可以明显地看出，尽管不同行业对项目的解释有所差异，但都含有以下共性。

（1）项目具有一定的目标，是在一定条件下组织实施的。没有明确的目标，项目就失去了工作和努力的方向。从广义上讲，项目目标可以是产品，也可以是服务。

（2）项目的实施需要组织有关人员来完成，组织规模的大小和组织方式需要根据项目的类别和规模来确定。

（3）项目的实施是在若干约束条件下进行的，如项目必须在规定的时间、范围和环境内完成任务，且完成的任务必须达到预先的规定和预期的目标。

（4）项目的实施需要使用一定的资源，如人力、信息、方法、设备设施、水电能源等，因此，在某种意义上讲，项目是资源的组合体。

由此可知，项目含有目标、组织、条件、资源四个基本要素，它是一个为了实现目标的系统过程。因此，项目就是在一定的条件下利用有限资源达到预定目标的有组织活动。

1.1.3　管理的概念

与“工程”和“项目”两词相比，“管理”这个词的使用频率更高，也更为广泛，甚至可以说是无时不用、无处不用。但也正是因为这个词所具有的广义性、普适性和广泛性，对之进行全面、准确的解释反而更为困难。对此，《辞海》对“管理”的解释是：为了实现某一目标或达到某一目的所进行的有意识、有组织的活动。《汉语词典》的解释是：管理是人类组织社会活动一个最基本的手段。《现代汉语词典》对“管理”的解释有三个方面：一是指使某项工作顺利进行，如财务管理；二是指照管并约束人或动物的行为；三是指保管和料理某些物质，如图书管理。在英语里，管理一词用 management 来表述，其含义是“Management is an action of managing something or running a business”。

同样，从《汉字流源》中观其本意，管理有两层含义：一是管；二是理。管是照看、负责、约束的意思；理是道理、原理、规律、条款、规则的意思。由此可知，将管理二字组合在一起便意味着按照计划、规定对某一对象进行指挥、监督和控制的行为。同时，从语法角度来看，管理既可以是名词，也可以是动词。当这个词用于阐述一种概念时，它就是名词，如管理学、项目管理、管理部门、管理者、管理意识、管理理论、管理技术、管理能力等。当用于表述一种行为时，它是一个动词，如管理现场、管理安全、管理学生、管理设备、管理生产等。由此可知，管理最本质的含义就是引导人们按照相关的制度和约定从事某一任务或工作的行为活动。

一般来讲，从管理的行为过程来看，任何一种管理活动都必须含有管理主体和管理客体，并在明确管理目的、管理目标、管理计划、管理方法和所需资源条件的基础上，构成管理体系。管理主体在一定的环境条件下，利用所拥有的资源，通过组织、指挥、协调、控制等手段，达到管理的目的，实现管理的目标。因此，管理就是管理主体应用其所拥有的资源，通过组织、指挥、协调、监管、控制等手段，使管理客体达到既定目标的行为过程。

1.1.4 工程项目

通过对工程与项目的论述可知，工程是为达到某一目的或实现某一目标，应用相关知识、经验和技术，通过有组织的活动来获取有价值成果的过程；项目是在一定的条件下利用有限资源达到预定目标的有组织活动的过程。由此可以看出，工程和项目都是在目标的引领下，通过一定的方法达到预期目的的活动过程，二者的含义和基本要素基本相同。正因如此，时常出现用工程指代项目或用项目指代工程的语言表达，特别是在同行的专业交谈中，一般也不会给相关者带来概念上的误解。

事实上，二者相比，项目比工程的外延更大，应用范围也更广，小至个人的打算，大到国家的发展，都可以用项目一词来适当表述。而当实施的工作更具有复杂性、重要性、技术性、系统性、逻辑性和严谨性时，常用工程来表述，如三峡工程、探月工程、南水北调工程、奥运工程等。因此，当把工程和项目一起使用时，工程项目所涉及的对象就比一般项目更具有复杂性、技术性和系统性。

此外，若从工程建设的角度来看，在工程实施前一般都要按照工程建设程序开展前期可行性研究，并且工程是否实施还需经过有关部门的审批。一旦被批准，工程就被立项，列于有关部门的项目计划之内，此时，被批准的工程就常称为工程项目。因此，工程和项目是有一定区别的。

就工程项目而言，依照建设性质，可分为新建工程项目、扩建工程项目、改建工程项目、迁建工程项目、大中修工程项目等；按照建设规模、建设工期、建设投资等因素，可分为大型、中型和小型工程项目；按用途划分，又可分为工业工程项目、民用工程项目、市政工程项目、国防工程项目等。但不论哪种工程项目，一般都具有如下几个特点。

（1）具有特定的实体形态，并且这一实体形态具有一定的功能、作用或使用价值。

（2）工程项目内含多个子项工程，各子项工程间具有一定的系统性、程序性和逻辑性，要经过由抽象到具体、由计划到实施、由投入到产出的过程，最终价值将在使用中得以体现。

（3）工程项目具有显著的一次性、实施的渐进性、过程的逻辑性、资源的有限性、目标的一致性和系统的完整性等特性，因此，对工程项目的管理要求会更为严格。

（4）一般情况下，工程项目的实施是在一定条件下进行的，如不具备一定的条件，则可能无法实施。同时，工程项目在实施过程中有许多不确定因素的限制和约束，并可能受到不可预见因素的随机性影响。

为了避免读者过于宽泛的思想而误解本书所述内容，在此特别指出，本书后续所指的工程项目仅指人们平常所理解的实体工程建设项目，即为完成依法立项而涉及的新建、改建、扩建、迁建等各类实体工程项目（如工业工程、民用工程、公共建筑、基础设施、交通工程、电力工程、道桥工程及其他实体工程等），而不包含无形的虚体类工程项目和从事理论研究的科研类项目。

1.1.5　工程项目管理

工程项目管理是一个常用词，即使对不从事工程建设的人员来讲，也不会觉得十分的陌生，这主要是因为工程项目管理的普适性和人们对事物理解的习惯性思维都不会对之产生明显的认知偏差。人们对工程项目管理最基本的直观认知就是对工程项目进行管理，在头脑中的认知就是在给定的时间、费用等条件下，尽快完成工程项目的建设任务。但随着工程项目的逐步实施，人们对工程项目管理的认识也逐步加深，深刻认识到对工程项目的管理不仅需要平时常用的计划管理、进度管理、质量管理、费用管理、合同管理等管理手段与措施，而且需要体会到风险辨识、环境保护、冲突协调、资源优化、信息处理、状态诊断、集成整合等方面在工程项目管理中的重要性。

更有意义的是，随着社会的不断发展和科学技术的飞速进步，工程项目管理已被注入新的思想，其内涵被深化，理念被扩充。现代工程项目管理不仅包含了传统意义上的工程项目管理，而且更加注重人的因素，在考虑多方的利益并充满共赢思想的同时，要求在工程项目管理中不断优化资源配置、快速反馈信息、科学做出决策，使工程项目的运行始终处于最佳实施状态，获得最佳建设效果，并谋求项目高、快、好、省（即效益高、速度快、质量好、资源省）的有机统一。由此可知，工程项目管理的内涵与外延已得到了很大程度的充实与完善，它不仅是一种科学的管理技术与手段，而且已成为一门专业学科的代名词。在这一学科中，它以工程项目管理对象为研究主体，基于工程实践，运用多种科学理论和实践经验，全面、系统地研究和探索工程项目建设中所遇到的各种理论问题和现实问题，为实现对工程项目的有效管理和控制而提出更科学、更实用、更有效的科学新思想、新概念、新理论、新技术和新方法。因此，工程项目管理就是为实现工程项目的预期目标，以工程项目整体为对象，应用系统、综合、科学的管理技术与方法，按照一定的科学步骤和规律，对工程项目进行全面管理和控制的活动过程。

同时，鉴于工程项目管理技术的科学性、实用性和普适性，工程项目管理不仅普遍应用于建筑、电力、桥梁、水利、化工、能源、建材、冶金、采矿等工程建设领域，而且已扩展到了科技开发、科学考察、知识教育、人口管理、图书文献、社会活动、经济贸易等其他领域。因此，对工程项目管理的理解和认识也不能仅仅局限在传统工程建设项目的认知和范畴之内，而是应该在了解和掌握工程项目管理本质内涵的基础上，学习和运用工程项目管理的专业知识与技能。但从培养专业技术人员的角度讲，本书后续的工程项目管理知识更有意于倾向以土木工程、电力工程等硬技术为专业背景的读者，避免读者由于过于宽泛的思想而误解本书所述内容。为此，在此予以特别提示。建议其他非工程背景的读者应在了解和掌握本书所述知识基本原理的基础上，结合自己所管理的对象加以灵活的应用。

1.2 工程项目的基本建设程序

按照国家的工程建设法规可知，工程建设程序是指工程建设项目从其构思和设想开始，经过必要的调研、可行性分析、初步设计和多方比较与决策，提出工程项目建议并得到上级主管部门批准后，组织项目参与各方来完成工程建设内容、实现工程项目建设目标的过程。对此，我国政府主管部门在完成大量工程实践的基础上，总结了新中国成立以来工程建设中的经验和教训，逐步提出了符合中国国情的工程项目建设程序。从工程实践结果来看，尽管不同的工程建设项目在其性质、规模、承包方式、管理模式等方面具有一定的差异，但工程建设的基本程序通常都含有工程项目的项目策划、建设准备、项目实施和验收使用四个主要方面。

1.2.1 项目策划

项目策划是指工程建设方或业主构想通过工程项目的建设来促进企业技术进步、实现企业发展战略目标的行为过程。这个过程会因工程项目的复杂程度与建设规模的不同而有差异，一般是从工程项目的构思开始到工程批准并正式立项发文为止。在此期间，主要开展的工作有项目可研、申报审批和项目核准。其建设程序如下。

（1）确定工程建设目标。为了促进企业的发展，企业法人结合企业的发展战略以及当前乃至今后一段时间欲解决的主要问题，提出通过拟建工程所要达到的主要目标和拟解决的主要问题。这一工作主要是企业的自身工作，企业具有完全的主动权。但常常出于多种因素的考虑，分析和决策过程反而相对较长。

（2）构建工程建设框架。企业在明确工程建设目标之后，需要开展市场调研，了解与拟建工程紧密相关的各种情况。在此基础上，进一步明确工程的结构组成、建设规模及投资数额，并对拟建工程预期目标所涉及的各个指标做出初步的描述和设定，同时对拟建工程的可行性进行初步评估，构建出初步的建设框架与虚拟计划。

（3）策划工程建设方案。在明确工程建设内涵的基础上，根据工程建设目标，策划和编制工程的总体实施方案，如工程总体功能定位、工程主要建设指标、工程总体建设框架、工程总体规划布局、工程建设的阶段划分、工程融资方案、工程设计方式、工程建设模式、后期运营模式及相应的组织策略等。

（4）编写工程项目建议书。在构建起工程建设的初步框架之后，需要对工程建设的可行性与必要性进行论证，并编写出工程项目建议书。工程项目建议书是对工程总体目标、目前状况、相关问题、环境条件、项目定义和总体方案的进一步说明与细化，也是工程项目开展可行性研究的前提基础和必要条件，它可为后续开展拟建工程的可行性研究、工程设计和计划编制提供指导。

（5）报审工程项目建议书。编写完工程项目建议书后，企业须将建议书提交到工程建设主管部门进行意向审批。工程建设主管部门将在综合考虑当地经济发展状况和国家相关发展政策的前提下，给出相应的指导性意见。

（6）开展工程项目可行性研究。企业的项目建议书得到工程建设主管部门的批准后，需要组织开展更为详细的项目论证，并编写拟建工程的可行性研究报告。在开展可行性研究前，需要对市场需求现状和与拟建工程紧密相关的政策法律制度等情况进行广泛的调查与深入的研究。特别是对于大型、特大型建设工程项目来讲，为了慎重起见，有些可行性研究工作需要花费几年甚至十几年的时间进行调研工作，对拟建工程进行财务评价、国民经济评价和环境影响评价，以便对实施方案进行全面系统的技术经济论证与评估，确保工程建设的必要性与价值性。

（7）项目报审和计划下达。在完成工程项目可行性研究的基础上，企业需将拟建工程的可行性研究报告提交到工程建设主管部门进行审批。工程建设主管部门将根据可行性研究结果，在综合考虑各种因素的前提下，就是否立项做出最后决策。项目一旦得到批准，即可下达立项文件。项目立项文件和经批准的可行性研究报告将作为工程项目的任务书，并同时作为下一步开展工程项目初步设计的依据。

1.2.2　建设准备

在拟建工程得到批准并获得立项文件后，申请工程项目建设的单位也就随即成为工程建设主管单位。为实现工程项目的建设目标，工程建设主管单位需要就如何开展工程设计、选择施工队伍、采购工程建设材料与设备、对工程项目进行管理、使项目进行开工建设等内容组织有关人员开展工作。其中，最为主要的工作有工程设计委托、工程招投标和工程建设相关手续的办理。

（1）工程设计委托。工程设计是对工程建设所需系统技术的定义和说明，主要通过设计文件，如图纸、大样或模型，对拟建工程的系统技术进行详细的描述。按照工程规模和复杂程度的不同，工程项目设计工作的复杂程度也有较大差异。对于一般工程项目而言，工程设计分为初步设计和施工图设计；对于技术相对比较复杂的建设项目而言，工程设计分为初步设计、技术设计和施工图设计。这些工作可由一家设计单位来完成，也可由多家设计单位来完成。设计单位一般是通过招标方式来选取和确定，其负责组织和实施项目中的各个专业分工与配合，并负责工程建设过程中的技术指导。

（2）工程招投标。建设项目是一项系统复杂的工程，它的完成不仅需要建设单位的科学组织与管理，更需要设计单位、施工单位、监理单位、供货等多家单位的参与和努力。但在确定由哪些设计单位、施工单位、监理单位和供货单位来参与并完成这些工作时，目前采用的主要方式是工程项目的招投标。因此，工程招投标就成为工程项目建设前期准备工作的一项重要内容。工程招标一般首先选定的是设计单位，在设计单位完成设计任务后，依据设计文件，再选择工程施工单位、监理单位、供货单位及参与项目建设的其他单位。

（3）工程建设相关手续的办理。在工程项目开工建设之前，建设单位需要根据工程项目批文到政府规划管理部门办理建设工程规划许可证，并根据规划部门提供的规划设计条件和地形电子文件，委托有资质的工程设计单位进行总平面布置和工程设计，确定水电通信等使用计划。建设单位需要到政府土地管理部门办理国有土地使用证和有关批准文件，到政府规划部门认定的施工图审查机构审查设计完成的图纸文件，到政府招投标管理部门依法开展工程招投标工作。同时，落实项目建设资金，通过政府建设主管部门下达的工程年度投资计划和建设文件，到公安消防、人防、能源、市政、环保、质量监督等部门办理建设工程消防、人防、水电接入、道路使用、环评、质量监督等手续。在此基础上，根据立项批文、土地使用通知书或土地使用证、地质勘察成果报告和施工图设计审查意见书、审查报告、施工图审查合格书、建设工程规划许可证、总平面规划图、拆迁许可证或施工现场具备施工条件情况表、中标通知书或直接发包通知单、施工合同、建设单位工程技术人员花名册、监理合同、建设工程质量监督书、建设工程建设资金表、人防批准文件、消防审核意见书、环保审核意见书、防雷设施施工图审查意见书（原件）、外来施工队伍工程备案登记表、施工组织设计、定额测定费缴费凭证、建筑工程团体意外伤害保险费缴费凭证等文件和资料，依照政府主管部门规定的程序，办理工程建设许可证，为工程开工建设提供条件。

1.2.3 项目实施

在办完所有的工程建设手续后，工程项目开工前还需完成施工场地的平整、水电气的接通、道路的铺设、临时设施的搭建等工作。对于较为复杂的施工现场，可能还涉及其他更多的现场准备工作，如住户拆迁、农作物的赔偿、大面积的树木砍伐、坟墓的迁移、地下管道的改线等。这些工程完成后，建设单位即可组织施工单位、监理单位、材料供货等单位按照工程设计文件和已签订的合同开展相应的工作。

在施工过程中，根据施工情况，建设单位可能还需办理噪声控制、污水排放、临时占道等手续；在完成工程现场放线定位后，还需请建设规划主管部门进行规划验线；在完成工程重大主体结构后，还需请工程质量主管部门进行工程质量的中间验收等工作，直至工程项目全部完工。

1.2.4 验收使用

在工程完工后，需要开展的工作主要有工程验收、试运行和工程移交等内容。在工程验收中，不仅含有以工程建设单位为主的工程整体验收，而且还含有政府主管部门组织的质检综合评定、消防验收、环保验收、人防验收、建筑规划等验收。特别是由政府主管部门组织的工程竣工验收，需要工程建设和施工等单位将工程竣工图纸、工程施工许可证、工程质量监督报告、工程勘察成果及施工图设计文件的审查批准书、工程使用功能试验资料、结构工程验收记录及检测报告、规划部门出具的认可文件或准许使用文件、消防部门出具的认可文件或准许使用文件、环保部门出具的认可文件或准许使用文件、人防部门出具的认可文件或准许使用文件、防雷设施验收报告、工程款支付情况表、设计变更通知书、施工重大质量事故处理记录、砼和砂浆抗压强度报告、原材料合格证及检验报告、隐蔽工程验收记录、沉降观测记录、勘察设计单位工程竣工质量检查报告、监理单位质量评估报告、施工单位工程竣工验收报告等资料准备齐全后，方可申报工程验收。

对于工程竣工后的消防验收、环境保护验收、工程规划等验收，可依据公安消防部门、环保主管部门、工程规划主管部门的规定流程和要求，准备好相关工程建设文件和资料后提交验收申请。

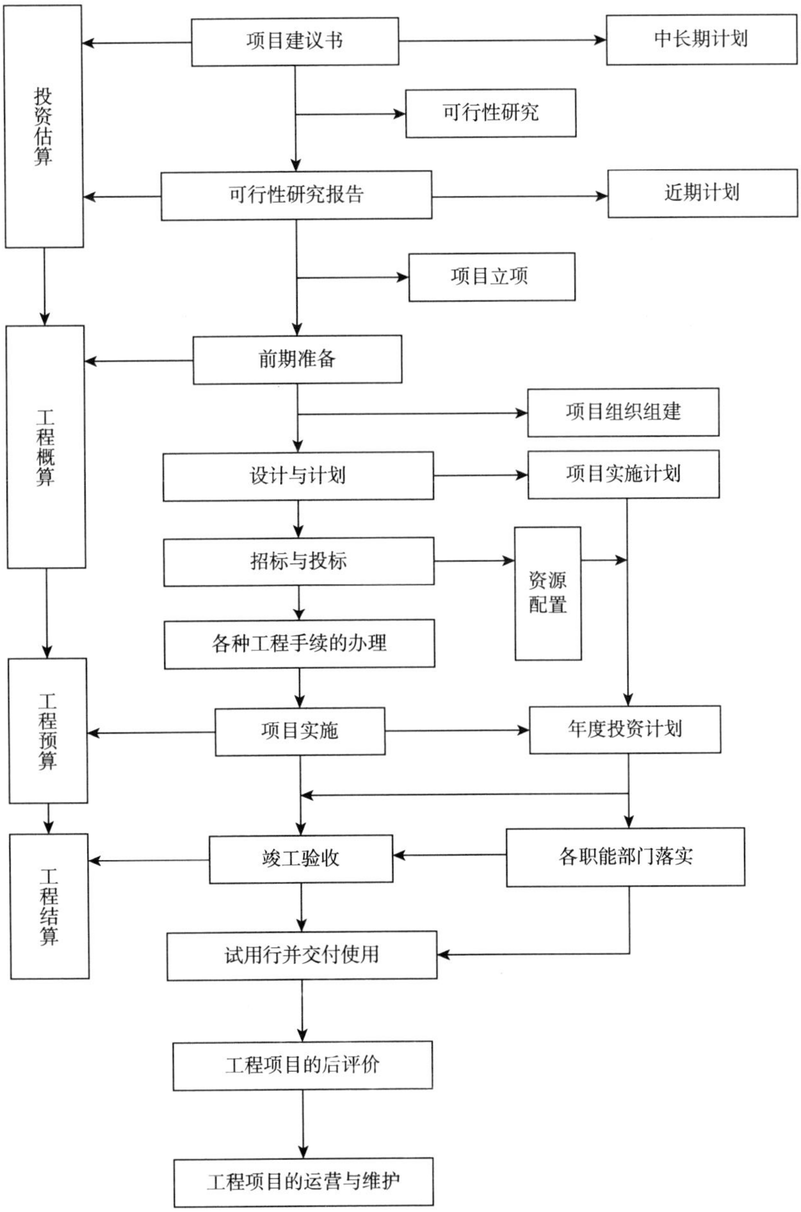

图 1.1　工程项目建设程序

在验收过程中，对于含有大型设备的工程建设项目，还要组织系统总体试运行；待试运行合格达标后，移交使用单位进行使用。

从工程建设程序所包含的所有内容可以看出，建设项目是一个系统的复杂工程，在其实施过程中，不仅参与单位多、涉及范围广、涵盖内容多，而且相互之间具有一定的先后顺序关系。若要确保工程项目的顺利实施，不仅需要建设单位做好自身的工作，而且需要政府主管部门、市政部门、设计部门、监理部门、材料供应部门、安全监管部门等的大力支持与配合。因此，在整个工程建设过程中，工程建设活动必须严格执行工程建设程序，避免给工程项目带来不必要的损失。

工程项目建设程序如图1.1所示。

1.3 工程项目管理的内容及其知识体系

1.3.1 工程项目管理的内容

从工程项目管理的定义可以得知，目标、组织、条件、资源是工程项目的四个基本要素。在工程项目管理中，这四个要素的基本内涵如下。

（1）目标，即工程项目期望达到的目的或获得的成果。从目标方面来看，工程项目的目标决定了工程项目管理者必须开展哪些工作、实施哪些项目和完成哪些任务，因而这就给该工程项目划定了一个管理和实施的范围，其他与此无关的任务或工作则不被包含在这一工程项目中。

（2）组织，即工程项目实施中涉及的上级决策者、领导指挥者、具体管理者、现场实施者、相关协助者等组成的群体。从组织方面来看，为了完成工程项目中的各种任务，项目管理者必然要组织有关单位、部门及其人员进行有组织、有计划的工作。而开展这些工作之前，管理者必须先制订若干工作计划，采用一定的模式或程序，做出若干组织决策，编制有关制度规定。同时，为了促使各部门及人员在工程项目的实施中相互配合，高效率地完成工程项目中所包含的各项工作和任务，还必须对项目参与各方进行必要的组织与协调，及时解决工作中存在的各种问题。对于特别重要的事件，为了明确各自职责，还需要通过合同这一法律手段给相关者必要的约束，使其按照预先约定，保质保量地按期完成任务。这样，组织模式、合同约束、人员或部门协调、前期计划和决策、各种方法的综合应用就成为工程项目管理中不可或缺的主要内容。

（3）条件，即实施工程项目时必须满足的要求或实施结果必须达到的规定或标准。从条件方面来看，项目必须在规定的时间内，利用给定的资源，在预定的地点和环境，并在保证符合预定质量要求的前提下完成工程项目预定的任务。因此，这就给工程项目设定了完成的时间、地点、费用、质量等约束条件。但是，在实施中一旦预设的条件发生变化，就有可能给项目预期目标的实现带来不利影响，甚至可能导致项目的失败，这就意味着工程项目的实施中必将包含着风险。

（4）资源，即在工程项目实施过程中可以利用的材料、设备、工具、资金、能源、人员、技术、方法等。从资源方面来看，工程项目管理者为了完成预定的任务，实现项目的预定目标，必然会利用有效的方法和技术手段来管理及控制工程项目。因此，项目中可利用的技术、材料、工具、设备、方法、信息等资源以及如何得到这些资源（物资采购、人员组织等）也就成为工程项目管理中必然涉及的管理对象。

由此可知，工程项目是一个由目标、组织、条件和资源组成的集成体，由此而确定的与工程项目紧密相关的工作范围、项目组织、建设时限、所需资源、规定的质量、可能存在的风险、相互约束的合同等内容就成为工程项目管理中的主要对象；而在预定的时间内，在不超过预定费用的前提下保质保量地完成任务就成为工程项目管理的核心，时间、质量、成本（time，quality，cost，TQC）也就成为工程项目管理的三大目标。其中，项目各方工作的范围将通过职责来划分；时间将在进度计划中做出安排；费用将在预算中予以确定；质量将在监管中予以保障；组织将在制度下建立；风险将在措施中化解；资源将按计划供给；合同将为以上内容提供法律保障。工程项目管理中所包含的这些管理对象将在之后的各章节中进行专门的阐述。

1.3.2　工程项目管理的知识体系

项目管理知识体系（project management book of knowledge，PMBOK）的概念首先是由 PMI 提出的。为了明确项目管理的范围，PMI 将项目管理的知识结构化，构建起所谓的项目管理知识体系。但随着项目管理应用范围的不断扩展，特别是系统论、控制论、信息论及计算机技术等知识的融入，其内容更加丰富，外延也不断扩大。因此，不同国家结合自身的特点，提出了不同的项目管理知识体系。从目前情况来看，具有代表性的项目管理知识体系主要有四大类，它们分别由美国、英国、中国和国际项目管理协会（International Project Management Association，IPMA）提出。

（1）美国 PMI 提出的知识体系。19 世纪初，PMI 率先提出了项目管理知识体系。最初，该协会按照项目的生命周期理论将项目管理分为 5 个过程，即启动、计划、执行、控制和结束，并由此确定了项目管理体系的内容。后来经过若干次修改，其将项目管理知识划分为如下 9 大领域：①集成管理。集成管理也称为综合管理，是将项目管理的各个不同要素进行整合，包括制定项目章程、项目初步范围说明书和项目管理计划，以及指导与管理项目执行、监控项目工作、整体变更控制和项目收尾。②范围管理。范围管理是分析和确定为达到项目目标所必须完成的工作的管理过程，包括范围规划、范围界定、范围确定、范围核实和工作结构分解。③时间管理。时间管理是为确保项目按时完成预定任务所进行的管理，包括活动排序、活动持续时间估算、制定进度表及实施进度控制与调整。④费用管理。费用管理也叫成本管理，是为确保项目按计划费用完成预定任务所进行的管理，包括费用估算、费用预算和费用控制。⑤质量管理。质量管理是为确保项目达到既定的质量要求所进行的管理，包括质量规划、质量保证和质量控制。⑥采购管理。采购管理是采办或取得产品、服务或成果的管理过程，包括采购规划、发包规划、物资询价、招标投标、合同管理和合同收尾。⑦人力资源管理。人力资源管理是对项目团队的组织与管理，包括人力资源规划，以及项目团队组建、团队建设和团队管理。⑧沟通管理。沟通管理是为实现项目的有效管理而开展的多方交流与协作，包括相互沟通、信息互馈、冲突处理和关系协调等。⑨风险管理。风险管理是对项目可预测或不可预测的潜在危机进行的管理，包括风险识别、风险分析、风险应对和风险监控。

（2）英国项目管理协会（The Association for Project Management，APM）提出的知识体系。这个协会在明确了项目管理的知识范畴基础上，将项目管理知识划分为概述、战略、控制、技术、商务、组织和人员 7 大领域，这 7 大领域又含 37 个模块，以及系统组成机会识别、设计与开发、项目实施、项目交付和项目后评价这 5 个系统。

（3）中国提出的项目管理知识体系。中国项目管理知识体系（Chinese-project management body of knowledge，C-PMBOK）是由中国（双法）项目管理研究委员会（Project Management Research Committee China，PMRC）发起并组织实施的，于 2001 年正式推出，并用于各种项目管理培训和国际项目管理资质认证（International Project Manager Professional，IPMP）。中国项目管理知识体系主要是以项目周期为主线展开的，它从项目及项目管理的概念入手，按照项目实施的四个阶段，即概念阶段、开发阶段、实施阶段和结束阶段，分别阐述了每一阶段的主要工作及其相应的知识内容，同时考虑到项目管理过程中所需要的共性知识及其所涉及的方法和工具，将项目管理分为范围管理、时间管理、费用管理、质量管理、人力资源管理、信息管理、风险管理、采购管理和综合管理 9 大知识领域。其体系框架如表 1.1 所示，中国项目管理知识体系（C-PMBOK 2006）框架目录详见附录一。

表 1.1　C-PMBOK 2006 体系框架和模块化结构

体系框架	内含模块
项目管理基础	概念阶段、开发阶段、实施阶段、结束阶段
周期阶段知识	范围管理、时间管理、费用管理、质量管理、人力资源管理、信息管理、风险管理、采购管理、综合管理
管理方法工具	项目化管理理念、项目化管理方法、项目化管理组织、项目化管理机制、项目化管理流程

（4）国际项目管理协会提出的知识体系。国际项目管理协会总部设在欧洲，其组织成员主要来自欧盟成员国。考虑到各国的文化差异，国际项目管理协会将项目管理分为技术、行为和环境 3 大知识领域 46 个模块，供欧洲各国根据其文化背景和管理需求进行选择和组合。这 46 个模块除包含 APM 的 37 个模块外，还包括了系统方法与综合、项目成功与失败标准、项目技术状态与变化、项目文档与报告、业务流程、安全健康与环境、法律与法规、财务与会计、社会发展等模块。由此可以看出，国际项目管理协会所提出的并非严格意义上的知识管理体系，它所反映的内容更多的是阐述从事项目管理专业的人员所应具备的能力和对从事项目管理专业相关人员的基本要求，更多地表述了从事项目管理专业的国际认证基准。因此，很多教育机构并没有以国际项目管理协会所提出的知识体系为基准，而是将这些知识融于各自项目知识结构中。

与其他国家的项目管理知识体系相比较，中国项目管理知识体系具有如下特点：

第一，中国项目管理知识体系以构建项目管理学科体系框架为导向，明确了项目管理学科的定位，界定了项目管理学科的知识范畴，构建了项目管理学科的知识体系框架，是国际项目管理界以构建项目管理学科体系框架为直接驱动目标的较为系统完整的项目管理知识体系。

第二，中国项目管理知识体系采用了“模块化结构”，便于知识的按需组合和更新，这种方式也为多线索组织项目管理知识体系框架提供了可能性。

第三，中国项目管理知识体系拓展了项目管理的外延。随着商业环境的变化和项目管理的发展，项目管理越来越多地为类似企业的长期性组织中各种各样的任务管理所采用，项目化管理的外延不断扩大，从面向一次性任务的管理上升为一种面向对象的变化管理方法论。

第四，项目化管理作为变化环境中长期性组织的一种有效管理方式，已得到人们的普遍认同。中国项目管理知识体系从变化环境中长期性组织管理方法论的高度，提出了项目化管理的体系框架与主要内容。

第五，项目的生命周期反映了项目自始至终逐步实现项目目标的过程，以项目生命周期为主线组织项目管理的相关知识有利于指导项目管理实践。因此，中国项目管理知识体系以项目生命周期为主线组织项目管理知识模块，体现了项目管理作为实际应用性学科的特点。

第六，中国项目管理知识体系编写的主要目的是形成中国项目管理学科的基础性文件，构建项目管理学科体系框架，同时兼顾了作为国际项目管理协会国际项目管理资质认证知识考核依据和标准的需要。因此，中国项目管理知识体系加强了项目概念阶段的内容，适应了管理重心前移的发展要求。

以此为基础，工程项目管理结合工程项目的管理需求，按照工程项目建设程序的四个阶段，将工程管理引入进来，构建了具有工程特色的工程项目管理知识体系。这一体系包含有工程项目的范围管理、组织管理、计划管理、质量管理、进度管理、费用管理、安全管理、风险管理、资源管理、信息管理、招投标管理、合同管理和综合管理 13 个模块。

1.4 工程项目的阶段划分

从工程项目的建设程序及工程项目所管理的内容可以看出，工程项目是一项系统复杂的管理过程。为了对这一系统工程实施科学有效的管理和控制，从管理的角度出发，工程项目一般被划分为四个阶段，即决策阶段、准备阶段、施工阶段和竣工阶段，并将所有工程管理内容安排和归置到不同阶段，采用不同方法和手段进行有效的管理与控制。

（1）决策阶段。决策阶段又称为工程项目的前期策划阶段。这个阶段一般是从项目构思开始，到项目被批准立项结束。该阶段的主要工作就是通过投资机会的选择和项目的可行性研究，对拟建工程投资的必要性、价值性进行科学论证，为拟建工程的投资立项提供科学可靠的依据。

（2）准备阶段。准备阶段是工程项目进入实质性工作的阶段。由于这一阶段的主要工作是为工程项目的实施而做的前期各项准备，主要开展的工作是项目组织机构的建立、工程项目的设计、方案的编制、招标与投标、与各承包单位签订合同、项目资金的预先拨付及工程建设相关手续的办理等，因此，这一阶段也称为项目的设计和计划阶段。

（3）施工阶段。施工阶段是工程项目管理中最主要的阶段。该阶段的主要任务就是在项目组织的领导下，利用项目各种资源，完成项目所制订的计划，实现项目的预定目标，将设计蓝图变成工程实体。由于该阶段是工程项目的整个实施过程中工作量最大，投入的人力、物力和财力最多的阶段，因而也是对工程项目进行管理和控制的最为主要的阶段。

（4）竣工阶段。在完成工程项目的所有任务之后，工程项目还需要组织验收和试运行，进行移交和工程费用结算。这些任务都将在项目的竣工阶段来完成，因此，有些管理者将该阶段称为结束阶段。

若与工程建设流程相对照，可更为清晰地划分这四个阶段，如图 1.2 所示。

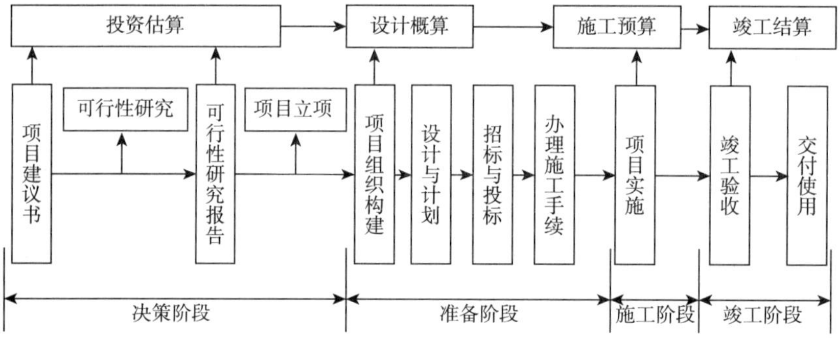

图 1.2 工程项目的阶段划分

在一些书中，工程项目的这四个阶段也被称为工程项目的生命期。但从严格意义上来讲，工程项目的竣工仅仅是其生命的诞生，生命期还应包括工程项目的后期使用，直至该工程报废。但在工程项目管理中，若将工程项目的后期使用直至该工程报废过程的所有工作都包含进来，就与工程建设的原本含义出现很大偏差。因此，工程项目的生命期一般通指工程项目的决策阶段、准备阶段、施工阶段和竣工阶段这四个阶段。

然而，在此需要特别指出的是，在工程实践中，这四个阶段的界限并不十分明显，工程项目阶段的划分也常常根据工程管理的需求来进行适度调整。这主要是因为，工程项目的各项工作在其建设过程中时常紧密相关，后一项工作需要以前一项工作为基础，前一项工作需要以后一项工作来延续，因此，它们之间的相互接续并不完全是按照工程项目的四个阶段来进行的，在工程项目建设中经常出现交叉和重叠。工程项目阶段的划分和界定主要是从工程管理的需求出发来人为设定的，它对项目目标的分解、责任体系的建立，以及项目质量、进度和费用等方面的管理与控制都具有非常重要的理论价值和现实意义，因此，工程项目的阶段划分与管理就成为工程项目管理中的一个重要知识内容。

1.5 工程项目管理的特点

工程项目管理是一项为实现工程项目预定目标而开展的有计划、有组织的系列管理活动。在这个活动过程中，它将运用各种相关知识、技能、方法、工具和手段等资源，对工程项目中的各个管理对象实施必要的监管和控制，并就工程建设过程中可能出现的各种问题予以相应的分析和处理，确保工程项目的顺利实施，完成预期的任务，达到预期的目的。从其建设流程和管理的目的可以看出，工程项目具有以下几方面的显著特点。

（1）目标的明确性。任何工程项目都具有明确的目标，这一目标将通过工程项目的最终成果表示，并通过对工程项目中的质量、进度、费用、安全等多个管理对象的具体要求来明确。工程项目的参与各方都必须在满足这些要求的前提下开展各项工作，通过各个管理对象各自目标的实现来最终实现项目的总体目标。

（2）项目的计划性。在工程项目实施前，为了确保工程项目的顺利实施，都要在明确工程建设目标之后，结合工程项目的管理需求和实际情况，编制出相应的实施计划。在工程项目的实施过程中，这些计划还将随着项目的变化而调整。

（3）建设的程序性。工程项目的实施都要经过从抽象到具体、从计划到实施、从投入到产出的整个过程，并且在此过程中必须严格按照相关的规定和客观规律来实施。

（4）实施的组织性。在对工程项目进行管理前需要建立一个特定的管理组织或管理机构，这个组织或机构内的各个部门要有明确的分工和职责，各部门之间要相互配合、相互信任、相互协调，为实现项目目标共同工作。

（5）责任的具体性。在工程项目的实施过程中，项目参与各方都有自己具体的任务和职责，这些职责和任务一般通过项目合同来确定，通过相应的规定来约束。为了完成各自的任务，项目管理机构要制定相应的制度和规定，赋予完成各任务的人员相应的权利，使工程项目的各项工作及其责任落实到位。

（6）工作的相关性。在工程项目的建设过程中，对工程项目的管理是一个全过程的系统性管理，包括项目的前期策划、工程立项、工程设计、项目实施、资源供应、质量检测、进度控制、费用计算、冲突处理、安全监管、风险预测等各个方面。工程管理的内容不仅多种多样，而且各内容之间还紧密相关，前一个阶段的工作是后一个阶段工作的基础，后一个阶段的工作是前一个阶段工作的延续。如果在工作的相关环节中出现问题，那就有可能给与之相关的其他工程任务带来不同程度的影响，致使工程项目实施中出现冲突、矛盾及其他问题。如果出现的问题得不到及时的解决和处理，就有可能给工程项目带来不良后果，甚至导致工程项目的失败。

（7）管理的动态性。在工程项目管理的过程中，鉴于环境、气候、政策、资源、地理、地质等条件的变化，可能出现与原定计划不符的情况和问题。为了对工程项目进行有效的管理，达到预定的目标，就需要经常了解项目和掌握工程项目的实际状态，将工程项目的实际状态与原定计划相比较，及时调整和纠偏、控制和指导，对项目资源实施协调与优化，使工程项目按照预定的方向发展和前进。

（8）内外的干扰性。在工程项目的建设过程中，有可能受到来自项目内外各种因素的随机性影响，使工程项目管理者和决策者必须采取有效的管理方法和监控手段来消除这些干扰，确保工程项目的顺利实施，并实现其预定目标。

（9）实施的风险性。在工程项目的实施过程中存在来自系统内外多种因素的干扰和影响，可能使工程项目不能按照预定的计划组织和实施，出现与预期计划和预定目标不同程度的偏差。如果这些偏差不能及时消除，那就有可能给工程项目带来不利影响或不良后果。因此，任何建设工程项目都含有不同程度的风险。

（10）资源的有限性。工程项目的实施需要使用一定的资源，如人力、信息、方法、设备设施、水电能源等，但这些资源的使用需要相应的成本。为了确保工程项目在预定的费用内完成，项目管理者对工程项目中的很多资源进行严格的限定。

（11）方法的针对性。为了完成工程项目预定的任务，项目管理者必须预先考虑到工程项目实施过程中可能出现的各种问题，预测可能出现的风险，提前编制相应的计划，制定相应的对策，做出相应的安排。如果在项目实施中出现的问题与预想的计划、对策和措施存在很大偏差，就必须结合当时的实际情况，通过深入的分析和研究，提出具有针对性的方法和措施，及时有效地处理有关问题，确保工程项目保质保量地按时完成。

（12）工作的系统性。工程项目管理把工程项目看做一个完整的系统，在其全过程中都贯穿着系统工程的思想，并依据系统论的思想和原理，将整个工程项目的管理系统分解为多个责任单元，由责任者分别按预定的工作要求完成预定的目标，然后汇总和综合成最终的成果，实现最终的目标。

（13）内容的完整性。在工程项目的建设过程中，由于多个工作或多个内含子项工程之间存在着高度的相关性，因此，工程项目管理把工程项目看做一个完整的建设过程，强调部分对整体的重要性，促使管理者不能忽视其中的任何工作，以免给工程总体带来任何不利的影响。工程项目的完成必须建立在所有工作完成的基础上，而不是个别内含子项完成的基础上。

（14）过程的综合性。工程项目的实施过程也是一个多种管理对象和管理方法综合实施的过程。这个综合性不仅体现在项目的各项内容都具有一定的相互关系，而且需要考虑对方给自己带来的约束和影响及自己给对方带来的影响。例如，工程设计时不仅要满足投资者的要求，还要考虑到项目实施的便利性；项目的实施不仅要考虑到进度要求，还要确保实施中的安全需求；项目资源的供应不仅要按时供应到位，而且要保质保量；等等。因此，工程项目的管理过程是一个综合性的系统管理过程。

（15）项目的一次性。每一个工程项目都具有特定的任务和目标，而且这一项目是在特定的时间、地点和环境等条件约束下完成的。一旦完成工程项目的所有任务，实现其预期目标，工程项目也就结束。即使重复建设同样类型的工程，也会因时间、地点、环境等条件的不同而不同。因此，工程项目具有显著的一次性。

（16）组织的临时性。由于工程项目的一次性，为工程项目而专门设立的管理组织也具有了临时性。一旦工程项目结束，其组织的使命也就完成。但是，这个临时性也使项目组织具有了灵活性，可以根据工程项目的管理需求建立相应的管理组织，而不必墨守成规。组织可根据实际管理需求选择最佳的资源和人员以及机构组合，为项目的高效完成提供有效的组织保障。

1.6 工程项目管理的发展历史

工程项目管理的理念始于项目管理。在 20 世纪四五十年代，美国启动了研制原子弹的曼哈顿计划。为了实现这一计划，其采用了基于系统工程的管理方法。在曼哈顿计划成功之后，这一方法在美国的国防和航天等少数领域继续应用，并取得了明显的成效。基于这些管理成果，一些学者提出了项目管理这一科学管理理念与基本方法。但从初始的应用情况来看，此时的项目管理主要致力于项目的预算、规划和为达到项目目标而借用一般管理技术对项目进行的管理。当时的项目经理也仅仅被看做一个项目的具体执行者，他们只是被动地接受一项给定的任务或工作，并根据指令去完成自己负责的项目。因此，初始的项目管理所包含的内容、技术与方法远达不到现代项目管理所涉及的深度和广度。

后来，在项目管理理念的引导下，为了对项目进行更加有效的管理，美国军界和各大企业的管理人员纷纷为管理各类项目寻求更加有效的项目计划管控技术。在众多的技术中，最为重要的就是工作分解结构（work breakdown structure，WBS）技术。该技术始创于 1956 年，在杜邦公司的一个大型化工项目管理中发挥了极大的作用，节约了10%左右的投资，取得了显著的经济效益，并使项目管理者顺利解决了项目研发中的组织管理和协调问题，极大地缩短了建设周期，因而引起了管理者的高度重视。

在此期间，对项目管理的发展做出贡献的另外一项突出成果就是网络计划技术。它是由美国海军在研究和开发北极星号潜水舰艇所用导弹项目中提出来的。在该项目的管理中，采用网络计划技术后，不仅克服了传统甘特图的若干缺陷，有效反映了项目进展中各工作间的逻辑关系，而且能够有效描述出项目中所含各子项目的接口界面和主次关系，使原先估计的研制时间缩短了两年，缩短工期近 25%，因而给管理人员对项目实行有效的管理带来了极大的方便，也极大地推进了项目管理水平的提高。因此，美国海军和航空航天局在各自的管辖范围内全面推广了这一技术。此后，美国国防部发文规定，凡承包有关工程的单位都必须采用这种方法来安排项目计划。1959 年，该方法由凯利和沃克公之于世后，得到了极大的推广和应用，甚至在一些大型工程项目中，政府也明确规定所有承包商若要赢得政府的工程项目，就必须提交一份详尽的网络计划，以保证工程项目的进度和质量。因此，这一技术很快就在世界范围内得到了重视，不仅将项目管理推广和应用到建筑工程领域，而且成为工程管理项目中的一种先进管理手段。

20 世纪 60 年代起，国际上很多学者也对项目管理产生了浓厚的兴趣，随后建立了两大国际性项目管理协会，即以欧洲国家为主的国际项目管理协会和以美洲国家为首的PMI，并为推动项目管理的发展发挥了积极的作用，做出了卓越的贡献。但在这一阶段，发达国家的国防部门对项目管理的研究与开发占据了主导地位，其创造的许多项目管理方法和工具一直沿用至今，如计划评审技术（program evaluation and review technique，PERT）、成本/进度控制系统准则（cost / schedule control systems criteria，C/SCSC）等。

进入 20 世纪 80 年代后，项目管理进入了现代项目管理阶段。随着科学技术的不断发展与进步，工程项目的活动日益扩大，建设规模和复杂程度也更为明显，全球性竞争日趋激烈，项目相关利益者之间的冲突也不断增加，降低工程项目成本、提高工程效益的压力和要求也不断提高。为此，项目实施者和工程项目管理者被迫投入大量的人力、物力及财力去研究和探索工程项目管理的基本原理，开发和创建能够满足工程项目管理需求的具体方法与实用技术。因此，可以说，工程项目管理的理论是在管理项目的工作实践基础上发展而来的。特别是进入 90 年代以后，系统工程、信息工程、网络工程、软件工程及若干高新技术的出现给传统的工程项目管理注入了新的活力，使工程项目管理在这一时期获得了快速的发展和长足的进步。工程项目管理技术所具有的优势不仅在建筑、航天、国防等传统领域得到了进一步的发展，而且在电子通信、石油化工、机械制造、电力能源、软件开发、科研教育、社会活动等其他领域也得到了极大的推广和应用，并形成了具有工程特色的工程项目管理学科。

1.7 中国的工程项目管理状况

在工程项目管理方面，与西方发达国家相比，中国的工程项目管理实践相对较晚。最先采用工程项目管理模式的工程是 1984 年的鲁布革水电站项目。采用项目管理模式后，该项目缩短了项目工期，降低了工程造价，取得了明显的经济效益和社会效益。为此，国家城乡建设环境保护部、电力工业部、化学工业部等政府工程建设主管部门在许多政府工程项目上先后采用了项目管理模式，并取得了一定的成效。

进入 20 世纪 90 年代后，工程项目管理得到了更为广泛的重视，中国还专门成立了第一个全国性的项目管理专业组织——PMRC，组织大专院校、研究机构和工程企业广泛开展了工程项目管理的理论研究和实践探索。在大量理论研究成果和实践经验的支撑下，PMRC 专门成立了专家小组，负责起草了《中国项目管理知识体系》，并于 2001 年 5 月正式推出了《中国项目管理知识体系》，同时提出了符合中国国情的《国际项目管理专业资质认证中国标准》（Chinese-National Competence Baseline，C-NCB）。时至今日，工程项目管理已在中国的工程项目建设中普遍得到了应用，并获得了若干举世瞩目的成就，使中国在世界的工程建造领域和工程项目管理领域占有了一席之地（图 1.3~图 1.10）。

图 1.3 广州电视塔

图 1.4 高速铁路

图 1.5 跨海大桥

图 1.6 大型体育设施

图 1.7 高速公路

图 1.8 核电工程

图 1.9 南水北调工程

图 1.10 三峡工程

但从行业发展角度来看,中国的工程项目管理水平与国际先进水平还存在较大差距。在工程项目管理，特别是大型工程项目管理方面，很多管理方式依旧还是采用传统的劳动力密集加手工作业方式，管理中的科技含量还很低，缺乏核心竞争力，工程行业的发展依旧还是典型的外延型增长方式，依旧过多地依赖外部投入，缺乏促使企业可持续发展的内在动力。同时，从工程项目管理知识的专业教育角度来看，很多工程项目管理人员所拥有的工程项目管理知识不是通过系统教育和培训得到的，而是通过大量工程实践逐步积累的。为此，原本可以快速掌握的专业知识却耗费了工程项目管理者的大量时间，甚至有时付出了高昂的代价。正因如此，越来越多的工程企业项目管理者和政府工程主管部门的项目决策者逐步认识到了工程项目管理专业知识在项目管理和决策中的重要性，积极组织和开展了工程项目管理专业知识的学习与培训，使工程项目管理专业知识迅速得到了普及和推广。

从目前的情况来看，随着科学技术的不断进步和工程建设的快速发展需求，中国的工程项目管理正在朝着信息化、自动化和集成化的方向发展。现代的工程项目管理不仅使用着传统经典的工程项目管理模式与方法，而且很多融入其他学科知识的多学科交叉性工程管理新技术与新方法也在不断出现。例如，在工程质量管理方面，出现了基于循证医学思想的工程质量管理新技术；在项目管理模式方面，出现了能够使大型、特大型工程项目高效协同工作的互适性项目管理新机制；在工程项目实施状态管控方面，提出了综合多学科知识的工程项目实施状态诊断新方法。此外，利用其他学科知识，如决策技术、网络技术、自控技术、行为科学等的新的工程项目管理方法也在不断出现，在工程项目管理中的作用已初见端倪。由此可以预见，今后的工程项目管理不仅会为中国全面提高工程建设管理水平发挥积极有效的促进作用，而且会为中国国民经济的持续发展和社会的不断进步做出更大的贡献。

1.8 工程项目管理的发展方向

经过几十年的发展，工程项目管理不仅是一种有效的管理方法，而且已成为一门成熟的管理学科。其今后的发展方向主要集中在两个方面：一是工程项目管理的职业化发展；二是工程项目管理的学术性发展。

（1）工程项目管理的职业化发展。为了满足工程项目管理的现实需求，促进工程项目管理水平的普遍提高，目前，工程项目管理已形成了一系列专门从事工程项目管理的职业，如工程项目经理、造价工程师、监理工程师、建造师等，并成立了与之相配套的工程项目管理职业资格认证体系，如 PMI 和国际项目管理协会主办的项目管理专业人员职业资格认证；美国造价工程师协会（Association of American Cost Engineers，AACE）主办的造价工程师资格认证；英国皇家特许测量师学会（Royal Institute of Chartered Surveyor，RICS）主持的工料测量师、营造师资格认证等，这些工作都不同程度地推动了工程项目管理的职业化发展。

同时，为了鼓励工程项目管理人员的持续发展，使其不断接受专业知识再教育，这些工程项目管理职业资格认证体系还设立了不同的等级，使具有不同管理水平的工程项目管理人员具有不同的层级和职业资格。例如，国际项目管理协会开展的工程项目管理专业人员资格认证就分为 A、B、C、D 四个级别。其中，A 级是工程主任级证书；B 级为工程项目经理级证书；C 级为项目管理工程师级证书；D 级为工程项目管理技术员级证书。获得不同证书者可分别负责大型工程项目或国际项目、一般项目、一般项目的主要工作和一般管理工作。从实际情况来看，虽然这些工程项目管理人员资格认证的侧重各有不同，但都为推进工程项目管理的职业化发展做出了很大贡献。现在，工程项目经理已不再被认为是项目的执行者，他们也拥有更大的权利与责任。在工程项目的建设中，工程项目经理不仅要负责组织项目的实施，而且要参与工程项目若干问题的决策，有时还要与工程项目业主或客户一起协同工作，全面开展工程项目管理，并对工程项目的实施结果负责。因此，现在的工程项目经理已经成为真正的工程项目负责人，并且是一个具有专业技术能力的热门职业。

（2）工程项目管理的学术性发展。目前，工程项目管理的学术性发展主要体现在工程项目管理专业教育体系的建立和工程项目管理理论与方法的研究两大方面。

在工程项目管理专业教育体系的建立方面，国内外许多大学早已建立了工程项目管理或工程管理专业的本科生和研究生教育体系。我国在工程管理教育方面，不仅设立有工程项目管理的学士学位，而且还设立了工程项目管理的硕士学位与博士学位。同时，为了给更多从事工程项目管理的人员创造进一步学习和深造的机会，还设立了工程硕士学位。因此，在工程项目管理的教育方面，我国已具有了系统完整的教育体系。

与此同时，在工程项目管理理论与方法的研究方面，许多大学、专业协会和一些大型工程建设企业已先后建立了以工程项目管理为研究主题的研究机构，开展了大量的工程项目管理理论探索与实证研究，并取得了丰硕的成果，构建了包含工程范围管理、时间管理、成本管理、质量管理、人力资源管理、沟通管理、采购管理、风险管理和集成管理等方面的系统完整的工程项目管理知识体系，使工程项目管理无论在理论研究方面还是在实际应用方面都得到了快速的发展和显著的进步，为工程项目管理水平的提高做出了巨大的贡献。

第2章

工程项目范围管理

工程项目范围管理是工程项目管理过程中界定工程项目管控范围必须开展的工作，也是确保工程项目实现预定目标的一项重要工作。开展工程项目范围管理的主要目的就是要通过科学界定和控制工程项目的工作范围与内容，确保工程项目的各项工作得到落实，为工程项目的顺利实施奠定基础。这项管理的主要内容包括工程项目范围的划分、范围的核实与确定、范围的变更与控制。

2.1 工程项目范围的定义

范围的本意是规范、限定，进而引申为对管理对象行为的约束。工程项目的目标含义已明确指出，项目的目标决定了工程项目管理者必须开展哪些工作，完成哪些任务，其他与此无关的工作或任务则不被包含在这一工程项目中，因而这就给任何一项工程项目划定了一个限定的管理和实施范围，这个范围就是工程项目管理和实施所有的内容总和。但这同时也意味着，与此无关的工作和内容则不应包含在内，否则，必将会给工程项目目标的实现带来若干不利的影响，如额外耗用工程项目的有限资源、分散工程管理者的精力、给工程项目带来意外风险等。因此，工程项目的范围就是为实现工程项目目标而必须完成的全部任务总和，是为获得工程项目的最终成果所需做的一切相关工作。

从工程项目范围的定义可以看出，明确工程项目的范围是一个渐进的过程。这主要是因为，在工程项目的实施过程中，工程项目始终受到来自项目内外多种因素的随机性影响。为了确保工程项目目标的实现，就需要及时发现、分析和处理这些问题。因此，在项目初始，工程项目范围所确定的工作和内容就是一个以工程项目目标为核心的范畴集合，而非不可变更的具体内容。若有需要，还可适时进行补充。为此，工程项目的范围管理就是一个持续的动态管理过程，也是一个贯穿工程项目整个过程的系统性工作，它包括为了保证工程项目能够按照预定计划完成所有工作的对象和过程。从总体上看，这个过程主要包括项目目标的确定、项目范围的规划、项目范围的确定、范围管理计划、项目范围的变更与项目范围的控制。其各自的含义具体如下。

（1）项目目标的确定。为了实现对工程项目的有效管理，必须首先明确工程项目管理的主要内容，这些内容将围绕工程项目的目标展开。因此，工程项目建设方必须预先提出明确的工程项目最终目标及这一目标的具体表现形式。但由于最终目标的具体表现形式较难表达和描述，一般就用多个子目标来表述，如必须何时完成工程项目、达到什么标准、符合什么规定、具备什么品质等。在工程项目中，项目目标一般主要体现在工期、质量、成本这三大方面，这三大方面的具体标准也就成为总目标所包含的子目标。

（2）项目范围的规划。定义和规划工程项目的范围就是要根据工程项目目标，编制出为实现工程项目目标所需开展的工作清单及其说明。这个说明中应明确指出任何一项工作的成果形式、成果标准、技术指标、约束条件和工作原则的主要事项，并以此作为今后开展工程项目各阶段各项工作的基本准则和依据。

（3）项目范围的确定。为了确保项目的工作不漏项、不重复，需要采用科学有效的方法对工程项目包含的所有工作进行核定。目前，最常采用的方法就是 WBS 技术。

（4）范围管理计划。在明确工程项目包含的所有工作之后，就需要对这些工作进行统筹安排，明确每一项工作在工程项目的哪个阶段由谁负责实施，在开展某工作之前必须完成哪些工作，完成这一工作后可开展哪些工作，等等。同时，应将工程项目所有工作的实施结果与事先定义的范围进行比较和评审，以决定是否达到工程项目的目标。

（5）项目范围的变更。随着工程项目的推进，工程项目可能会受到来自项目内外多种因素以及业主需求变更的干扰和影响，因此，预先确定的各项工作就可能发生变化。为了确保项目的顺利实施，就必须对个别工作进行调整和修正，并就调整后的工作重新做出管理计划。

（6）项目范围的控制。任何一项工作的变更都会给工程项目带来不同程度的影响，这些影响可能是有益的，也可能是不利的。特别是对于那些不利影响，项目管理者必须对变更后的工作与其他工作之间的关系以及所带来的影响进行分析、管理和控制，确保工程项目的顺利进行。

2.2　确定工程项目范围的作用

在工程项目管理中，准确地定义工程项目的范围是十分重要的。因为在工程项目的实施过程中，很多工作将不可避免地出现交叉与重叠，或者需要相互配合与衔接。如果在项目实施前其所需完成的任务不明确，所需开展的工作不具体，那么，在工程项目的实施中，管理对象就不明确，项目管理者就不能实现对工程项目的有效管理与控制。更为重要的是，一旦发生若干问题，就会给很多问题的解决带来困难，如问题责任的主体是哪方，是什么原因造成的，影响的范围有多大，还会带来什么影响，如何有效解决问题，今后如何预防和处理，等等。通过开展项目范围管理，可以在工程项目实施前明确工程项目所应开展的工作，明晰工程项目的工作范围，并使项目管理者懂得哪些是该做和不该做的工作。因此，明确工程项目的范围对工程项目管理具有非常重要的作用，具体如下。

（1）易于明确项目参与各方的任务，也为今后项目管理各方分派任务提供依据，避免工作的交叉与重叠。

（2）易于明确项目参与各方的职责，减少项目中的冲突和矛盾。

（3）利于项目参与各方工作的相互衔接与配合。

（4）可为针对性地开展工程项目质量管理、进度控制、风险预测、费用核算、安全管理和资源供应等工作提供科学的依据。

（5）利于项目管理者做出详细具体的工程项目各级计划和实施方案。

（6）利于项目管理者预测项目实施中可能出现的问题并制定相应的对策。

（7）发生问题后，利于问题的分析和解决。

（8）发生问题后，利于原定方案的及时修正和调整，减少项目变更带来的不利影响。

（9）项目范围是按照工程建设需求确定的，确定的内容编写在正式的合同条款中。根据项目的实施结果和项目范围变更的情况，可以了解和掌握项目参与方的工作状况，并可作为评价项目参与各方工作效果的实证依据。

由此可以看出，确定项目范围对工程项目减少冲突、提高效率、降低风险等方面具有非常重要的作用，清晰的项目范围可为工程项目的有序实施奠定坚实的基础。

2.3 确定工程项目范围的依据

不同的工程项目有不同的建设目的和要求，为了达到工程项目的建设目的，就需要开展不同的工作、实施不同的内容、完成不同的任务。因此，包含在工程项目范围内的所有工作内容和任务就与工程项目的目的与要求紧密联系起来。从工程项目管理的角度来看，工程项目的目的和要求常常体现在不同的文件里，如工程项目的前期文件、立项批文、工程设计文件、工程建设标准和规范、经济技术文件、工程项目合同、项目投资者和主管部门的有关特殊要求、项目特殊约束文件以及该项目其他需要考虑的事项。尤其是在工程项目开工建设前，工程项目的立项批文、设计文件和合同文件将是最主要的工程项目范围确定依据。

（1）工程项目的前期文件。工程项目的前期文件是指工程项目在被批准立项之前所开展的一系列决策准备工作而形成的工作成果，主要包括项目建议书、可行性研究报告、初步设计方案、环境评价报告、社会评价报告、经济评价报告等。特别是可行性研究报告和初步设计方案，由于它们基本明确了工程项目的建设性质、建设规模、项目投资、费用来源、资源种类和数量、相关设备设施的供应方式和所需条件、主要技术、工艺和设备选型、工程的初步布置方案、估算的工程量、工程建设的地理环境与地质条件、交通运输情况、工程建设环境要求、能源供给现状和发展趋势、文物保护的要求和规定、实施总体计划进度等较为具体的信息和数据，这就为项目管理者系统全面地考虑和确定工程项目的实施内容与必须提前完成的工作提供了可靠的依据。

（2）立项批文。工程项目的立项批文是指由政府主管部门批准工程建设的文件，主要包括工程项目核准文件、规划部门的选址意见、规划部门核定的红线图、土地管理部门的用地预审、环保管理部门的环评意见、能源供应部门的批复材料、有关工程技术和特殊设备的专项批文、工程建设环境的特殊指示与要求等。由于这些文件是政府工程建设主管部门核定的要求或规定，工程建设单位在工程项目的实施中必须严格按照规定执行，因此，这些文件中涉及的规定和约束也将是项目管理者考虑和确定工程项目实施内容必不可少的重要依据之一。

（3）工程设计文件。工程设计文件是工程开展各项具体工作的专业性技术指导文件，是明确工程项目范围大小、工程复杂程度、各项工作的工作量及选择施工单位、确定工程进度（construction schedule）、计算工程费用、确定项目资源、预测项目风险、安排项目任务等方面的重要依据。

根据国家有关规定，工程设计文件一般包含地质勘察报告、地形平面图、总平面图、建筑设计图、结构施工图、给水排水、采暖通风、电气照明、网络通信、防火防盗、防尘防噪、内外装饰、配套设施等图纸和设计说明、投资概算等文件。通过这些文件和图纸，项目管理者可以清晰准确地了解和掌握工程项目的建设规模、占地面积、工艺装备、建筑标准、配套工程等建设内容及相应的重要指标与要求。在此基础上，还可进一步细化到每一个分项工程，这为下一步清晰准确地划定工程项目的基本单元——工作包（work package）提供最准确的科学依据。

（4）工程建设标准和规范。工程项目的建设离不开有关工程建设标准和规范及相关法律法规，如工程施工规范、质量检测规范、工程质量检测技术管理规范、工程建设施工企业质量管理规范、施工企业工程建设技术标准化管理规范、工程绿色施工评价标准、施工企业安全生产评价标准、施工安全技术规程、档案业务管理规范、建设项目文件归档要求与档案整理规范、施工组织设计规范、工程建设监理规范、材料应用技术规范、工程现场检测技术标准、工程测量规范、工程验收规范、工程施工技术规程及标准图册、通用图集等。这些规定、标准和规范不仅是工程施工单位必须执行的内容，也是工程建设单位和监理单位及其他相关单位必须遵守的条款和内容。但是，由于这些规定在工程项目的实施过程中对实施的条件、适用的情况、所在的环境、所需的工具等具有相应的要求，因此，在分析和确定工程项目的施工内容与工作时也应一并考虑在内。

（5）经济技术文件。工程项目的建设过程是一个资源消耗的过程，消耗的资源都将以项目的经济形式来体现。因此，工程最直接的经济管理工作——工程造价的分析与控制就将是工程项目管理从始至终必须开展的一项重要工作。由于工程造价涉及工程项目的估算、概算、预算、决算和结算，那么，这些经济分析与管控工作在项目的各个阶段由谁来负责、工作的流程是什么、审查的依据、参考的标准、价格的确定等工作如何开展和实施就需要进行全面的考虑。而与之相关的工程前期费用（如土地征用费、建设单位管理费、勘察设计费、引进技术费、手续办理费等）支出审定方法、工程费用选定的定额、收费标准、材料价格的变更文件等有关资料也将是确定工程项目管理范围所需要的依据。

（6）工程项目合同。为了确保工程项目的顺利实施，工程建设主管单位都要和参与工程建设的单位签订相关合同，如工程咨询合同、监理合同、勘察合同、设计合同、施工合同、设备订购合同、材料供应合同、水电供应合同等。在合同中，为了避免合同责任约定不明确、风险责任划分不合理或遗漏合同执行过程中可能遇到问题的责任归属，合同中就双方在正常情况下应当履行的责任和义务及非正常情况下双方的权利和义务做出了相应的规定，同时就所承担的任务、承包的工作范围、合同工期、合同价款、应达到的标准和程度以及合同生效方式等主要内容给出了明确的定义。据此，合同就可以给出项目参与各方明确的工作范围。

（7）项目投资者和主管部门的有关特殊要求。在工程项目建设前，为了达到特定的目标，有些工程建设单位对工程项目附加了若干特殊要求。对于一些特殊工程，如国防工程、航天工程、化工工程、核电工程、水处理工程、垃圾处理工程、焚烧场工程等，当地政府和国家有关主管部门还将提出专门的规定，就工程项目建设前和建设中所需开展的有关工作提出了明确的要求。对于这些要求，都需要通过若干工作来完成。然而，这些工作一般在工程图纸和审批文件上不能明确表述，因此，这些项目投资者和主管部门的有关特殊要求也就成为项目管理者确定工程项目管理范围所需考虑的内容。

（8）项目特殊约束文件。特殊的工程项目一般具有较多的特殊之处，如对抗震、抗裂、防火、防爆、防水、防噪、防尘等有特殊要求的工程可能会要求使用特殊的材料，并对建设的环境有特殊要求、对工程质量有特殊要求、对建设工期有特殊要求等。对于这些特殊要求，就需要采用特殊的技术、方法和手段来处理，而这些特殊的技术、方法和手段可能也需要特殊的环境与条件。为了满足这些特殊要求，就需要做很多原定项目范围之外的工作。因此，对于具有特殊要求的工程项目，在确定工程项目范围的过程中应特别注意。

（9）该项目其他需要考虑的事项。在工程项目的建设过程中，由于工程项目所处环境的差异，很多原有的技术和方法不再适用，并有可能遇到很多新的问题，如开挖基础后遇到历史文物、地质情况发生突变、遇到不明管线、工程设计与现场实际出现明显偏差等情况。这就要求项目管理者针对不同的问题，采取相应的措施处理。而类似情况的处理必然要通过额外的工作来完成，如文物单位的介入而导致工程的延续、组织人工的加班加点工作、特殊机械的调用、项目费用的重新计算与调整、工程设计的局部修改或移位等。对于此类问题，需要项目管理者尽可能地通过预先分析与预测或实地再勘测来完成，以便为工程项目工作范围的划定、工作任务的安排、工程进度的控制、工程安全的保障及项目费用的储备提供可靠的依据。

在确定工程项目的范围之前，以这些文件、报告、方案、图纸、规范、标准等为依据，通过对这些文件和资料的详细分析与研究，就可以较为准确地确定出工程项目必须开展的各项工作和必须完成的所有任务。根据这些已经具体化的工作和任务，项目管理者就可以根据任务的性质，编制相应的工程项目实施方案，制定相应的工程项目管理标准与规章制度，选定相应的工程项目实施者并组织工程项目的实施，最终达到工程建设的预期目的，实现项目的预期目标。

2.4　项目范围确定的成果形式

从工程项目范围划分的作用可以看出，科学划分和确定工程项目的范围后，将会对明确项目参与各方的任务和职责、避免工作的交叉与重叠、减少项目中的冲突和矛盾、提前预测项目中可能存在的风险、详细编制工程项目各级计划和实施方案，以及工程项目的质量、进度、费用、安全、资源等实施科学有效的管理具有重要的意义和价值。因此，工程项目范围划分后，所形成的工作成果就应满足这些要求。从工程项目管理需求的角度来看，其具体的成果表现形式一般有如下几种。

（1）工程项目工作包明细表。项目范围确定的成果的主要形式之一就是工作包明细表。该表给出了工程项目包含的所有具体工作包。工作包是工程项目的最小单元，也是最小的可交付成果。这个最小的单元成果具有独立性、完整性、可度量性、可判别性和不可再分解性。

（2）工程项目各阶段所有工作的系统结构图。工程项目范围确定的最终所有工作包将归属于工程项目的不同阶段。从工程系统的角度来看，它们之间一定存在着逻辑关系和层次关系。为了便于今后的使用，发挥其应有的作用，工程项目范围确定的所有工作包之间的逻辑关系必须以系统结构图的形式表现出来，为明确各工作包之间的界面提供依据。

（3）各项工作的逻辑关系表述图。工程项目中的所有工作主要存在两种关系：一是先后关系；二是并列关系。由于任何一项工作包都代表着一项具体的工作，因此，为了确保工程项目的顺利实施，应当清晰地表述并描绘出各项工作的逻辑关系图。

（4）各项工作实施所需的条件。各项工作的实施都需要一定的资源和条件，甚至一些工作还可能需要以其他工作为基础，只有在完成其他工作的基础上才能进一步开展和实施此项工作。因此，在开展任何工作之前，其所需条件应清晰详细地罗列出来，以便指导工程实践活动。

（5）对各项工作的具体要求。所开展的工作是否按规定和标准执行，完成的结果是否达到预期的目的、满足预定的要求等都是事关项目成败的因素。因此，工作范围划分和确定后的所有工作必须附有相应的要求。

（6）衡量各项工作的标准。既然要求各项工作在其完成之后必须达到预定的要求，那就必须有与之相应的标准。有了这些标准，才能对各项工作进行衡量和判定，各项工作才能有章可循、有规可依。

（7）各项工作之间的界限和界面详细表述。为了避免各项工作出现冲突与矛盾，必须对各项工作完成的时间、完成的程度、完成的状态、与相邻工作的准确界限给予清晰详细的表述，使项目参与各方明确各自的职责和权力，明确各自任务的深度和范围。同时，还应对各项工作产生界面冲突后所带来的后果与风险给予必要的阐述，使项目相关各方明确各自的责任所在。

2.5 确定项目范围的方法

2.5.1 确定项目范围的方法种类

在分析和确定工程项目的范围方面，目前已有很多方法可以采用，如经验分析法、因素分析法、头脑风暴法、表格分析法、模仿参照法、对比编制法、专家分析法、WBS方法等。这些方法各有特点，解决问题的效果也有差别。一般来讲，工程项目管理者常常会结合工程项目的复杂程度和重要程度来确定采用哪种方法。

（1）经验分析法。经验分析法是一种定性分析方法，是工程项目管理者凭借其多年积累的实践经验来确定工程项目内具体工作和任务的方法。在分析和确定工程项目的各项工作时，管理者时常结合以往类似工程的做法及其效果和个人体会，给出当前工程项目应包含的所有工作。在较为简单的中小型工程项目中，这种方法简单实用、快速有效，因而依旧在工程实践中发挥着作用。但当管理者经验不足时，也会出现缺项、漏项的情况。

（2）因素分析法。因素分析法是根据工程项目管理所需，结合工程应考虑的各种因素和各因素之间的关系，确定工程项目应该解决哪些问题并包含哪些工作的逻辑推断分析方法。在分析和确定工程项目的各项工作时，因素分析法既可以全面分析各因素对工程项目目标的影响，又可以单独分析某个因素对某一子目标的影响，因此，该方法较为灵活，在中小型工程项目的具体工作分解中常被使用。但当管理者对工程项目影响因素的认识不够深刻和全面时，不同管理者之间的分析结果可能会出现很大差异，容易引起质疑。

（3）头脑风暴法。头脑风暴（brain-storming）最早是精神病理学上的用语，是指精神病患者精神错乱而随意言语的现象，如今引申表述为不受约束、无限制的自由联想和讨论，其目的在于产生新观念和新思想，激发工作创新。这种方法主要用于特殊新建工程或前所未有的工程项目范围分析。当采用这种方法时，为了达到预期的目的，应预先明确目标，鼓励畅所欲言，即使个人认为是错误的，也不能批判和阻拦别人提出的想法。与会人员一律平等，主张独立思考，与会者既可以提出自己的想法，也可以补充和完善他人的设想，最终形成集体成果。

（4）表格分解法。表格分解法是将工程项目作为整体，按照常规的专业知识，通过分层分类的方式，将工程项目进行分解，从而获得所有内含分部工程和分项工作各工作包的方法。采用这种方法时，需要管理者对工程项目的专业结构有着清晰的认识，并具有一定的理论知识和实践经验。否则，分解结果极易出现相互交叉和重叠的问题。

（5）模仿参照法。模仿参照法是指管理者利用已有的相似成果，模仿和编制出其所管理工程项目的工作范围。根据模仿的程度，模仿参照又可分为单纯模仿参照、一般模仿参照和相关模仿参照。单纯模仿参照又称直接参照，是指基本不做思考直接引用相似已有成果的方法，只有在大规模建设完全相同的工程时有较好的效果（如住宅小区开发），否则，极易出现偏失问题。一般模仿参照又称普通模仿参照，它是指管理者针对较为相似的成果，认为其所管理工程也有类似情况后，通过简单的判别而决定局部取舍部分工作内容的方法。相对而言，这种方法比单纯模仿参照更接近工程实际。相关模仿参照是指管理者针对较为相似的成果，结合工程实际，通过简单的分析，在此基础上进一步适当调整而确定其所管理工程项目范围的方法。这种方法虽比前两种参照法有所进步，但根本上也属于模仿，并未发生本质性的改变。对于重要的工程来讲，不宜使用这种方法。

（6）对比编制法。对比编制法也叫对比分析法或比较分析法，是指管理者以已有的相似成果为基础，通过对比分析，找出相互之间的差异，进而提出其所管理工程项目工作范围的方法。在实际使用时，预先找出工程之间的差异，逐项分析已有的相似成果在现有工程中存在的可能性和正确性，如果存在且性质一致则保留，否则进行调整或删除。由于这种方法较为简单，同时又增加了管理者自己的思想，寻找出相互之间的不同之处，得出的结果比较实际可靠，因此，在工程实践中较为常用。

（7）专家分析法。专家分析法类似于经验分析法，也是一种定性分析方法，是在分析和确定工程项目的范围时，充分利用专家的宝贵经验来确定工程项目各项工作的方法。与经验分析法相比，由于专家的理论水平和实践经验价值更高，对同类工程具有更专业的知识，因此，所得出的分析结果更加有效。特别是在特殊工程或大型、特大型工程项目的范围分解与任务划分时，其作用更加突出，效果也更加明显，已成为工程实践中必不可少的一种工程项目管理方式。

（8）WBS 方法。WBS 是一种把工程项目所含工作分解成最小的、更易于管理的组成部分的一种方法，也是目前相对较为科学的一种方法。该方法将项目按其内在结构或独立实施过程的顺序逐层分解，把项目的可交付成果分解成相对独立、内容单一、便于成本核算和检查的单元，从而形成一个结构化的示意图。与其他方法相比，采用该方法可以取得以下效果：①保证工程项目系统的完整性；②分解后的框架和条目结构清晰，层次分明，主次关系明确；③便于检查是否存在遗漏和需要补缺的问题；④在特殊要求下，便于若干范围的合并或拓展；⑤便于项目的逐层控制和整体控制。

在划分过程中，细分的层次越多，对项目元素的描述就越细致，定义也越详细。分解结果可以直接用于指导项目管理者根据项目的目标确定出必须完成的各项任务，因此，目前是归纳和定义整个工程项目范围的一种最常用的方法。

2.5.2　WBS 的使用原则

WBS 有其使用的基本规则，如不能正确使用，反而可能会给工程项目的管理带来危害，造成工程管理上的混乱。因此，使用 WBS 技术前，必须了解、掌握和遵循以下原则。

（1）分解的最小单元必须具有独立性和完整性，且不可再分割。

（2）分解的初始框架必须符合项目的实际情况，且符合工程项目的管理需求。

（3）任务分解结构是线性的，一个项目单元只能从属于一个上层项目单元，不能同时从属于两个上层单元。

（4）任何同层级的所有分解结果不能遗漏任何内在组成部分，且满足功能一致的要求。

（5）任何同层级的所有分解结果必须是并列关系，且具有相对的独立性和完整性。

（6）由一个上层单元分解得到的几个下层单元应有相同的性质，且实施的工作任务归属合理。

（7）分解的项目单元应能代表不同的工作内容，单元之间的工作责任界面必须清晰明确，避免出现交叉和重叠。

（8）分解的项目单元应能区分不同的责任者，便于落实项目职责和责任分析。

（9）分解的项目单元应能开展成果评价。

（10）分解后的工作层级之间具有系统性、逻辑性和条理性，与工程施工工艺和建设流程相一致。

（11）分解后的工作层级之间与工程项目的物质流、工作流、资金流、信息流相一致。

（12）确保能把每一个最小的工作包落实到具体的实施者、管理者和责任人，并有相对的独立性。

2.5.3 WBS 的使用方法

经过不断改进和完善，WBS 技术已日趋成熟。依据不同的指导思想和管理需求，可提出不同的 WBS 分解路径，最终都可得到最小的工作单元。其通用的方法和步骤如下。

（1）将工程项目总目标作为顶层目标，确保工程项目目标的引领性。

（2）以工程项目整体作为顶层，结合项目的约束条件，将其分解为若干个单项工程项目并作为第二层，每一个单项工程项目目标为总目标下的一个分目标。

（3）将每一个单项项目再分解，确定每个单项项目所包含的功能模块。每个模块目标可作为分目标的子目标，并组成项目分解结构的第三层。

（4）将每个功能模块再分解为便于组织实施的工作包。每个工作包可以使项目实施者通过具体的工具、材料和设备在计划、质量、时间与费用等具体条件约束下完成。

（5）从上至下、由粗到细逐层分解，并形成系统的梯级结构。

（6）在功能模块的分解中，对于不同类型的项目，可根据管理需求，依据不同的管理方式（如按项目的阶段、实施顺序、管理程序、组成要素、工艺流程等）来分解。

（7）对各级所有分解项进行编码并赋予唯一的代码，代码的编写必须有预先制定的规则，分解后的工程项目系统结构内任何一项工作的代码不出现重复。

（8）编制 WBS 系统表，系统表的内容包含有任务或工作名称、唯一代码编号、工作内容描述、前后关系、负责的组织、里程碑标志、质量要求、进度规定、所需资源及验收标准。

一般来说，当工程项目的规模越大、越复杂时，项目分解的层级也越多。当工程项目是中小型的简单项目时，层级就较少。如果层级少于 3 级，最后分级的工作包也不大于 50 个。根据工程实践经验，可以略去上述分解步骤中的第 7 项和第 8 项。

2.5.4　代码的编写规则

代码是以数字或字母来代表事物或管理对象的类别、名称、属性、状态的符号。在工程项目管理中，之所以对工程项目的范围分析结果进行编码，是因为以编码描绘和表示的管理对象不仅可以使所有的工程项目各级、各层管理对象的层次更加分明、结构更加有序，而且更容易使所有的工程项目管理对象系统化、结构化、程序化并便于识别，为今后信息处理的智能化奠定基础。特别是对于大型和特大型工程项目而言，工程项目分解后的最小工作包可能少则几万个，多则十几万个甚至几十万个。在此情况下，仅仅依靠传统的人工管理方式来管理工程项目的全体对象是极易出错和低效的。尤其是为了避免出现重项问题，就必须给每一个工作包赋予唯一的代码，以便确定其在工程项目中的唯一身份。此外，若要借助基于计算机的信息管理系统来实现对工程项目的高效管理，那么，对工程项目中所包含的任何一项工作包进行身份识别和确定就显得尤为重要。因此，对分解后的所有工作包进行全面系统的编码就成为 WBS 中的一项主要工作。

（1）代码的编制原则。为了使工程项目分解后的所有工作获得唯一的有效代码，便于以后的程序化系统分析，赋予每一项工作的代码就应该有不同的含义，这意味着代码中的每一位组成都须具有不同的作用和含义。对此，许多相关研究结果已表明，若要确保编写的代码具有系统性和有效性，在代码的编写中，一般应遵循分层分位、简明扼要、表意直接、便于使用四项基本原则。其中，分层分位是指所编写的代码要有明确表示系统层级及各项工作所在层级位置的含义；简明扼要是指使用的编码要简单实用而不烦琐；表意直接是指看到编号即可知其所表述的含义；便于使用是指编写出的代码不仅便于人工使用，也便于计算机使用。

一般来讲，代码一般都应在三层四位以上，这样的编写不仅可以较为明确地表明代码的含义，而且可为代码体系留下必要的扩展空间。例如，某一工程项目在汲取和遵循一般编码规则的基础上，结合项目特征和管理需求，采用了四层四位的代码结构，代码长度为四位，并采用字母与数字组合编制。这四层分别为区段码、分类码、特征码和元素码，一位用字母 A、B、C、D 表示工程项目的四个阶段，二、三、四位分别用 0~9 这 10 个数字序号以依次递推的方式代表所在区段的不同分类、特征和基元素。其代码设计结构如图 2.1 所示。实践证明，这样的编码不仅使代码与管理对象的系统结构具有较好的一致性，而且代码简洁、简单，给工程项目管理带来极大的便利。

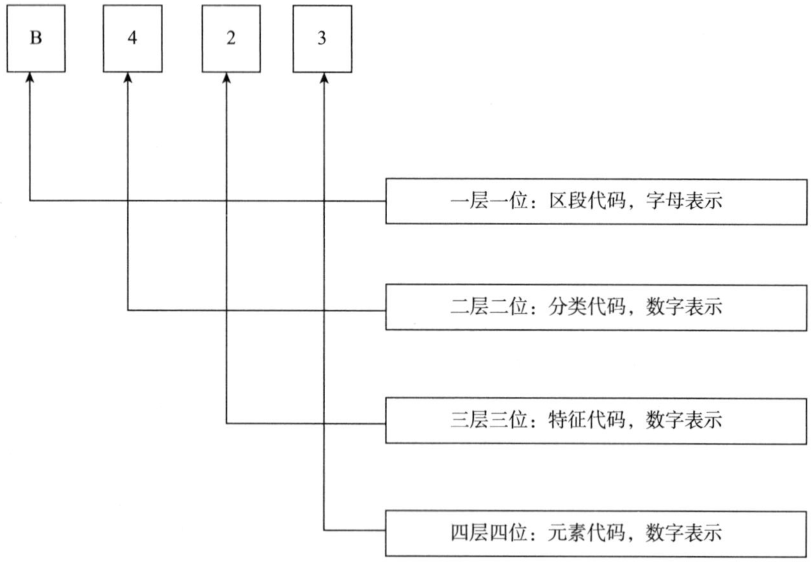

图 2.1　代码设计结构

（2）代码的编写方法。目前，编码的方法有很多种，如顺序编码、逆序编码、组合编码、分层编码等，这几种编码方式最主要的区别就是组码方式不同。顺序编码是采用从小到大的递增方式；逆序编码则是采用从大到小的递减方式；组合编码是在预先给出符号定义的基础上按照编码对象的含义进行符号组合编码的方式；分层编码是在将所有编码对象全部分层分类之后按照对象所属层级进行编码的方式。以分层编码为例，其编码的步骤为：①划定编码对象。即对需要代码化的对象在明确其组成结构的基础上进行系统分层分类，在每一类中对代码对象进行分组排序，使全部代码对象具体化。②确定编码方案。根据管理对象的数量、含义和特点，确定与之相匹配的适用代码种类，结合代码所要表达的具体内涵，决定代码编排位级和各位级的对应含义，并明确各位级的编位顺序。③系统编制代码。按照已确定的编码方案，逐类、逐层、逐项地赋予每一个编码对象不同的码号，并确定是否有特位码的存在而需要特殊的标注说明。④汇编代码总表。汇编代码总表的目的：一是要通过所有代码的汇编，检查是否存在重码或编码不合理的问题；二是便于检索和查阅相关代码，并为下一步信息的系统化和智能化管理奠定基础。

无论采用哪种编码方式，编码都应遵循系统化、结构化和简单化的指导思想。系统化是在编码时要从编码对象的全体出发进行全局性的考虑，使编码结构具有系统性和完整性，并避免发生重码；结构化则是使编码对象全体层次分明、结构条理，并便于编码信息的快速存取；简单化的目的则是便于快速识别所有对象。只有这样，所有管理对象的编码才能发挥其应有的作用。图 2.2 就是对某大型工程项目所有管理指标的系统编码，这种编码方式不仅结构清晰、系统完整，而且给工程管理指标的信息化管理带来了极大的便利。

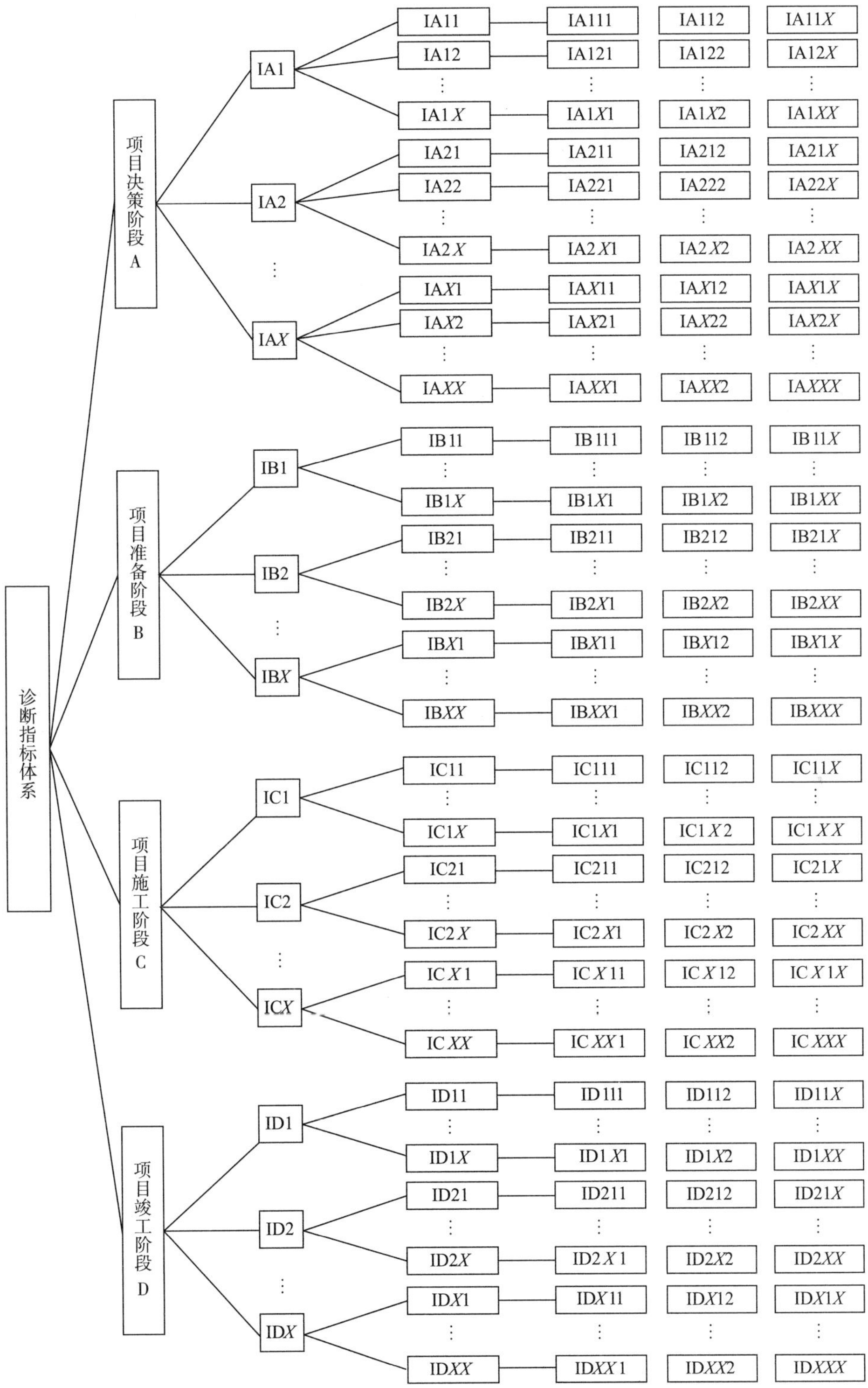

图 2.2　某大型工程项目所有管理指标的系统编码

2.5.5 应用 WBS 的注意事项

使用 WBS 对工程项目管理对象进行范围分析和工作分解是一项系统性、逻辑性和条理性较强的工作，特别是对大型或特大型工程项目进行范围分析与确定时，可能会遇到更多、更复杂的问题。在此，就 WBS 使用中需要注意的若干重要事项予以罗列，为项目管理者提供参考和借鉴。

（1）工程项目全部分解完后，应进行系统核实。同一系统各个层级的工作成果必须具有递推性，即下层工作成果的集合必须构成上层所属工作的全部成果。

（2）对于相邻关系极少的特殊工作，可以采用单独子系统进行安置和分解，或赋予特殊编码。

（3）代码层级一般以 4~6 层为宜，层级太多则会由于中间环节太多，造成管理混乱；层级太少则可能会给今后代码空间的扩展带来约束。

（4）最后的工作包应便于实施和管理，应具有工期不太长、成本不太高、质量易于控制、工作容易完成的特点。

（5）对于特大型和超大型工程项目的范围分解，为了减少分解难度，避免代码超长和复杂化，可以将其分成若干大型工程组，然后以大型工程组为分解对象，再采用一般性的分解方式进行分解。

2.6 工程项目范围的核实与确定

确定工程项目的范围之后，为了确保确定的范围合理、正确、全面、有效，就需要对确定的范围及其结果进行必要的核实。核实的内容主要如下：①确定的工程项目目标是否与预定目标一致；②划分的方法是否科学合理，是否含有个人主观臆断；③预设条件是否合理；④风险因素是否考虑；⑤实施主体的能力是否能够满足分解要求；⑥所需条件是否具备；⑦特殊要求是否考虑；⑧工作包是否详细、具体、明确且便于实施。

核实的工作一般由工程项目的建设方、施工方、接收方等主要利益相关者共同执行。在核实的过程中，利益相关者依据工程项目的立项文件、批准文书、设计图纸、标准规范等共同认可的资料，审核确定的工程项目范围及分解结果是否达到以下要求：①范围内的工作目标与工程项目总体目标一致；②范围分解的结果所组成的系统框架是完整的，范围内的所有工作都是工程项目必不可少的组成部分，重要的可交付成果和项目管理活动都已包含在内；③可交付的标志性成果是切实的、可验证的，且附带有明确的要求和标准；④同一系统各个层级的工作成果具有递推性，即下层工作成果的集合完全构成上层所属工作的全部成果；⑤下层工作的进度累计不超越上层所属工作的进度时限范围；⑥下层工作的费用累计不超越上层所属工作的费用所限范围；⑦分解的最小结果具有可执行性，且具有不可再分性；⑧每个最小结果——工作包的定义是清晰完整的，具有不二性；⑨每个最小结果——工作包是切实的、可测量的、可验证的，且附带有明确的要求和标准；⑩每个最小结果——工作包在技术上是可行的，具有可实施性；⑪范围内不含有工程项目之外且与项目目标无关的工作。

完成上述所有事项的核实并达到要求后，工程项目的利益相关者就可以正式签字和确认。之后，工程项目管理者就可将最终的范围认定成果交给工程项目的参建各方，参建各方即可以此为基础编制各自的实施计划、施工方案、监理方案、材料设备供应方案、水电能源供给方案、设立项目组织与管理人员等一系列工作。若在范围的核实中发现有关问题，就需要将问题具体化，指导范围划分者进行解答或处理提出的问题，直至处理的问题满足上述核定要求为止。

2.7　工程项目范围的变更与控制

2.7.1　工程项目范围的变更

在工程项目的实施过程中，由于天气、地质、环境、物价、政治等多种因素的变化，可能会给工程项目原定计划的实施带来一定程度的影响，这些影响会使工程项目原计划实施的工作和任务内容发生改变，同时也必然会使原先划定的项目范围发生相应的改变。因此，在工程项目的实施过程中，工程项目范围的调整和变更就成为项目管理中的一项主要内容。

同时，由于范围的调整和变更必然会引起项目进度计划、工程费用的变更，与此相应的材料供应、人员配备、安全监管等一系列相关内容也必然会发生相应的调整和改变。因此，在工程项目管理中，对工程项目范围的调整和变更做出了严格的规定，即在开展此项工作时必须执行严格的程序。具体的程序如下。

（1）提出变更理由。当任何一方提出变更要求时，必须同时给出变更的理由。理由可以来自项目内部，也可以来自项目外部；可以是自愿的，也可以是被迫的，但必须以书面方式提出正式申请，并对变更的理由进行详细阐述，同时附带变更的相关依据。

（2）审定变更理由。主管项目范围变更的部门接到变更申请后，需组织利益相关者根据提交的变更依据进行审核。变更的依据可以是实际情况发生变化的图片、有关权威部门的检测报告、问题分析报告、主管领导或部门的批示、建设单位或业主的要求等。审定时，主要审查依据的真实性、问题的严重性和变更的必要性。

（3）给出变更审定结果。完成变更审定后，主管项目范围变更的部门应就是否同意变更给出审定结果，便于变更申请单位就是否开展下一步相关行动做出安排。

（4）提出变更方法。若同意变更申请，则申请单位须提出相应的变更方案，就如何增减项目有关内容、如何实施新增内容、需要具备什么条件、可能会带来什么影响等提出详细的报告或方案，并提交有关部门审定。

（5）分析变更带来的影响。主管部门组织有关专业技术人员对提交的报告进行审查，分析提交报告的可行性和有效性。特别的，变更后给项目整体带来的影响是分析的重点。这主要是因为，项目变更提出者可能会从自身利益出发，适度夸大或缩小变更所带来的影响，而主管部门必须从项目整体出发，对变更所产生的影响进行全面分析，并得出相应的结论。

（6）调整和变更原定计划。在完成项目变更分析与审定后，主管部门须对原定计划做出相应的调整，删除原计划任务和相应的代码，增加新增任务及其相应的代码，并完善进度调整、费用修改等相关工作，编写出正式通知文件。

（7）制定相应对策。对于新增的任务可能带来的影响，主管部门要组织有关技术人员制定相应的对策，同时要明确对策的执行单位、执行时间、检测方式、考核方式和完成标准。

（8）发送变更通知。主管部门将编写出的正式通知文件以书面形式正式下达给有关单位和部门，并将对策及相关文件一并发送。

（9）执行、监督与控制。有关单位接到变更通知及实施方案后，即可组织有关人员开展工作，主管部门同步安排有关人员进行监管和管控。

2.7.2 工程项目范围的控制

工程项目范围的控制是为了使项目朝着有益的方向发展而开展的管理活动。这个控制活动可以分为两种：一是事前控制；二是事中控制。某些书中分为三种，还增加了事后控制，其内涵主要是指范围变化后的经验总结。因此，从本质上讲，事后控制不属于范围控制的范畴。

（1）事前控制。事前控制是一种发生变更的前期管理行为。在范围变更中，一些变更是客观原因造成的，一些是主观原因造成的；一些是必须变更的，一些是可以不必变更的。特别是一些项目参与者出于自身利益的考虑，也会提出变更申请。对于此类变更，就需要项目管理者在变更审定的过程中，全面了解和掌握变更的理由及依据。针对那些理由不充分、证据不可靠的变更，要给出及时的指导，同时通过预先的合同条款约定来约束有关方的随意变更行为。此外，可以根据国家有关部门或行业规范标准来约束有关方的随意变更，也可通过增加或减少相应的酬金来约束有关方的随意变更，还可以通过性价比、价值系数或有关经济效益的分析结果来告诫和约束有关方的随意变更，打消他们的变更想法。这样，就可以在变更前消除不必要的变更，对工程项目的范围变更实现有效的管理和控制。

（2）事中控制。对于那些允许且批准的变更，项目管理者也必须予以跟踪和控制。其管控的主要目的有三个方面：一是确保范围变化所带来的不利影响控制在最小的范围内；二是确保范围变化后所产生进度变化、费用变化、资源变化、安全变化等都在可控的范围内；三是确保范围变化后的实施结果达到预期的目的，且不会再产生新的不利影响。由此可以看出，事中控制是一个综合管理的过程，需要与工程项目进度控制、费用控制、质量控制等结合起来，而不是单一性管理可以完成的管控工作。

2.8　项目范围的界面分析与确认

2.8.1　项目范围界面的含义

在工程项目的实施过程中，各项目及其范围分解后的工作包之间存在着相互依存、前后衔接的关系。从单项工作来看，这种相互依存关系集中表现在前一项完成的工作是后一项工作的基础，后一项工作的开展是前一项工作的深化和延续。从可交付的项目成果来看，每一阶段都以某种可交付的成果作为该阶段或该项工作结束的标志，并且这种成果在项目中担负着承上启下的作用。由此可以看出，各项目和工作包之间存在着一个如何相互衔接的问题，这个相互之间的衔接面在项目管理中就叫做工程项目的范围界面。

大型和特大型工程项目是由多个工程项目组成的，单个工程项目是由多个子项目组成的，子项目是由多个子系统（或阶段）组成的，子系统又是由多个最小的工作包组成的。因此，工程项目建设中出现的界面就有项目之间、子项目之间、系统之间、工作包之间的多种界面，其中，工作包之间的界面占绝大多数。

工程项目的界面有很多种类型，按照不同的方式可以划分出不同的界面，如可按项目目标、专业类别、行为关系、组织类别、形态关系等划分项目范围界面。

（1）项目目标。依照目标的不同，可将工程项目的范围划分为多个为实现总目标而实施的子目标工作范围，以及为实现子目标而实施的分目标工作范围等，但这种界面最终还将归结到相互协作的工作包层面上。

（2）专业类别。依照专业的不同，可将工程项目分为建筑、结构、水、电、暖、通风、网络、通信等专业工作包，但这种界面最终还将归结到相互协作的工作包层面上。

（3）行为关系。按照工作上的行为逻辑关系，可将工程项目分解成多个工艺操作单元，通过项目单元之间的相互连接，可将项目还原成一个整体。

（4）组织类别。按照工作的管理归属关系，可将项目分解为单位与单位、部门与部门、部门与单位之间的工作界面，但这种界面最终还将归结到相互协作的工作包层面上。

（5）形态关系。按照界面之间的形态关系，可分为静界面和动界面。静界面是指相互之间具有弱相关关系，不出现明显的工作交叉和重叠，或是一方工作不会给另一方工作带来显著的约束和影响的界面。例如，大型工程项目中的多个项目之间界面就存在很多静界面。由于此类界面之间只存在相关关系而没有相互约束关系，因此，不是工程项目范围界面管理的主要对象。

动界面是指相互之间具有强相关关系和显著的逻辑性，且一方工作的失误会给另一方工作带来约束和影响的界面。例如，工程项目中多个子项目之间的界面或是按照工艺施工的多个工作包之间就存在很多动界面。由于此类界面之间具有很强的逻辑关系和相互约束关系，因此，其是工程项目范围界面管理的主要对象。

2.8.2 项目界面分析

尽管 WBS 将工程项目的范围进行了清晰的划分并将所有工作分解成各自独立的项目单元，各单元按照预定方案即可实施，但工程项目是一个有机整体，系统功能的实现常常是通过各单元之间的相互配合。

一般来讲，工程项目的范围及所有工作确定之后，项目即可在做好各项准备之后按照计划组织实施。实施的顺序一般可分为先后和并列两种，较多的是按照先后顺序的方式进行。这是因为，工程项目的全过程具有鲜明的系统特征，工程项目是按照项目决策、准备、实施和竣工的顺序依次进行的，而且每一阶段都以某种可交付的成果作为该阶段结束的标志，并且这种成果在项目中担负着承上启下的作用。例如，决策阶段要交付可行性研究报告和项目批文；准备阶段要依据这一批文办理相关工程手续，委托工程规划设计；而施工阶段只有在这些手续和设计图纸完善的基础上才能顺利开展各项工作。由此可知，如果工程项目管理界面处理不好，不仅会导致工程项目许多工作的延误，引发进度拖延、费用增加、质量降低等问题，而且可能产生大量的冲突事件。例如，在项目的初始阶段，项目的投资者、决策者或后期的使用者由于非专业的原因很难对项目的工作内容和范围具体化，缺乏具体准确的定义和量化指标，因而更多地采用了文字方式进行说明和描述。而这些容易引起歧义性的文字描述常常会造成项目相关者对项目内涵理解上的不一致。如果这些不一致在工程项目设计期间没有得到充分的交流并达成共识，设计人员在没有完全了解项目投资者意图的情况下就绘制完施工图，则有可能埋下冲突的隐患。特别是在工程项目的施工阶段，随着投资者对建筑实体的逐渐明晰，便开始要求设计者进行若干设计变更，更改方案，两者之间便可能产生一些抱怨甚至指责。在投资者所提要求没有被满足的情况下，其还可能在项目验收时拒绝接收，再次引发前一阶段隐藏和遗留下来的冲突问题。此外，我们还可以通过下面三个方面的分析对界面不清所引发的问题进行进一步的认识。

（1）在工作内容方面，由于多种原因，某一工作内容包含了属于其他工作的部分内容，各工作内容之间出现交集，交集部分对双方或多方都产生约束，并通过交集内容相互反馈和约束。一旦某一方出现问题，就会给对方带来约束和影响。

（2）从利益和责任方面讲，不同的项目管理者负责不同的工作内容。由于工作的职责所在，他们必须关心和重视与自身利益紧密相关的其他工作内容与成果，从而引起他们在不同时段对与之相关工作的适度介入。这些管理者都希望通过对其他阶段相关工作的干涉，使项目朝着有利于自身利益的方向发展，这种干涉在对方不接受的情况下便可能产生冲突和矛盾。不同管理者在项目不同阶段的介入跨度如图 2.3 所示。

（3）从时间方面讲，由于项目中若干工作需要相互配合，一些项目管理者可能出于自身利益的考虑，提前开展一些工作，这就造成很多工作原有界面的不清晰。例如，在实际工程中，各阶段的很多工作并不完全是在上一阶段的所有工作都完成后才开展下一阶段的工作，而有可能不等到上一阶段的 N 项工作内容全部完成，可能就会提前开展下一阶段的 H 项工作（$H \leqslant N$），在此，我们称为提前介入。这种提前介入在实际工程中是经常发生的，尤其在进度要求很高的工程项目中频繁出现。由于这种提前介入必然要占

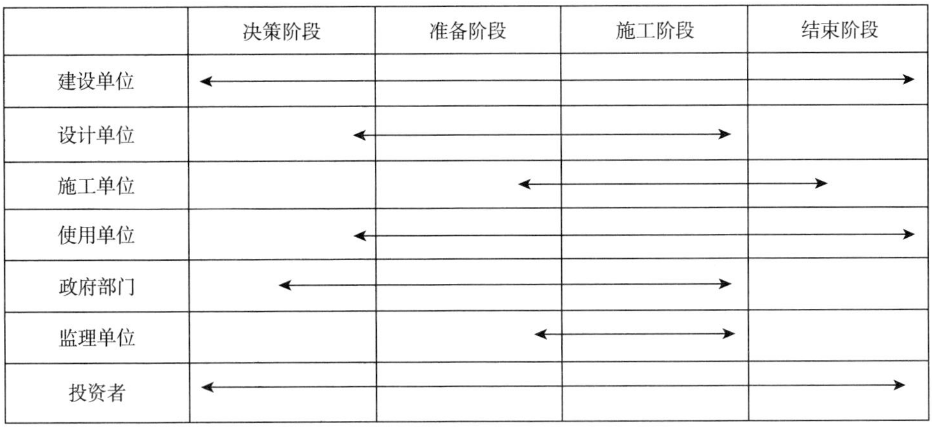

图 2.3　不同管理者在项目不同阶段的介入跨度

用该阶段相应的资源，至少占用空间资源，而这种资源本来是不属于提前介入方的，因此，这种提前介入便导致了下一阶段若干工作的非正常启动，也使各阶段之间的界面和工作之间的界面更加复杂化。如果这种提前介入是在被上一阶段相关者认可并无其他约束的条件下进行的，这种介入便有可能实现，否则，就有可能发生资源竞争等冲突事件，给工程项目的实施带来若干不利影响。

但实际工程也同时证明，并非所有的项目中的提前介入都会产生冲突与矛盾。例如，下一项工作早已准备好对上一项工作的承接，如果上一项工作未按时完成，下一项工作可能就会有所怨言并发生冲突；而当下一项工作还没有做好承接上一项工作的准备时，可能即使上一项工作未按时完成，下一项工作也不会有所追究，从而避免了原本可能发生的冲突问题。由此可以看出，在工程项目中，处理好工程项目之间的界面对工程项目实施有效的管控非常重要。

2.8.3　项目界面确认

通过对项目范围界面的分析可知，在工程项目的实施中，项目范围的界面无论采用哪种方式划分，最终都将通过具体的工作来体现，这也是 WBS 技术在工程项目工作范围分解方面应用较为广泛的主要原因。在工程项目管理中，一般通过以下四个方面对界面是否清晰做出识别和判定。

（1）所开展的任何两个最小工作是否目标相同，如果相同，那就可能存在界面重合问题，需要重新开展识别工作。

（2）所开展的任何两个最小工作内容是否完全一致、相近或重复，如果存在此类问题，也有可能存在界面重合问题。

（3）所开展的任何两个最小工作关系是否存在逻辑上的冲突与矛盾，如果存在，那就可能存在界面重合问题。

（4）所开展的任何两个最小工作所提交的最终成果是否相同，如果相同，那就肯定存在界面重合问题，必须重新开展范围划分工作。

如果在工作的目标、内容、关系和最终成果提交方面完全不一致，那么，可以确定它们之间不存在界面不清晰的问题。

2.9 工程项目的界面管理

工程项目的实施是一个系统性的建设过程，但这个过程中包含的所有工作都将由不同的单位、不同的人员利用相关资源、在规定的条件下完成。然而，不同的单位和人员都有各自的思想、素质、文化、技术等差异，实现预定目标的动力可能各不相同。因此，在完成各自任务的过程中，完成的方式、完成的态度、完成的能力、完成的效果就呈现出多样性，并产生不同的结果。但有一点相同，就是为了各自的利益，都要求和期望与自身工作相关的其他工作方朝着有益于自身的方向发展，并且，为了达到这一目的，会在适当的时候给予适度干涉。很显然，这就必然出现管理界面的问题。同时，由于专业之间可能需要相互配合，在信息传递方面需要共享，资源配置方面需要相互协调，那么，也就必然出现管理界面的问题。通过对管理界面的分析可得知，如果在这些方面各相关方没有达到自己的目的，由于对方的原因或其他原因给自己的工作带来不利影响，那就必然会发生冲突与矛盾，或提出范围变更。因此，为了实现对工程项目范围的有效管理，在工程项目实施中应注意和加强以下几方面的工作。

（1）建立严格的管理体制和运行机制。在构建组织管理体系时，对涉及工程项目参与各方的管理体制和运行机制要格外地注意，要确保所构建的管理体制和运行机制科学、系统、全面、完整和有效，不能出现制度不完善、职责不明确、机构不健全、工作归属缺失等问题。

（2）工作内容与其相应的权利和责任公开化。为了避免项目参与方出于局部利益的考虑而出现故意漏项、缺项的行为，或是不负责任的推脱行为，应将各方的工作及其相应的权利和责任公开化，使之受到项目公众的制约，并避免界面不清、职责不明的问题发生。

（3）加强参与各方之间的协调与沟通。在工程项目中，项目参与各方是项目共同体的有机组成部分，很多问题的分析与处理需要各方相互配合和协商解决。因此，要加强项目参与各方之间的相互交流，使各方相互理解、相互协调，减少冲突与矛盾。

（4）发挥信息科技的作用。要充分利用当今信息传输方面的先进科学技术，通过信息系统、网络通信等手段，使项目参与各方及时了解和掌握对方的信息，避免信息迟滞带来的误解，提高合作效率。

（5）加强工程项目实施状态的即时管控。如果项目参与各方都能保质保量地按时完成各自的任务，那么，工程项目之间的界面冲突问题也就极少发生甚至不会发生。为此，在工程项目的实施中，要加强对工程项目实施状态的即时管控，及时发现问题并及时处理，确保工程项目的顺利实施。

（6）开展必要的绩效管理。在工程中，需要开展必要的绩效管理，对那些快速高效完成任务的工作方给予必要的奖励；对那些由于自身原因而给项目带来危害的工作方给予必要的惩处。

（7）工程项目建设主管方要高效工作。在工程项目若干问题的处理中，问题得不到及时处理的很多原因是项目建设主管方领导工作低效,并由此而导致进度拖延等问题。但由于工程建设主管方所处的地位，其他项目参与方不便直言和督促，使一些问题扩大化。因此，要在管理界面的处理方面特别注意此类问题的发生。

第3章

工程项目组织管理

任何工程项目都需要一个有效的组织来实施，这个组织以实现工程项目目标为前提，通过构建与之相匹配的管理体制和运行机制，来实现对工程项目的有效管理与控制。因此，在工程项目管理中，组织管理是项目实施前最先开展的主要工作，包含的工作内容主要有项目组织形式的选取、项目组织的设计与构建、项目组织的管理模式与管理方法。

3.1 工程项目组织及其特性

3.1.1 工程项目组织的内涵

组织是一个具有较多内涵的多义词，国内外很多学者分别从不同角度给出了多种解释，如美国管理学家切斯特·巴纳德（Chester Barnard）认为，组织是多个个体集合而成的系统，也是有意识地协调多人行为或各种力量的系统。著名组织理论学者理查德·达夫特（Richard Daft）认为，组织是指这样一个实体，它具有明确的目标导向和精心设计的结构与有意识协调的活动系统，同时又与外部环境保持密切的联系。根据达夫特对组织的定义，组织是由人及其相互之间的关系所构成的，这种关系不仅是指组织内部的纵向协调，而且包含了组织与其所处外部环境的横向协调。而管理学家斯蒂芬·罗宾斯（Stephen P. Robbins）将组织从词性上进行了区分，他认为作为名词的组织是一个自觉协调的社会单元，由两个或两个以上的人构成，用于实现一个普通的目标或一组目标；作为动词的组织是指决定执行什么任务、由谁执行、任务如何组合、如何报告和监督、决策由谁做出等一系列行为。相对而言，罗宾斯对组织的定义更为全面。

根据《现代汉语词典》，当组织作为名词来解释时，其内涵是指若干要素相结合的形式，如党组织、团组织等。这些形式中，组织通过制度和规定确定并划分了内含各要素的职能与层次，因此，组织就成了一个要素组合体。这个组合体给所有组织内的要素和成员设置了不同的岗位与职责，所有成员在组织原则的指导下开展各项工作，使这个组织整体具有了目标的一致性、结构的完整性、工作的原则性、运行的系统性和相互的协调性。据此，组织可被定义为按照一定的规则而设置的有层次、有职责的系统总体。

当组织作为动词来解释时，其内涵是指有计划、有目的的行为活动，因此，组织就成了一个管理过程，是为完成某一计划或实现某一目标，运用组织所赋予的权力，对所需的资源进行合理配置，并在此基础上采取的行为或开展的一系列活动。

根据组织行为理论，组织的这两种含义分属组织论的两个分支，即组织管理学和组织行为学。组织管理学侧重于组织的静态研究，主要研究组织的结构组成和管理制度；而组织行为学侧重于组织的动态研究，主要研究组织所产生的行为及其效应。在工程项目管理领域，组织兼有这两种含义，它不仅是一个有明确目标的集合体，该集合体有一定的层次结构，有明确的行为准则与规章制度，而且将根据工程项目的管理需求不断开展各种行为活动，是一个为实现工程项目管理目标而构建的管理体制和运行机制集成系统。

3.1.2　工程项目组织的核心要素

不同类型、不同规模的工程项目需要不同的项目组织来开展项目的各项工作，但不论何种项目组织，都需要有明确的组织目标、组织成员、管理体制和运行机制来实现组织的功能，因此，组织目标、组织成员、管理体制和运行机制就成为组织的四个核心要素。

（1）组织目标。组织目标是组织存在的基础依据，没有了组织目标，组织也就失去了存在的必要性。组织目标决定了组织的工作内容，进而决定了组织中的岗位设置、部门设置及组织的具体结构形式，组织的所有工作都将围绕实现组织目标而展开。

（2）组织成员。对于项目组织来说，组织成员又是构成组织的最基本要素，不仅组织中的各个部门和各种岗位需要组织成员来配置，而且组织中的各项工作最终也必须由组织成员来完成，因此，组织成员在项目组织中占有非常重要的地位。

（3）管理体制。组织中的任何部门和任何成员在开展各项工作的过程中，都必须遵守有关规章制度，根据自己的岗位职责行使自己的权利、履行各自的义务、完成自己所担负的工作，而不能随意地各行其是，即在组织工作中，要按照组织规范、方针政策、规章制度等开展工作，这些组织规范、方针政策、规章制度构建成组织的管理体制。因此，管理体制是保障项目组织顺利开展各项工作的必要条件。

（4）运行机制。工程项目中的很多工作具有严格的办事流程，必须在具备若干条件的基础上才能进一步开展与实施，不能随心所欲、毫无章法。各项工作先做什么、后做什么，办理的程序、步骤及具体的办理方法都有相应的规定，这些办事流程、步骤、方法等就构成了组织管理中的运行机制。因此，运行机制是保障项目组织顺利开展各项工作的前提基础。

这四个核心要素在工程项目组织中的关系如图 3.1 所示。

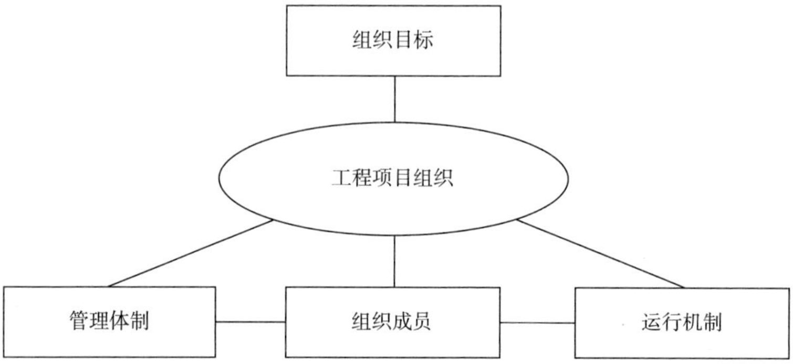

图 3.1 工程项目组织中的四个核心要素

3.1.3 工程项目组织的特性

工程项目组织是为实现工程项目目标而构建的管理系统，这个系统将根据工程项目建设规模的不同而设置不同的管理体制和运行机制。但不论组织有多少种形式，它们都具有以下六个方面的特性。

（1）组织的完整性。组织的完整性是指在项目组织的设计与构建过程中，必须根据工程项目的管理需求，合理设置相应的管理部门和组织机构并配置相应的管理人员，工程项目的所有任务可以通过有关部门的相互配合来完成。

（2）目标的一致性。目标的一致性是指组织内部各个部门和成员在开展各项工作的过程中，必须从大局出发，任何工作的最终目标都必须与项目的最终目标一致。

（3）工作的原则性。为了实现工程项目的预定目标，项目组织需要将工程项目中的各种任务分配给不同的部门和人员，这些部门和人员将在预先制定的工作方针和原则指导下相互协调及合作。为了彼此间的高效合作，所有工作人员必须按照预定的规章制度去执行。

（4）运行的系统性。运行的系统性是指项目组织在开展各项工作的过程中，必须遵循一定的程序，使工程项目在其建设过程中能够按照预定的计划顺利实施，即使发生特殊事件，也能得到有效的管理和控制。

（5）相互的协调性。工程项目是由多个任务、多项工作组成的大系统，很多工作的完成需要多方的相互协同与配合，各方之间可能互为基础、相互支撑，在共同的努力下才能完成各项任务。因此，这就需要项目组织的相关方在工程项目的建设过程中相互配合，为完成工程项目的各项工作共同努力。

（6）机构的临时性。项目组织是指为完成特定的工程项目任务而建立起来的工作组织，随着项目的产生而建立，随着项目的结束而解体。因此，项目组织具有一次性和临时性的特点。

在工程实际中，项目组织的这六个方面的特性是相互影响、紧密关联的。项目成员只有按照一定原则，在明确各自职责的前提下相互协调与配合，才能更好地实现组织的目标。反过来，项目组织只有预先明确了共同的目标，才能使组织各方团结起来，使组织系统稳定地运行。项目组织一旦失去了完整性，或是组织目标不明确，或是没有组织原则作为行为约束，项目成员之间就可能出现很多冲突与矛盾，项目组织也就不能顺利开展各项工作，失去了其应有的价值。因此，这六个特性是项目组织实现其功能的必备特性。

3.2　工程项目组织的作用

工程项目组织是一个为实现工程项目目标而构建的管理机构，这个机构通过组织内各部门之间的协同工作，完成项目的预定计划，并同步解决各项工作实施中的有关问题。其作用主要体现在以下几个方面。

（1）有利于项目目标的实现。工程项目目标是由多个子目标组成的，并通过多个子目标的实现而实现。科学合理的项目组织可以将项目总目标分解为多个子目标，并将各子目标安排和落实到项目组织的各部门与单位，通过科学的组织管理来实现各目标。

（2）有利于工作效率的提高。项目组织有严格的管理体制和运行机制，也有相应的监管规则和考核制度，这不仅给项目参与各方快速高效地完成各项工作奠定了有力的基础，也为调动项目参与各方的工作积极性、提高工作效率提供了相应的保障。

（3）有利于各项工作的落实。项目组织是为完成项目的预定任务而建立的，项目组织的各部门与岗位也是根据项目所需而设置的。因此，项目组织的设立可以使工程项目的各项工作分解到组织的各部门和组织成员，各部门和岗位人员可以根据其相应的职责开展各项工作，使工程项目的各项工作落实到位。

（4）有利于各种问题的解决。在项目组织的管理体制和运行机制中，对组织各部门和各岗位的工作职责、工作范围、工作方法、实施流程等已做出具体的规定，一旦在工程项目的实施中出现有关问题，各相关方就可以按照预先的规定进行申请、上报、请示、协调和处理，这对及时有效地解决各种问题是极为有利的。

（5）有利于项目资源的优化配置。工程项目的建设过程也是一个资源消耗的过程，如果项目资源没有得到有效的保障，就会给工程项目的顺利实施带来许多困难。对此，项目组织可以针对项目所需资源，从项目总体出发，根据项目的进展情况，开展科学合理的资源优化与配置，在保障项目参与各方利益的同时，做出合理的调整，使有限的项目资源发挥更大的作用。

（6）便于协调项目内外各种关系。在工程项目的实施过程中，工程项目时常受到项目内外多种因素的影响，若要确保工程项目的顺利实施，就需要及时协调和疏通有关各方之间的关系。对此，协调各种关系的部门人员可以项目组织的名义开展有关工作，并集中或利用项目组织的各方资源，协调处理与有关部门、单位之间的关系，为工程项目的顺利实施创造条件。

此外，在工程建设中，还可以通过项目组织实现工程信息的高效交流与分享，实现部门与单位之间的高效衔接和交流，增强项目团队的凝聚力，等等，为工程项目的顺利实施提供更多的保障，发挥更多的作用。

3.3 工程项目组织成员

3.3.1 项目组织的一般成员

对于一般工程项目而言，其参建单位主要包含建设单位、投资单位、勘测设计单位、监理单位、施工单位、供货单位和使用单位；对于大型或特大型工程项目，还可能包含保险公司、信托公司、中介公司、政府职能监察部门等单位。这些单位和部门通过行政或合同关系形成了一个庞大的项目组织群体，为实现工程项目的共同目标而履行着各自的职责，承担着各自的任务。因此，工程项目组织一般包含以下成员。

（1）建设单位。由于工程项目从其策划、可研到立项都是由工程建设单位实施和开展的，工程建设单位对工程项目的建设意图有着最为深刻的了解和把握，因此，工程项目的建设单位就成为工程项目组织的主要创建者。同时，由于工程项目从开始到结束始终都需要建设单位的管理、指挥与控制，因而工程建设单位也是工程项目组织的主体。

（2）投资单位。以前，工程项目的投资者多以政府或工程建设单位独资的形式出现。但随着社会的发展，项目的资本结构已呈现出多元化，项目可以多种方式进行融资。为此，项目投资者就可能是政府、本国企业、金融机构、私人及外国资本或中外合资企业等，这些部门、单位或个人都可成为项目的投资单位，因而，也就成为项目组织中的一员，并有了相应的话语权。

（3）勘测设计单位。工程项目在开始建设之前，必须将建设意图以图纸文件的方式表达出来，以便指导项目参建单位开展工程施工、购买材料、质量监管、进度控制、保护环境等工作，而此类工作主要由勘测设计单位来完成。在工程建设过程中，勘测设计单位还需要对有关技术问题答疑解惑和指导，并在工程竣工阶段参加工程验收等工作，因此，勘测设计单位就成为工程项目组织中的主要成员之一。

（4）施工单位。施工单位是工程项目开展建设活动的主体单位，是工程项目组织必不可少的核心成员。对于一般中小型工程而言，其一般由少数几个施工单位组成；对于大型或特大型工程而言，可能会由几十个或上百个施工单位组成。

（5）供货单位。供货单位是工程建设物资的主要供应单位，有些工程可能将其所有物资直接统包给施工单位或一家大型供货单位，也可能分包给多家供货单位。目前，确定工程物资供应单位最普遍的方式是招投标。因此，作为项目组织成员，供货单位的不确定性较为明显。

（6）监理单位。在工程项目的实施过程中，工程监理单位接受建设单位或业主的委托，对工程项目的质量、进度、安全、风险等开展过程管理，为确保工程项目目标的实现发挥着重要的作用。因此，工程监理单位是工程项目组织的主要成员之一。

（7）使用单位或业主。使用单位是指项目建成后负责使用的单位；业主主要是指项目的所有者。在一般中小型项目中，业主和项目使用单位的身份常常是一体的。但对于大型工程项目，使用单位和业主可能各不相同，业主将拥有该项目的最终所有权，而使用单位可能仅有使用权。作为项目组织成员，使用单位和业主可能是主要成员，也可能是次要成员，因项目类型的不同而不同。

（8）政府及其相关职能部门。对于那些事关国家和政府形象的工程、事关群众利益的工程及在社会上有较大影响的工程，政府还要增派有关部门对工程实施监督和管理，以确保工程项目达到预期的目的，实现预期的目标。此时，政府及其相关职能部门也就加入了工程项目的组织当中。

（9）工程项目其他相关单位。如果一个工程非常庞大，工程建设涉及大规模居民移居、房屋拆迁、环境改造、文物保护等问题，那就有可能将社会上的很多企事业单位包含进来，组成一个极为庞大的工程项目组织。此时，此类工程项目组织的概念有了新的内涵，需要对其重新定义。

3.3.2 项目组织的核心成员

工程项目组织是一个由众多成员组成的集合体，对于这样的组织，若要使其发挥应有的作用，就必须有一个核心来领导和指挥。在工程项目中，这个核心就是工程项目部。一般来说，工程项目部由建设单位来组建，项目部所需包含的部门和岗位是根据工程项目的建设目标、建设规模及管理所需确定的。项目部的各个岗位由其工作人员来担任，总体工作由项目经理来负责。因此，项目经理和项目部成员就成为项目组织的核心成员。

（1）项目经理。项目经理的基本职责是通过计划、组织和控制等手段对工程项目进行系统化管理，并最终实现工程项目的预定目标。

在工程项目的建设中，项目的很多工作需要由项目经理来组织和完成。由于这些工作时常涉及技术、管理、协调、组织等项目内外的多个方面，因此，为了确保工程项目的顺利实施，项目经理必须具备相应的领导能力、组织能力、协调能力、专业技术能力、发现问题和处理问题能力等。这些能力的具备使项目经理可以有效地管理项目团队，并在项目实施的过程中能鉴别是非、评估风险、权衡利弊、博采众长、优化资源，同时还能够及时发现可能出现问题的迹象和征兆，消除误会、化解压力、增进项目组织成员之间的团结，并尽可能满足项目成员的自身利益和精神需求，使工程项目处在一种和谐良好的发展状态。因此，项目经理就成为工程项目组织的核心成员，他所具有的素质与能力对工程项目能否正常顺利实施产生重要的影响。

（2）项目部成员。项目组织是为了对工程项目实施有效的管理、避免和减少有关问题的发生，为最终实现工程项目目标而设立的机构。因此，这就要求在项目部工作的人员必须在项目实施前已具备相应的专业知识并达到项目所需的水平、具有良好的职业道德、具有相互合作的精神、能独立完成自己所承担的任务等能力，而那些不具备项目要求的人可能在一开始就被项目组织所不接受。

3.4 工程项目组织形式

3.4.1 工程项目组织的基本形式

在工程项目中，项目组织是为了完成某项特定的工程任务而由不同部门、不同专业的人员组成的临时性工作机构，它通过计划、组织、指导、控制等过程，对工程项目进行管理，并确保工程项目的顺利实施与目标实现。目前，最为典型的项目组织形式有三种，即职能型、项目型和矩阵型。

（1）职能型项目组织。职能型项目组织在其他一些书中也被称为直线型项目组织，是工程项目组织中最简单的一种组织形式。它是按照职能原则建立的项目管理组织，也是一种集权式的组织管理结构形式。其特点是组织中各种部门设置之后，部门成员和领导职务按职能系统排列，每个部门中的每位工作人员都有对应的上级，各级领导只对其所属下级拥有直接管理权和指挥权，部门成员也向自己的所属上级负责和汇报工作。

职能型项目组织的优点是结构简单、权利集中、责任分明、命令统一、联系简捷、项目组织各部门成员具有较强的专业知识、工作交叉少、任务单一、行政关系清晰；缺点是管理职能过于集中，可能会由于知识或信息的限制及个人能力有限而给工作带来不利影响。例如，遇到规模较大、技术复杂的工程项目，不但在组织上具有管理层次较多、关系不易协调、工作监管困难、难以调动各方工作积极性等缺陷，还容易造成管理成本过高、管理效率低下、意见不易统一、问题处理耗时长、各部门多考虑自身利益而产生冲突与矛盾等问题，也不利于项目参与各方目标和利益的统一，对外部变化适应能力差。因此，这种项目组织形式一般适用于专业单一且不需要涉及许多部门的小型简单工程项目，对于大型、复杂、专业交叉较多的综合性工程项目有很大局限性。在工程中采用这种组织形式时，组织结构的层次不能过多，否则会给工程项目参与各方之间的信息沟通与相互协调带来极为不利的影响，大幅降低工作效率，极易产生各种冲突与矛盾。其结构形式如图 3.2 所示。

（2）项目型项目组织。项目型项目组织是指将工程项目的组织形式独立于建设单位或施工单位职能部门之外，根据工程所需，独立设立承担工程项目工作的一种组织管理形式。该组织形式结合工程项目的特点，专门组建工程管理所需的各个部门，抽调专人来负责工程项目的具体工作，项目的行政事务、财务、人事等在公司规定的权限范围内开展工作。该组织对工程项目的管理具有相对独立的自主权，工程项目的具体工作由项目经理负责。

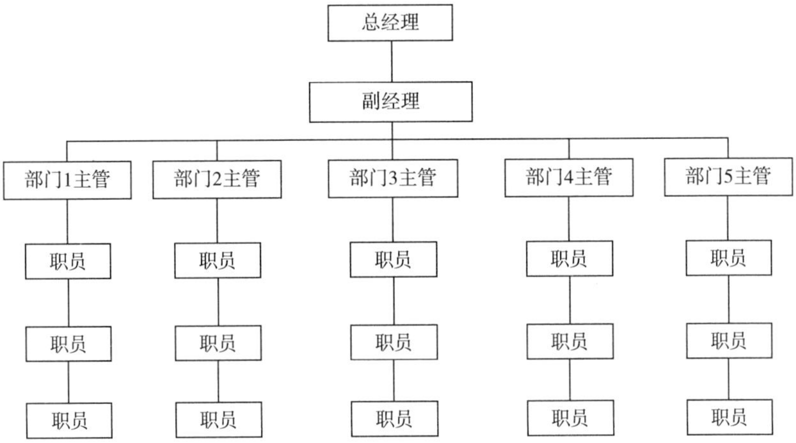

图 3.2　职能型项目组织形式

项目型项目组织的优点是工作目标单一明确，项目管理组织层次相对简单，对工程费用、质量和进度等方面的控制更加直接，项目组织成员相对比较稳定，工程项目的管理权也相对集中，决策及时，有利于提高工作效率。其缺点是项目组织成为一个相对独立的组织，容易出现组织配置重复、资源浪费的问题。同时，团队成员来自公司的各个部门，内部沟通需要一定的时间，且工程完工后，还需要回归原部门。而在工程建设期间，原部门存在岗位空缺和工作再分配等问题，因此，容易引起部门领导之间的冲突和矛盾，也容易造成项目组织成员工作心态的不稳定和工作中的不专心。为此，只有当工程项目规模较大、建设期较长时，才采用这样的项目管理组织形式。其结构形式如图 3.3 所示。

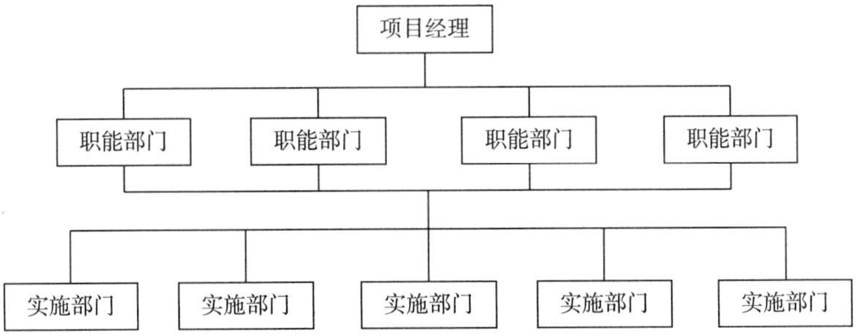

图 3.3　项目型项目组织形式

（3）矩阵型项目组织。矩阵型项目组织是工程项目管理中应用最广泛的组织形式，它由纵横两套管理系统组成：一套是纵向的职能系统；另一套是横向的工程项目管理系统。在纵向职能管理基础上，它强调项目导向的横向协调作用，吸收了职能型和项目型的优点，发挥了职能部门的纵向优势和项目组织的横向优势，把职能原则和对象原则结合起来，形成了新的组织形式。采用这种方式可将项目分成多个体系，这些体系既可以自行运作，又有横向联系。但这种组织形式在两个系统的集合处存在界面，需要具体划分双方的责任和任务，处理好二者之间的关系。

这种组织形式的优点是以工程项目任务为中心，相对于职能型组织形式来讲，权力与责任关系趋向灵活，能在保证充分发挥各职能部门作用的前提下，使组织结构扁平化，减少了工作层次与决策环节，提高了工作效率与反应速度，对环境变化有比较好的适应能力，能够保证项目全过程和各子项目之间的连续性与稳定性。在资源方面，该组织形式能协调和调配项目资源以发挥更大的效益，使项目目标的实现进一步得到保证。在部门之间的相互合作方面，其具有较大的机动性和灵活性，有利于工程问题的及时解决，但缺点是纵横向协调工作量大，处理不当会产生矛盾。同时，由于项目成员来自于各职能部门且仍受职能部门控制，需要接受两个或两个以上上级领导的管理，有可能造成管理秩序混乱，从而对工作产生一定的不利影响。为此，项目经理和部门经理可能产生冲突和争执。特别是当多个项目之间的界面不清、工作内容出现交叉与重叠时，就时常会给工程项目若干问题的处理带来阻碍和约束。其结构形式如图 3.4 所示。

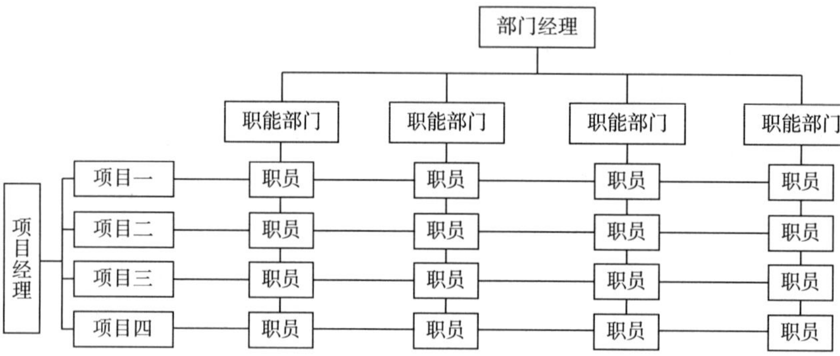

图 3.4 矩阵型项目组织形式

在实际应用中，根据组织结构和职能强度的变化与调整，矩阵型组织又可以分为弱矩阵型组织、强矩阵型组织和均衡矩阵型组织。其中，弱矩阵型组织与职能型组织较为相似，但这种组织有自己正式设立的项目团队，有一部分人专门从事工程项目工作，项目经理和项目管理人员多数是兼职的。这种类型组织结构形式如图 3.5 所示。

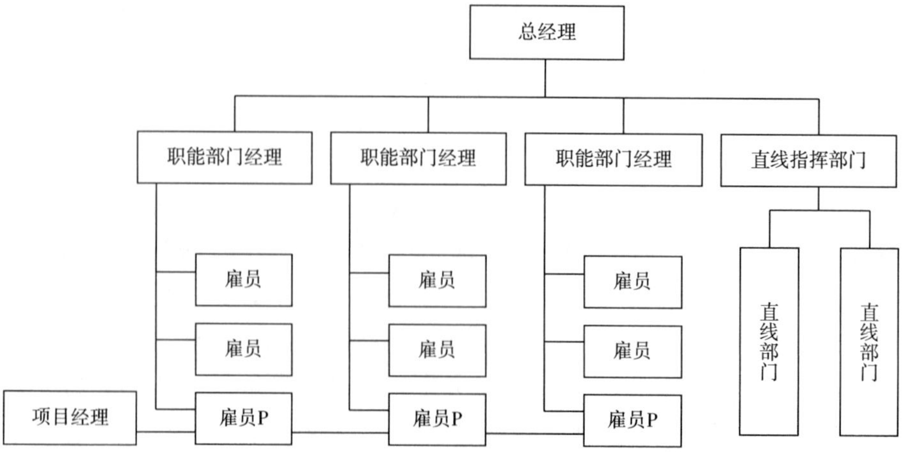

图 3.5 弱矩阵型组织结构形式

强矩阵型组织在许多方面的特性与项目型组织较为相近，这种组织中有正式设立的项目团队，团队的大多数人员是专职的，且专职从事工程项目管理的人员在一个项目团队解散以后会转到另一个项目团队。项目经理和项目管理人员一般也是专职的，且拥有较大的项目管理权力。这种组织的结构形式如图 3.6 所示。

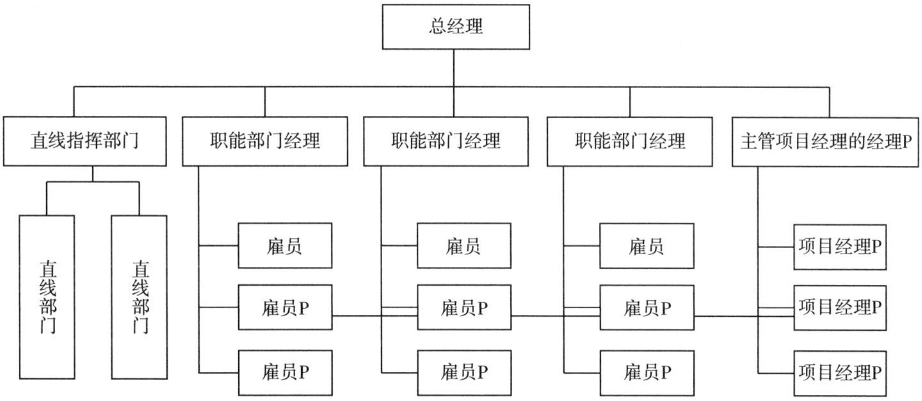

图 3.6 强矩阵型组织结构形式

均衡矩阵型组织是与强矩阵型组织相比相对均衡的一种组织形式，在这种组织中，不仅有正式设立的项目团队，而且项目团队中有较大部分人员是专职从事项目工作的。这种组织的项目经理可以是专职的，也可以是兼职的，他们的权力比职能型组织中的项目经理权力大，但是比项目型组织中的项目经理权力小。这种组织的结构形式如图 3.7 所示。

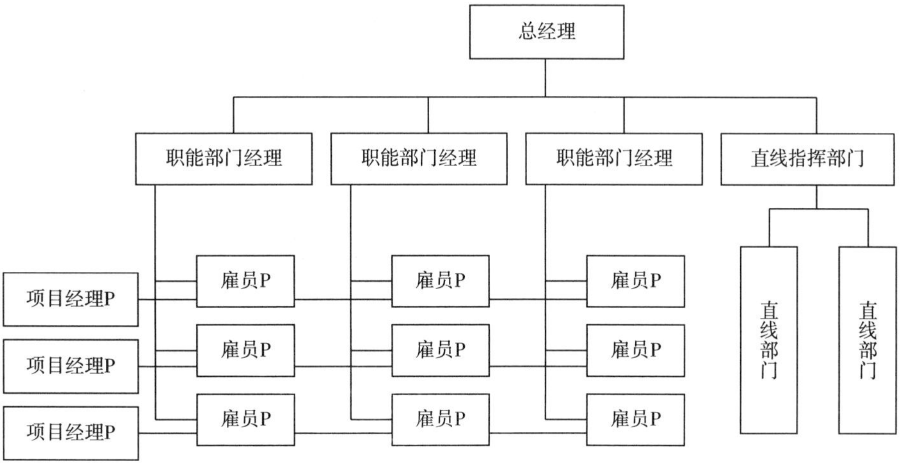

图 3.7 均衡矩阵型组织结构形式

通过对职能型、项目型和矩阵型三种组织形式的介绍可知，工程项目管理的三种组织形式各有优劣，相互之间既有区别，又有联系。职能型项目组织形式的优点与缺点正好对应项目型组织形式的缺点与优点，而矩阵型组织形式既有职能型和项目型两种组织形式的优点，又能避免两种组织形式的缺点。但是，矩阵型项目组织形式结构相对复杂，对项目成员的能力要求较高，需要组织中各个部门工作人员的相互配合与协调。这三种模式各自的特点和适用范围如表 3.1 所示。

表 3.1 项目组织形式的特点及其适用范围

组织形式	优点	缺点	适用范围
职能型	· 项目成员具有较强的专业知识 · 项目结束后不存在项目成员的去留问题	· 各部门之间相互配合较差，决策速度慢 · 对工程中出现的问题反应迟缓，不能以项目为中心，多考虑部门自身利益	规模较小、时间较短、技术性较强的工程
项目型	· 组织结构稳定，职能部门大而全 · 一切工作以项目为中心	· 部门职责存在交叉，界限不清 · 项目机构固定，缺乏灵活性，不易沟通 · 资源浪费	复杂的、工期较长的、大型或特大型项目
矩阵型	· 项目成员的目标单一明确 · 避免资源重置 · 项目成员无后顾之忧	· 项目成员受双重领导，不易协调 · 职能部门领导与项目经理易发生争执 · 相互之间交流少、协调性差	规模适中、技术相对复杂的、大中型项目

3.4.2 工程项目组织形式的选择

在工程项目实践中，究竟采用哪种工程项目的组织形式并没有一个完全固定的模式，一般是在充分考虑工程项目的建设特点、建设规模、建设工期和技术复杂程度及企业特点等因素的基础上，结合工程项目的管理需求而进行选择。因此，在选择项目组织形式时，就需要预先明确工程项目需要完成哪些任务，每项任务需要由哪些部门去完成，完成这些工作需要配置哪些人员。在此基础上还必须清楚哪些因素是工程项目的主要因素，哪些因素事关项目组织工作效率的高低与成效，综合考虑这些因素并结合各种组织形式的特点，才能做出较为适当的选择。

但在选择的同时，需要注意的是，随着社会的不断发展与科学技术的不断进步，工程项目的施工方式和管理模式也在不断变化，工程建设企业的组织结构也在不断改革与调整，因此，工程项目组织形式也呈现出一些新的形态。

（1）纵向层次结构向横向层次结构转变。随着信息技术的快速发展，信息技术将会给工程项目的管理带来显著的影响。在组织管理方面最直接的影响就是信息交流的高效性和快速性将会使管理层级和管理规模大幅缩减，使未来的工程项目组织不再是一种金字塔式的等级制结构，而是逐步向扁平化结构形式演进。

（2）规范化将让位于需求创新。为了实现对工程项目的有效管理，在工程项目管理中，必须让项目管理者极大地发挥其潜在的聪明才智，这就需要给项目管理者创造出一个更为宽松的管理空间。在不违背项目管理原则且可确保工程项目目标实现的基础上，允许项目组织出现更新、更有效的形式。

（3）项目管理组织虚拟化。在知识经济时代，项目组织所面临的主要问题之一就是项目成本的最小化。而项目实体组织的建立必然要消耗一定的人力、物力和财力，项目成员在固定地点的群体工作也必将耗费时间与空间等资源，这就可能给项目管理成本的最小化带来一定程度的制约。而基于信息网络技术的管理模式则有可能解决这一问题，为实现项目管理组织的虚拟化提供技术创新。

3.5　工程项目组织的设计与构建

在工程项目实施前，建立满足工程项目管理需求的项目组织是工程建设单位首先必须开展的工作。尽管已有多种项目组织形式可供选择，但任何项目组织机构的具体设置都需要结合工程项目的建设特点、建设规模、建设内容等实际情况与管理需求来确定。同时，在项目组织的建立过程中，还必须考虑组织内外各种相关因素所带来的影响，确保所建立的工程项目组织能够实现对工程项目的有效管理与控制。

3.5.1　项目组织构建的原则

为了发挥组织管理的整体效能、促使组织管理的有效运转、增强组织的活力和管理能力、确保组织目标的实现，在建立工程项目组织机构的过程中，必须遵循一定的原则，这些原则主要如下。

（1）目标一致，即项目组织的建立必须以项目总体目标为核心，组织内各部门可以有自己的子目标，但所有子目标必须从属于总目标，且保持与组织总目标的一致。

（2）机构实效，即组织的各部门和各岗位都应按需设置，不能贪大求全；各岗位人员也需具备相应的工作能力，不能随意安插不能胜任相应工作的人员。

（3）层级合理，即为了提高工作效率、快速解决各种问题，组织设定的管理层级和各部门设置的管理幅度应科学合理，尽可能取消不必要的中间环节，保证信息通畅，实现组织结构扁平化。

（4）权责明确，即在赋予各部门和项目成员相应责任的同时也赋予其相应的权利，要责权利三者统一，并具有相应的考核制度。

（5）共性制度的规范化、标准化和制度化，即涉及工程项目组织中各部门和所有成员的规章制度要公平公正、要求一致，确保项目组织的和谐与稳定。

（6）相互协调，即在项目组织的各部门开展各项工作的过程中，各项工作都有相应的规章制度。当工作中发生若干冲突与矛盾时，要从大局出发，既要各自分工，又要相互协作，确保组织总目标的实现。

3.5.2　项目组织的设计

工程项目组织是为完成工程项目的各项工作和实现工程项目目标而设立的管理机构，因此，设计科学合理的项目组织结构形式是进行项目全员控制、实行目标管理、正确处理责权利等各项原则问题的核心所在。但是，由于工程项目组织结构会因项目的不同而有所差异，因而，工程项目组织形式就具有了形式的多样性、结构的复杂性和原则约束下的规范性。然而，不管哪种工程项目采用哪种组织结构形式，都必须做好两大方面的工作：一是要在明确项目总体目标的前提下，将项目目标逐层分解，明确组织各部门的职责和分工以及各工作岗位的具体任务，使之各行其是、各负其责，且有章可循、有规可依。二是要明确组织各部门的层级和相互关系以及各工作部门之间和部门内部的指令关系。这个指令关系不仅包含上级工作部门或上级管理人员对下级工作部门或下级工作人员的工作管理关系，而且包含各个平级部门和单位之间以及部门或单位内部平级人员之间的工作流程关系。只有明确这种关系，才能使工程项目的各项工作顺畅实施，才能使项目参与各方之间的相关工作相互衔接、紧密配合，完成工程项目的各项工作，实现工程项目的预定目标。在工程项目管理中，第一方面的工作归属于工程项目组织中的管理体制，第二方面的工作归属于工程项目组织中的运行体制，因此，在构建工程项目组织前，工程项目组织的设计就需要从这两方面出发，系统完善地设计工程项目组织的系统结构。

一般来讲，工程项目组织中的管理体制属于组织的静态管理，主要包括确定项目组织结构、设置组织部门、划分部门职能、设置部门岗位、制定岗位职责、编制规章制度等；工程项目组织中的运行机制属于组织的动态管理，主要包括确定项目管理层级、上下级领导关系、部门之间关系、成员之间关系、工作实施流程与问题处理步骤等。具体如图 3.8 所示。

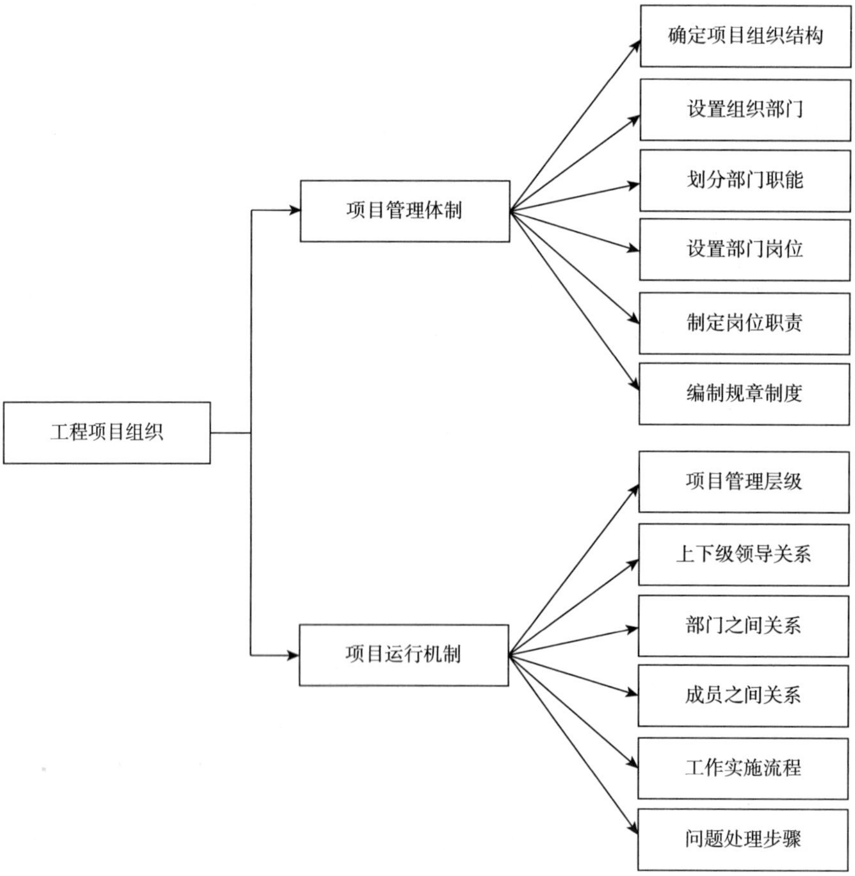

图 3.8 组织结构设计的内容

3.5.3 项目组织的构建

建立工程项目组织必须依据预定的原则，按照一定的程序和步骤，通过科学的方法，才能构建起满足工程项目管理需求的项目组织。如果将之具体化，则包含以下步骤和内容。

（1）全面系统地了解和掌握拟建工程项目的总体情况、在工程建设中的主次管理对象与重点工作内容、工程项目的管理需求。

（2）详细了解拟建工程项目的管理目标，并据之设定工程项目的组织管理目标。

（3）根据组织管理目标和工程项目的管理内容，确定工程项目组织的基本组成部分和管理层级。

（4）根据拟建工程的特点和本企业的相关管理规定，选择可以满足工程管理需求的项目组织结构形式，并按照该组织形式的原理设定具有针对性的工程项目组织机构。

（5）如现有的组织管理形式不能满足拟建工程的项目管理需求，可根据工程实际情况，研究和构建新的工程项目组织形式。

（6）建立具体化的项目组织结构，确定工程项目组织所需包含的机构和部门。在组织形式确定的前提下，根据工程项目的特点和需要完成的任务，明确组织的层次结构。在明确层次结构的基础上，设定每一层次相应的工作部门。

（7）详细分析各层级、各部门之间的关系，确定项目组织各部门各项工作的管理流程和操作程序。结合各部门的工作性质，制定相应的工作制度，建立项目管理组织各职能部门的管理规范和行为准则。

（8）明确项目各部门的工作职责和管理范围后，设定相应的工作岗位，并明确各岗位的工作职责与管理权限、工作流程和操作程序。

（9）配置项目组织所需的项目资源，确定项目经理，选配和落实各岗位的项目成员。

（10）编制项目组织的共性规章制度，实行相应的绩效考评，督促项目组织高效稳定地运行。

工程项目组织构建程序的直观描述图如图 3.9 所示。

3.5.4 项目组织构建需要考虑的其他因素

在构建工程项目组织的过程中，尽管项目组织的形式与工程项目的种类、规模、性质和特点等因素紧密相关，并且，这些因素不同程度地决定着工程项目组织结构形式，但还有其他若干因素也会给工程项目组织的建立带来不同程度的影响，这些因素都是项目组织设计和构建者在组织建立时应该考虑的内容。

（1）企业管理体制的影响。虽然有很多管理组织形式，但传统的习惯依旧给工程项目组织的建立带来很大约束。例如，很多工程总是把企业领导定为工程项目组织的最高领导，而企业领导实际上并不直接参与工程项目的管理和指挥，这就必然给工程项目的组织管理增加不必要的管理层级。此外，每个企业都有若干工程项目的相关管理规定，这些规定可能不利于拟建工程组织的高效管理，甚至有些规定已该废除。但由于项目组织隶属该企业，因而，企业的管理体制有可能给项目经理和项目成员的高效工作带来羁

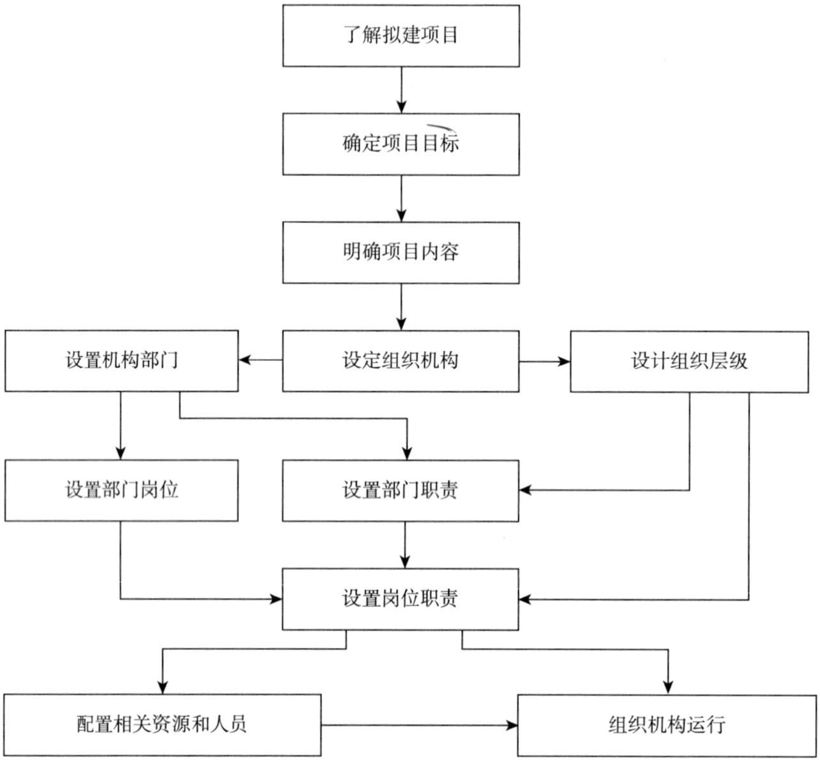

图 3.9　工程项目组织构建程序

绊和约束。

（2）工程涉外因素的影响。国际上关于工程合同管理、招标管理、过程监督、异议处理等都有相应的规定，如果工程项目的建设有外方参与或在国外从事工程建设，那么，在构建工程项目组织机构时就需要考虑国际惯例和有关规定的约束，遵守国际相关规则。

（3）国家时事政治与制度。对于大型或特大型工程项目而言，建设工期远比一般工程项目耗时长。在此期间，可能会因国家相关政策的调整和改革而给工程建设带来不同程度的影响，这就需要工程项目组织必须做出相应反应，以应对和处理此类问题。

（4）项目的建设方式和合同形式。随着工程社会化的不断改进，很多建设单位采用了代建制或全委托等方式来开展工程项目的建设，一些工程咨询公司、代建单位、项目公司也随即产生。这样，一些建设单位就可能不像传统的模式那样，过多地干预工程建设过程，却对工程建设结果提出明确的要求，并通过合同条约来明确各方关系，达到最终目的。因此，在工程建设中，一旦采用了这种管理模式或建设方式，工程项目的组织形式可能就会发生很大变化，常常会根据项目总承包单位的意图而构建新的项目组织形式。

（5）组织成员的职业素质。组织是由项目成员及其相互关系组成的，项目成员是组织的基本要素，因此，项目成员的职业素质与组织管理必然会产生紧密联系。组织成员的职业素质是指组织成员所具有的潜在能力与思想品质，其中，潜在能力主要包括工作能力、学习能力和应变能力；思想品质主要包括职业道德、价值观念和奉献精神等。如果项目成员具有良好的职业素养，那么，这对工程项目组织和谐、高效与稳定的运行将会带来极为有益的影响。但由于人所具有的有限理性和机会主义行为倾向，就必然会使项目成员存在若干不足，因此，人的有限理性和机会主义行为倾向是组织建立中必须考虑的两个主要因素。其中，人的有限理性是指人的行为一般都是有意识的理性行为，但这种理性却是有限的。当人们在处理与自身利益紧密相关的问题时，会由于不同的人生观和世界观提出不同处理问题的方法，并且都有一套较为固定的、习惯性的思维方式和处理问题的方式。当别人的意见或建议与自己的期望或想法不一致时，并不一定就会完全采用别人的意见，最终选择的处理方式主要看是否对自己有利。人的机会主义行为倾向是指人具有自我利益的考虑和追求，并具有随机应变的思想和行为，在无外部约束条件下，还有为自己谋取更多利益的思想倾向和行为倾向。这两个主要因素非常明确地提醒项目组织建立者，在构建项目组织时必须设立系统完善的管理体制和运行机制，否则，在工程项目的组织运行中，就会出现很多冲突与矛盾，并给项目带来一些危害。

3.6　工程项目组织的生命期

工程项目组织具有一次性的特点，它随着项目的产生而产生，随着项目的结束而结束，就好像生命的诞生到结束一样。为此，也有一些学者从生命周期的角度来阐述工程项目组织从无到有再到无的整个过程。但实质上，任何项目都是不同的，因而项目组织也是不同的，据此，项目组织并没有实质上的往复循环，因此，用工程项目组织的生命期（而不是周期）来表示更为科学合理。从生命期来看，项目组织一般都经过五个阶段，即组织形成、震荡波动、逐渐规范、有效合作和组织解散。

1. 组织形成

项目组织的形成阶段是项目组织的初始阶段。在项目组织成立初始，项目成员从原来的岗位调集到一起，并被分配在项目组织的不同岗位。在明确各自岗位后，项目成员首先需要了解和掌握的就是所建项目的总体情况和自己在项目中的工作内容，弄清自己的岗位职责，并同时了解和认识与自己工作相关的部门和人员，找到属于自己的位置。因此，在项目初始，他们对自己的言行比较拘谨，各项工作基本上是按部就班地开展和实施。

作为项目组织的核心成员——项目经理，面对新的组织成员时，需要耗费更多的时间指导组织各部门的工作，并给予必要的协调，向有关人员阐明项目的目标任务和原则，说明工作范围、质量标准和进度计划等内容。在开展这些工作的过程中，项目成员逐步有了自己的归属感，承担起自己的任务，并确定自己在完成这一任务中的参与程度，但成员之间的协调与配合还处于较为生疏的状态。

2. 震荡波动

工作初始，项目成员对项目的认识还不深刻，工作精力主要集中在自己的工作内容和范围内，对工作流程与相关制度也未全部掌握，因此，很多工作依旧是依靠过去的经验来开展和实施。当工作方法及其表现与相应规章制度不符时，或与规定的工作流程相矛盾时，就可能与其他相关者发生冲突与矛盾。在此期间，项目成员发生问题的频次高、种类多，甚至还会发生一些不该发生的问题。项目部门与部门、成员与成员之间产生不和谐，可能给工程项目有关问题的解决带来更多的不利影响，如工作效率不高、相互冲突较多、项目经理协调工作量较大、开会次数较多、管理成本较高、问题处理耗时较长等。

3. 逐渐规范

项目组织各部门和各成员在经受多次的冲突与矛盾冲击后，通过相互的协调和磨合，逐渐理解了合作方的意图和想法，彼此之间的不满情绪也大大减少。同时，项目成员对项目的管理体制和运行机制也逐渐熟悉，项目中原有的一些不适宜的规则也被调整和改变，有关制度规程也被改进和完善，项目经理和项目成员已接受并熟悉了工作环境，并能发挥自己应有的作用。项目成员已有了归属感和集体感，项目团队的凝聚力开始形成，项目组织管理进入了规范化的轨道。

4. 有效合作

项目组织管理进入规范化的阶段之后，项目组织各部门之间和成员之间也逐步建立起了良好的合作关系。特别是项目成员，不仅能够及时完成自己的各项工作，而且能与相关合作者进行真诚、及时、有效的沟通，分工协作并相互合作，为实现项目的目标而共同努力。这一阶段，项目组织的工作效率最高，很多问题可以被及时处理，原本可能发生的问题也有可能被提前化解。在工作过程中，组织成员加深了相互之间的了解，增进了友谊，并且创造了一种和谐融洽的工作环境，冲突和矛盾较少，即使发生，也能够得到及时的解决，项目经理也可以集中精力从事更主要的工作。

5. 组织解散

当项目任务完成之后，项目组织也将随之解散。但由于项目可能还有若干遗留问题，一般还需要若干成员留下来继续处理，其他成员或回到工作单位，或被分配到新的项目组织中。但是，尽管很多项目成员已离开了项目组织，一旦需要他们配合和处理若干问题时，他们还会积极配合。

很显然，在组织的不同阶段，项目组织的稳定性与项目参与各方的工作成效有很大差异。项目组织的稳定性与绩效趋势图如图 3.10 所示。

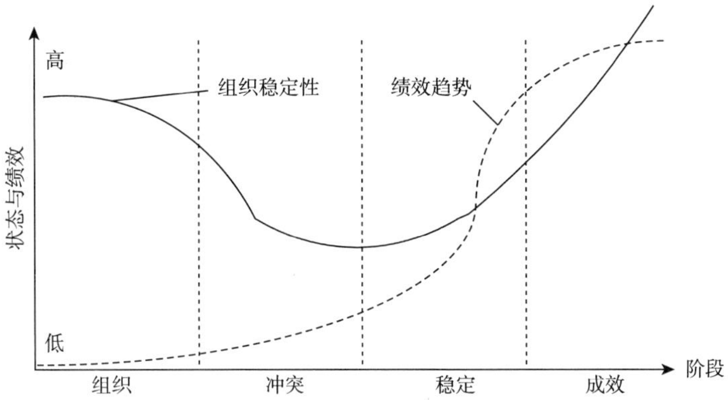

图 3.10　项目组织的稳定性与绩效趋势图

3.7　工程项目组织管理模式

为满足不同工程项目的管理需求，通过多年的工程实践与发展，工程项目管理已逐步产生了 DBB（design-bid-build，即设计–招标–建造）、CM（construction management，即建设管理）、MC（management contracting，即管理承包）、BOT（build-operate-transfer，即建造–运营–移交）、EPC（engineering-procurement- construction，即设计–采购–建造）、Partnering、PM①/PMC②等多种不同类型的工程项目管理模式。从实现应用的角度来看，每种模式都有其自身的特点，也有各自的应用范围，并且这些模式在现有基础上还在不断地完善和改进，因此，就工程项目管理运行模式而言，很难说哪种模式可以完全满足工程项目管理的所有需求。在工程项目的组织管理中，组织管理模式的选择还需要基于项目组织的原则，根据工程项目的具体特点、建设环境、风险状况及业主需求等因素来综合参考和确定。

1. DBB 模式

DBB 模式是国际工程项目管理模式之一。这种模式由业主委托服务机构开展项目前期的有关工作，待项目评估立项后再进行设计，随后通过招标方式来选择和确定工程项目的承包商。

这种模式最突出的特点是强调项目的实施必须按照设计、招标和建造的顺序进行，只有一个阶段结束后才能开始另一个阶段的有关工作。采用这种模式时，业主与服务机构签订专业服务合同，在服务机构的协助下，通过竞争性招标方式将工程项目交给报价和质量都能满足要求且具有资质的投标人。DBB 模式的优点是参与项目的三方，即业主、服务机构和承包商在合同的约定下，各自行使自己的权利，履行自己的义务，因此，这

① PM：project management，即项目管理。

② PMC：project management contractor，即项目管理承包商。

种模式可以使三方的责权利具体明确，避免其他行政部门的干扰，自由选择设计和监理人员，有较大的自由度。但由于这种模式在项目管理方面是按照线性顺序进行设计、招标和实施管理的，因此，建设周期长，投资成本容易失控，业主单位管理成本相对较高。特别是在工程施工过程中，常易发生设计变更，各方之间协调困难，容易引发各种冲突和矛盾。

2. CM 模式

CM 模式通常由业主和具有施工经验的 CM 单位和 CM 经理组成，共同组织和管理工程的规划、设计与施工，其目的是将工程项目的实施作为一个完整的过程来对待，并同时考虑设计与施工因素，力求使工程项目在尽可能短的时间内建成并投入使用。因此，CM 模式最大的优点就是可以缩短工程从规划、设计到竣工的周期，业主可以实现工程项目的提前营运并收回投资。同时，CM 单位的早期介入也使工程在设计方面得到了优化，有利于项目的顺利实施。但由于这种模式在设计的时间方面要求较紧，有可能出现后期的设计变更。在招投标选择承包人时，项目费用的估计也不一定全面，因而就有可能出现费用超支等问题。在施工过程中，由于施工组织过于紧凑和复杂，产生错误和失误的概率可能就会增大，安全管理也常常成为影响工程进度的一个主要因素，因此，采用这种模式对工程进行管理就具有一定的风险性。

3. MC 模式

MC 模式是一种管理型的工程组织管理模式。在这种管理模式中，业主将选择一个具有丰富工程管理实践经验的公司来组织工程项目的建设，并委托该公司从工程的设计、施工到验收进行全过程监管。为了确保达到工程项目建设的目的，业主将与被委托的管理公司签订合同，合同中最主要的内容之一就是项目最终实现的目标与双方相应的利益和责任。但由于整个工程项目的管理是以管理公司为核心的，因而业主的意见在工程建设中就有可能不易得到及时的落实和反馈，工程成本一般也常出现超支现象；同时，由于管理公司的过早介入，管理费用也较高。MC 模式与 CM 模式的最大区别是在 MC 模式中，承包商与管理承包商签订合同；而在 CM 模式中，承包商直接和业主发生合同关系。

4. DM 模式

DM（design management）模式即设计–管理模式，这是一种类似于 CM 模式的项目管理方式，所不同的是，它将 CM 模式中的 CM 经理和建筑师合为一个设计管理公司，即设计机构与管理机构合为同一实体，业主只需签一份既包括设计又包括类似 CM 服务在内的合同即可。在项目的实施过程中，设计管理公司协助业主对工程进行监督和管理，业主随时都可以了解和掌握项目的实施状态，因此，这一管理模式在国际工程项目管理中越来越受到欢迎，其涉及的范围不仅包括私人投资项目，而且广泛运用于政府投资的基础设施项目中。

5. DB 模式和 Turn-Key 模式

DB（design-build，即设计–建造）模式和 Turn-Key 模式在工程项目的组织与管理中，一般都被称为交钥匙模式。

DB 模式是一种由承包商全部负责工程项目的设计、施工和安装的总承包模式，是为了解决设计与施工分离的弊端而产生的一种新模式。这种项目管理模式的优点是：对业主而言，管理简单，只需签订一份项目总承包合同，相应的协调组织工作量较小；总承包合同一经签订，项目总造价也就确定，有利于控制项目总投资，能做到项目各阶段的合理搭接，项目周期较短。但是对总承包单位而言，由于承担了项目总体的协调工作，加之总承包合同的签订在设计之前，之后的招标发包工作及合同谈判、合同管理的难度较大等，总承包商承担了较大的风险，所以签订的合同总价会因总承包单位的管理费及项目承包的风险费高而较高。在项目总承包管理模式中，质量控制的关键是做好设计准备阶段的项目管理工作，因为对工程实体质量的控制由项目总承包单位实施；而在招标时，项目的质量要求难以全面、明确、具体地描述，使业主对项目的质量标准、功能和使用要求的控制较为困难，质量控制的难度大。

Turn-Key 也称为交钥匙模式，这种模式要求业主只需选定唯一的实体负责项目的设计与施工，其他要求和组织管理过程与 DB 模式基本相同。

6. EPC 模式

EPC 是英文 engineering-procurement-construction 的缩写，我国有些学者将其翻译为设计–采购–建造。这种模式是在项目决策阶段以后，从设计开始，经招标，委托一家工程公司对设计–采购–建造进行总承包，因而又称为设计施工一体化模式。

在 EPC 模式中，它不仅包括具体的设计工作（design），而且可能包括整个建设工程内容的总体策划以及整个建设工程实施组织管理的策划和具体工作。业主只要大致说明一下投资意图和要求，其余的工作均由 EPC 承包单位来完成，如材料和工程设备的采购等。因此，采用这种模式时，总承包商与业主的关系简单，组织协调工作量小。监理工程师主要与项目总承包单位进行协调。许多协调工作量转移到项目总承包单位内部及其分包单位之间，使建设工程监理的协调量大为减少。同时，由于设计与施工是由一个单位统筹安排，两个阶段能够有机地融合，一般都能做到设计阶段与施工阶段相互搭接。因此，该模式对进度目标控制有利。在工程建设中，总承包单位通过设计与施工的统筹考虑，可以提高项目的经济性，可以从价值工程或全寿命费用的角度取得明显的经济效果，有利于控制工程投资。

但在工程建设中，也正是由于总承包商有较大的自主权，其具有较大的风险，招标发包工作难度大，合同条款不易准确确定，容易造成较多的合同争议。如果分包方的管理能力较低，会使总承包商在工程各项管理方面更加困难。

7. BOT 模式

BOT 模式是 20 世纪 80 年代后在国际工程承包市场上出现的一种带资承包方式，其涉及的领域一般是投资规模大、经营周期长、风险大的基础设施项目。该模式是政府通过特许协议，将应由政府出资营建管理的公共基础设施交给私营企业融资、建设、经营、维护，直至特许期结束后，私营企业将该设施完整无偿地移交给政府的一种模式。

BOT 项目涉及的工程相关各方主要有业主（一般为政府机构）、业主方项目咨询机构、设计管理公司（项目公司）、总承包商、供应商。根据这几者之间的关系，BOT 项目组织模式可以分为两种：一种是业主下的咨询机构、设计管理公司（项目公司）和总承包商三方平等协调合作模式（图 3.11）；另一种是咨询机构和设计管理公司（项目公司）平等关系下的合作模式（图 3.12）。在第一种模式中，项目公司只负责项目的设计和组织管理工作，具体的建设工作交给总承包商完成；而在第二种模式中，设计管理公司不委托其他承包商，项目的具体建设也靠其自身来完成。

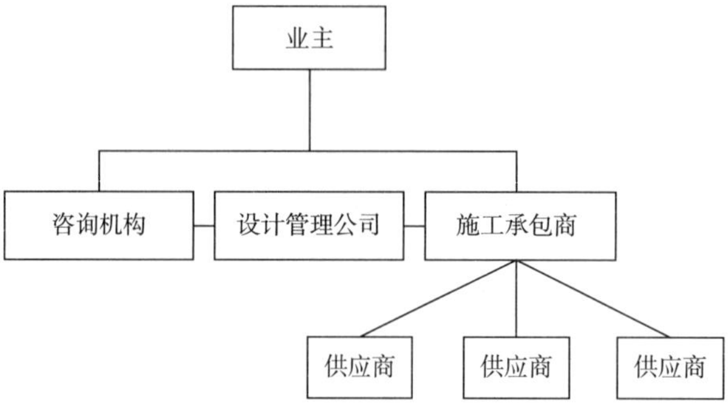

图 3.11　BOT 模式（一）

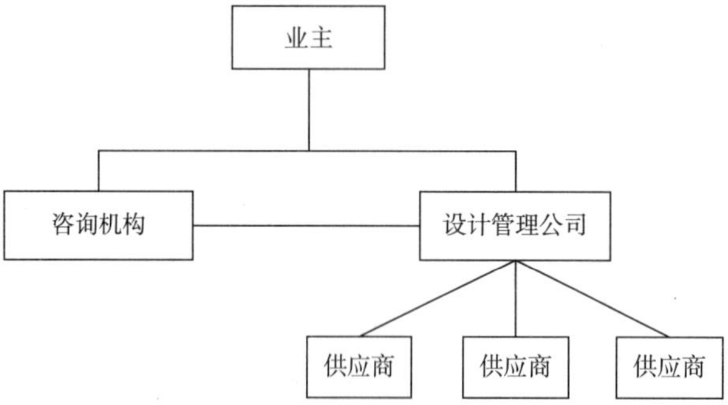

图 3.12　BOT 模式（二）

工程实践结果证明，利用 BOT 模式进行建设的项目可以通过采取民间资本筹措、建设和经营的方式吸引各种资金参与到项目建设中来，在一定程度上能缓解基础设施建设不足与建设资金短缺的矛盾，而且由建设单位独自承担投资风险转换为由投资者、贷款者及相关当事人共同承担投资风险后，有利于分散投资风险。在明确投资回报率和回报方式的前提下，有利于减少建设单位和承包单位间的纠纷。同时，由于在项目建设完毕投入使用后，承包商根据特许经营协议在一定期限内经营和管理该项目并取得利润，以实现投资回报，因此，承包商在工程建设过程中会高度重视建设的质量和效率，有利于保障工程质量及先进技术和管理方法的不断改进与提升。

但是，BOT 项目也存在一些缺点。例如，公共部门和私人企业之间需要经过长期调查了解和谈判磋商，才能在项目的委托建设和特许经营方面达成协议，这使项目前期工作过多、工程的建设周期更长、投标费用更高、投资方和贷款人风险过大、项目融资更加艰难。因此，选择是否采用 BOT 工程项目管理模式，还需要综合考虑 BOT 模式的优缺点及工程项目的实际情况。

8. Partnering 模式

Partnering 模式是 20 世纪 80 年代末在美国发展起来的一种工程项目承发包模式，是工程参与各方在相互信任、资源共享，以及充分考虑建设各方利益的基础上共同实现工程项目目标、共同分担工程风险的一种管理模式。

在使用这种模式和达成 Partnering 协议之前，需要在组织内部进行内部 Partnering，即进一步检查企业内部的相关程序和文件，使企业做好实施 Partnering 的准备，包括教育和培训公司员工有关 Partnering 事项等工作，其结果就是建立一个统一的思想，以达到与其他企业进行密切合作的目的。一般，Partnering 过程有三个阶段，即项目前期阶段、执行阶段、完成和回馈阶段。前期阶段要建立工作组并负责日常工作。这个小组通常由业主、设计师、承包商等干系人组成，有时也包括法律及金融顾问、政府部门的代表等。之后应尽快举行研讨会，其目的是为今后的发展制定基础章程，实现各参与方从传统对立性的文化向双赢环境的团队精神转变。在项目执行阶段，最重要的是 Partnering 的参与方要就该项目业绩表现的评判标准达成一致，在此基础上开展项目的实施。在项目的完成和回馈阶段，可以利用项目执行阶段的一系列正式评估报告对项目成果和 Partnering 过程进行有目的的分析，发现成功之处和不足之处，总结经验教训，为进行下一个项目 Partnering 或发展成为战略 Partnering 伙伴做准备。

由此可以看出，Partnering 协议不是严格法律意义上的合同，而是对现有工程合同的一种有效执行方式。在实际使用中，Partnering 的主要功能之一就是通过特殊的激励或完善的团队领导，提高工作效率、降低成本、增加创新机遇和不断提高产品与服务的质量。它在参与各方之间建立起和谐的伙伴关系，成为合同顺利执行的“润滑剂”。

但是，要建立良好的 Partnering 关系，需要参与各方的共同努力。在建立 Partnering 模式的过程中，当出现对 Partnering 模式的错误理解、文化差异、承诺的不均衡、沟通障碍、相互不信任并缺乏解决问题的有效方法时，采用 Partnering 模式就可能对工程项目的工期、成本、质量等方面产生较大影响，合同纠纷可能会明显增加，项目各方利益可能也会受到损坏，之间的关系也会受到极大的影响。因此，使用这种模式最大的前提条件是彼此间的相互信任与真诚合作。

3.8　工程项目组织的管理方法

在工程项目的实施过程中，工程项目组织将通过管理体制和运行机制来实现对工程项目的管理和控制。在这一过程中，能否达到预期的目的不仅与组织管理体制的合理性和健全性有关，而且还与运行机制的科学性和有效性有关，更与开展各项工作的项目成员的积极性和主动性以及项目组织的内外工作环境有关。因此，在完成工程项目组织的构建后，如何让项目组织发挥其应有的作用就成为项目组织管理中必须重视的问题。

为了有效解决这些问题，很多研究者经过系统深入的理论研究和实践探索，提出了很多科学有效的组织管理方法与措施。目前，在工程项目组织管理方面，项目组织文化、组织沟通、组织激励是工程项目组织管理中最常使用的管理方法，这些方法对提高工程项目的管理效益、更好地发挥项目组织作用起到了积极的促进作用。

3.8.1 项目组织文化

（1）项目组织文化的含义。文化是人类认识事物后形成的人生观、世界观和价值观以及理想、信念和思维方式的总和。每个人都会受到文化的影响，但这种影响常常不被人直接感知，而是经过长期的熏陶，在今后的思想与行为中逐渐表现出来。当这种表现较为明显且发挥出较大的影响时，文化的力量才会被人们真切地感受到。

项目组织文化是针对工程项目而构建的一种文化，它的作用是引导项目组织成员在思想上产生出集体认同感并得知在组织中应该如何结合自己所处的地位开展各项工作，确知什么样的行为是可接受的，如何处理与他人的各种关系，等等。在项目中建立项目组织文化不仅可以统一所有项目成员的价值观，为实现项目的共同目标而努力，而且可以促进项目组织的团结、增加项目组织的凝聚力。反之，若项目组织文化给项目带来的是负能量，也会使项目组织变得松散，失去项目组织的作用和价值。

（2）项目组织文化的类型。根据项目管理需求，项目组织文化分为四种类型，即适应型文化、使命型文化、团体型文化和行政型文化。

适应型文化是以提高项目组织处理问题的灵活性和及时性为主题的项目管理文化，倡导项目成员能够通过积极主动的分析与观察，对项目变化做出快速反应，确保项目能够及时消除和化解各种问题。

使命型文化是以项目目标为核心，注重通过各项工作的按时完成来实现各项工作目标，并据此来引导员工的行为，在此基础上，促进组织目标的最终实现。

团体型文化主要关注项目成员之间的相互协调与配合，促使项目成员能够高效地工作，并为项目做出更多的贡献，与此同时，满足项目成员实现自身价值的要求。

行政型文化是以鼓励和要求项目成员遵守既定规则和制度，按照预定的规程来完成项目各项工作的一种文化教育。它强调组织内部行为的一致性，促使项目成员遵章守纪、认真工作，按时完成各自的任务。

（3）项目组织文化的创建。项目组织文化是项目组织提高管理效能的方法之一。项目组织文化的建立一般按照明确组织文化观、宣传和培养项目文化、强调和强化项目文化及使用项目文化四个步骤进行。

明确组织文化观是在项目组织建立后，项目经理结合项目管理需求，明确项目文化所包含的价值观，以便引导项目成员形成统一的思想观念和工作作风，为项目组织的全面管理提供指导性原则。

宣传和培养项目文化是项目组织在向项目成员告知项目目标的同时，把项目文化的价值观一并融入进去，并通过多种宣传和教育方式，使项目成员了解、掌握并接受。

在实施组织文化价值观的过程中，项目组织针对项目成员所出现的各种不当行为，需要进行及时的指正，并通过必要的监管手段使之改正，强调和强化项目文化在项目组织管理中的重要性。

使用项目文化是在项目组织文化被所有项目成员接纳后，使项目成员自觉地为项目而努力工作并产生文化效应的过程，这个过程也是项目文化真正发挥其作用的过程。

（4）项目组织文化的管理。在项目组织文化形成后，项目组织文化的核心问题就转向如何最好地利用项目组织文化为项目服务这方面来。为此，这就需要项目管理者和领导者在项目管理中及时观察和总结项目文化的使用效果，针对其中出现的问题进行针对性的管理，使项目成员自然地在项目组织文化的指导下开展工作，从而不再需要监督。

为了使项目文化发挥其应有的作用，在项目文化宣传和使用过程中，项目管理者特别是有关领导要身先士卒，自我规范和约束，起到一种示范作用。同时，对那些与项目组织文化价值观相一致的项目成员要给予及时的表彰和奖励，使组织成员的行为受到强化，项目文化的作用也就会逐步发挥出来。

3.8.2 组织沟通

（1）组织沟通的含义。组织沟通是项目组织管理中极为重要的工作之一，工程项目中的各项工作能否顺利开展和实施与项目参与各方之间能否有效沟通紧密相关。在工程项目中，项目参与各方之间的沟通不仅包含上下级之间的沟通，还包含平级之间的沟通，以及组织内部各部门之间、组织内部与外部有关单位之间的沟通。有效的组织沟通不仅有利于信息在组织内部的流动，增进相互之间的了解，提高工作效率，而且可以减少相关各方之间的误解、冲突和矛盾，增强组织决策的科学性和有效性。因此，组织沟通在工程项目的组织管理中具有非常重要的作用。

（2）组织沟通的方式。按照沟通形式，组织沟通的方式含有当面沟通、书面沟通、电话沟通、会议沟通、网络沟通等方式。按照沟通的层级来划分，沟通可分为纵向沟通和横向沟通，其中，纵向沟通主要是指工程项目组织上下级之间的沟通，横向沟通主要是指项目组织同层级不同业务部门和人员之间的沟通。

当面沟通是沟通中最常采用的形式之一，需要沟通的双方可以直接表达自己的想法和意见，彼此的态度和心态易于感受，体会深刻，可以及时获取沟通结果，不具有延时性，并可根据对方的反馈及时了解对方的态度和情感，及时调整沟通语气和方式，使沟通不断深入。当双方不在一起时，为了直接表达彼此的意见，电话沟通也是最常采用的方式之一，这种方式沟通效率高，不限时间和地域，获取沟通结果直接快速，但当表达不当时，也容易引起误解。会议沟通也是当前最为常用的方式之一，当遇到涉及众多单位和部门的问题时，会议沟通可以及时得到各部门的反馈，但会议沟通相对耗时长，如果沟通环境不好，反而容易导致问题的扩大化。当遇到彼此直接沟通不方便的情况，也可以通过书信或电子邮件进行沟通，但这种沟通速度很慢，不如电话沟通、当面沟通或会议沟通那样充分有效，此外也有沟通信息失真的可能。

（3）沟通障碍。若要达到有效的沟通并最终解决问题，就必须首先消除沟通障碍。产生沟通障碍的原因一般包含：个人素养不高，不能清晰地表达自己的想法；个人性格较为内向，不善言语；表达者的语气生硬，引起对方反感；双方彼此不信任，不能坦诚沟通；沟通渠道选择不当，信息发生改变，造成沟通障碍；一方故意夸大或忽略问题的严重性，使信息失真，导致对方心存疑惑，无法辨识；等等。因此，在沟通前和沟通中，为了实现有效的沟通，项目组织必须注意和预防可能出现的沟通障碍，为项目成员之间的沟通创造有利条件。

（4）沟通方法。在沟通过程中，项目组织要充分考虑组织的优势和沟通环境所产生的作用，使组织内各种需求的沟通都能及时有效地实现。为了达到这一目的，应在项目组织管理中积极改善沟通渠道，创造良好的沟通环境，鼓励员工之间相互交流，改善人际关系，强化组织成员的团队协作意识。特别是项目组织的领导，要积极倾听员工的意见，开诚布公、推心置腹地与项目成员进行交流，打破沟通界限，减少沟通环节，认真听取员工的发言，正确理解对方的思想与意愿，使项目组织形成一个和谐的工作环境，让所有项目成员能够愉快地工作，这对提高沟通效率、有效解决各种问题具有积极的促进作用。

3.8.3 组织激励

（1）组织激励的含义。在工程项目管理中，组织激励是指组织通过适当的表彰、奖励或惩罚等方式，来激发、引导和规范项目组织成员行为的手段。实施组织激励必须明确激励的目的、确定激励的对象和激励的方法。

一般来讲，激励对个体所产生的作用远大于对群体所产生的作用，尽管有些激励是针对某个单位群体的，但激励的效果最终还需通过个体行为体现出来，因此，激励的对象越具体，才越有意义和价值。激励是项目组织管理的一种手段，而不是最终目的。激励的出发点主要是满足组织成员的心理需求，包括对员工个人工作进步的肯定、工作成效的认可、工作业绩的表彰和奖励、职位的提升或是降级等。激励时常贯穿于工程项目的全过程，但最佳激励是在项目成员最需要激励的时候给予的，此时的激励效果也最有效、最起作用。

（2）组织激励的类型。不同的激励类型对项目成员会产生不同程度的影响。从激励的形态、效果和层次角度来看，组织激励可分为物质激励与精神激励、正激励与负激励、内激励与外激励。其中，物质激励主要是被激励者获得物质享受，而精神激励主要是对被激励者精神方面的鼓励。

所谓正激励就是当一个人的行为符合组织的需要时，通过奖赏的方式来鼓励这种行为，以达到持续和发扬这种行为的目的。所谓负激励就是当一个人的行为不符合组织的规定时，通过制裁的方式来抑制这种行为，以达到减少或消除这种行为的目的。正激励起正强化的作用，是对行为的肯定；负激励起负强化的作用，是对行为的否定。

所谓内激励是指由内部引发的、源自于项目成员内心的激励，如项目成员通过工作来追求成长、锻炼自己、获得认可、实现自我并获得满足感而引发的自我激励。外激励是指由外部引发的激励，如项目成员在无个人目的的前提下，热心地帮助了项目其他成员而给项目任务的完成带来益处，受到来自其他部门的表彰，进而得到单位的奖励或周围同事的赞许，那么，该成员就会更加积极主动地帮助他人，这就是源于外部的外激励。

在工程项目中，对项目成员的激励并没有固定的形式，只要有利于项目目标的实现，哪种激励有效，就可以采用哪种方式或者多种方式综合使用。

（3）绩效考评。绩效考评是项目组织利用所掌握的信息，采用一定的方法、程序和指标，依据有关规定，对项目成员或项目组织有关部门的工作效果进行分析和判定的一种管理方法。根据绩效考核结果，组织管理部门就可开展相应的激励工作，使项目组织的激励工作具有实效性。

在工程项目中，绩效考核的方法有很多种，有定性的方法，有定量的方法，也有定性和定量相结合的方法。但不论哪种方法，绩效评价的方法、程序和标准必须预先得到项目组织所有成员的一致认可，否则，绩效评价就不会发挥其应有的作用，反而会打击项目成员的工作积极性。

第4章

工程项目计划管理

工程项目计划管理是工程管理的基础性工作，是今后开展若干工作的指导性纲要。工程项目有很多种计划，但由于不同计划的编制其目的各不相同，因而编制的内容、编制方法、编制依据也就有了一定的差异。同一工程项目中的多项计划之间具有一定的约束关系，但在共性规则方面不能存在冲突与矛盾。在编制计划的过程中，需要涉及计划的相关各方相互协商配合，保障工程计划与工程项目总目标的一致性。

4.1 工程项目计划类别及其主要内容

4.1.1 工程计划的类别

工程项目有多种多样的计划，按照不同的类别进行划分有不同的结果。例如，按时间划分，工程项目有前期计划、中期计划和长远计划。从计划的层次上划分，有宏观计划、中观计划和微观计划。从工程项目的阶段划分，有项目决策阶段的前期策划、准备阶段的建设计划、施工阶段的实施计划和竣工阶段的收尾工作计划。从工程项目计划编制的单位来划分，有建设单位编制的计划、施工单位编制的计划、监理单位编制的计划、设计单位编制的计划、物资供应单位编制的计划。但对于工程项目管理而言，一般主要是从工程项目管理需求的角度来划分，即为了实现对工程项目的有效管理与控制，针对工程项目中的主要管理对象及管理需求而预先编制有关工作实施步骤、程序和方案。工程中最为主要的工作计划如下：①工程项目前期工作计划；②工程项目融资计划；③工程项目投资计划；④工程项目建设大纲；⑤工程项目施工计划；⑥工程项目质量计划；⑦工程项目进度计划；⑧工程项目费用计划；⑨工程项目物资供应计划。

实际上，在工程项目中开展每项工作前都需要编制有关工作计划，因此，工程项目中包含的计划就非常多。但这并不意味着每种计划的编制都需要非常全面系统且严格地按照一定的程序和方法去编制。例如，工程项目前期工作计划、工程招投标计划、工程合同管理计划、工程设计计划、项目融资计划等仅是工程建设单位编制的计划，只要能满足本单位的工程管理需求即可。而由于工程项目的建设大纲、施工计划、工程项目的质量、进度、费用、物资供应等计划涉及工程项目的众多参与方，因此，此类计划的编写与制定就必须依据一定的规则和程序去编写，且对计划所包含的内容、编写的深度、完成的时间等都有一定的要求，不能随意编写。

4.1.2　各类计划的主要内容

不同的工程计划有不同的编制目的，它将用于不同单位指导不同的工作。因此，编制工程项目的各种计划前，必须了解和掌握不同计划的编制目的与其包含的内容。

（1）工程项目前期工作计划。工程项目前期工作计划是工程项目建设单位在工程项目决策阶段，为了实现长远发展战略目标，结合市场、企业或社会的发展需求，编写的需要开展和实施的有关工作计划。这一计划的内容主要包含工作名称、工作目的、工作完成时间、工作流程、工程成果形式及工作负责部门和负责人、工作成果审批部门和负责人等。计划中的主要工作包含编写项目建议书、开展工程项目可行性研究并编写可行性研究报告、开展工程初步设计、项目报审等内容。最终工作成果就是工程项目的立项批文，主要负责和实施工作计划的单位是工程建设单位或业主。

（2）工程项目融资计划。工程项目融资计划是横跨工程项目多个阶段的工作计划，编写计划的目的就是要提出具体可行的工程费用获取渠道并最终获得工程建设所需资金。计划书的内容包含工程项目简介、工程建设单位简介、工程建设单位信誉与资质介绍、工程项目建设产品的后期效益评估结果、项目所需资金及到位时间、资金融资方法与途径、具体的实施步骤、融资风险分析与对策八个方面。

在工程项目简介中，要对工程项目的建设名称、批准文号、建设规模、建设地址、建设时间、建设目的等内容进行概括性的介绍，使有关资金借出单位对工程项目有较为全面的了解和把握。在工程建设单位简介中，除详细说明工程建设单位的单位性质、成立时间、注册资金、公司战略、主要产品、现有资产及近三年的企业收入和利润外，还要详细阐述工程建设单位的信誉与资质及担保单位的主要情况，并给出相应的工商、税务等部门证明文件，以取得资金筹措单位的认可和信任。同时，为了使项目资金的借出单位或银行给予必要的支持并最终同意出借资金，还必须详细说明源于第三方的工程项目建设产品后期效益评估结果，以可信的数据和分析结果证明工程项目投资的意义和价值以及资金放贷单位可获得的经济效益。在此基础上，工程建设单位还必须给出工程项目所需投资的数额及所需时间，以及所需资金中自有资金的数额和投入的比例、其他资金来源及所占比例，以便资金出借单位根据资金需求状况进行放贷。如果需要多家出资单位联合放贷，建设单位还必须编制出不同渠道的不同融资方法和具体融资方式以及融资的详细步骤。此外，为了确保工程建设单位自身的利益，工程建设单位应就融资后可能存在的工程建设风险进行全面系统的分析和研究，识别出潜在的风险因素，特别是与市场、政策等有关的金融风险，并制定出相应的风险对策，确保工程项目融资工作的顺利进行。

（3）工程项目投资计划。工程项目投资计划是根据工程项目建设年度和费用使用需求而编制的工程费用投放计划，主要的内容包含工程建设年度进度安排、工程建设总投资额、年度投资额、投入费用的用途及其相应额度、流动资金量、贷款利息等。

在编制工程投资计划前，要明确编制计划的依据，同时就工程项目投资计划的编写方法进行必要的说明。然后根据工程建设计划确定的工程建设总工期和相应的建设内容，确定年度资金的投入计划额度以及资金的分配方式。在编写年度资金计划时，可以采用企业原有规定的表格，也可根据工程管理需求编制新的表格，对表格中的有关内容应附以必要的解释和说明。此外，若有必要，可以编写相应的工程项目投资管理办法，给出详细的资金投入步骤与程序，确保资金投入计划得到有效的落实。

（4）工程项目建设大纲。工程项目建设大纲是以国家相关法律法规、行业标准和有关规程以及企业有关管理制度为依据，借鉴已完同类工程的成功经验和管理模式，结合该工程实际情况而制定的工程项目指导性文件，它的内容主要包含工程项目概况、工程项目的建设目标、工程项目总体管理原则、工程项目的管理体制和运行机制和对工程项目各个管理对象的具体建设要求。

在编写工程项目概况的有关内容时，主要写明工程建设的背景、意义、规模和特点。特别是工程项目所在区域的自然地理状况、地质状况、气候状况、人文状况、交通状况、周围环境、工程项目所需的物质材料和机械设备以及可能面临的困难与问题，都要尽可能的给予详细阐述和说明。结合工程建设的内容，各项内容的工程建设量及其相应的投资额、工程建设主管单位、施工单位、监理单位、设计单位、材料供应单位和其他相关部门都要明确指出，为有关单位和部门编制其他工作计划提供宏观性的依据。

工程项目的建设目标包含工程建设总目标和分目标，必须明确的分目标包含工程质量目标、进度目标、安全目标和其他目标。其中，质量目标要明确给出工程整体质量必须达到的等级和标准、单位工程和分部分项工程质量必须达到的等级和标准。工程进度必须明确工程项目的开工时间、竣工时间和投入使用时间以及关键里程碑节点时间。安全目标必须给出人身伤亡事故、机械设备事故、火灾、交通和环境污染等事故的具体量化要求。

工程项目总体管理原则是对工程建设的宏观性指导思想与方针，是确定工程项目管理思路与管理模式、编制工程项目各项工作计划的主要依据。该原则主要以工程项目建设的目的和意义为主导，以此确定总的工程管理原则。

工程项目的管理体制和运行机制是工程项目建设大纲中的重点编写内容。在管理体制方面，要给出明确具体的工程项目管理组织体系，即工程项目的各个组成部门和单位以及相应的负责人和管理人员组成结构。要在明确参建单位的基础上，就各单位在工程建设过程中的职能职责、具体分工、所在管理体系的位置和层次、与之相关的上下级单位和有关人员、各位负责人和管理人员的岗位设置及其职能职责、工作制度等内容予以详细、清晰、条理的描述和说明。在运行体制方面，要给出明确具体的工程项目各项工作运行程序及相关制度，即工程项目的宏观管理模式和各项工作的具体实施步骤与程序，使工程项目参建单位了解和知道自己所在的层次、地位、职能职责、义务和权利，为工程项目各项工作的顺利实施提供必要的组织保障。

在编写工程项目各个管理对象的具体建设要求时，首先要明确工程项目的具体管理对象，这些对象一般主要包括工程项目的质量管理、进度管理、费用管理、安全管理、风险管理、合同管理、设备管理、材料供应、物资采购、资料管理、设计管理、现场管理、验收管理、试运行和项目移交等内容。由于工程建设大纲是由工程建设单位编写的，因而仅给出这些管理对象的管理依据、工作原则、具体标准和最终目标，更为详细的管理计划和实施方案则由相关单位来编制。

此外，一些工程为了争当优质工程、品牌工程、标杆工程，除在工程项目建设大纲中明确上述工作内容和要求外，还要编写工程项目创优管理办法、品牌工程创建计划等内容，为工程项目各参建单位编写更详细的实施计划提供指导。

（5）工程项目施工计划。有些工程项目管理者把工程项目施工计划也称为工程项目施工方案。其用来指导工程项目施工的技术、经济和管理文件，是提高工程质量、加快工程进度、降低工程成本、提高工程项目施工管控能力和管理水平的重要措施与对策，也是工程预结算的重要依据。为了发挥工程项目施工计划应有的作用，其包含的内容有编制说明、编制依据、工程概况、施工准备、施工方法、施工程序、施工工艺、保证工程施工进度、质量、安全、环境、冬雨期及产品防护的技术措施和技术要求，以及工程用料、施工机具、计量器具和劳动力需用量计划及有关管理规定。

在编写编制说明时，要写明工程项目施工计划的编制目的、编制方法、考虑的因素等内容。编制说明应简明扼要、阐述清晰。编制依据主要是工程设计施工图、所采用的规程规范、标准及国家和行业有关规定，以及工程合同和上级主管部门对工程的特殊要求等内容。工程概况中主要说明工程名称、建设规模、建设地点、开竣工时间、建设单位、承包单位等工程项目参建单位。特别是工程项目的主要实物工程量，如建筑面积、设备台数、管线延长米、钢结构的总吨数等重要参数，都要给出详细具体的数字。主要技术参数一般包括工程实体和建筑材料、机械设备等物质的构件尺寸、重量、材质、转速、功率、设计压力、温度技术指标等。此外，还要专门写明工程现场的水文、地质、气象状况、交通环境、周围人居等内容。

在编写施工准备方面的内容时，要针对工程施工现场已具备的条件和所欠缺的条件进行详细阐述，如主要材料设备的到位情况、施工技术准备情况、施工现场水电气的供应情况、现场安全工作的准备情况等，尤其是工程现场存在的特殊障碍物分布情况和处理现状以及今后需要重点处理的问题要给予详细的说明。

在编写施工方法、施工程序、技术要求等方面，要针对工程质量、进度、费用、安全、风险、物质等不同的具体管理对象，提出相应的主要施工程序和施工工艺以及主要管控点。根据施工程序阐明主要施工步骤，包括出现问题后的控制调整方法、需要采取的其他技术措施和特定要求、对特殊情况需要采取的技术措施和技术要求。对于采用的新技术、新材料或新工艺等技术复杂、难度较大的施工内容，也可单独编制施工计划方案。在此基础上，就开展工程施工所需的施工机具、材料用量、人员劳力、计量器具等器械，根据工程进度计划，编制出详细的需求用量计划表。

在完成工程项目施工计划主要内容的编写后，要就工程施工中所涉及的有关通用表格、专用表格、报审表格、规章制度等内容进行编写，为有效指导工程项目的施工作业提供支持。

（6）工程项目质量计划。工程项目质量计划是用于指导工程项目管理者开展工程质量管理实践活动的指导性文件，编写的内容主要包括工程质量管理目标、管理内容、管理方法、管理程序、质量标准与检测方法、检测仪器和设备、对工程质量的特殊要求以及对其他相关资源的要求。工程项目质量计划的具体编制方法参见第 5 章工程项目质量管理所述知识。

（7）工程项目进度计划。工程项目的进度计划是用于指导工程项目管理者开展工程进度管理和控制活动的指导性文件。在工程项目进度计划的编制中，为了满足不同层级的进度管理需求，将进度计划分为工程项目总进度计划、单位工程年度进度计划、分部工程进度计划和分项工程进度计划。

工程项目总进度计划是指工程项目批准立项之后，从开始设计到竣工投产的全过程统一时间部署，其主要目的就是明确各个时段必须完成的工程项目任务，确保工程项目能够按照预定的时间实现预定目标；同时，使项目各参建单位据此安排完成各自任务的时间点，编制工程项目的年度计划，合理分配项目资源，加强项目参与各方之间的协调和合作，保证各项建设任务的连续性和稳定性。工程项目总进度计划包含的主要控制时间点有工程项目总体设计技术文件交付时间、施工单位进场时间、主要单位工程完成时间、重要核心设备交付时间、辅助设备设施完成时间、工程系统全部配套完成时间、试运行时间和竣工时间。

单位工程年度进度计划是依据工程项目总进度计划文件编制的工程项目在某年的进度计划。年度进度计划既要与工程项目总进度计划要求相一致，又要与当年可完成的工程建设任务及其能力相适应。工程项目年度进度计划包含的主要控制时间点有施工图设计技术文件交付时间、施工单位进场时间、基础工程完成时间、主体工程完成时间、主要设备交付时间、设备安装完成时间、辅助设施完成时间和竣工时间。

在完成单位工程年度进度计划编制的基础上，工程项目各参建单位可以根据工程管理需求，依据单位工程年度计划编制季度或月度进度计划，或从工程组成角度，编制分部工程进度计划和分项工程进度计划。季度或月度进度计划或分部工程进度计划和分项工程进度计划是比年度计划更为详细的计划，计划中的具体内容必须详细准确，确保所需项目资源的准确到位并具有可执行性。

在编制不同的工程进度计划前，要预先明确工程项目规定的开竣工时间和工程项目对主要工作内容完成时间的节点要求。在此基础上，结合工程项目的施工内容与总体计划要求，编制出不同类型工程项目的进度计划。工程项目进度计划的编制方法、编制依据、进度分级等内容参见第 6 章工程项目进度管理所述知识。

（8）工程项目费用计划。工程项目费用计划是用于指导工程项目管理者开展工程费用管理和控制活动的指导性文件。根据项目资金供应计划，工程项目的费用计划可分为年度费用计划、季度费用计划和月度费用计划。年度费用计划主要用于工程建设单位对工程项目费用的宏观管控；季度费用计划主要用于工程建设单位对工程项目费用的中观管控；月度费用计划主要用于工程建设单位对工程项目费用的微观管控和支付管控。在工程建设单位编制月度或季度费用计划时，编制的依据主要是工程施工单位编制出的工程预算或结算。在工程实践中，施工单位在完成若干分项工程或分部工程的建设任务后，将会根据实际完成的工程项目内容，编写出相应的工程结算清单，并据此向工程建设主管单位提出支付工程进度款的要求。工程建设单位通过对施工单位所编制费用文件的审核来确定相应的费用支付计划，并在约定的时间内支付工程费用。工程预结算编制的方法参见第 7 章工程项目费用管理所述知识。

（9）工程项目物资供应计划。工程项目物资供应计划是用于指导工程项目管理者开展工程资源管理和保障工作的指导性文件，编制的对象主要是针对工程项目施工所需的建筑材料、机械设备等实体物资。编制工程项目物资供应计划时，工程项目管理者以工程项目施工计划、施工方案及工程进度计划为主要依据，根据工程项目的建设需求，就工程项目在不同施工时间所需的建筑材料和机械设备品种、数量、规格、供应时间和地点等做出详细的计划和安排。工程项目物资供应计划的编制方法参见第 10 章工程项目资源管理所述知识。

4.2　计划编制依据及共性规则

在编制工程项目各类计划之前，必须全面了解和掌握工程项目的具体情况与编制计划的主要目的，要详细明确计划中所包含的内容、层级、属性、类别以及编制计划需要达到的详细程度。在此基础上，明确计划的编制依据和必须遵守的共性规则，即可按照选定的编制方法开展计划编制工作。

4.2.1　计划编制依据

编制计划的依据是明确计划中各项工作任务的内容及其工作量、完成时间、所需资源、对有关方提出若干要求的根据，是项目参与各方避免和减少项目冲突、相互之间协调与合作的基础。从编制工程项目各类计划的共性角度来看，主要有以下几类计划编制依据。

（1）工程项目目标。工程项目目标是工程项目最终必须获取的成果标志，各项计划的编制都是为实现这一目标而开展的工作。因此，工程项目目标是工程计划编制中必须遵循的重要依据。

（2）工程设计文件。工程设计文件包括工程项目设计图纸、工程项目设计说明、工程项目费用概算和工程项目主要设备与材料等内容，是工程项目建设活动必须依照的技术文件。因此，工程项目各类计划的编制必须以工程项目设计文件为基础，围绕工程设计所包含的工程项目建设内容来开展工程计划的编制工作。

（3）有关标准规定。在工程项目的实施过程中，工程项目的建设必须遵守国家或行业的有关规范、标准和规定，如工程设计规范、施工规范、质量检验标准、工程验收标准等。由于工程质量管理计划、工程材料供应计划等类似工程计划必然与国家或行业的有关规范、标准和规定紧密相关，因此，这些国家或行业的有关规范、标准和规定也就成为若干工程计划编制时必不可少的依据。

（4）工程项目的特殊要求。在工程项目建设前，工程建设单位可能对工程项目有特殊的要求或规定，如对工程质量的特殊要求、对工程材料的特殊要求、对设备安装精度的特殊规定、对施工作业环境的特殊保护、对周围生态环境的特殊管控措施等。由于这些特殊要求有可能给工程项目的正常实施带来不同程度的约束，因此，在工程计划的编制中，必须考虑这些特殊要求。

4.2.2 计划编制规则

工程计划的编制规则包含两大类：一类是共性规则，即各类计划必须遵守的规则；另一类是个性规则，即在编制工程计划时，基于计划的特殊要求或考虑其他特殊因素而必须遵循的规则。

对于个性规则，一般是在明确工程项目具体计划名称之后，为了确保所编制的计划具有针对性和有效性，在确定具体计划所包含的详细内容基础上，编写计划内各项内容的工作要求、完成时间、完成地点、完成方式、所需具备的基本条件和必备资源等方面所需考虑的相关因素。在编制具体的计划时，只有将这些特殊情况和有关因素包含进去，才能使编制的计划具有可行性和实效性。例如，在编制材料或设备的供应计划时，就需要考虑材料或设备生产厂家的生产能力、材料设备质量的保障措施、施工季节对设备材料的特殊要求等因素。特别是对于一些大型、特大型工程设备，由于这些设备对运输工具、运输方式、运输环境有极为特殊的要求，因此，在编制供应计划时，就需要考虑运送方式、交通状况、季节天气等因素。特别是当所建设的工程项目采用了若干新技术、新材料和新工艺时，就有可能提出若干特殊的新要求。当编制的工程计划事关这些新技术、新材料和新工艺时，就必须将这些新技术、新材料和新工艺提出的特殊要求融入计划之中，否则，编制的计划在执行中就无法得到落实，也就不再具有指导作用。

共性规则是工程项目各类计划编写时必须遵循的规则，是有效避免各类计划自行其是并在执行中与其他计划发生冲突的必要保障，也是减少工程项目参建各方发生冲突与矛盾的有效措施。一般来讲，工程项目计划编制的共性规则主要是从工程项目的大局出发，为确保工程项目最终目标的实现而提出的若干规则，这些共性规则主要如下：①工程项目建设大纲；②工程项目总目标；③工程项目总进度计划；④工程项目投资计划；⑤工程项目管理的一般规律；⑥国家和行业对工程项目的有关规定；⑦工程项目实施中涉及的国家利益、社会利益和人民利益；⑧工程项目的特殊要求。

此外，在编制工程项目的各项计划中，各个计划还应保持与相关计划的一致性和同步性。例如，当工程项目进展到某一程度而需开展其他相关工作时，该项工作的计划要与这一需求保持一致，必须保障各项工作的实施计划内容与时间和工程总体需求相一致，各项相关计划不能存在冲突与矛盾，否则，这些计划就会给工程项目的顺利实施带来阻碍和约束。

4.3 计划编制的责任归属

为了确保编制的工程项目计划具有针对性和有效性，各种工程项目计划都由不同单位的不同专业人员来编制。编制工程项目计划的单位主要是与工程项目直接相关的工程建设参建单位，如工程项目的建设单位、总承包单位、分包单位、施工单位、设计单位、监理单位、物资供应单位等。不同专业的人员主要是指在这些单位的不同部门专门从事不同专业的工作人员，如在计划部从事工程计划管理的计划员、在工程部从事工程施工管理的工程师、在财务部从事费用管理的财务人员、在物资部从事物资管理的管理人员和物资采购人员等。

在开展工程项目各种计划的编制时，工程项目的各个参建单位就会根据各自的工作计划编制任务，将工程项目的有关计划编制工作交给参与该项目的有关专业人员，并要求这些人员在全面了解和掌握工程项目全部状况，并熟知工程项目的现场情况、施工条件、工程项目的有关特殊要求、工程建设主管单位的若干特殊规定基础上，给工程计划的编制人员提出计划编制的具体要求，就计划的编制格式、编制方法、编制程序、内容细化程度、完成时间及完成计划编制后的报审程序给出相应的规定。计划编制人员在了解和掌握这些规定的基础上，即可以这些规定为基础，结合自己多年从事工程管理的经验或参考和借鉴其他同类工程项目同类计划的模式来编写该工程的工作计划。完成计划编写之后，即可提交有关部门领导进行审核，直到该计划满足工程项目的管理需求。

在负责编制工程计划任务的同时，这些编制工程计划的单位和个人同时也必须承担相应的责任，即当编制的工程计划与工程实际出现偏差时，他们也必须负责计划的修改和完善工作，以便使制订的工作计划具有可行性，并减少对后续工作计划的影响，为工程项目的顺利实施提供有效的指导，发挥计划应有的作用。工程项目中若干主要计划的编制单位和审核单位责任归属如表 4.1 所示。

表 4.1 若干主要计划的编制单位和审核单位责任归属划分

序号	计划名称	编制单位	审核单位
1	工程项目前期工作计划	工程建设单位	工程建设单位
2	工程项目融资计划	工程建设单位	工程建设单位
3	工程项目投资计划	工程建设单位	工程建设单位
4	工程项目建设大纲	工程建设单位	工程建设单位
5	工程项目施工计划	工程施工单位	工程施工单位
6	工程项目质量计划	建设单位、施工和监理单位	建设单位和监理单位
7	工程项目进度计划	工程建设单位和施工单位	建设单位和监理单位
8	工程项目费用计划	工程建设单位和施工单位	工程建设单位

续表

序号	计划名称	编制单位	审核单位
9	工程材料供应计划	物资供应单位	建设单位和监理单位
10	工程设备供应计划	物资供应单位、施工单位	工程监理单位
11	大型机械调配计划	物资供应单位、施工单位	工程监理单位
12	主要工具使用计划	物资供应单位、施工单位	工程监理单位
13	劳动力安排计划	工程施工单位	工程施工单位
14	设计工作计划	工程设计单位	工程建设单位
15	监理工作计划	工程监理单位	工程建设单位
16	安全工作计划	建设单位、施工和监理单位	建设单位和监理单位
17	工程风险管控计划	建设单位、施工和监理单位	工程监理单位
18	工程招投标工作计划	工程建设单位	工程建设单位
19	突发事件应急计划	建设单位、施工和监理单位	建设单位和监理单位
20	工程验收工作计划	建设单位、施工和监理单位	工程建设单位
21	系统调试计划与方案	建设单位、施工和监理单位	建设单位和监理单位
22	项目移交工作计划	工程建设单位	工程建设单位
23	其他计划	计划提出单位	相关主管单位

4.4 计划编制的方法与步骤

4.4.1 计划编制的方法

在工程项目的计划管理中，明确工程项目的建设任务后，有关工程参建单位就会立即组织工程项目相关人员编制工程项目相关计划，以便指导后续工作的有效开展。例如，工程建设单位在完成工程建设大纲编写工作的基础上，立即开展工程项目总进度计划、投资计划的编写工作，以便为工程项目其他参建单位编写其他工作计划提供依据；施工单位立即开展工程项目施工方案、工程项目质量保障计划、工程项目进度计划、工程项目费用计划、工程项目材料设备机具需求计划的编写工作；工程项目监理单位则开始编写工程项目监理工作计划、质量监理计划、安全监理计划等；工程材料供应单位开始编写工程材料和设备供应计划、工程物资采购等计划，以便在工程计划的指导下，按时完成规定的任务，实现各自的工作目标。

在这些计划的编写中，不同计划采用不同的编写方法，如施工单位在编写工程项目的施工方案和质量计划时，多采用经验法和参照法。经验法是工程项目施工单位的计划编制人员根据自身以往的工程施工方案编制经验，结合该工程的实际情况和特点，基于计划编制的有关依据，按照施工方案的编制要求而进行计划编制的一种方法。参照法是工程项目施工单位的计划编制人员以已完类似工程的施工方案为基础，在考虑该工程的实际情况和特点后，基于该工程计划编制的有关依据，对参照的施工方案进行修改和完善而进行计划编制的一种方法。尽管编写方法不同，但其最终目的是一致的，即编写的方案和计划必须满足能够有效指导工程施工作业的要求。

在编制工程项目的进度计划时，无论是工程建设单位还是施工单位和监理单位，一般多采用简洁清晰的图表方式，即根据工程项目的开竣工时间，预先明确工程项目施工内容的名称，然后采用横道图、网络图或节点图的方式将工程项目的进度计划表示出来，横道图、网络图或节点图绘制方法参见第 6 章工程项目进度管理所述知识。

在编制工程项目的费用计划时，很多单位都是在完成工程概预算费用分析的基础上，依据工程概预算的分析结果来编制工程项目的费用计划（工程概预算的编制方法参见第 7 章工程项目费用管理所述知识）。费用计划的编制一般以表格方式进行阐述和说明，表格的主要内容包含费用名称、费用数量、费用计算单位和审批单位。在这些内容的基础上，可以根据费用管理所需，对计划内容进一步深度分解，如将工程费用名称中所包含的内容分解为直接费、间接费、预备费等更细的科目，这样就可以对工程费用进行更准确的掌控和资金调配。

在编制工程项目的材料供应计划、设备供应计划、大型机械调配计划、主要工具使用计划、劳动力安排等计划时，一般多采用常规模式编写，即根据工程施工方案和进度计划，采用资源管理计划明细表的方式或企业自己常用的规定表格来编写相应的计划（参见第 10 章工程项目资源管理所述知识）。而在编写设计工作计划、监理工作计划、安全工作计划等其他计划时，多采用文字阐述的方式，就计划所包含的内容分章、分节、分段编写，没有特别固定的编写方法，只要能够满足工程计划管理需求即可。

4.4.2　计划编制的步骤

尽管不同的工程计划有不同的编写方法，但任何工程计划的编写都应遵循一定的步骤和程序，即在编写工程计划前，首先必须明确编写计划的名称和类别以及计划编写单位和编写人员。其次需要让编写人员预先了解和掌握工程项目的建设内容、建设规模、投资数额、建设工期、建设地点、工程特点、参建单位、施工现场状况、地质状况、地理环境、交通状况、自然气候、人文环境、地方习俗、工程现场周围的人居情况、通信网络条件、水电能源供应条件、生活环境等情况，必要时还应进行实际调研，确保编制的计划与实际相符。再次，还要让编写人员了解和熟知工程建设单位预先编制的工程建设大纲、工程建设单位对该工程的特殊要求、工程设计文件、国家和行业有关工程建设的法律法规、建设单位的若干规章制度等内容，以便工程项目计划人员以此为依据，编制出符合工程建设管理需求的针对性计划文件。

在此基础上，计划编制人员即可根据计划编制依据，采用相应的计划编制方法来编制工程项目计划文件。编制完成后，再添加文件目录和封面，装订成册并盖章签字。经有关单位和领导核定后，其即可成为工程指导性文件。工程项目计划的通用编写程序如图 4.1 所示。

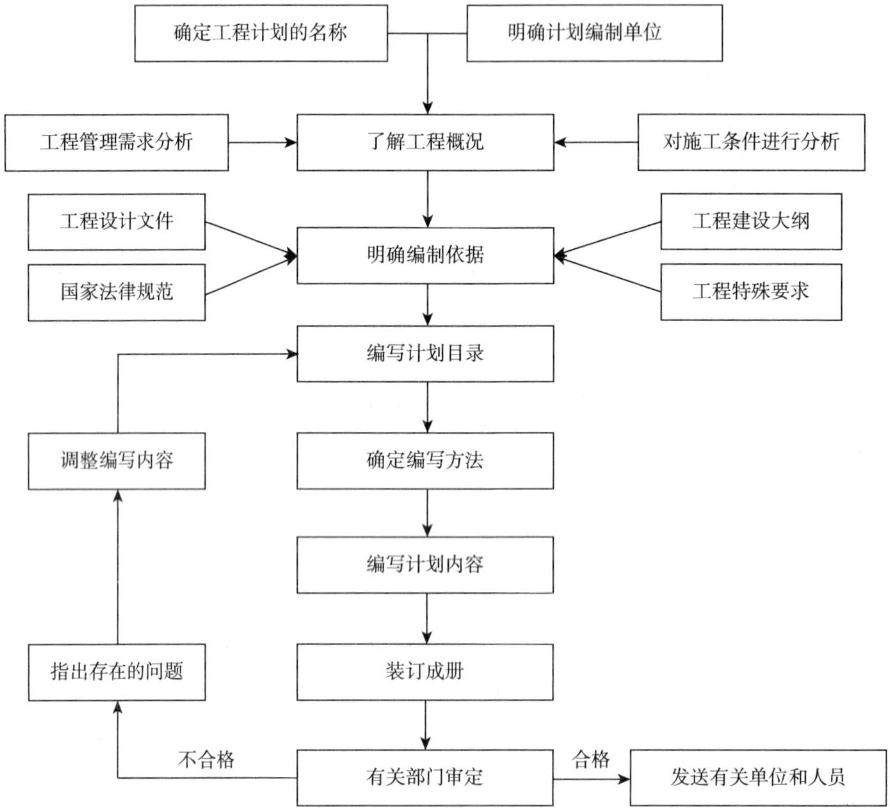

图 4.1　工程项目计划编写程序图

4.5　工程项目计划的实施与控制

4.5.1　工程项目计划的实施

有关单位和部门在完成工程项目计划的编制并审定后，下一步的工作任务就是明确计划的执行者和管理者，认真落实执行计划的所需条件，预先做好各项准备工作，并使执行者和管理者肩负起各自的责任，按计划实施各项工作。

（1）明确计划的执行者和管理者。在工程项目中，不同的计划需要不同单位的不同专业人员去监督、管理和实施，如在执行工程项目质量计划的过程中，工程质量管理计划的执行者主要是工程施工单位的现场技术负责人和作业人员，而工程质量的监督人主要是工程监理单位的专业人员，工程质量的管理者主要是建设单位或工程质量主管部门的专业人员。在工程项目施工的过程中，工程施工单位的技术管理者要根据工程质量管理计划，指导现场施工人员按照计划书中规定的作业流程进行施工，同步开展质量自检工作，确保工程质量达到规定的标准；监理人员则作为现场质量的监督者进行旁站监督，同步开展必要的质量检验或验收专检工作，并确认施工结果是否达标。在此基础上，施工单位再按照相关规定，申请质量主管部门进行质量验收，进行工程质量的终检工作。由此可以看出，若要实施和开展工程各类计划，必须预先明确和选定相应的计划执行者、监督者和管理者，并明确他们各自的职责，使他们在计划的实施中清楚自己的工作任务，能够各行其职、各负其责。

（2）落实执行计划的所需条件。在工程项目计划实施前，一些计划需要预先具备若干条件或需要提前完成若干准备工作。例如，执行工程质量计划前，需要预先准备若干质量检验工具；开展工程材料供应计划工作前，需要计划执行者预先全面了解和掌握市场行情与厂家生产情况；开展工程进度计划管理工作前，需要采用计算机或其他工具预先绘制出相应的进度计划网络图或横道图；等等。只有预先完成这些工作或准备好相应的管理工具，才能为工程项目在施工中顺利开展各项计划工作奠定坚实的基础。

（3）开展计划交底工作。在将工作计划分发给有关单位的执行者、监督者和管理者后，为了使各项工作计划得到认真贯彻和执行，项目计划的编制者和审定者应该在计划执行前开展计划交底工作，就计划执行中的具体内容、执行流程、规定标准、执行中的重点和难点以及可能遇到的问题进行讲解，并就计划中的有关问题答疑解惑，使有关人员熟悉、理解和掌握计划的详细内容，为计划的顺利实施提供必要的技术指导与服务。在开展计划交底工作的同时，项目计划的编制者和审定者还可进一步检查计划编制的系统性、完整性、合理性、可行性和实用性，若存在问题，还应进一步改进和完善工作计划。

（4）按计划规定开展各项工作。在完成工程计划的前期准备、技术交底，以及明确各项计划的执行者、监督者和管理者等工作后，有关单位即可根据工程项目的进度计划和工程项目的实际进展状况，按计划开展各项工作。如果在工程项目的施工过程中，各项计划得以正常的实施，则按计划正常执行即可；如果在计划执行中出现与计划不一致的异常情况，就需要根据工程施工中所出现的具体情况，通过工程项目计划的调整与控制方法开展工程计划的调控管理工作，以确保工程计划的可行性和有效性，并及时避免和减少对后续工作带来的不利影响。工程项目各项计划的实施程序如图 4.2 所示。

4.5.2　工程项目计划的控制

在编制工程计划的过程中，计划编制者都是假定实施计划的所需条件完全可以满足计划实施要求。但在工程实际中，尽管工程计划的有关执行者和管理者都会尽可能地按照预定计划做好各项准备工作，但仍有若干不确定因素会给工程计划的执行带来不同程度的干扰和影响，使工程计划与实际出现不同程度的偏差。这些偏差不仅会引起计划编制者、审核者、执行者、监督者和管理者之间的冲突与矛盾，而且可能还会给工程项目带来一定程度的危害和损失，因此，在工程计划的实施过程中，对工程计划实施状况进行及时的分析、调整和控制就成为工程计划管理中的一项重要工作内容。

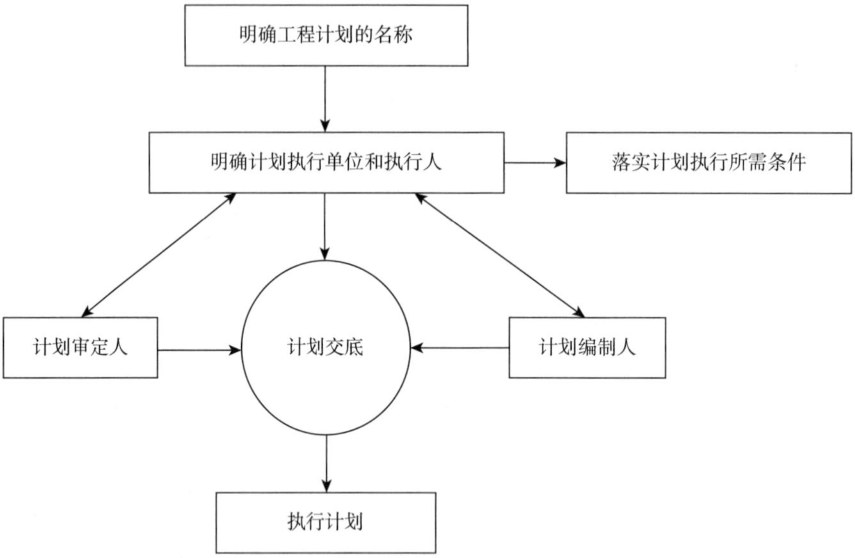

图 4.2 计划实施程序图

（1）计划实施状态的分析。在工程项目的实施过程中，通过对工程项目各个管理对象所处的状态或工作结果进行检查、计算或测量，即可得知工程项目各项工作的真实状态。例如，根据工程施工结果，通过质量检验，即可得知工程产品的质量是否达到标准；根据现场材料设备到位情况，即可得知材料设备计划是否得到有效的落实和执行；根据工程已完工的数量，即可得知工程项目的实际进度。由此可知，通过对工程实际状况与原定计划的相互对比，工程项目管理者即可得知工程项目计划与实际是否一致、是否存在偏差及偏差的程度，由此即可决定是否需要对工程计划进行必要的调整和修正。

（2）计划偏差的原因分析。一般来讲，工程计划与工程实际总会存在不同程度的偏差，只是偏差程度的大小不同而已。当偏差较小且对工程项目不会带来明显影响时，工程项目管理者可以通过工作内容或时间上的适当调整来解决计划偏差所造成的若干影响。当偏差较大且对工程项目产生较大影响时，工程项目管理者就需要对产生偏差的原因进行深入的分析，并在明确问题根源的基础上制定相应的对策，尽可能地减少由此带来的损失，并保障后续相关工作的顺利实施。工程项目质量、进度、费用等问题的分析方法参见相关章节所述知识。

（3）计划的调整和修正。当工程项目的实施状态与工程项目原定计划之间存在较大偏差并给工程项目及后续工作带来较大影响时，就需要在分析和确定产生偏差原因的基础上，制定相应的对策，并对原定计划进行必要的调整和修正，然后，根据计划实施程序，再实施新的计划。

（4）计划的再执行与再控制。在新计划的实施中，依旧有可能出现计划与工程实际的偏离。此时，即可按照工程计划控制程序（图 4.3）继续上述工作，对工程项目计划开展再执行和再控制的循环式动态管理，并通过工程计划的动态管理实现对工程项目的有效管理和控制。

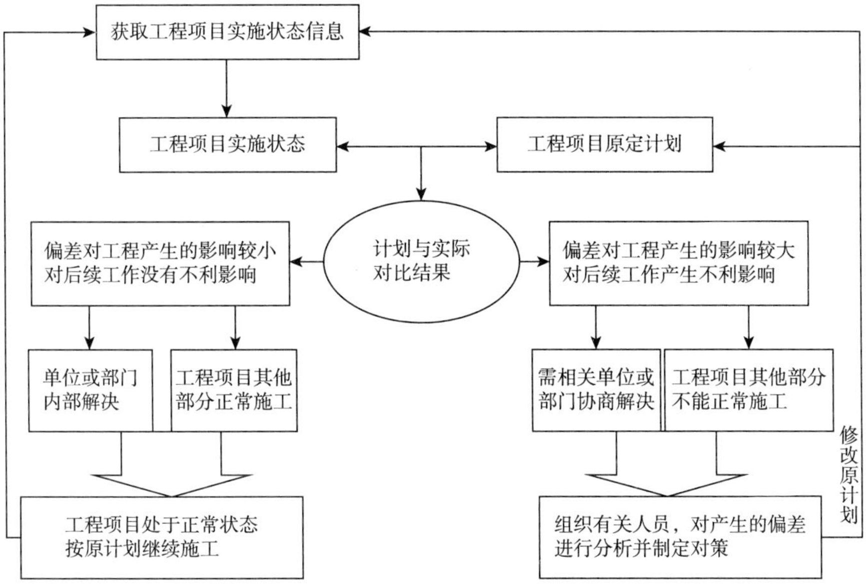

图 4.3　工程计划动态管理和控制程序图

第5章

工程项目质量管理

工程项目质量是工程项目的三大管理对象之一，是工程项目管理中的核心和重点。从工程项目立项初始，工程项目预定的目标中就对工程质量有了明确的定义和要求。但由于在实现工程质量目标的过程中，存在较多的不确定因素，工程质量时常发生与预定目标的偏离。因此，在工程项目的质量管理中，预先构建工程质量保障体系、编制科学的工程质量管理计划、及时有效地开展工程质量分析与控制等工作就成为工程项目质量管理的主要内容。

5.1 工程项目质量及其特性

5.1.1 工程质量

质量是一个具有普遍意义的泛性词，由于适用范围极广，其含义具有了广泛性。例如，美国管理学家朱兰（Juran）认为，质量就是产品的适应性，即产品在使用时满足用户需要的程度。克劳斯比认为，质量就是符合规格。国际标准化组织认为，质量是反映实体满足明确或隐含需要能力和特性的总和。对质量的类似解释和定义还有很多，从中可以看出，质量具有较为广泛的含义，它不仅可以指具体的产品质量，也可以指某项活动或过程的工作质量和服务质量。如果将质量的本质看做“满足要求的程度”，那么，对实物而言，其质量主要是该实物能满足其在性能、寿命、耐久性、安全性等方面要求的程度；对虚体而言，如服务，质量主要是指在服务过程中满足提出要求者期望的程度。

其实，质量的含义远不止这些，这些定义仅仅解释了质量中“质”的一部分含义，即事物的实体和要求，但质量还具有数量和衡量的含义，即质量中“量”的含义。“量”是指在明确质量的对象和要求后，这个要求的程度以及如何分析和判定最终结果是否达到了预定的要求。因此，质量不仅包含着产品的实体质量和虚体质量，还隐含着质量的分析、对比与判定。

对于工程项目而言，工程质量（construction quality）就有这两方面的含义：一是指工程项目的实体质量（如建筑物或构筑物）和在工程项目建设中为实现工程项目目标而开展的各项工作质量（如项目参与各方之间的工作质量与服务质量）；二是指工程质量的标准与衡量。一般情况下，工程项目所指的工程质量泛指工程项目的实体质量。因此，全面了解和掌握质量的含义就应该从两个方面去理解，在阐述工程项目的质量定义时，不仅要含有工程实体质量以及在工程项目实施过程中项目参与各方之间的工作质量和服务质量，也要含有衡量质量的标准和判定的方法。因此，工程项目质量就是工程项目产品及其生产过程中各种工作满足相应规定要求程度和衡量这一程度的总和。

5.1.2　工程质量特性

对于工程项目而言，工程质量是随着工程项目建设的过程而形成的。从工程项目的决策阶段开始，工程质量的实体形态就在工程项目的立项中基本确定。在工程项目的准备阶段完成工程项目的设计之后，工程质量的理想形态与具体标准也就被随机确定。在施工阶段，通过工程施工和与施工相关的其他辅助工作，工程质量的最终形态也将被确定。在这一过程中，工程质量体现出了以下几个方面的特性。

（1）双重性。工程质量包含工程项目的实体质量，而且在建设工程实体的过程中，与这一实体建设相关的设计质量、材料质量、机具质量等其他质量和项目参与各方之间相互的服务质量也将对工程质量产生一定的影响。因此，工程质量既包含有形的实体质量，也包含无形的虚体质量，具有了双重性。

（2）过程性。工程项目的任何实体形成都需要一个过程，这个过程是按照一定的工序或工艺流程实施的。在这个过程中，可能会由于来自系统内外多种因素的影响而给工程质量带来不同程度的影响，这种影响可能是有益的，也可能是有害的。但这表明，工程质量是在项目的实施过程中逐步实现的，工程质量具有了显著的过程性。

（3）累积性。在工程质量的实施过程中，若要确保工程质量达到预定的标准，施工工序中的每一步骤所形成的结果都必须达到规定的标准。尽管如此，由于每一项标准都有一定的允许偏差，即使满足了局部的标准，但所有误差累积起来后就有可能出现质量不达标的问题。因此，工程质量就具有了累积性。

（4）局限性。在工程项目中，一些工程实体形成后，常常会被后面的作业结果所覆盖，即存在隐蔽工程的情况。隐蔽工程被后续工程覆盖之后，整个工程形成了整体，被覆盖的工程实体质量就不易再被检验，有的甚至无法检验。因此，这就给工程质量管理带来了一定的约束，使工程质量具有了局限性。同时这也告诫项目管理者，在工程项目的管理中，不允许出现质量控制和检验滞后，必须及时开展并完成工程质量的过程检验工作。

5.2 工程项目质量管理及其流程

5.2.1 工程质量管理

在工程项目的建设过程中，质量是工程项目管理的三大目标之一。为了实现工程质量目标，就要对工程质量实施有效的监管和控制。在对质量的管控过程中，由于工程项目所具有的特点，工程项目质量具有了复杂性、动态性和系统性。其中，复杂性是指在工程质量的形成过程中，工程质量可能会受到来自项目内外多种因素的影响，使工程质量的管理工作变得复杂。动态性是指工程质量的影响因素随着项目实施状态的变化而变化，因而，质量管理的重点和方法也要随之改变。系统性是指为了实现工程质量目标，需要对工程质量实行持续性的管理，并且这个管理必须是有计划、有组织、有措施的针对性管理，这就使工程质量管理具有了系统性。因此，ISO 9000 标准指出，质量管理就是保障工程项目的产出物满足预定的需求，对项目产出物的质量和项目工作质量的全面管理，它包括执行组织确定的质量政策、目标与职责的过程，并通过适当的制度和程序，采用持续的过程来实现对质量的管理。这个过程主要包含制定质量方针、编制质量规划、建立工程质量保障体系、拟定工程质量保障措施和控制手段、明确工程质量管控的实施程序等，以此来确保工程质量目标的最终实现。由此可以看出，工程质量管理是贯穿在工程产品生产或服务当中以确保质量达到要求的持续性管理活动。

5.2.2 工程质量管理流程

目前，在工程项目管理中，对工程质量进行管理的方式主要有两种：一是工程质量的即时管理，二是质量问题形成后的再处理。工程质量的即时管理的流程如下。

（1）明确管控对象。在对工程质量进行管理前，预先明确具体的管理对象，将管理对象的类别、属性、内容等全部具体化。

（2）明确质量标准。把管理对象在实施当中或在建成之后应该满足哪些条件、达到何种程度等要求具体化，如果可能，要把这些要求量化，明确质量标准。

（3）制订质量保障实施计划。在制订质量保障实施计划时，要明确解决和落实以下问题：实施计划与方案是否具有针对性，计划和措施在何时执行和完成，计划由谁执行，用什么方法完成，在哪道工序、哪个环节、哪个过程执行。

（4）问题预测。针对工程项目实施过程所包含的各个环节，分析可能出现的问题及诱发问题的原因，明确所有问题的主次程度，确定问题的主要管控点。

（5）制定措施和对策。在明确所有问题根源的基础上，制定相应的对策和措施，并将各项措施具体的实施方法与步骤全部落实到位。

（6）执行计划。按照预定的实施方案，开展工程质量监管工作。

（7）跟踪观测和检查。在工程项目的实施过程中，对具体对象进行过程管理，并在工作中采集有关质量数据，分析和观测工程质量的有关情况，及时了解和掌握工程质量的实施状态。

（8）质量正常则进行下一项工作，若发现问题则采取相应的措施并及时处理。

上述流程可归纳为四个步骤，即计划（plan）、实施（do）、检查（check）和处理（action），简称 PDCA。在工程质量控制中，这四个步骤循环往复，形成所谓的质量管理 PDCA 循环，如图 5.1 所示。

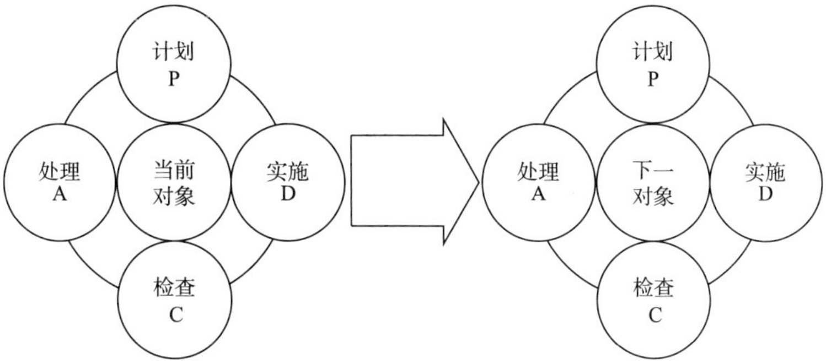

图 5.1　质量管理 PDCA 循环图

在使用这一管理方法时，需要明确回答 5W1H 问题：为什么要提出这样的计划（why）？要做什么工作（what）？在哪道工序、哪个环节、哪个过程实施此项工作（where）？何时执行和完成（when）？由谁来执行（who）？怎样执行（how）？若 5W1H 问题不明确，则无法将质量管理工作落实到位。

目前，大多数工程的质量管理属于事后管理方式，即发现质量问题后再进行处理，其具体的工作流程如下：①发现工程质量问题；②分析问题根源；③确定问题导致的后果；④制定处理问题的方法和措施；⑤执行处理方案；⑥管理人员汇报处理效果；⑦分析处理效果；⑧达到要求则开展下一项工作，否则寻找处理效果不好的原因，进行再分析和再处理。这种处理方式的流程图如图 5.2 所示。

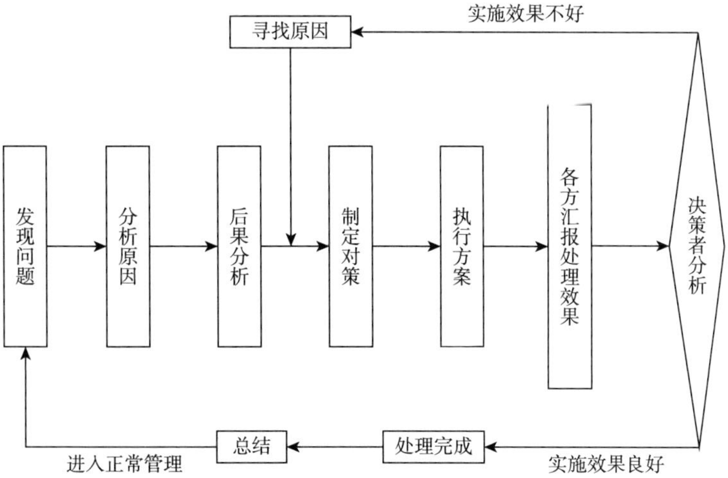

图 5.2　质量问题的事后处理方式

5.3 工程项目质量的影响因素

工程项目质量是一个多种资源的集合体，在工程质量的形成过程中，将会受到来自项目各个方面的影响。从工程质量所涉及的方面来看，工程质量的影响因素主要如下。

（1）勘察设计。工程项目的实施都将在项目设计的指导下进行，如果工程项目的设计出现问题，那么必然会给工程质量带来最直接的影响。

（2）过程管理。在工程项目的实施过程中，尽管有项目监理人员的经常性检查、现场管理人员的程序性检查和施工人员的内部自检，也可能会发生管理的不到位、检查的不彻底、考虑的不周全等问题而导致的质量问题。

（3）工程材料。工程材料是实现项目目标、完成项目任务必不可少的资源，工程质量的最终形成结果也是多种资源的组合体。如果工程的材料不合格，那么出现工程质量问题也就成为必然。

（4）项目参与人。人对工程质量的影响主要源于人对工程直接或间接的干涉与控制，直接的影响主要有对工程项目的具体操作、工程设计、工程监理、技术指导等，间接影响主要有购买次品材料、工程中失职渎职、疏于管理、缺乏经验等。因此，项目参与人对工程质量的影响最大。一般来讲，如果项目参与人的素质较高、技术能力较强、经验较为丰富，那么在解决工程质量问题、保障工程质量方面都会有较高的可靠性；反之，如果项目管理者，特别是工程施工人员的技术水平低、能力差，缺乏基本专业知识，不懂基本操作规程，那么也会导致大量工程质量问题的发生。

（5）技术方法。工程中的施工技术和管理方法是完成工程项目的重要手段，这些技术既含有工程项目实施中所需的操作方法、施工工艺等，也包括组织措施、施工方案和管理手段等。如果项目实施中的技术方法和手段制定得不合理，或缺乏针对性，那么，就会使工程质量达不到预定的标准。

（6）项目资金。目前，很多工程项目的质量问题源于项目资金方面，究其根源，主要是由于一些工程建设单位、施工单位或材料供应单位把自身的经济利益摆在首位，一切以经济利益为中心，在工程中常常存在不求优质只求合格的管理思想，因此，一些价低材次的材料就被用于工程项目之中，对工程质量带来不利影响。

（7）项目进度。工程建设有其自身的客观规律，很多工序的完成是需要一定时间的，不可以随意压缩。如果违背了工程建设的客观规律，过于追求工程建设的快速完成，就有可能给工程质量带来非常不利的影响。

（8）作业环境。在工程项目的实施过程中，如果施工现场狭窄、现场作业面拥挤、通风照明条件不好、作业机械施展不开等，也会对工程质量造成影响。因此，施工作业环境与工程质量就具有一定的关系。

（9）设备机具。在工程项目中，正确、有效使用相关设备和机具也是保障和提高工程质量的有效手段之一，如通过有效的检测设备可以确保使用的材料符合标准，通过现代化的张拉设备可以使结构所需的应力达到质量规定的预定要求。因此，工程设备机具是否在性能上可靠、操作上方便、使用上灵敏准确等都与工程施工质量有着紧密的关系。

然而，在工程中，一旦所用设备发生问题，就可能会导致检测错误、搅拌不匀、压力不足等问题，进而引发工程出现质量问题。

（10）客观因素。在工程项目的建设过程中，工程质量也会受到许多来自客观方面因素的影响，如自然环境、天气温度、水文地质等。尤其是在冬季、雨季、风季、酷暑季节实施作业时，对工程质量的影响更大，因而需要提前做相应的准备，以确保客观因素不会给工程质量带来不利影响。

（11）管理制度。目前，在我国的工程项目建设过程中，依然还存在着许多建设单位不按建设程序办事、施工单位不按施工规范和操作规程施工、监理单位不严格执行有关监管制度、勘察设计单位越级承揽工程项目等违法、违规、违纪问题，这些问题不仅说明各建设主体的工程质量责任制没有得到有效的落实，而且也反映出我国工程管理制度方面的问题。这些问题都不同程度的直接或间接地给工程质量带来影响，因此，源于制度管理方面的问题也是造成工程项目质量问题的原因之一。

通过对这些工程质量影响因素的简述可以看出，影响工程质量的因素涉及工程项目的各个方面，且这些因素分布在项目的各个阶段，因此，对工程质量影响的因素贯穿于工程项目的整个生命期。从总体来看，这些因素可以分成五大类，即人、机、物、法、环，其中，人是指所有人员类的因素；机是指管理体制和运行机制类的因素；物是指物质、材料设备工具等资源类的因素；法是指工程技术和管理方法类的因素；环是指自然环境和工作环境类的因素。据此，人、机、物、法、环就成为工程项目管理者在工程质量方面的管控要点。

5.4　工程项目质量保障体系

工程质量保障体系是为实现对工程质量的有效管理而建立的管理系统，这个系统既属于项目组织的一部分，又可以独立运行；不仅包含满足工程质量管理需求的管理体制，还包含确保工程质量管理技术、方法和各种资源落实到位的运行机制。在工程项目中，建立工程质量保障体系需要完成以下若干项工作。

（1）建立工程质量管理机构或部门。在组建工程项目部之后，可以根据工程质量管理工作量的大小和难易程度以及重要程度，结合工程项目部内部机构的设置情况，将质量管理隶属于项目管理的某一部门之下。对于特殊工程项目，工程质量部门也可在项目部门中单列，并配备专门的质量管理人员。此外，也可将工程质量管理委托给政府专门的质检部门进行管理。

（2）制定质量管理岗位职能与职责。在建立起工程质量管理的组织后，要根据质量管理需求，设定相应的管理岗位，并明确该部门及其各岗位的职能与职责，上报上级主管领导批准后，将这些职能、职责公开化，避免今后与其他部门之间的冲突与矛盾。

（3）明确质量管理范围与内容。根据工程项目的实施内容，明确质量管理的具体范围和各个范围内包含的管理对象，为今后全面落实各项质量管理工作奠定基础、提供依据。

（4）制定工程质量管理目标和标准。根据工程项目设计图纸和施工方案，制定具体的质量管理目标，明确每一个具体管理对象所需达到的质量标准。质量标准最好能够量化，以便今后对工程质量进行检测、分析和控制。

（5）编制工程质量管理计划和实施方案。为了确保工程质量目标的实现，工程质量管理人员要针对工程项目中的每一项工作提前进行质量管理和预控分析，寻找和发现每一项工作中容易发生质量问题的问题点，围绕质量问题点，制定出解决问题的方法、措施、重点注意事项、所需条件、操作程序、检测方法及责任人，把各项工作落实到位，因为这些工作都是质量计划所需完成的主要工作。

（6）明确工程质量管理程序。工程项目实施之后，工程项目管理系统将处于动态运行之中，在上一项工作完成并达到预定质量目标后，下一个对象的质量管理与监督工作也就随即展开。因此，工程质量管理也将是一个动态管理的过程。为了确保各项工作之间的相互衔接，就必须制定相应的质量管理运行程序，使整个质量保障体系能够协调稳定地运行。

（7）配备工程质量管理所需资源。保障工程质量除需必要的质量监管人员外，还需必要的其他资源，如质量检测工具、设备、仪器等。因此，在开展质量监管工作前，要把所需的资源落实到位。

（8）按程序开展工程质管工作。在完成上述各项工作之后，就可按照预定的计划和实施方案，要求质量管理部门的各岗位人员和有关单位开展工程质量管理工作。

在构建工程质量保障体系中，管理者需要注意的是，由于工程质量影响因素涉及工程项目的各个方面，这些因素分布在项目的各个阶段，并贯穿于工程项目的整个生命期，因此，对工程质量的管理就要从各个阶段的各个管理要素出发，对所涉及的人、机、物、法、环等所有因素进行全方位、全过程、全系统的管理与控制，即对工程质量要开展全面质量管理。所以，全面质量管理是一种涵盖全员、全过程、全因素、全层次的全系统质量管理，这就是全面质量管理在工程项目质量管理中的含义。

5.5 工程项目质量计划

质量计划是实现工程质量管理目标的重要工作之一，也是保障工程质量的管理措施之一。在工程项目管理理论中，工程质量计划被定义为：为达到预定的质量标准，针对具体管理对象而预先开展的质量问题分析工作，并将这一工作文件化的系统过程。工作的内容包含具体对象及其特点的详细阐述、管理对象所需达到的质量标准、影响质量的因素、产生这些因素的根源、管控这些因素的方法和措施、处理问题过程中的重点和注意事项、解决问题的前提基础和必备条件、检测质量的方法与程序、对检测仪器和设备的具体要求以及对检测人员技术水平与素质的要求等。由此可知，质量计划就是要把涉及质量保障各方面的工作提前进行分析并落实到位的系统性管理工作。

5.5.1 编制工程质量计划的基本要求

工程项目质量计划是用于指导项目管理者开展工程质量管理实践活动的文件，因此，编制的工程项日质量计划就必须具备可行性、实用性和可操作性，要明确指出应该开展的质量活动内容以及每个内容相应的质量标准和最终质量产品的标准，同时还要明确管控工程质量的各项措施如何落实到位。为了达到这一目的，在工程实际中，对编制的工程质量计划就具有如下若干要求。

（1）质量计划中的质量管理对象要有具体的名称，且名称必须具体明确，要在工程项目中有明确的类别归属，必须是工程项目中具体的实体对象，并且在工程项目完成后可以具体的形式体现出来。

（2）要对该对象进行具体定义，对其特点或特性有详细的描述。

（3）每一项具体问题的质量保障计划要具有针对性，不能空洞和无法落实。

（4）编制的计划要详细具体，便于使用者理解，必要时附以图表来解释和说明。

（5）在工程质量计划编制中，重要的工作之一就是要明确工程项目中内含的每一项工作的质量标准，并把每项工作累积形成后的工程产品最终质量标准具体化，避免工程质量过程性和累积性问题的出现。因此，在工程质量计划的编制中，要始终考虑各项工作实施后的质量即时效果和累积效果，要明确这些效果的检测方式以及检测标准。

（6）要明确规定质量责任人以及完成每项工作的时间。

（7）正式计划编制完成之后，应要求有关技术人员、管理人员、监理人员和施工人员等相关人进行审阅，确保质量计划具有可操作性。

（8）当相关因素发生变化后，要对原有计划进行及时的修订，确保计划的有效性。

5.5.2 工程质量计划的编制依据

在编制工程质量计划前，必须对工程项目有个全面系统的了解。在基础之上，还必须再将工程项目所有的工程质量管理对象进行系统性分解，明确其工程管理所属类别与层级，然后再根据有关工程的有关规定和相关标准，编制工程质量管理计划。一般来讲，编制工程质量计划的主要依据有质量目标、质量标准、设计规范、施工规范、国家法规和其他相关规定等。

（1）质量目标。质量目标是根据工程项目的总体目标而制定的目标。对于工程质量管理而言，它是工程项目质量管理的工作方针，也是编制工程质量计划的指导性原则。

（2）质量标准。对于工程项目中的每一个构件和实体产品，国家都有相应的工程施工质量验收统一标准。除特殊工程外，这些标准和规定也是工程质量管理必须遵循的原则和质量管理计划编制的依据。

（3）设计规范。在工程设计中，对于一些新结构、新工艺、新材料等新对象，工程设计都在设计说明书中给予了必要的规定，这些规定也是工程质量计划编制中需要参阅的内容。

（4）施工规范。国家有关部门对工程建设中的若干工艺操作流程或施工工序做出了相应的规定，明确了相应的标准，这些标准和规范也是编制工程质量计划必不可少的依据。

（5）国家法规。国家的有关法律法规，如《建设项目环境保护管理条例》《建设工程安全生产管理条例》等对工程建设的施工提出了很多要求，这些要求有可能直接或间接地对工程质量的保障带来一定的影响。因此，在编制工程质量计划前，应了解和掌握此类法律法规对工程质量所产生的影响，并作为制定质量保障措施的依据。

（6）相关规定。在工程项目的建设中，不同的施工单位也有自己的若干规定，这些规定可能会对工程质量带来若干影响，因此，在编制工程质量计划时，要进行必要的了解。

5.5.3 工程质量计划的编制程序

工程质量计划的编写是一项较为复杂的技术性工作，若要使编写的工程质量计划科学、实用和有效，不仅需要做好大量的前期基础性准备工作，而且需要在编写中综合多方面的信息和资料，按照一定的科学步骤和科学方法来编写。

（1）全面深入了解工程建设内容与目标。在编写工程质量计划前，首先需要计划编写者全面深入地了解和掌握拟建工程项目的全部建设内容和建设目标以及工程建设方的其他相应要求，以便为下一步明确各个具体管理对象的质量管理目标和标准奠定基础。

（2）准确了解和掌握拟建工程的质量标准。根据工程项目的建设目标和要求，准确了解和确定工程总体的质量标准与具体要求以及单位工程、分部工程和分项工程的质量标准与要求，为下一步制定各个具体管理对象的质量标准提供依据。

（3）收集质量管理的有关文件。将拟建工程的有关设计图纸、施工方案、合同文本、物资采购等文件以及有关工程建设的法律法规、施工规范等规章制度收集齐全，并就其中与工程质量有关的规定摘取出来，为工程质量计划的编写提供参考。

（4）将所有工程管理对象进行系统性分解，明确各阶段、各层级质量管理对象。采用 WBS 分解技术，将拟建工程所包含的所有工程管理对象进行系统性分解，明确各阶段各层级的质量管理对象。

（5）明确各阶段各层级质量管理对象的质量标准。根据工程质量的管理目标和相应的具体要求，明确各阶段、各层级质量管理对象的质量标准，并将标准具体化和数量化，以便后期工程质量的检测或验证。

（6）编写工程质量计划大纲。根据工程质量计划应包含的编写内容，构建出工程质量计划的基本框架和内容组成。

（7）编写大纲的具体内容。根据工程质量计划的基本框架和内容组成，就所有具体管理对象及其特点进行详细阐述，说明管理对象所需达到的质量标准、影响质量的因素、产生这些因素的根源、管控这些因素的方法和措施、处理问题过程中的重点和注意事项、解决问题的前提基础和必备条件、检测质量的方法与程序、对检测仪器和设备的具体要求以及检测的标准和要求、对检测人员技术水平与素质的要求等内容。

（8）形成系统性的工程质量计划管理文件。根据工程质量计划大纲和目录，将编写的所有内容汇集成系统性文件。在添加必要的文件目录和封面后，装订成册。

（9）组织有关各方审阅和修改和完善工程质量计划。将工程质量计划管理文件提交给有关各方，组织有关各方进行审阅，请有关各方提出不足之处和修改建议；计划编写者进一步完善工程质量计划，直到满足工程质量管理要求为止。

5.6　工程项目质量分析

在工程项目质量管理中，为了实现对工程质量的有效监管与控制，就需要及时了解、分析和掌握工程质量的实施状况。目前，对工程质量状况分析的方法常有调查分析法、核对表法、控制图法、因果图法、散布图法、直方图法、分层法和排列图法等方法，现分别介绍如下。

1. 调查分析法

调查分析法是基于调查统计结果来分析工程质量状态的一种方法。在调查前需要管理者提前设计好具有针对性的调查方案，然后根据调查方案，在一定的时间和范围内收集管理对象的有关质量信息和数据。调查的内容不仅包含调查对象的属性、时间、地点、层级等内容，而且还包含质量的特征、参数等数据。因此，调查的结果中既有定性的文字叙述，也有定量的质量数据（表 5.1）。基于调查结果，既可以对质量状态进行必要的定性分析，也可以对质量状态进行具体的定量研究。

表 5.1　质量调查统计表

缺陷项目	缺陷频数	小计
表面疵点	正正正正正正丅	32
砂眼	正正正正一	21
形状不良	正正	10
加工超差	正正正正正正正正正	45
其他	正正下	13
总计		121

同时，由于调查分析法的很多信息和数据来源于工程实际，因而在质量分析中有很强的实效性和实证性，容易使管理者更加准确地分析和判定工程质量的实际状态。因此，调查分析法是一种较为普遍的质量分析方法，调查内容可根据需要来确定（表 5.2），具有简便灵活、便于整理、能反映实际情况等优点，但需要耗费一定的人力、物力和财力，特别是当调研的数量较大时，调研成本也很高，甚至一些调研的信息和数据中存在信息冗余的问题。

表 5.2　质量对象调查表

对象名称	过梁板	代号	KZ-435	完成日期	2015 年 8 月
检查数量	100	合格数量	78	合格率	78%
检查日期	2015 年 9 月	检查者	王×	统计者	李×

2. 核对表法

核对表法是管理者预先根据多年的工程实践经验，将每一个管理对象可能发生的质量问题编写在一个表格内，在项目的实施过程中，对表单内的质量管控点进行针对性的监督和管理，一旦出现相应的问题，便可依据经验及时处理。

在工程质量管理中，最常用的核对表就是《工程施工质量评定标准》中的质量评定表。评定表中的评定内容和标准是国家施工规范统一规定的，因而有效避免了各管理者对质量评定标准的争议（表 5.3）。通过现场实际数据的采样和统计分析，对管理对象检查结果中不符合质量要求的部分，便可通过与验收标准之间的偏差分析明确地检测出来。因此，这种方法对于传统和简单的工程项目来讲简洁实用、清晰明了、管理效果明显；但对于工程中含有较多的新工艺、新材料和新类别的工程质量管理对象，则可能就不再适用。

表 5.3　地面单元工程质量评定表

单位工程名称		单元工程量	
分部工程名称		施工单位	
单元工程名称		检验日期	

项次	检查项目	质量标准	检验记录	评定
1	地面类型	符合设计，所用材料符合国家标准	符合设计，所用材料符合国家标准	合格
2	水泥或细石面层	密实、平整、光洁，无裂纹、脱皮、起砂	密实、平整、光洁，无裂纹、脱皮、起砂	合格
3	水磨石面层	石粒密实，显露均匀，表面光滑，分格清晰，无裂纹		
4	面层与基层结合	无空鼓现象	无空鼓现象	合格

项次	检测项目	允许偏差/毫米				实测值						总测点数	合格数/点	合格率/%
		水泥砂浆	水磨石	细石砼	预制板	1	2	3	4	5	6			
1	表面平整度	4	2	5	2	2	1	1	2	3	4	6	6	100
2	缝格平直	3	2		2	1	1	3	2	1	2	6	6	100
3	踢脚线上口平直	4	3	4	3	2	1	1	4	2	2	6	5	83.3
4	接缝高差				1									

共检测 18 点，其中合格 17 点，合格率 94.4 %

施工单位自评意见	自评质量等级	项目法人（监理单位）复核意见	核定质量等级
主要检查项目全部符合质量标准，其中 2 项优良，一般检测项目全部符合质量标准，合格率 94.4%		经复测，同意施工单位自评意见	

施工单位名称			项目法人（监理单位）名称	
测量员	初检负责人	终检负责人		
			核定人	

3. 控制图法

在工程项目的实施过程中，许多不确定因素都会给工程质量带来不同程度的影响，这些影响都会使工程质量的相关参数产生不同程度的波动。控制图法就是根据工程质量的波动状态，利用控制图区分质量波动原因，判明工程质量是否处于稳定状态的一种管理方法。控制图的基本形式如图 5.3 所示。

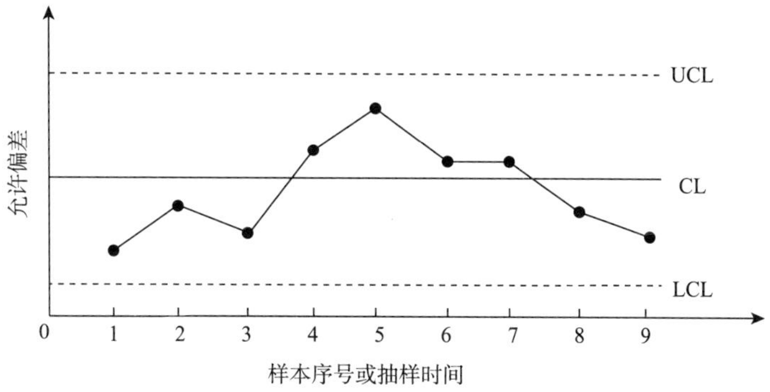

图 5.3　控制图的基本形式

控制图由一个直角坐标系组成，横坐标为样本序号或抽样时间，纵坐标为被控对象的质量特性值。控制图一般由三条线组成，即上控制界限（upper control level，UCL）、质量标准中心线（center level，CL）、下控制界限（low control level，LCL）；中心线标志着质量特性值分布的中心位置，上、下控制界限标志着质量特性值允许波动范围。

在工程建设过程中，根据工程质量管理对象的实施状态，可以通过数值抽样取得质量控制对象的质量数据，然后把样本统计值描绘在图上，系统地表示出管理对象的质量状态。如果描绘点落在上、下控制界限内，则表明质量管控对象处于正常状态，否则就表明工程质量出现问题。如果偏差值很大，超过了管理者的管控能力和范围，就可能意味着工程建设过程处于失控状态。因此，质量控制图的作用一是可以表明管理对象的质量状态，二是一旦出现异常点便可立即发现而进入问题处理程序，确保工程质量处于可控状态。

控制图中的控制界限一般采用三倍标准偏差法来确定，这主要是因为依据数理统计的原理，工程质量一般都处于正态分布。采用这种方法确定的控制界限既可以满足工程质量过程管理的实际需求，又可以在最经济的条件下保证工程管理对象的质量达到预定的标准。确定控制界限的公式为

$$CL=E(X)$$
$$UCL=E(X)+3D(X)$$
$$LCL=E(X)-3D(X)$$

其中，X 为样本统计量；$E(X)$ 为样本统计量的平均值；$3D(X)$ 为样本的三倍标准偏差。根据样本统计值，当不符合以下条件之一时，就表明工程质量出现问题：①连续 25 点以上处于控制界限内；②连续 35 点中仅有 1 点超出控制界限；③连续 100 点中不多于 2 点超出控制界限。

当出现连续 5 点在中心线一侧的现象时，质量管理者应注意工程施工发展状况；当出现连续 7 点在中心线一侧的现象时，表明工程建设过程已处于异常状态并应立即开始调查原因，采取针对性的措施进行处理，如图 5.4 所示。

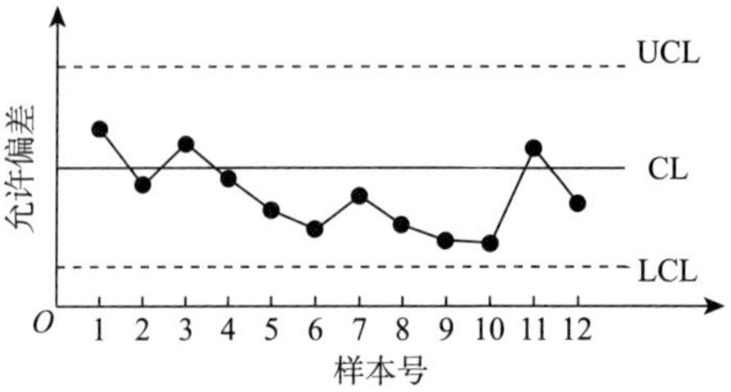

图 5.4　控制图异常状态（一）

当在中心线一侧多次出现 11 点中有 10 点、14 点中有 12 点、20 点中有 16 点在同侧的现象时，表明工程质量状态已经异常，如图 5.5 所示。

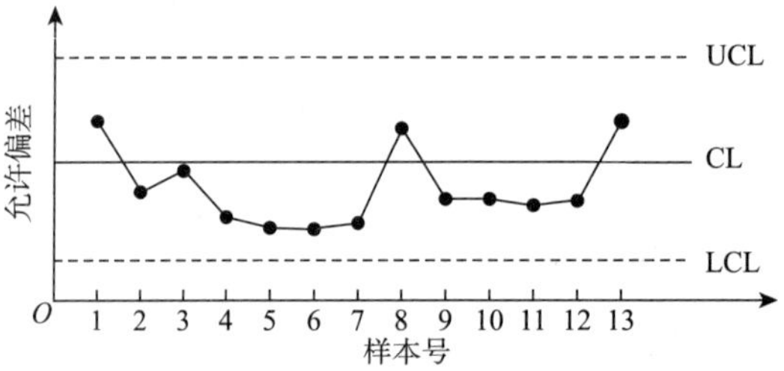

图 5.5　控制图异常状态（二）

当检测点值出现连续 7 点上升或连续 7 点下降的现象时，建设过程可能存在异常因素的持续性干扰，工程质量管理者应开始调查原因并采取处理措施，如图 5.6 所示。

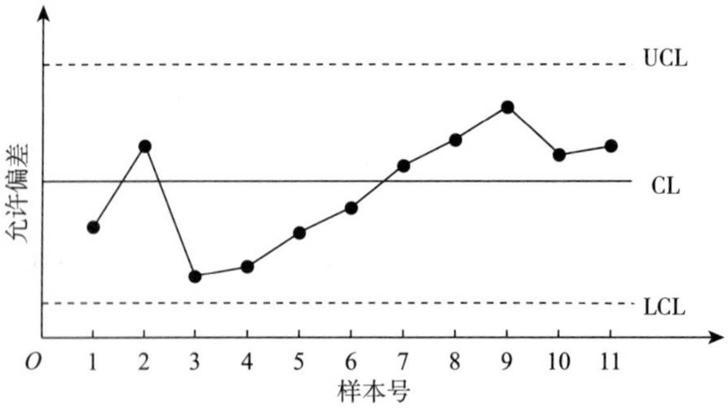

图 5.6　控制图异常状态（三）

当检测点值出现周期性变化的现象时，如果所有点值在控制界限的范围之内，建设过程和工程质量也处于正常状态，如图 5.7 所示。但出现连续 3 点中有 2 点、7 点中有 3 点、10 点中有 4 点接近控制界限的现象时，表明工程质量状态可能存在异常因素的干扰。

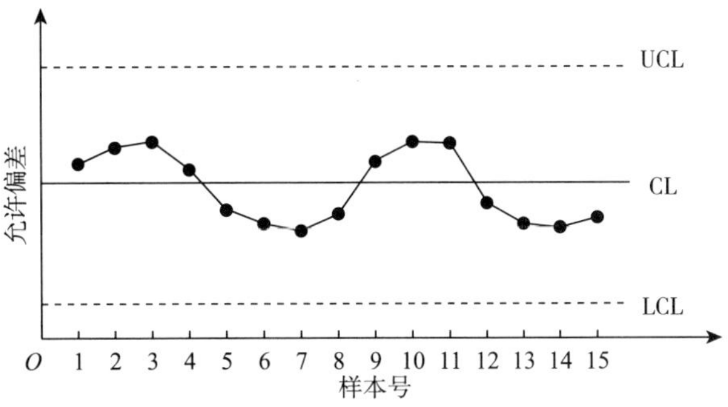

图 5.7　控制图异常状态（四）

4. 因果图法

因果图也叫鱼刺图，是利用系统原理来逐步深入分析质量问题因果关系的方法。这种方法把工程质量管理对象实施中所涉及的各种因素按类型逐一分解，依照大小次序分别用主干、大枝、中枝和小枝的图形表示出来，由此而寻找出影响工程质量的主次因素，如图 5.8 所示。因果分析图的绘制步骤如下：①选定需要分析的质量问题，并将之放在主干箭头的前面。②确定影响质量的原因，并将这些原因分为几个等级，最主要的原因是宏观性的原因，用大枝表示；将宏观性原因进一步分解为相对具体的原因，用大枝下面的中枝表示；将相对具体的原因进一步分解为更为具体的原因，用中枝下面的小枝表示；确定出具体原因的问题根源，用小枝下面的细枝表示。③将分析过程进行整理，并系统地描述出来，绘制成具有逻辑关系的图形。

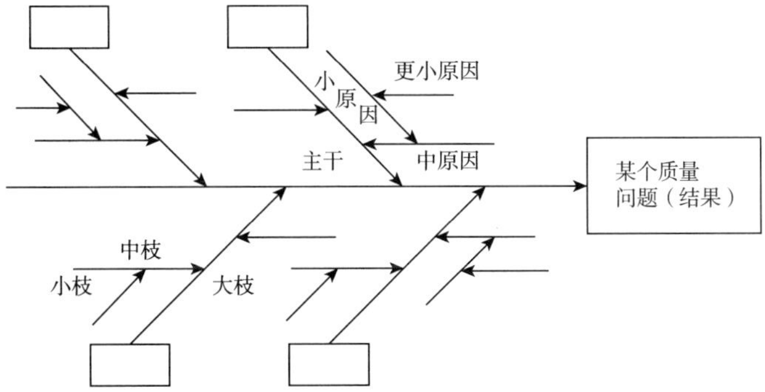

图 5.8　鱼刺图

5. 散布图法

散布图又称相关图，是工程质量管理中用来分析和研究质量数据之间关系的一种方法。根据质量问题的因果关系原理，工程质量与其影响因素之间具有一定的依存关系，但不一定是严格的函数关系，因此，不一定能由一个变量精确地求出另一个变量，但可以用大量的检测值点将两个变量之间的相互关系描绘出来，以便观察和判断工程质量与其影响因素之间的相关关系。

根据相关图中数据点的集合分布状态，两个变量之间的关系主要有正相关、弱正相关、负相关、弱负相关、非线性相关和无相关六种类型。其中，正相关是指散布点基本形成了由左至右向上变化的一条直线带，即质量问题 Y 随着因素 X 的增强而增强，二者具有较强的相关关系，如图 5.9 所示。弱正相关是指散布点基本形成了由左至右向上变化的一条分散性直线带，即质量问题 Y 随着因素 X 的增强而有所增强，二者具有一定的相关关系，但没有正相关关系显著，如图 5.10 所示。非线性相关则是散布点的分布不是明显的线性规律，但可以肯定两个变量之间具有一定的关系，如图 5.11 所示。

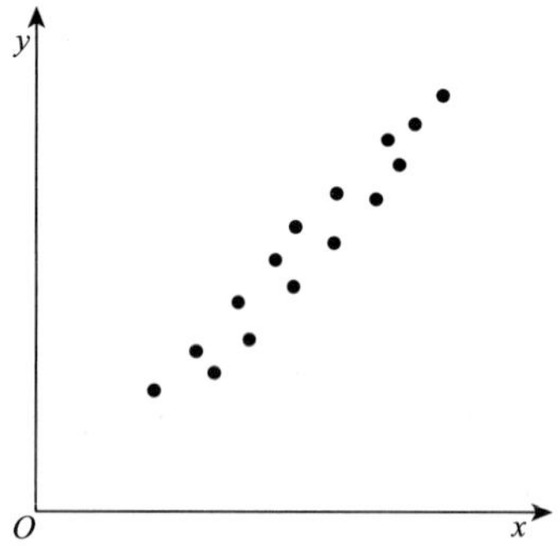

图 5.9　正相关

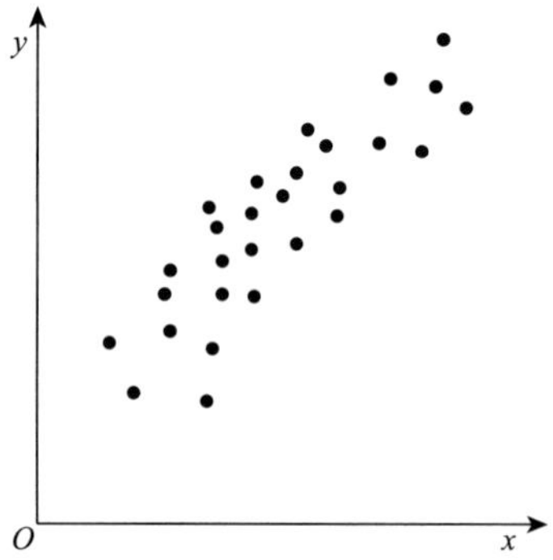

图 5.10　弱正相关

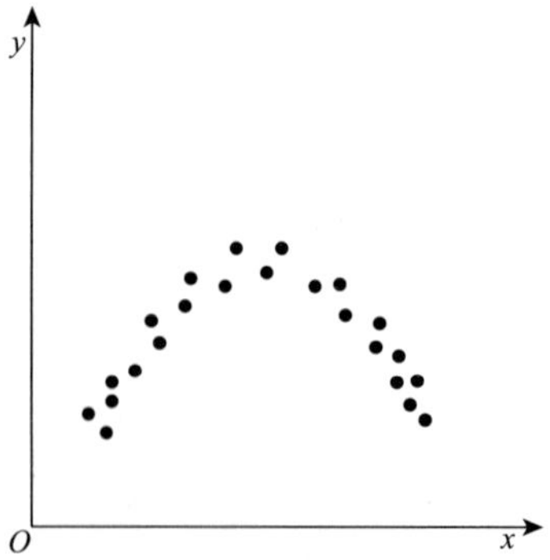

图 5.11　非线性相关

负相关是指散布点形成由左至右向下的一条直线带，即质量问题 Y 随着因素 X 的增强而减弱，二者具有较强的相关关系，如图 5.12 所示。弱负相关是指散布点基本形成了由左至右向下变化的一条分散性直线带，即质量问题 Y 随着因素 X 的增强而有所减弱，二者具有一定的相关关系，但没有负相关关系显著，如图 5.13 所示。无相关则是散布点的分布没有规律，因素 X 的变化不会引起质量问题的变化，如图 5.14 所示。

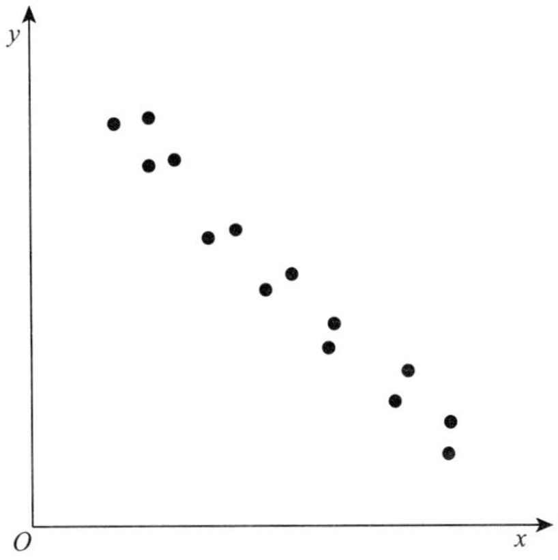

图 5.12　负相关

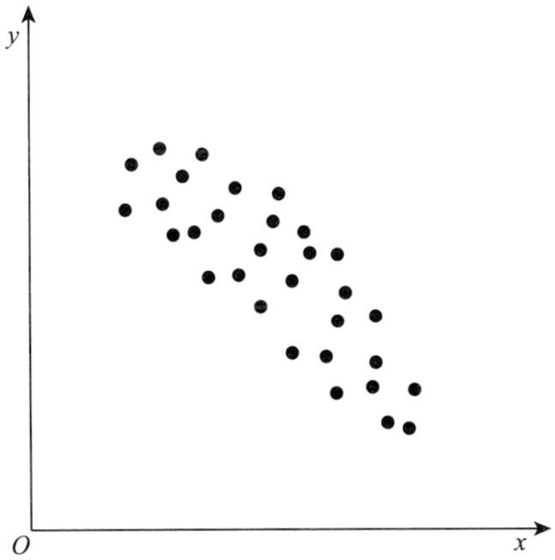

图 5.13　弱负正相关

6. 直方图

直方图又称质量频数分布图，是将收集到的质量数据进行分组整理，用直方图形来描述质量分布状态的一种分析方法。根据直方图的分布形状及与公差界限的距离，管理者可以了解工程质量的波动情况，分析和判断工程建设过程是否处于正常状态。

工程质量直方图的绘制是完全遵循统计学原理中直方图的绘制方法进行的，即收集数据、计算极差、数据分组、确定组限、编制数据统计表和绘制直方图。但在工程质量管理中，为了更加有效地了解和掌握工程质量的真实状态，一般要求收集的质量数据样本至少在 50 个以上，使工程质量的实际情况得到充分的反映，否则难以体现其内在规律。

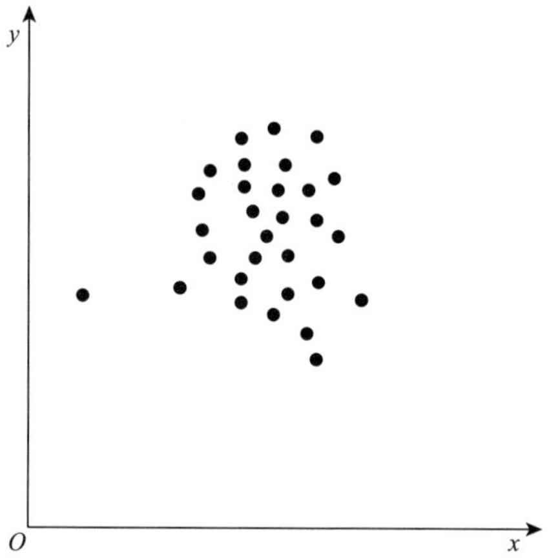

图 5.14　无性相关

一般来讲，根据直方图的图形情况，可以分析和判断出工程质量的 7 种状态：①正态分布，生产过程正常，质量稳定，如图 5.15（a）所示。②偏态分布，生产情况正常，但对质量上、下限控制过严，如图 5.15（b）和图 5.15（c）所示。③锯齿分布，由于数据分组不当或组距确定不当而造成，如图 5.15（d）所示。④孤岛分布，材质发生变化或不熟练工人临时替班造成，如图 5.15（e）所示。⑤陡壁分布，收集的数据不完整或参有主观因素而造成，如图 5.15（f）所示。⑥双峰分布，由两种不同的设备施工而造成的质量偏差，如图 5.15（g）所示。⑦平峰分布，生产过程中不明显因素变化而给质量带来的影响，如图 5.15（h）所示。

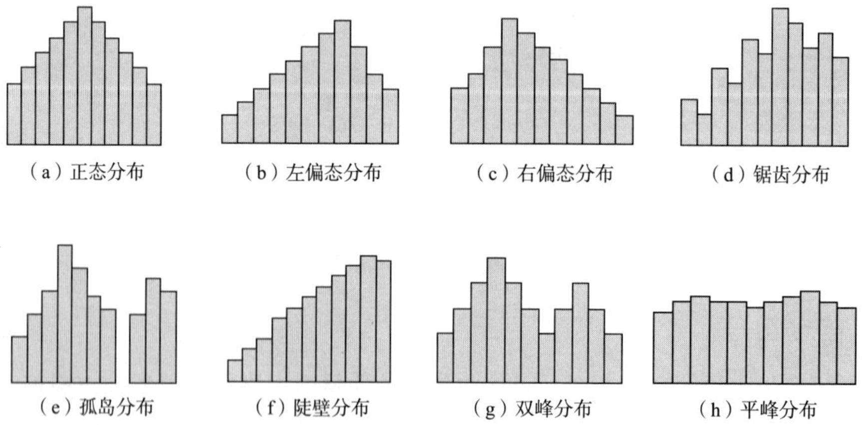

图 5.15　工程质量直方图

根据工程实际数据绘制出工程质量直方图后，可将标准的质量分布直方图与实际质量分布直方图进行对比，由此即可了解和掌握工程质量的管控情况以及工程施工者的实施能力。在工程实际中，主要情况有以下 6 种：①当实际质量特性分布 B 位于质量标准要求界限 T 中间，二者的标准中心重合且两边还有一定余地时［图 5.16（a）］，表明质量管控效果非常理想，质量处理稳定状态。②当实际质量特性分布 B 虽然位于

质量标准要求界限 T 内，但二者的标准中心不重合且偏向一边时［图 5.16（b）］，表明在质量管理中，一旦出现异常因素，就有可能出现质量问题，应引起管理者的注意。③当实际质量特性分布 B 位于质量标准要求界限 T 中间且两边没有余地时［图 5.16（c）］，表明施工过程一旦发生相关因素的干扰，工程质量就可能出现问题。④当实际质量特性分布 B 位于质量标准要求界限 T 中间且两边还有很大余地时［图 5.16（d）］，表明施工管控过于严格，可能会增加工程成本。⑤当实际质量特性分布 B 局部超出质量标准要求界限 T 时［图 5.16（e）］，表明工程质量已出现一些问题，必须采取措施进行有效的管控。⑥当实际质量特性分布 B 完全超出质量标准要求界限 T 中间时［图 5.16（f）］，表明工程质量已出现非常严重的问题，必须采取措施进行全面的分析和管控。

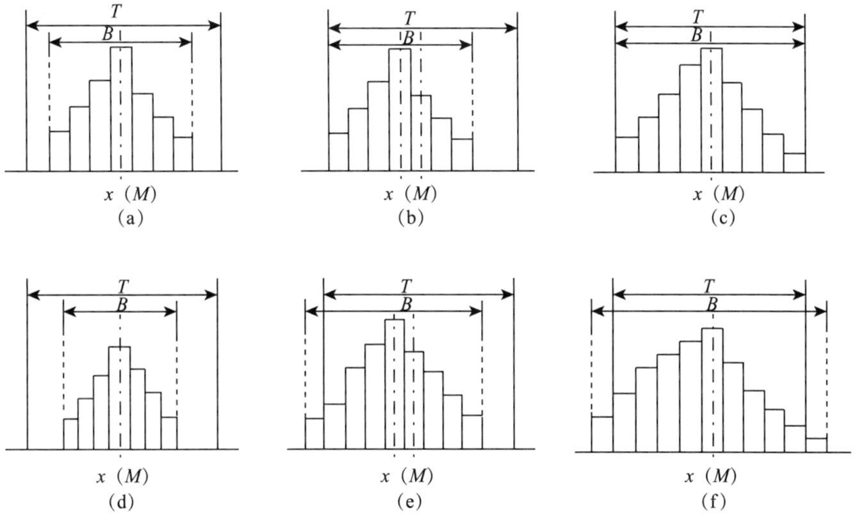

图 5.16　工程质量实际状态与标准的比较

7. 分层法

分层法又称分类法或分组法，就是将收集到的质量数据按质量分析的需要进行分类整理，以便找到产生质量问题的原因。

分层、分类的方法有很多种，如可按班次或日期分类，可按操作者、操作方法、检测方法分类，可按设备型号或施工方法分类，可按使用的材料规格、型号、供料单位等类型分类。具体采用哪一种，可以根据需要灵活运用，有时也可同时将几种方法组合使用，以便找出问题的多个集成点。例如，某一钢筋网焊接质量出现问题，管理者为此进行了调查。但由于该工作是由三位工人共同完成的，且焊条是由两个厂家提供的，因此，管理者即分别按操作者和焊条供应工厂进行分层分析，如表 5.4~表 5.6 所示。

表 5.4　按操作者分层

操作者	合格数	不合格数	不合格率/%
A	14	8	36.36

续表

操作者	合格数	不合格数	不合格率/%
B	9	5	35.71
C	12	12	50.00

表 5.5　按焊条来源分层

焊条来源	合格数	不合格数	不合格率/%
甲厂	15	11	42.31
乙厂	20	14	41.18
合计	35	25	

表 5.6　综合分层分析焊接质量

<table>
<tr><th>操作者</th><th>焊接质量</th><th>甲厂</th><th>不合格率/%</th><th>乙厂</th><th>不合格率/%</th><th>合计</th><th>不合格率/%</th></tr>
<tr><td rowspan="2">A</td><td>合格</td><td>10</td><td rowspan="2">16.67</td><td>4</td><td rowspan="2">60.00</td><td>14</td><td rowspan="2">36.36</td></tr>
<tr><td>不合格</td><td>2</td><td>6</td><td>8</td></tr>
<tr><td rowspan="2">B</td><td>合格</td><td>2</td><td rowspan="2">33.33</td><td>7</td><td rowspan="2">36.36</td><td>9</td><td rowspan="2">35.71</td></tr>
<tr><td>不合格</td><td>1</td><td>4</td><td>5</td></tr>
<tr><td rowspan="2">C</td><td>合格</td><td>3</td><td rowspan="2">72.73</td><td>9</td><td rowspan="2">30.77</td><td>12</td><td rowspan="2">50.00</td></tr>
<tr><td>不合格</td><td>8</td><td>4</td><td>12</td></tr>
</table>

通过表 5.4 和表 5.5 的分析结果可看出，焊接质量问题较低的是 B 工人，采用乙厂焊条出现的不合格率相对较低。同时，通过表 5.6 的综合分析可进一步发现，在使用甲厂供应的焊条时，三人中 A 工人的不合格率最小，为 16.66%；在使用乙厂供应的焊条时，C 工人的不合格率最小，为 30.77%。因此，在使用甲厂焊条时，应采用 A 工人的操作方法；在使用乙厂焊条时，应采用 C 工人的操作方法。

8. 排列图法

排列图法又叫帕累托图法，也叫主次因素分析图法。排列图由两个纵坐标、一个横坐标、几个长方形图块和一条曲线组成。左侧的纵坐标是出现问题的频数，右侧的纵坐标是问题累计频率，横轴则是质量因素。按照问题出现频数的大小顺序在横轴上自左而右画出高度为频数的长方形，并根据其右侧纵坐标画出累计频率曲线后，即可获得工程质量的排列图。

在工程质量管理中，根据问题出现的频率，一般将质量影响因素分为三大类：当频率的分布范围为 0~80%时，该因素为 A 类（主要因素）；当频率的分布范围为 80%~90%时，该因素为 B 类（次要因素）；当频率的分布范围为 90%~100%时，该因素为 C 类（一般因素）。现以某工程房屋地面起砂原因分析为例进行详细说明。

管理者针对该工程房屋地面起砂问题进行了调查，发现有 80 间房间起砂，起砂原因出现的问题频数如表 5.7 所示，根据起砂原因频数从大到小排列并计算累计频率结果如表 5.8 所示。由表 5.8 绘制的排列图如图 5.17 所示。

表 5.7　地面起砂原因调查表

地面起砂原因	出现房间数
砂中含泥量过大	16
砂粒径过细	45
后期养护不良	5
砂浆配合比不当	7
水泥标号太低	2
砂浆终凝前压光不足	2
其他	3

表 5.8　排列图计算表

地面起砂原因	频数	累计频数	累计频率/%
砂中含泥量过大	45	45	56.2
砂粒径过细	16	61	76.2
后期养护不良	7	68	85.0
砂浆配合比不当	5	73	91.3
水泥标号太低	2	75	93.8
砂浆终凝前压光不足	2	77	96.2
其他原因	3	80	100.0

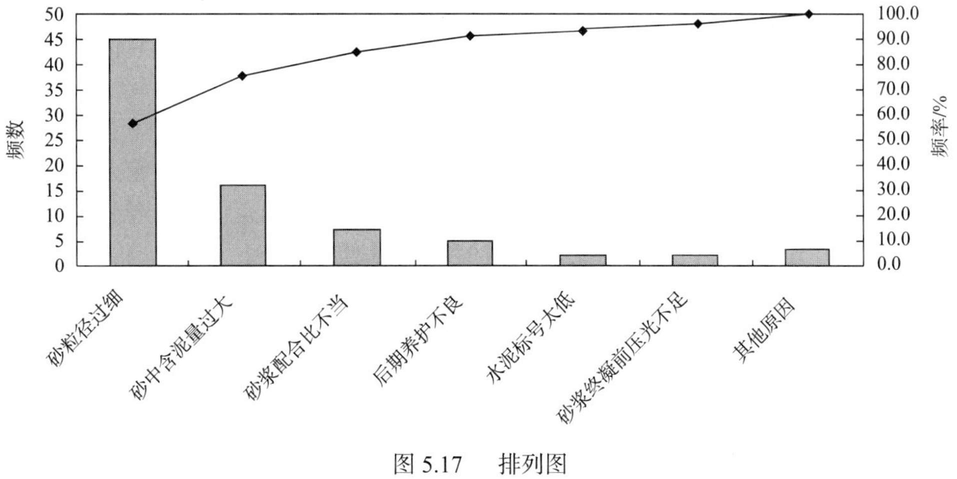

图 5.17　排列图

根据排列图可以得到下列结论。

A 类：0~80%，主要因素包括砂粒径过细、砂中含泥量过大。

B 类：80%~90%，次要因素包括后期养护不良、砂浆配合比不当。

C 类：90%~100%，一般因素包括水泥标号太低、砂浆终凝前压光不足和其他因素。

针对 A 类因素采取措施后，为检查其效果，经过一段时间，需收集数据并重画排列图。若新画的排列图与原排列图主次换位，质量问题下降，说明措施得当；否则，说明措施不力，未取得预期的效果。

5.7 工程项目质量控制

质量控制是质量管理的重要组成部分，是为达到质量要求而采取的工程技术管理活动。由于工程质量要求包含工程实体产品的硬要求和工程项目参与各方各项工作及其相互间协调与配合的软要求，涉及工程项目各个阶段的各个方面，因此，工程质量控制就将贯穿于工程项目的全过程，并需要从工程项目的各个方面、各个层次和各个阶段对工程项目的质量实施管理，为工程质量目标的实现提供持续性的技术保障。因此，在工程项目的质量管理中，对工程质量的控制就是一项典型的全面质量管理过程，这个过程的管理目的就是要通过对工程建设实施过程及其所有环节的监督，及时发现工程建设过程中有关活动偏离质量要求的现象和问题，通过针对性的分析与处理，其恢复和回归到正常状态，从而使工程项目能够按照预定的计划开展和实施，并最终实现工程项目预定的质量目标。

5.7.1 管理对象的控制

影响工程质量的因素主要集中在人、机、物、法、环五大方面。在工程质量的管控中，若要实现对工程质量的有效控制，首先应将这五个因素作为工程质量管理和控制的主要对象，并结合这五个因素在工程项目不同阶段的不同表现，采取针对性的措施来进行管理和控制。

（1）人的控制。人的控制主要是指对工程项目参与各方人员的管理和控制，特别是与工程质量紧密相关的施工人员、设计人员、监理人员、材料供应与保管人员、质量检测人员等。由于人是工程施工过程的活动主体，是工程项目的直接操作者和实施者，其总体素质和工作能力以及工作态度和对质量的重视程度直接关系工程质量的水平,因此，人既是工程质量的管理和控制者，又是工程质量活动的被控者。

目前，对人的控制主要集中在对工程施工人员的技术和操作能力方面，但实质上还与施工人员的质量意识、职业道德、知识水平、生理条件、心理行为等其他方面紧密相关，此外还与其他相关人员的协调与配合有关。因此，在工程项目的质量管理中，对于不同的人员要采取针对性的管控方法才有可能取得较好的质量管控效果。例如，对于监理人员，要重点加强其工作责任心，使其充分发挥工程质量的监督作用；对于施工作业人员，要重点加强职业教育和技术培训，提高其操作能力；对于质检人员和材料供应人员，要重点加强其质量意识和知识水平，使其为工程质量的保障提供服务；对于设计人员，要重点加强其服务意识，使其为工程质量的保障提供及时的技术指导；对于工程管理者和决策者，要重点加强其全局意识和责任意识，使其科学用人、合理用人，充分调动人的积极性、主动性和创造性，主动做好项目参与各方的协调与组织工作，遇到问题能够组织有关各方进行科学分析与决策，为工程质量目标的实现提供全局性的支持、服务与保障。

（2）机的控制。机的控制主要是指对工程项目管理体制和运行机制的管理与控制。很显然，如果工程项目的管理体制不健全、运行机制不完善，那么，工程项目的有关人员就可能出现违规、违章的行为。例如，在工程质量方面，可能出现不按技术规程操作和施工、不按规定标准监督和检查、提供不合格的工程材料、不及时处理工程质量问题等现象。这些问题必然会给工程质量带来不利的影响。因此，健全和完善工程项目的各项规章制度，建立有效的工程质量奖罚条例，规范有关人员的工程作业技术活动和管理人员的工作行为，加强管理体制和运行机制对人的监督、约束、激励和促进作用，调动有关人员的工作积极性，发挥他们在工程质量管理方面的潜能，就需要在机的控制方面多做一些工作。

（3）物的控制。物的控制是指对工程设备、材料、能源、机具等物质的管理和控制。由于在工程实体产品质量的形成过程中，材料、设备、配件、能源等都是质量形成的物质基础，因此，对这些有形实体材料和设备的物质管控就成为工程质量的重点控制对象。

在工程物质的管控中，首先，要对物质的品质进行预前控制，就物质的生产厂家、来源渠道、产品质量保证能力、采购方式等进行调查和确认，建立必要的采购质量审核制度，健全物质采购质量责任制度，确保采购的物质符合规定的质量要求。其次，对于采购回来的物质，要加强未使用前的存储和保管工作，避免变质和损坏，确保其品质。同时，在使用时，要对一些材料进行用前的必要试验和检测，将取得的检测数据与质量标准相对比，判断其质量是否满足使用要求。

对于工程施工中使用的各种工具，也要在使用前对其进行必要的检验，确保工具本身的精度满足质量规定要求。在日常工作中，要严格实行定人、定机、定岗、定责的机具保养和管理制度，遵守机械设备的技术使用规定，确保机具处于良好状态。

（4）法的控制。法的控制主要是指对工程施工技术方案、施工工艺、施工组织设计、施工技术措施等工程技术和方法等方面的控制。在此方面，为了确保工程质量达到规定的标准，施工方案应随工程质量的实施状况而进行不断的调整和改进。对于工程质量的主要控制点和关键部位以及一些新结构、新材料和新工艺等新质量管理对象，应预先充分估计可能发生的施工质量问题，并制定具有针对性的质量控制方法和措施，确保工程质量实施过程的每一步环节都达到规定的标准，并确保最终产品的质量达到预定的目标。

（5）环的控制。环的控制主要是指对工程施工作业环境的管理和控制，这个作业环境不仅包括工程施工现场的作业环境，也包括与自然紧密相关的气候环境和工程项目的内外工作环境。其中，对工程施工现场作业环境的管控主要包括：做好施工平面图的合理规划，规范施工现场机械设备材料的布置，安排好特殊环境下施工作业的通风照明设施，保持施工作业面的整洁，等等。其目的就是给工程施工人员提供一个良好的作业环境，为工程质量提供必要的保障。同时，由于施工作业的地理环境、地质状况、气候条件等也会给工程质量带来不同程度的影响（如地下水位过高、天气寒冷、环境潮湿等），因此，提前做好应对自然环境不利影响的对策也是工程质量控制中必须考虑的因素。

此外，为了确保工程质量目标的顺利实现，在工程项目的实施过程中，还要做好与工程质量有关的项目内外环境协调工作，处理好与工程质量有关的各方关系，使项目参与各方相互协调、相互促进、相互监督，创造出良好的工程质量工作环境，为全面提高工程质量提供有力的保障。

5.7.2 管理过程的控制

工程产品的形成是一个系统过程，为了保障产品的质量，在这个过程中需要事前对工程产品相关资源和条件进行质量控制,在施工过程中对事关质量的各个环节进行控制,在产品形成后对产品质量进行检验。由此可知，工程质量的管理过程包含对质量的事前控制、事中控制和事后控制三个方面。

（1）事前控制。工程质量的事前控制是指在工程质量管控对象未实施前的管理和控制，管控的内容主要有施工图纸的审查、施工方案的审定、施工条件的确定、质量标准的核定、施工技术的交底、施工所需机具材料的准备以及这些材料和机具的检测、现场施工所需设施的准备、人员的技术培训、规章制度的编制和说明等与工程质量相关的工作效果管理和控制。

（2）事中控制。工程质量的事中控制是指在施工过程中的质量管理与控制，管控的内容主要有施工过程的工序设计与安排、质量数据的收集与统计、各项工作的衔接与考核、隐蔽项目的检查与验收、质量控制效果的分析与评价、质量处理的方法与结果、成品质量的抽查与检验、质量文件的填写与审核等。

在完成工程质量事前控制的前提下，事中控制是保证工程质量最为重要的管理措施和手段，也是及时发现工程质量问题并解决问题的最佳时机，因此，工程质量的事中控制在工程质量管理中占有最为重要的地位。

（3）事后控制。工程质量的事后控制是指在施工过程结束并形成产品后对工程产品质量的管理与控制。在工程项目中，对工程质量的事后控制主要体现在对工程产品的外观检测、无损强度或刚度检测、设备设施的试运行以及运行或使用效果的评价、资料检查等几个方面。除较为严重的质量问题外，一般都会以既成事实的态度移交使用方。因此，相对事前和事中控制，事后控制的效果相对较弱。

5.7.3 管理环节的控制

在工程质量的管控过程中，不论是事前控制、事中控制还是事后控制，对每一个具体对象的管理都是多种资源和多项工作的集成行为。在这些资源和工作的集成过程中，相互之间出现很多的交叉和衔接，这些交叉和衔接构成了工程项目的各个环节，使工程质量管理从始至终形成一个系统的过程。在这些环节中，由于项目内外多种因素的影响或管理对象自身的特点，某些环节不易控制，而这些环节一旦失控，就可能会给工程质量带来不同程度的影响，因此，工程项目中的若干环节或关键部位就成为工程质量的重点控制对象。

针对工程项目中的这些重点部位和关键环节，工程项目管理一般采用事前质量控制的方法来处理，即在工程项目实施前，通过全面系统地了解与掌握工程项目的设计图纸和施工方案，结合工程项目的管理需求和项目参与各方的实际情况，从中预先找出可能对工程质量产生不利影响的工作环节和主要问题，并将之作为主要质量控制点。这些点一般包括工程结构的关键构件、关键构件的关键部位、施工中容易发生质量问题的主要工序、不易检查的隐蔽部分、发生质量问题后危害较大的对象、经常发生的质量通病、初次采用的新技术、新工艺或新材料等。

在确定工程质量的管控环节与具体对象后，还要将环节中包含的具体控制点逐项罗列出来，找出不易控制的主要原因，据此制定具有针对性的控制方法和措施。在实施前，还要向有关人员进行交底并落实到人、机、物、法、环的各个细节之中，严格要求操作人员按照预定规程认真操作，质量检查及监控人员要进行旁站监督，技术人员进行现场指导，对重点部位和关键环节实施重点监管和重点控制，确保质量目标的实现。

第6章

工程项目进度管理

工程项目进度是对工程项目实施进展状况的描述。根据工程项目进度，工程项目管理者不仅可以及时了解和掌握工程项目的实施状态与预定计划的偏差程度，而且可以根据项目管理实际需求，对工程项目资源进行科学调配，确保工程项目能够保质保量地实现预期目标。因此，工程项目计划也是指导工程项目管理者对工程项目进行科学管理与控制的依据。为了达到这一目的，工程项目管理者就需要预先编制工程项目进度计划，并在计划的实施中进行必要的管理和控制，而这些工作也就成为工程项目进度管理工作的主要内容。

6.1 工程项目进度管理的内涵

工程进度是指工程项目活动在时间上的进展状态及其度量。为了实现对工程进度的有效管理,工程项目管理者需要在工程项目实施前对项目所需时间做出科学合理的计划，在项目实施过程中对工程项目各阶段各项工作的进展程度和项目的完成期限进行全面系统的管理和控制，保证工程项目能在规定的时间内和约束条件下完成预定的任务，实现工程项目的预定目标。因此，工程项目的进度管理就是为了确保工程项目在预定的时间内完成预定的工作内容，并实现工程项目的预定目标而开展的管理活动。

在工程项目管理中，工程项目的进度管理是工程项目的重点管理内容之一。根据工程进度计划内容的不同和管理目的的差异，进度计划可分为工程项目的总进度计划和阶段性进度计划。总进度计划是用来安排和管控工程项目整体进度的时间规划；阶段性进度计划是用来安排和管控工程项目局部进度的时间规划，如年、季、月、旬、周等工程施工进度计划。这些计划既可以用文字来说明，也可以用图形来描述，还可以把文字和图形结合起来一起使用。例如，对于工期较短且施工内容较少的工程项目进度计划可用文字表述，对于工期较长且施工内容较多的工程项目进度计划多以图形的方式来表述，或在以图形表述的同时辅以必要的文字说明。

但不论是文字说明还是图形描述，工程项目的进度计划中需要包含四项内容：一是具体工作的名称；二是完成该工作的时间；三是允许开始此项工作的时间限定；四是必须结束此项工作的时间限定。只有包含了这四项内容的进度计划才具备进度计划管理的最基本功能。因此，工程进度计划的管理不仅包含着对工程进展时间的管理，还包含着对何时完成何项工作内容的管理。工程进度管理的效果不仅直接关系到工程项目的总体状况，而且涉及工程项目的资源配置、人员协调、信息交流、成本管理和质量控制等工作行为，由此可知，工程进度管理在工程项目管理中具有非常重要的作用。

在工程项目的管理范畴中，尽管有很多因素对工程进度产生不同程度的影响，但与工程进度直接紧密相关的对象主要是工程质量和费用。一般说来，加快工程项目的施工进度就要相对增加项目费用，但提前完成项目又可提高工程项目的经济效益。严格控制工程质量可能会影响工程项目的实施进度且增加一定的工程费用，但严格的质量控制又可避免质量返工而造成的进度拖延。同样，如果通过增加投资能引进先进的技术、设备或提高管理水平，那就有可能提高工程质量并加快工程进度。由此可知，工程质量、进度和费用既相互约束又相互促进，具有对立统一的辩证关系。也正因此，在工程项目的管理中，不能片面强调某一方面的管理，而应相互兼顾、相互促进。从工程项目的最终效果来看，一个成功的工程项目应该是在规定的时间内，在保质保量地完成工程项目预定任务的前提下，以最小的投入获得最大的效益。

6.2　工程项目进度计划的种类与组成

6.2.1　工程进度计划的种类

在工程项目管理中，工程项目在不同阶段有不同的主次管理对象，不同的项目管理者也有着不同的管理内容。针对这些管理对象或管理内容，为了实现对工程项目的有效管理，项目管理者就要在工程项目的不同阶段针对不同的管理对象制订不同类型的进度计划。例如，按计划的表现形式来划分，进度计划可分为文字说明计划和图表形式计划，图表形式计划中又分为横道图、里程碑计划图和网络计划图；若按管理单位来划分，分为建设单位的工程进度计划、监理单位的工程进度计划、设计单位的工程进度计划、材料供应单位的工程进度计划和施工单位的工程进度计划等；若按照计划内容来划分，有施工进度计划、材料供应进度计划、设备供应进度计划、构配件和半成品供应等进度计划；若按时间长短来划分，可分为年度进度计划、月度进度计划、周进度计划等；若按项目层级来划分，可分为工程项目总进度计划、单位工程进度计划、分部工程进度计划和分项工程进度计划。因此，工程项目进度计划的种类是较多的。

很显然，不同的进度计划有不同的作用，编制不同进度计划所需采用的方法也不尽相同，因此，在编制工程项目进度计划时，必须预先明确编制进度计划的目的，据此来选择进度计划的类型和层级以及进度计划编制的详细程度。在工程实践中，编制工程项目进度计划需要考虑的因素主要有以下内容。

（1）管理的复杂程度。当管理对象较为复杂时，管理对象内含各项工作之间的逻辑关系可能也较为复杂。此时，为了实现对管理对象的有效管控，就采用类似能够清晰表达各工作间逻辑关系的网络图形式；而当管理对象内含工作之间的关系较为简单时，可采用横道图等方式来描述。

（2）进度计划的表示层级。当进度计划主要是为了描述工程项目的总体进度时，其多采用里程碑的节点图形式；当进度计划主要是为了描述工程项目某个阶段的局部进度时，其多采用横道图来表示。

（3）进度计划需求的时间。在工程项目中，一些应急工程需要在较短的时间内完成工程项目的各项任务，且需要众多参与方在较短的时间内相互配合来完成应急项目的各项工作，此时，为了快速安排应急工程中的各项工作，进度计划就时常采用更为简单的文字说明来描述。

（4）编制进度计划的工具。目前，很多工程项目的进度计划采用预编的计算机程序来绘制，只要项目管理者将有关工程项目的进度计划参数输入进度编制系统，计算机即可绘制出工程项目的进度计划图。如果工程项目的管理单位具备这种能力，那么，工程项目进度计划的绘制效率便会极大地提高。否则，若采用人工绘制的方式来编写工程项目进度计划，就可能需要较长的时间，且进度计划一旦出现问题而需要调整时，进度计划的修改作业量也是较大的，这就有可能对工程进度的管理带来一定的不利影响。因此，在工程实际中，究竟采用何种方法来编制工程项目的进度计划还应在综合考虑多种因素的基础上确定。

6.2.2 工程进度计划的组成

为了实现对工程进度的有效管理，使工程进度计划发挥其应有的作用，在工程实践中，工程项目管理者一般会根据工程项目的规模和管理的深度需求编制不同层级的进度计划。以一般大中型建设工程项目为例，工程项目的进度计划分为如下四个层级。

（1）一级进度计划。一级进度计划是工程项目的里程碑进度计划，是工程项目的宏观性指导纲要，主要由工程建设单位、项目投资者和业主编制。编制的依据主要是工程项目投资者或业主对工程项目完工的时间要求、当地政府主管部门对工程建设的要求、有关国家政策或工程项目建设的目的以及使用的紧迫程度等要求。

（2）二级进度计划。二级进度计划是指导和管理工程项目各阶段实施进展程度的总计划，是由工程总承包单位依据工程项目的里程碑进度计划编写的工程项目进度总计划。该计划需要经过工程建设单位的批准后方可实施。二级进度计划一旦编制完成并确定，工程项目的开始和竣工时间也基本确定，因此，二级进度计划是工程项目开展工程设计、监理、材料供应、设备制造等工作的指导性和控制性管理依据。

（3）三级进度计划。三级进度计划是工程项目各分包商根据二级进度计划，结合自己所承担的工程任务而编制的较为详细的施工进度计划。此计划详细描述了工程项目参与各方对自身所承担项目内容的总体安排，同时从各方的进度计划中还可以看出为满足施工进度要求而对项目其他相关方提出的时间要求。

（4）四级进度计划。四级进度计划是由工程项目的作业班组编制的具体实施计划。此计划是三级进度计划的进一步分解和落实，具有很强的可实施性和可操作性，是工程项目进度计划管理中最基础的组成部分。

从工程项目进度计划的这四个层级可以看出，各级进度计划既相互独立，又相互紧密关联，上层计划是编制与实施下层计划的指导原则，下层计划是上层计划的进一步细化与落实。没有上层计划的宏观指导，下层计划就无法把控具体的施工期限和开竣工节点；反之，没有下层计划的细化和分解，上层计划就无法得到具体的落实，并实现其预定计划的目标。因此，这四个层级的工程进度计划相辅相成，是工程项目进度计划不可或缺的组成部分，也是工程项目管理者管控工程进度计划的依据。

6.3　进度计划的表达形式

为了形象地表达工程项目的进度并对之实施有效的管理，根据工程项目管理所需，工程项目管理者提供了多种进度计划的表达方式。从形式上看，进度计划既可以用文字来说明，也可以用图形来描述，还可以把文字和图形结合起来一起使用。一般来讲，较为简单且时间很短的工程项目进度计划可用文字直接阐述，而相对复杂的工程项目进度计划常用图形和文字共同表示，且以图形描述为主，以文字说明为辅。目前，最常采用的工程进度计划表达形式主要有横道图、网络图和节点图三种形式。

6.3.1　横道图

横道图又可称为甘特图，是由美国学者甘特于 1917 年发明的一种使用条形图编制工程项目进度计划的方法。采用该方法时，只要明确工程项目的主要工作内容及其所需时间和开始时间，就可绘制出工程项目的施工进度计划。横道图用横坐标表示工程项目各项工作的时间，工作内容在图的左侧纵向排列，工作所对应的横道起始位置表示工作的起始时间，横道的长短表示工作持续时间的长短，其基本形式如图 6.1 所示，

从图 6.1 中可以看出，甘特图能够直观清晰地描述出工程项目的工作内容与工作时间，绘制出的进度计划图简单、清晰、明了且易于理解和编制，因此得到了普遍的使用。但这种方法并不能详细描述出工程项目中各项工作之间的主次关系以及相互之间的约束关系，也不能指出影响工程项目进度的主要工序和关键要素，如果一项工作提前、推迟或延长工作时间，也很难分析出它对哪些后续工作会产生影响及其影响的程度。因此，横道图多用于中小型工程项目中。而在大型和特大型工程项目的进度计划管理中，这种工程进度的管理方法就凸显其不足之处。

工作内容	工作量	进度计划/月									
		1	2	3	4	5	6	7	8	9	10
厂房土建	500	50	60	100	110	110	70				
厂房设备	200				30	50	70	50			
办公楼	150						30	60	60		
仓库	100							20	40	40	
零星	50									20	30
合计	1 000	50	60	100	140	160	170	130	100	60	30
累计	1 000	50	110	210	350	510	680	810	910	970	1 000
百分比/%		5	11	21	35	51	68	81	91	97	100

图 6.1　横道图的基本形式

6.3.2　网络图

网络图是以箭线和节点来表示各项工作及其流程的有序网状图形。按图的表达形式，网络图又可分为双代号网络图和单代号网络图。其中，双代号网络图中的工作由带有两个节点的箭线来表示（图 6.2），箭尾节点表示工作的开始，箭头节点表示工作的结束。图形的结构关系和流向表达了各工作之间的逻辑关系，各项工作的持续时间可与工作名称一起标注。

单代号网络图中的工作用节点表示（图 6.3）。节点编号也就是该工作的代号，工作代号和工作持续时间都在节点中标出，图中的箭线只表示工作进行的先后顺序，即箭头节点所代表的工作要在箭尾节点所代表的工作完成之后方可进行。

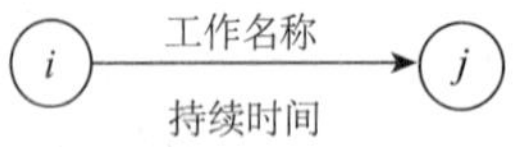

图 6.2　双代号网络图单元

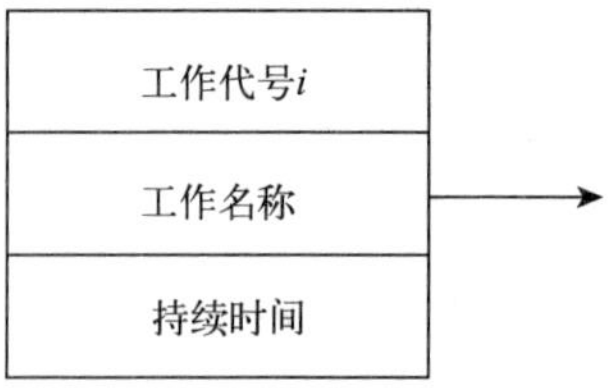

6.3　单代号网络图单元

在网络图的两种表示方法中，双代号网络图所表示的工作逻辑关系相对较为复杂，工作代号需要用两个节点编码来表示，因此，编制起来较为烦琐。但由于有箭线的指向，就具有不易发生混乱的优点。当把网络图表示成带有时标的形式时，就变得较为直观和清晰（图 6.4），因此，其在很多工程项目中得到了广泛的应用。

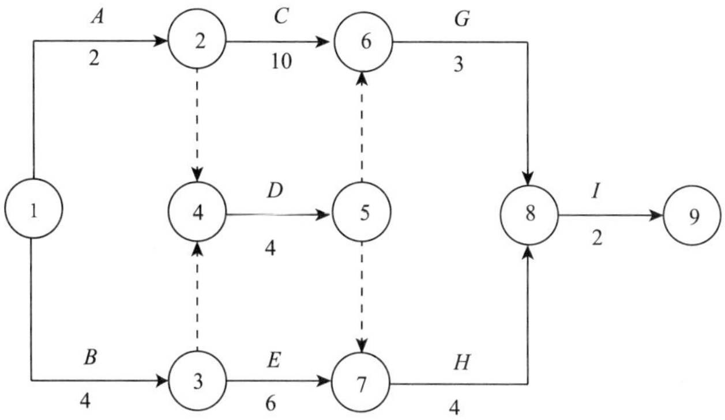

图 6.4　双代号网络图

更主要的是，通过网络时间参数的计算，双代号网络图能够分别确定各项工作的最早可能和最迟必需的开始时间以及相应的结束时间、总时差和自由时差，可以看出哪些工作必须按期完成，哪些工作有机动时间，明确指出了工程项目实施进度计划的关键线路，能全面准确地反映出工程项目内各项工作之间相互制约的关系，便于项目管理者准确了解和掌握非关键工作灵活变动的机动时间，因此，对工程项目进度计划的总体管控十分有益。

6.3.3　节点图

节点图是一种以工程项目的工作实施节点为主要控制对象的工程项目进度计划表示形式，这种图主要用于编制大型工程项目的里程碑计划，在一般中小型工程项目中较少使用。

里程碑计划是从工程项目的宏观角度出发，以工程项目重要事件的开始时间或完成时间作为工程进度的管控节点所编制的进度计划。这些工程项目的重要事件主要是工程项目各个阶段的标志成果，是工程项目实现其最终目标必须完成的工作内容。由于这些工作内容的开始和完成时间是工程项目中较为重要的起始点，同时也是表明工程项目在预定的时间内是否实现其预期目标的重要依据，是工程项目总体进展程度的重要识别标志，因此，在工程项目进度计划管理中，表示里程碑计划的节点图就成为工程项目宏观管控的重要依据。

表示里程碑计划的节点图一般以点矩阵图的方式出现，只要明确了项目各阶段的里程碑工作以及这些工作的重要时间节点，即可编制里程碑计划的节点图。因此，里程碑计划节点图更主要的是表示了工程项目中重要事件的开始时间或完成时间点，而不像横道图那样，必须给出各项重点工作的持续时间。具体如图 6.5 所示。

需要注意的是，在节点图中，表示工程里程碑进度的时间节点常常不是一个具体的点值，而是一个域值，即时间范围。这主要是因为，为了确保工程项目重要工作的完成并避免给后续工作带来严重影响，就需要给这些重要工作的完成期限留有必要的裕度。只要在预定的最后期限前一段时间内完成里程碑计划工作，即可认为在规定的时间完成任务，实现了预期的工程项目目标，取得了里程碑的标志性成果。因此，在编制节点图时，要注意时间节点与其他工程进度计划表示形式的这一区别。

里程碑	工程进度计划						
	2013年2月	2013年9月	2014年11月	2015年4月	2015年8月	2015年11月	2016年2月
地基处理完成	●						
基础工程完工		●					
主体结构完工			●				
外部装饰完工			●				
主体设备安装				●			
附属设施完成							
水暖工程完工					●		
电气工程完工						●	
通信工程完工					●		
消防工程完工					●		
安监设施完工					●		
绿化工程完工							●
内部装修完工						●	
工程试运行合格							●
工程整体移交							●

图 6.5　里程碑计划节点图

6.4　工程项目进度管理的内容

工程项目的进度管理包括三项内容：一是工程进度计划的编制，即制定工程项目从何时开始开展哪项工作并用时多久；二是工程进度计划的实施，即按照编制的工程项目进度计划执行预定的各项工作；三是工程进度计划的控制，即在工程进度计划实施的过程中，根据计划的执行情况，检查和分析工程实际进度与计划是否一致。若出现偏差，则及时找出导致进度偏差的原因，并采取相应的措施进行调整和改进，确保工程项目最终按照预定的计划完成预定的任务。

1. 工程进度计划的编制

在工程进度计划的编制中，根据工程进度计划的编制需求，必须预先明确工程项目拟将开展的各项具体工作，并将这些工作命名和定义。然后，根据工程建设的工序关系，确定这些工作的逻辑关系，并绘制出相应的逻辑关系图，为下一步编制工程进度计划奠定基础。在此基础上，以工程项目设计文件为依据，计算各项工作的工程量，并根据工程预算定额分别计算各项工作所需的时间。在明确了工程项目的开工时间和竣工日期的规定后，即可开展工程进度计划的编制工作。

2. 工程进度计划的实施

在完成工程进度计划的编制后，为了保障工程项目的顺利实施，使工程项目能够按照预定计划开展各项工作并完成各项工作，就需要将工程进度计划分层分级地落实到每一个项目管理者。然后要求每一个项目管理者根据工程进度计划，将实施项目各项计划工作所需的各种资源落实到位。在完成各项准备工作后，按照预定的时间要求开展相应的工作。因此，工程进度计划的实施既是工程项目管理者开展和落实各项工作具体内容的过程，也是执行工程项目进度计划的过程。

3. 工程进度计划的控制

在工程项目的实施过程中，将会遇到多种不确定因素的随机性影响，这些因素不同程度地给工程项目进度的执行带来阻碍和约束，使工程项目计划进度与实际产生一定的差距。对此，为了确保工程项目最终能够按照预定的计划完成预定的任务，项目管理者就必须对工程进度进行监督与管理，根据工程项目的实际情况以及后期管理需求，分析原定计划与工程实际之间存在的差异，并通过科学的管理方法，对工程进度进行适度调整，确保工程进度管理的时效性。因此，工程项目进度计划的控制就是在工程项目进度计划的执行过程中，对项目实施进展情况进行检查、对比、分析和调整，以确保工程项目进度计划目标实现的管理活动。

在工程项目进度计划的实施过程中，工程进度计划的管理和控制是一项典型的动态管理工作，这主要是因为对工程进度的影响具有显著的随机性，这种随机性是由项目内外多种因素的随机性组合造成的，并且是一个持续的过程，只是对工程项目进度的影响程度不同而已。因此，若要对工程项目的进度实施有效的管理和控制，就需要工程项目管理者及时了解和掌握工程的实施状态，并具有科学正确分析工程项目实施状态的能力和技术。

6.5 工程项目进度计划的编制

编制工程项目进度计划前首先必须开展的工作就是明确工程项目的工作内容，并明确这些工作的先后逻辑关系。不具备这一前提条件，工程进度计划就无法编制。在完成这两项工作后，就可根据工程设计和有关规则，计算出各项工作的工作量，并依据有关规定和方法测算出完成各项工作所需的时间。在此基础上，工程项目管理者就可以采用适当的进度计划编制方法绘制出工程项目的进度计划。

6.5.1 项目工作的确定

工程项目是一个由很多具体工作组成的完整系统，只有完成这些工作，才能实现工程项目的预定目标。因此，在工程项目进度计划编制之前，必须明确获知每项工程所包含的具体工作。

一般来讲，在确定工程项目的具体工作之前，工程项目管理者已有工程项目的设计蓝图，并且明确了工程项目的立项批文、实施范围和宏观计划。据此，采用 WBS 模式，按照单项工程、单位工程、分部工程和分项工程的层级，即可将工程项目中的所有工作分解成具体的工作包。在工程项目中，工作包是可确定和可交付的独立工作单元，是可实施的详细任务，它可以定义和描述该项工作的全部活动内容、工作目标、工作成果、工作负责人、工作日期和持续时间以及所需资源，是制订工程项目进度具体计划的基础。

在分解和确定具体的工作内容时，分解的结果必须满足工程进度计划管理的需求，分解的层次及其结果应与不同的工程进度计划管理需求相适应。例如，编制里程碑计划时，分解的结果必须是工程项目的标志性工作；而编制分项工程的施工计划时，分解的结果就必须是每一项具体的且具有可操作性的工作。若从大到小来划分，工程项目工作分解的层级可分为建设工程项目、单项工程、单位工程、分部工程和分项工程，其层级结构如图 6.6 所示。

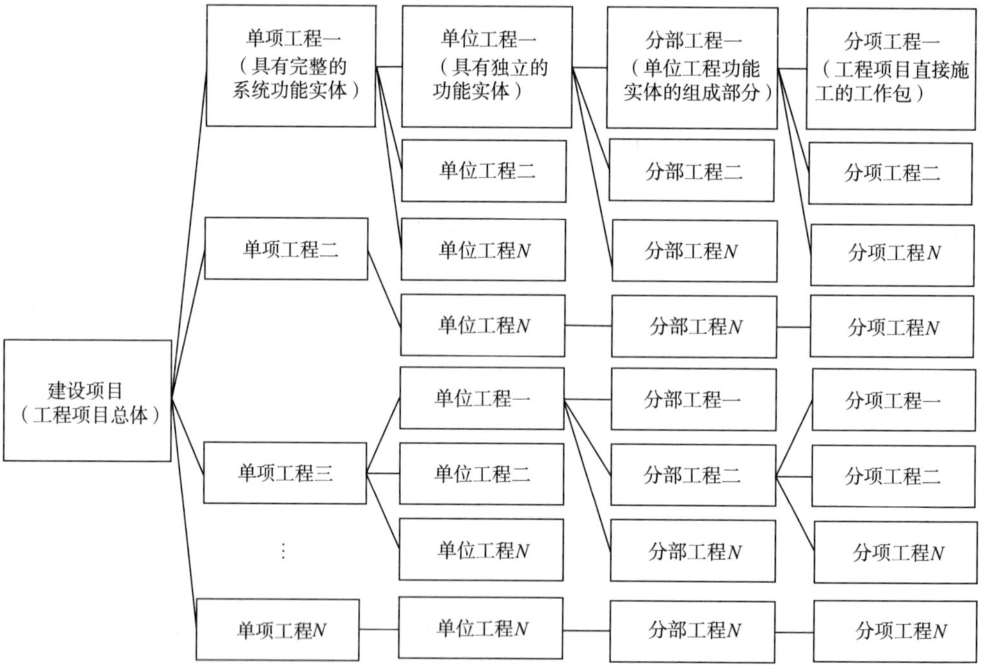

图 6.6 工程项目工作分解层级结构图

在完成所有工作的分解后，工程项目管理者要编写出工作清单，同时还要对所有工作进行定义，给出明确且唯一的名称和编号，为后期编排工作计划奠定科学基础。定义和编码的规则与 WBS 规则一致，不能出现前后不一致的问题。

6.5.2 项目工作的排序

工程项目的工作排序就是根据工程建设的客观规律，通过对工程项目中各项工作间相互逻辑关系的分析，来确定各项工作之间相互依赖关系的活动。一般来讲，项目中各项工作的逻辑关系主要有先后和并列两种。当某一工作必须在前一工作完成的基础上才能进行时，前后工作的逻辑关系即为先后关系；如果某些工作在条件满足的前提下可同时进行，即为并列关系。在编制工程项目进度计划时，预先明确各项工作间的相互逻辑关系，可为合理安排工程项目中各项工作的实施顺序提供科学的依据。

在分析和确定工程项目中各项工作的先后关系时，首先需要给出详细的工作清单，然后依据工作之间的客观存在，如生产的工艺流程来确定各项工作之间的先后关系。由于工程项目中的各项工作受到客观规律的约束，工作之间的先后关系一般较为容易确定。但对于并列关系来讲，由于相互之间缺乏很强的约束性，因而，在确定具有并列关系的工作时，就容易包含分析者的主观性，使同一项目得出不同的时间计划安排。但也正因如此，产生了如何对工程进度计划进行优化的问题。

项目各项工作的逻辑关系表达分为四种。

（1）结束/开始：后面的工作必须在前一项工作完成之后才可开始。

（2）结束/结束：一项工作的结束必须等另一项工作也结束之后方可开始。

（3）开始/开始：一项工作的开始须在另一项工作开始之后才能进行。

（4）开始/结束：一项工作须在另一项工作结束之前开始。

分析与确定这四种逻辑关系的主要依据就是工程项目的施工工艺和建设流程。这主要是因为，工程建设实体有其自身的客观性，工程项目中很多工作的开展不以人的意志为转移，必须遵循客观规律。但如果新的技术改变了这一规律，且可以实现最终的目标，达到最终的目的，那么，工作之间的逻辑顺序关系也是可以改变的。

在明确工程项目中各项工作的逻辑关系后，为了方便工程进度计划的编制，还需要把各项工作之间的逻辑关系用顺序图的形式描绘出来，绘制工作顺序关系图一般常用两种方法：一种是顺序图法（precedence diagramming method，PDM），一种是箭线图法（arrow diagramming method，ADM）。顺序图法是指通过项目节点网络图明确项目工作顺序的方法，网络图中的节点表示项目工作，箭线表示逻辑关系，如图 6.7 所示。箭线图法也是采用网络图来绘制的，但节点表示的是工作之间的关系，箭线表示工作任务，如图 6.8 所示。

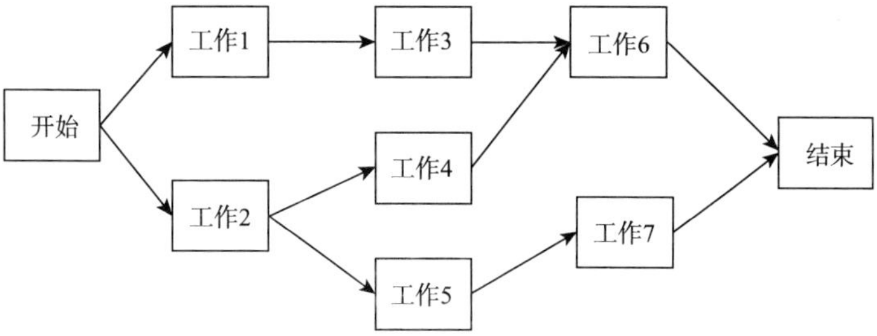

图 6.7　顺序图法

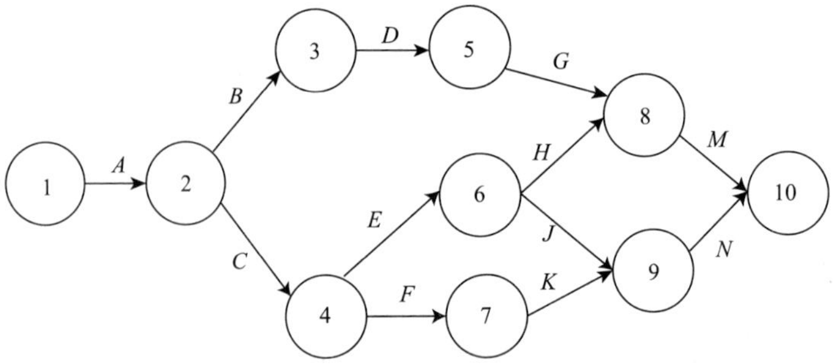

图 6.8 箭线图法

在完成各项工作关系图的绘制后，要系统检查各项工作的名称和编号是否与工作清单一致，是否存在漏缺。尤其是各项工作的先行工作、后继工作、并行工作等关系是否明确，要进行系统性的核查，避免给工程进度计划的编制带来不利影响。此外，除保证各项工作间逻辑关系的正确外，还必须遵循以下几项规则。

（1）网络图中不允许出现无头箭线或双头箭线，否则将无法判断工作的先后顺序。

（2）网络图中不允许出现循环回路。

（3）网络图中不允许出现无节点的箭线。

（4）一个项目的网络图只允许有一个起始节点和一个终止节点。

（5）网络图中应尽量避免出现交叉箭线。

（6）每根箭线的箭头节点编号必须大于其箭尾节点的编号，但为了避免因在网络图中增减工作而改动全部节点编号，可采用不连续编号方法，以便预留出一些备用编号供网络图后期的调整和改正使用。

（7）同一网络图中的所有节点不得出现重复的编号。

6.5.3 项目工作量估算

工程项目中完成任何一项工作的时间都与该项工作的工作量大小有关，工作量越大，工作耗时越长；反之，工作量越小，工作耗时也相对越短。因此，在确定工程进度计划中最主要的时间参数前，必须先确定各项工作的工作量。

目前，确定工作量的方法有很多种，如定额计算法、参照引用法、专家经验法、实验估计法等。当工程项目的设计蓝图已经绘制完成时，则主要采用定额计算法。当工程项目的实施内容还未设计出来，工程项目建设活动的开展必须使用边设计边施工的方法时，则主要采用参照引用法、专家经验法、实验估计法等方法来估测有关工作的工作量。

（1）定额计算法。定额计算法是工程项目中确定工作量最常用的方法，是依据工程项目的设计图纸和有关文件来计算工作量的一种方法。

一般来讲，在工程项目实施前，工程项目的施工图纸已绘制完成。根据施工图纸，工程项目的管理者就可以按照工程定额的计算规则，计算出工程项目中各项工作的工作量。同时，由于工程定额是国家或当地政府工程建设主管部门所规定的工程标准，具有一定的法制性和公认性，因而根据工程定额计算出的工程量容易得到各方面的认可，据之所编制的施工计划也容易减少异议。但由于工程定额所述情况一般落后于工程项目实施时的现况，可能存在着脱离实际的问题，因此，在采用定额计算法计算工作量时，应对工程实际情况进行必要的调查和了解，并与近期所完成的类似工程项目工作量进行必要的对比和分析。在确定了基本工作量的基础上，综合考虑该项工程的实际情况，对某些工作量进行适度的调整和修正，使确定的工作量及其所需工时更符合该工程实际，编制的工程项目进度计划也更切合今后的工程管理需求。

（2）参照引用法。很多工程项目在其建设规模、项目投资、工程结构、建筑类型、建设环境等方面具有高度的相似性，特别是在同一区域开展同类型的大规模住宅楼建设时，这种特点尤为明显。面对此类工程项目，由于他们的工程建设内容基本一致，工作内容基本相同，当某一工程完成工程项目的进度计划编制时，参照这一计划并结合自身情况，进行适度的修正即可使用。

（3）专家经验法。对于一般常规性的工程项目，专家对工程项目中的很多工作内容及其实施程序有着较为深刻的认识。此类工程中，专家会对这些常规性工作的所需时间有着相对合理的估计。一般情况下，实施这些工作实际所耗时间与专家的估算时间不会出现很大偏差。因此，在编制一般常规性工程项目的进度计划时，在工作量未知的情况下，即可采用该种方法进行工作量的估算。

（4）实验估计法。在一些特殊工程或具有创新性的工程中，常会使用一些新技术、新方法、新工艺和新材料，由于这些新技术、新方法、新工艺和新材料是工程项目实施者以前所未曾经历过的，在分析和计算这些工作的作业量时不仅没有理论依据，而且缺乏实践经验，因此，就有可能给工程项目的顺利实施带来一定程度的不利影响，进而对工程项目的进度带来一定的影响。对此，为了预先了解和掌握这些新技术、新方法及新材料的施工工艺，就需要在工程项目实施前开展必要的实验，通过实验来测算工程量的相关参数，为指导工程实践和编制工程进度计划提供依据。这种测算工作量的方法就称为实验估计法。

6.5.4　项目工作时间

在明确工程项目的各项工作及其工作量后，即可进行完成各项工作所需时间的测算。在工程项目中，项目工作时间的测算也是对项目工期的分析和测算，是根据项目范围所确定的工作及其工作量来确定完成各项工作所需时间的分析活动，工作的成果就是给出完成各项工作的合理时间。目前，对工期测算的方法主要有定额测算法、类比估算法、三时估计法和专家经验法等方法。

（1）定额测算法。在工程施工定额中，对每项工作在常态下的完成时间已有一个基本的规定，即完成单位工作量所需的时间定额 w_i。据此，在明确各项工作的工作量 W_i 后，即可按照如下公式计算出完成某项工作的所需时间 T_i：

$$T_i = W_i / w_i$$

其中，i 指某项工作。但是，采用这种方法确定的工期仅仅是一般正常情况下的完工所需时间，如果在工程中开展此项工作的工作条件与环境和定额中的规定不一致或相差较大时，就需要采用专家经验法或类比估算法等进行适度的调整，避免给工程项目的进度计划管理带来不利影响。

（2）类比估算法。类比估算法是使用以前某个实际项目中完成类似活动所需的时间来估计当前活动时间的一种方法。对于一些特殊工程或新型工程，现有的工程施工定额中没有部分工作的时间定额，这就需要项目管理者以已完工的类似工程作参考，通过已完工工程中类似工作所耗时间，结合所管理项目的特点，提出一个较为合理的工期。估算的工期应充分考虑各种因素对工期的影响，使在作业时间范围内不仅能完成预定的工作，而且能确保工程质量达到预定的标准。

（3）三时估计法。三时估计法是首先请若干专家估计出完成某项工作的三个时间值，即最乐观时间 a_i、最可能时间 m_i 和最保守时间 b_i。以这三个值为基础，加权推算出一个合理值，由此作为该项工作的所需时间，计算方法为

$$T_i = \frac{a_i + 4m_i + b_i}{6}$$

其中，i 指某项工作。

（4）专家经验法。如果拟开展的工作有很多的不确定性，采用常规方法也不易确定，即使有一些相关的参考资料，也因为该项目具有与其他项目非常明显的差异和内外约束条件，很难对工作完成时间做出估计，此时，就可采用专家经验法来进行分析和确定。采用该方法时，可邀请数名专家给出该项工作的工作量和实施条件以及前后相关工作。专家即可结合自身拥有的过去相似项目活动经验对之进行分析和估算，并给出适当的工作完工所需时间，以此作为工程进度计划的编制依据。

不论采用哪种方法确定工程项目各项工作的时间或工期，为了确保工程进度计划的有效性，在确定工程项目每项工作的进度计划时，必须采用科学的分析方法，全面系统地分析和考虑影响各项工作的各种风险因素，并在综合工程建设总进度目标、项目合同要求、工程的难易程度和工程项目实施条件、企业的组织管理水平和经济效益等因素的基础上，最终综合确定出一个合理工期。

6.5.5 项目进度计划绘编

在确定项目工作时间后，下一步工作就是根据完成项目总的时间安排和已确定的各项工作逻辑关系以及相关约束条件来制订工程项目中每一项工作的进度计划。制订的工程项目进度计划可以采用横道图形式，也可以采用网络图形式或其他更好的形式。但不论采用哪种形式，都必须保证拟建工程项目进度计划的最终时间在预先规定的期限内，制订的进度计划要保证工程施工作业的合理性和连续性，尽量减少资源浪费，并保证工程质量和安全工作能够得到有效的落实和保障。

（1）横道图的绘制。尽管横道图较为初始，但它具有简单、直观、实用的特点，因此，至今仍在工程项目的进度计划管理中被广泛应用。

在编制横道图时，需要预先得到工程项目的工作清单及清单内所有工作的工作时间，并在明确各项工作的主次逻辑关系后，绘制工程项目进度计划的横道图。在横道图中，

图的横向表示工程项目的时间范围，纵向表示工程项目的工作内容；在纵横向交叉形成的表格中，以横线的长短表示各项工作的持续时间，横线的起点对应工作的开始，横线的终点对应工作的终止。由此可知，横道图可以直观地反映出各项工作的起止时间和工期的长短。

对于横向所表示的工程项目时间，可以小时、天、周、旬、月、季、年等不同时间单位来度量。一般来讲，对于耗时较短的工期，如几个月即可完成的工作，一般可以天或周为单位；对于需要若干年才能完成的工作，则以季度、年度为时间单位，或者以工程管理需求为出发点，以不同时间单位为基础，分期、分段地编制工程进度计划。横道图的表达形式如图 6.1 所示。

（2）网络图的绘制。与横道图相比，网络图的绘制相对较为复杂。由于网络图法是建立在工作关系逻辑分析基础上的描述工程项目任务所需时间整体状况的一种方法，因此，在预先得到工程项目的工作清单及清单内所有工作的时间和各项工作的主次逻辑关系后，还必须计算出各项工作的六个主要参数，即该项工作的最早开始时间 ES_{i-j} 和最早完成时间 EF_{i-j}、最晚开始时间 LS_{i-j} 和最晚结束时间 LF_{i-j}、工作时差 TF_{i-j} 和自由时差 FF_{i-j}。其中，i、j、k 是相邻的工作，这六个参数的计算规则如下。

一是最早开始时间。最早开始时间是指某项活动能够开始实施的最早时间。由于一个活动的开始时间可能依赖于其他活动的结束时间，在其他活动结束前，该活动不能开始，因此，工程项目每项工作的最早开始时间可以在估计该工作所有紧前活动持续时间的基础上测算出来，具体的计算规则是 $ES_{i-j}=\max\left\{EF_{h-i}\right\}$。

二是最早完成时间。最早完成时间就是某项工作能够完成的最早时间。显然，某项工作的最早开始时间加上该项工作的所需时间就是该项工作的最早结束时间。这表明，在工程项目正常的情况下，最早完成时间主要取决于最早开始时间，具体的计算规则为 $EF_{i-j}=ES_{i-j}+T_{i-j}$。

三是最晚开始时间。最晚开始时间是指为了使某项工作在要求的时间内完工，该工作必须开始的最迟时间。同样，某项工作的最晚结束时间减去该项工作的持续时间就是该项工作的最晚开始时间，具体的计算规则是 $LS_{i-j}=LF_{i-j}-T_{l-j}$。

四是最晚结束时间。最晚结束时间是指为了使某项工作在要求的时间内完工，该工作必须完成的最迟时间。由于工程项目中很多工作的结束时间决定着其紧后活动的开始时间，为了保证该工作后续活动的按期进行，就要求这些工作都必须有一个结束的最迟时间，这就是最晚结束时间。任何工作的最晚结束时间可以根据其紧后活动的持续时间测算出来，具体的计算规则是 $LF_{i-j}=\min\left\{LS_{j-k}\right\}$。

五是工作时差。在一些书中，工作时差也称为总时差，是指在不推迟整个构成项目的最迟结束时间的前提下，一项工作可能的最早开始时间的推迟时间量。因此，工作时差表明了在保证工程项目如期完工的情况下各项工作的机动时间或时间潜力。工作时差越大，说明时间裕度也越大。具体的计算规则是 $TF_{i-j}=LS_{i-j}-ES_{i-j}=LF_{i-j}-EF_{i-j}$。

六是自由时差。自由时差是指在不推迟任何一项工作的后续工作最早开始时间的前提下,该工作可能的最早开始时间的推迟时间量,具体的计算规则是 $FF_{i-j}=ES_{j-k}-EF_{i-j}$。

在计算出各项工作的这 6 项参数后，便可以工程项目所有工作的箭线图为基础，编制工程项目进度计划网络图。各项工作的 6 项参数以图 6.9 中的方式来表述，图中自由时差为 0 的工作为关键工作，所形成的线路为关键线路。

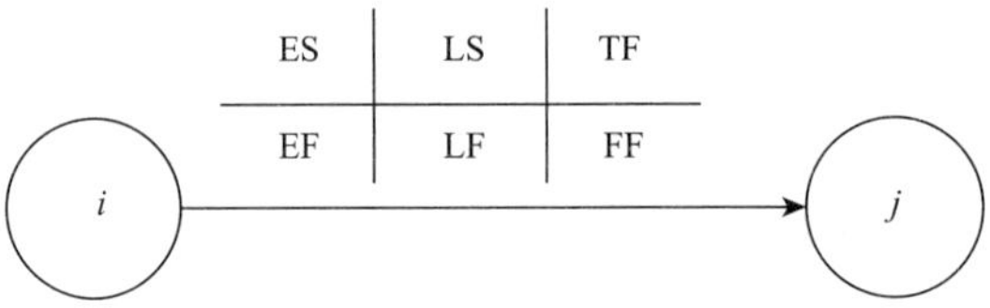

图 6.9 网络图中各项工作六项参数的表达方式

例如，某项工程施工阶段的 9 项工作具有表 6.1 中所示的逻辑关系，根据这些逻辑关系，便可绘制出表达这些工作逻辑关系的工作箭线图（图 6.10）。按照绘制网络图 6 个参数的计算规则，便可计算出各项工作的最早开始和最早完成时间、最晚开始和最晚完成时间、工作时差和自由时差 6 个时间参数。然后，根据图 6.9 的时间参数表达方式，将每项工作的 6 个参数填写到各项工作逻辑关系的箭线图中，即可绘制出该项工程施工阶段的这 9 项工作进度计划网络图（图 6.11）。在此基础上，工程项目管理者即可分析和推算出图中自由时差为 0 的关键工作以及所有关键工作形成的关键线路。据此，可对工程项目的进度进行管理和指导，实现工程进度计划的管理目标。

表 6.1 某工程施工阶段 9 项工作的时间及其逻辑关系

工作编号	所需时间量	相互逻辑关系
A	1	1—2
B	5	1—3
C	3	2—3
D	2	2—4
E	6	3—4
F	5	3—5
G	0	4—5
M	5	4—6
N	3	5—6

特别需要工程项目管理者注意的是，在工程项目进度计划的网络图中，关键线路上的所有工作没有空余时间，前一项工作完成后，后一项工作将紧接着进行。因此，这就意味着，在工程进度的管理中，关键线路上的各项工作只能提前，不得推后，否则就会对工程项目的总体进度计划带来影响，而关键线路上的这些工作也就自然成为工程项目管理者必须高度重视和重点监管的主要工作。同时，在进度计划管理中，为了突出关键线路上的这些工作，项目管理者也可以双线、粗线、彩色线条等方式加以显著的标示，并在进度计划中附以必要的文字说明，以凸显其重要性，并达到提示或警示管理者的目的。

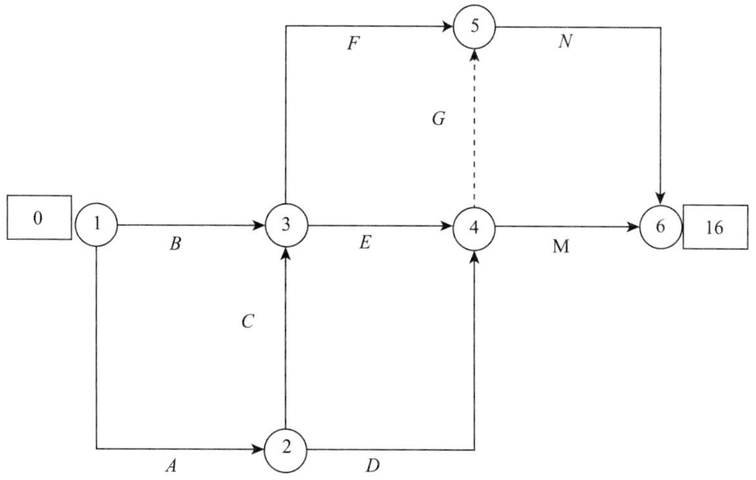

图 6.10　某工程施工阶段 9 项工作的箭线图

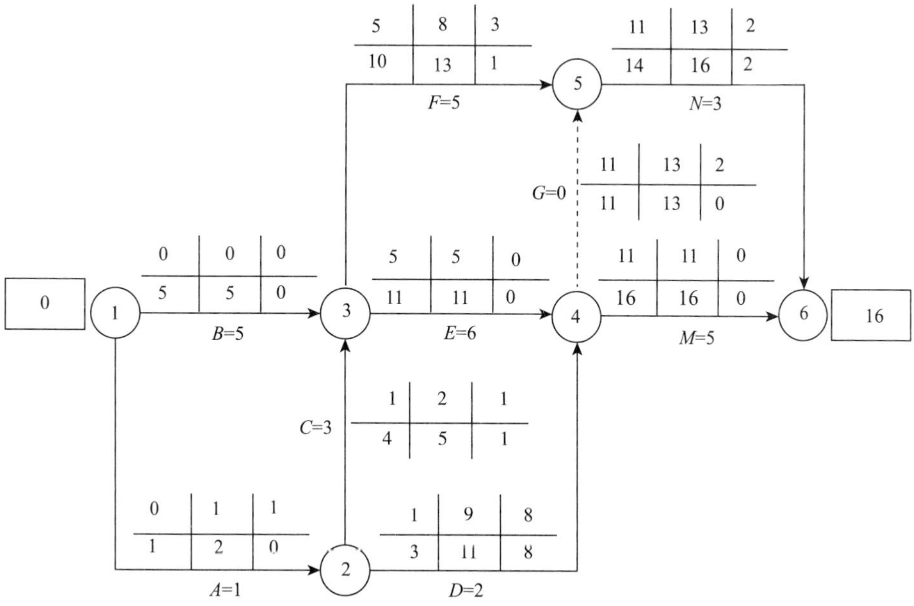

图 6.11　某工程施工阶段 9 项工作的进度计划网络图

6.6　工程项目进度计划的实施

在完成工程项目进度计划的编制后，工程项目管理者就有了管理和控制工程进度的依据。但若要使工程进度计划发挥其应有的作用，还必须预先做好相关的准备工作，公布已编制的工程进度计划，并通过科学的组织与安排，使工程项目有关人员了解和掌握工程进度计划的具体情况。在此基础上，可以通过计划分解和落实，责任到人，然后由相关责任人按照计划组织或开展各项工作。

1. 进度计划的审批

工程项目的进度计划一般含有多个层级，且工程进度的下层计划是在上层计划的指导下编制的。因此，为了确保各级进度计划符合相应的规定和要求，使工程项目在规定时间内完成预定的任务，各单位编制的工程进度计划通过工程有关部门审批后方可作为有效的执行文件，如三、四层工程进度计划就需要工程监理单位、工程项目部或总包单位的项目管理部门的审批，工程项目总包单位编制的二层进度计划就需要工程建设主管单位或业主、投资方的审批，工程项目的总计划就可能需要当地政府工程建设主管部门的审批等。经上级主管部门批准后，所编制的进度计划才是有效的工程进度管理文件。

2. 进度计划的公示

工程项目的完成需要多方的配合和支持，特别是工程施工单位，若要完成预定的施工任务，不仅需要自身具备一定的条件，还需要工程设计单位的及时指导、材料和设备供应单位按时供货到位、监理单位及时完成检查和验收工作。而任何相关方在工作中的配合不当或不能按时完成预定的工作任务都有可能影响到其他方，并给工程项目的进度带来一定程度的不利影响。因此，为了预先提醒或警示有关方按时完成预定的工作任务，就需要将预先编制的工程进度计划进行公示，使相关各方提前全面了解和掌握工程项目的进度要求，并提前做好相关准备工作。

3. 进度计划的安排

在工程项目中，不同的项目参与单位承担着不同的工程建设任务，不同的工程建设任务有不同的工程进度计划。为了使工程项目的各种进度计划全部落实到位，工程建设单位或项目总包单位就必须把工程进度计划安排给相应的工程建设任务承担单位，使他们明确了解和掌握完成各自工程任务的时间与要求。

4. 进度计划的落实

项目参与各方在了解和掌握完成各自工程任务的时间与要求后，还要将进度计划进行进一步的分解和落实，细化到四级进度计划的程度，并确保每项计划切实可行，落实到人。同时，根据各项工作的实施要求，准备好相关资源，提前做好各项准备工作，确保工程进度计划的实现。

在进度计划的落实中，其中一项较为主要的工作就是明确进度计划中的关键线路。由于关键线路上各项工作自由时间为零，任何一项工作的延迟都会导致整个工程项目完成时间的延迟，因此，要明确关键线路上的各项工作，使有关人员深刻认识到这些工作的重要性，并对这些关键工作所需资源进行有效的配置，为关键线路上的各项工作提供最大限度的保障。

5. 进度计划的开展

根据工程进度计划完成各项工作的准备后，工程项目管理者即可签发施工任务书，按照预定的进度计划组织工程项目的实施。在正常情况下，各项工作都可按时完成，相关管理者的主要工作是做好工程项目的日常管理工作，编写施工日志，填好施工进度统计表，等等。若遇到特殊情况，则需要对出现的工程进度偏差进行及时的分析，组织有关人员找出导致工程项目进度出现问题的原因。在此基础上，通过进一步的深入研究，制订出相应的进度调整计划和措施，并根据制定的措施及时解决工程进度方面的问题，最大限度地减少对后续工作的不利影响，确保工程总进度计划和最终竣工日期的按期实现。

6.7　工程项目进度计划的控制

制订工程项目进度计划的目的就是使工程项目能够在进度计划的指导下，在预定的时间内完成项目预定的任务，实现工程项目的预期目标。但在工程项目的实施过程中，由于项目时常受到来自项目内外多种因素的干扰，这就有可能给工程进度计划的执行带来不同程度的阻碍和约束。因此，要使工程项目能够实现预定的计划，就必须及时了解和掌握工程项目的实施状态以及给工程项目带来不利影响的各种因素，并通过科学全面和深入系统的分析，寻找和发现出给工程进度带来不利影响的主次原因。在此基础上，结合工程项目的实际情况，提出解决影响进度问题的针对性方法和措施，进而消除各种因素给工程进度带来的不利影响，确保工程项目进度计划的顺利实现。

6.7.1　进度计划的影响因素

在制订工程项目进度计划时，计划编制的前提是假设实施进度计划所需的条件完全可以满足计划实施的要求。实际上，在工程进度计划的实施过程中，工程项目可能会受到来自项目内外多种因素的影响，因此，当实施进度计划的实际情况与所需条件不符或存在差异时，工程进度计划的执行就可能受到不同程度的影响。从实际情况来看，这些因素主要集中在以下几个方面。

（1）工期确定不合理。在编制工程进度计划的过程中，如果存在一些工作的工作量计算不正确、所需工期计算或估计错误的情况，就会出现工作时间过长或过短的问题。特别是对于一些未曾接触过的新工艺和新技术等新的工作内容，不易确定单位工作量所需的时间，而实验所测得数据与工程实际又有较大的偏差，此时就极易出现工程进度计划与工程实际不符而使工期确定不合理的情况。

（2）考虑问题不全面。工程项目的完成是多项工作共同完成的集成结果，只有在预定的时间内完成所有工作，才能实现预定的目标。但在进度计划的编制中，如果漏掉某项工作，那就可能出现临时返工或补缺的情况，这必然会给工程进度计划的实施带来一定程度的影响。此外，即使没有漏项缺项，没有考虑到项目的独特性、工程设计不完善、施工技术不成熟、仅凭以往的经验就盲目地确定了若干工作的工期，也会给进度计划的实施带来阻碍和约束。

（3）所需资源不到位。完成任何工作都需要一定的资源，如人员、设备、材料、工具、能源等。如果所需资源供应不到位，很多工作也就无法按时完成，原定的工程进度计划也就无法按期实现。

（4）工作效率低效。工程项目中的许多工作需要项目参与各方之间的相互协调与配合，如果其中一方或多方工作效率低下，或是相互之间配合不当，就可能出现工作低效的问题，这对工程进度所带来的影响也是较为明显的。

（5）计划执行不到位。如果工程项目管理人员在计划任务执行前未认真交底，操作者不能切实掌握计划的目的和要求，仅仅依照传统的工作经验来组织施工，那么，原定的进度计划就会流于形式，不再具有指导性。

（6）出现特殊情况。在工程项目的实施中，如果发生一些特殊事件，如高温寒暑、地震海啸、暴雨暴雪、狂风、泥石流等极端恶劣气候情况，或是战争、政变、大规模持续性政治活动，或是政策突变、复杂地质环境，或是遇到地下埋藏的重要特殊物品等不可预见事件，都会给工程项目进度计划的实施带来不同程度的影响。

除上述因素外，不同类型的工程项目还可能存在其他方面的影响因素，这些因素普遍具有不确定性、随机性和多样性的特征，因此，这就需要工程项目管理者及时了解和掌握工程项目的实际情况，并根据实际情况及时解决工程项目进度管理中的各种问题，确保工程进度计划得到有效的贯彻和执行。

6.7.2 进度计划的分析方法

在工程项目进度计划的执行过程中，时常会由于各种因素的干扰出现计划进度与实际进度的偏差。为了及时解决这些问题，实现对工程项目的有效管理和控制，工程项目管理者就需要结合工程实际，对进度计划进行对比和分析，以便为有效解决工程进度问题提供科学的依据。

在工程实际中，对工程进度计划的分析过程主要包含四项工作，即进度实况调查、信息数据整理、计划与实际的对比和对比结果的分析。其中，进度实况调查就是对工程实际进展情况的现场调查以及数据采集；信息数据整理就是基于调查结果，对工程进度的有关数据进行归类统计并形成有效反映工程实际进度的资料；计划与实际的对比就是以原定工程进度计划为基础，通过与工程实际进度的对比而获得二者的偏差情况；对比结果分析就是针对计划与实际的偏差原因进行分析并提出解决问题的对策的研究过程。在这四项工作中，最主要的就是计划与实际的对比分析工作。只有采用科学的方法并通过科学的分析，才能为及时有效解决工程进度问题提供科学的依据。

目前，分析工程进度计划的方法有很多种，较常用的方法主要有横道图进度对比法、S 形曲线比较法、香蕉形曲线比较法和前锋线法。

（1）横道图进度对比法。横道图进度对比法是一种较为简单实用的方法，使用该方法时,需要项目管理者将工程项目某项工作的实际进度直接标注在原计划的横道图上。通过该项工作预期原定计划的起始时间、终止时间和持续时间的对比，即可直观地发现二者之间的差异以及差异程度，也可以清晰地获知该项工作是否在开始时拖延以及拖延的时间，是否提前结束以及结束的时间，完成该项工作的实际时间是否与原定计划时间相同等信息，由此还可以测算出实际工作的效率。

横道图进度对比法形象直观且使用简单，工程项目管理者容易掌握。但由于各项工作之间的逻辑关系不明显，无法确定关键工作和关键线路，因而难以预测对后续工作和整个工期的影响程度。

（2）S 形曲线比较法。S 形曲线比较法是一种以规定时间内完成任务量多少为依据的进度分析方法。用 S 形曲线比较法所绘制的 S 形曲线图以横坐标表示工程进度时间，纵坐标表示相应时间内累计完成的任务，由此绘制出工程项目某项工作在预定时间内完成任务的情况。当需要对工程项目的某项工作进行分析和测定时，可以将该项工作在工作时间内完成任务的情况绘制在同一张图上，通过计划与实际两条曲线的比较，即可获知工程项目进度的实施状况，如图 6.12 所示。

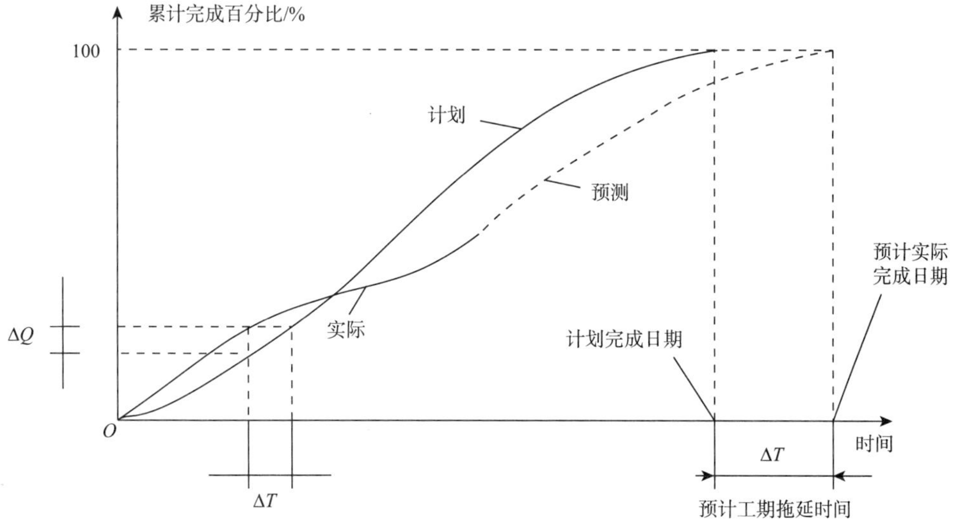

图 6.12　工程进度计划的 S 形曲线图

若工程进度的实际曲线位于计划曲线左侧，表示此时的实际进度比计划进度超前；若实际曲线位于计划曲线的右侧，则表示实际进度比计划进度滞后。

工程项目实际进度比计划进度超前或滞后的时间可以完成某一工作的工作量 Q 为基准，通过图 6.12 横向坐标时间差值而获知。

工程项目实际进度比计划进度超额或拖欠的任务量可以完成某一工作的时间点 T 为基准，通过图 6.12 纵向坐标工作量的差值而获知。

后期工程进度的预测可以通过实际进度曲线的延伸来获知。

（3）香蕉形曲线比较法。香蕉形曲线是由两条 S 形曲线组合而成的闭合曲线，其中的一条 S 形曲线是按各项工作计划的最早开始时间绘制的计划进度曲线（ES）；另一条 S

形曲线是按各项工作计划的最迟开始时间绘制的计划进度曲线（LS）。两条 S 形曲线都是从计划的开始时刻开始到完成时刻结束，因此，两条曲线是闭合的。这两条 S 形曲线形成的图形像香蕉，故称为香蕉形曲线，如图 6.13 所示。

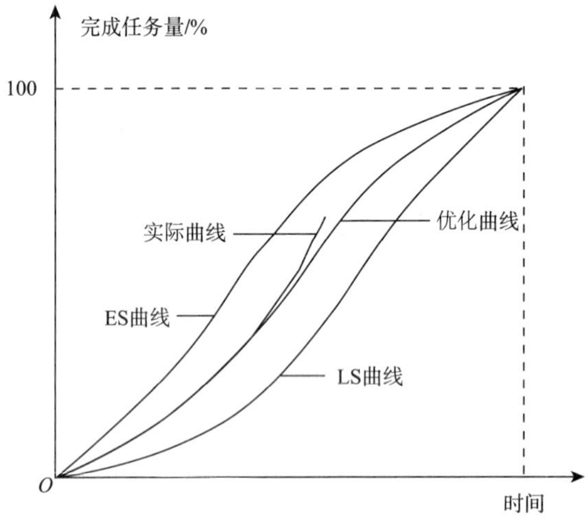

图 6.13　香蕉形曲线图

从香蕉形曲线图可以看出，同一时刻两条曲线所对应的计划完成量形成了一个允许工程实际进度变动的弹性区间。如果按工程实际进度描绘出的点落在香蕉形曲线的区域内，则表明工程项目的实施状态是较为理想的，工程项目的管控也是有效的。如果按工程实际进度描绘出的点落在该香蕉形曲线的区域外，则表明工程项目的实施状态可能存在失控，此时必须对工程项目的实施状态进行深入系统的分析，及时寻找出导致工程项目超前或滞后的原因，并及时改正。

（4）前锋线法。前锋线法是一种以工作检查日为基准，分析和判断当时各项工作实施进展状况的方法，如图 6.14 所示。

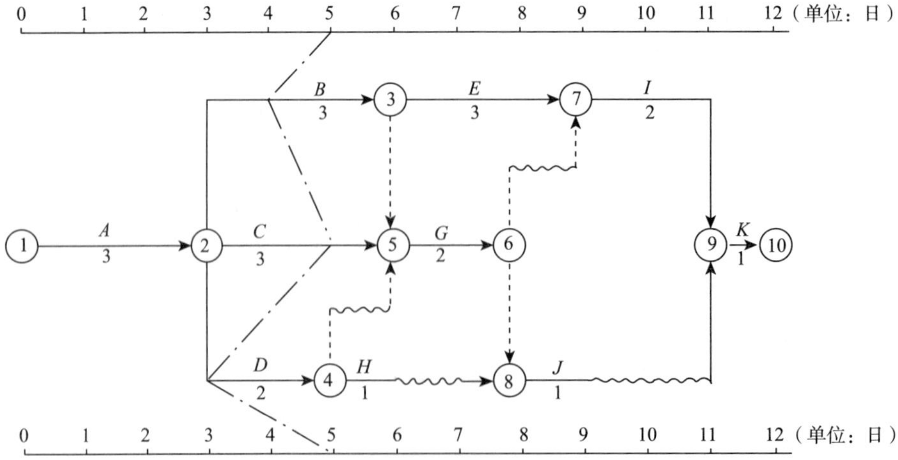

图 6.14　前锋线图

使用的具体步骤是，将检查日的各项工作实际进度在网络图上标注出来并依次连接，即可得到工程实际进度的前锋线（一般为折线）。按前锋线与网络图箭线交点的位置，以工作检查日为基准，即可判定出工程实际进度与计划进度的偏差。前锋线的左侧为工程项目的已完工作，前锋线的右侧为工程项目的未完工作。如果前锋线为一条上下对直的直线，则表明工程进度实际状态与原定计划完全一致，由此即可对工程项目进度计划的执行情况做出分析和判断。

6.7.3 进度计划的调整模式

在工程项目的进度管理中，完成对工程进度计划的分析后，即可发现工程计划与工程实际是否存在偏差以及偏差的程度，由此即可判断出工期偏差对后续工作和总工期的影响程度以及是否导致关键线路的改变等问题。实际上，工程进度出现计划与实际的偏差后，并不一定会给工程进度带来实质性的影响，影响的程度与偏差的程度具有直接的关系。一般来讲，偏差程度越大，对后续工作的影响也越大；偏差越小，对后续工作的影响也越小。如果出现偏差的工作不是关键线路上的工作，则可根据偏差值与总时差、自由时差的大小关系确定对后续工作和总工期的影响程度，并决定是否进行相关工作的调整。如果出现偏差对后续工作有较大的影响，甚至影响到工程项目的总工期，则必须对当前以及后续的若干工作进行调整，以确保工程项目最终目标的按期实现。调整的方法既可以采用压缩工期法，也可以采用调整工作关系法，还可以采用新的技术、新的工艺或新的材料等方式，提高劳动生产率，或采用非常规方法（如加班）快速完成后续的工作任务。

（1）调整工作关系法。如果当前工作的实际进度与进度计划所产生的偏差给后续工作带来了不利影响但不影响工程项目的总工期，则可在工作逻辑关系允许改变的条件下，通过相关工作实施顺序的调整来达到消除进度偏差的目的。如果对工程项目的总工期产生了影响，就必须对该项工作及其与其他工作的逻辑关系进行分析，分析当前进度偏差对总工期的影响程度，并分析调整当前工作逻辑关系的可行性，研究是否可以通过工作逻辑关系的调整来消除对总工期的影响。如果调整结果可行有效，则可采用调整工作关系法来解决进度偏差问题。

对于大型群体工程项目，单位工程间的制约相对较小，可调幅度较大，该方法较为实用。对于单位工程内部，由于分部分项工程之间具有较强的逻辑约束关系，则可调幅度较小。采用此种方式进行调整时，改变了原工作之间的相互关系，增加了各工作间的相互搭接时间，就可能导致后续工作的若干调整。因此，必须做好后续相关工作之间的协调事宜，否则还会引发其他问题的出现。

（2）压缩工期法。压缩工期法是在不改变当前工作之间现有逻辑关系的基础上，通过缩短后续某些工作的持续时间来消除当前进度偏差给工程项目进度带来影响的一种方法。但在选择压缩的工作时，需要进行费效分析，即优先选择那些费用无须增加或增加很少但可以达到缩短工期目的的工作，以便以最小的投入高效解决问题。

6.7.4 进度计划的保障措施

不论是实施原定的进度计划还是实施调整后的进度计划，项目管理者都需要预先制定若干措施来保障进度计划的顺利实施。在实际工作中，采取的保障措施有很多种，如行政措施、经济措施、技术措施等，需要项目管理者根据不同的情况制定不同的对策，以确保工程进度计划的顺利实现。

（1）行政措施。行政措施是指上级领导利用其行政地位和权力，通过行政手段发出工作指令，给项目实施者一定的压力，使施工人员通过加班加点、延长劳动时间或先牺牲自身利益而配合他方工作的方法。尽管这种方法在某些情况下具有直接、迅速、有效等显著特点，但这种方法具有较强的压制性，可能存在上层领导的主观臆断和不符合实际的指挥，极有可能引起项目有关人员的反对并带来负面效应。因此，上层领导只有在了解和掌握工程项目实际情况的基础上，面对事关项目大局且非常重要的时刻才适合使用该方法。

（2）合同措施。合同措施是指通过项目合同条款的约束，明确和落实工程项目中各项工作进度目标的责任，使相关责任人主动采取相应的措施，在规定的时间内积极完成工程项目各项任务。否则，工程建设方即可按合同追究相应的责任并提出索赔。

（3）技术措施。技术措施是指通过采用更先进的施工技术、新型材料、新型工艺或新的工具来提高工作效率，以此来确保计划内的工作在预定的时间内完成。但采用此类方法时，有可能增加工程费用，而且也可能由于施工者对新技术、新材料、新工艺或新工具的不熟悉，给工程质量或安全带来影响。因此，项目管理者需要慎重使用该方法。

（4）经济措施。经济措施是指通过奖惩制度和规定来激励项目实施者高效完成工作的一种方法。如果工程项目的施工人员提早完成工程项目的预定任务，则可得到相应的物质、经济或精神奖励；如果在规定的时间内未完成预定的任务，则受到相应的处罚。

（5）其他措施。除上述几种措施外，还可以通过改善劳动条件、改善作业环境、加强项目参与各方之间的合作效率等方法来保障工程进度计划的顺利实施，

6.8 工程项目进度管理软件

随着计算机技术的快速发展，基于计算机的自动化管理和控制技术也在工程项目管理领域逐渐使用起来。特别是由于工程进度动态化管理的特殊需求，工程项目的进度管理软件更被工程项目管理者所重视。目前，已有 Primavera Project Planner（简称 P3 软件）、Microsoft Project、梦龙智能项目管理集成系统、Welcom Open 等多种软件应用于工程项目的进度管理之中，为提高工程项目的进度管理水平发挥了积极的促进作用。

1. Primavera Project Planner

在国内外众多工程项目的进度管理软件中，美国 Primavera 公司开发的 Primavera Project Planner 在工程项目中占有较高的使用率，这主要是因为该软件拥有较强的工程进度编制能力和问题处理能力，同时还可通过各种视图和表格分析帮助项目管理人员巡查影响工程进度的因素，并可将施工现场工作人员的信息采集手持设备与项目数据平台直接连接，实现双向数据传输，实现进度管理的现代化。该软件具体的功能包含有八大类，即工程项目进度计划结构编写功能、工程作业自动编码和分码功能、进度计划编制功能、进度计划修正功能、进度资源分析和管理功能、项目进度执行情况分析功能、进度风险管理功能、超临界状态自动通知功能。目前，Primavera Project Planner 仍在不断完善和发展之中，将会更加简洁化和便利化，给项目管理者提供更大的方便。

2. Microsoft Project

Microsoft Project 是由 Microsoft 公司推出的一种项目管理软件。在该软件中，进度计划的管理仅是其软件功能的一部分。利用这部分功能，项目管理者可以编制工程进度计划、根据进度计划分配项目资源、生成费用预算、绘制进度图表、形成图文并茂的工程技术报告。

实际上，尽管该软件具有进度编辑功能，但它并不是一款专用的工程进度管理软件，仅可以满足一般中小型工程项目的进度管理。对于那些进度管理要求较高、项目管理较为复杂的大型工程项目，该软件在处理工程进度的复杂问题方面还有很多不足之处，分析和处理功能较弱。但与其他软件相比，该软件很多功能已经汉化，简单易学、便于使用。如果用户有二次开发能力，可在该软件中嵌入若干新的功能，即可提高其工程进度管理能力。因此，该软件在若干工程项目的管理中仍被使用。

3. 梦龙智能项目管理集成系统

梦龙智能项目管理集成系统是国内软件公司开发的一款工程项目管理软件，该系统由项目管理动态控制系统、建设项目投资控制系统、机具设备管理系统、合同管理与动态控制系统、材料管理系统、图纸管理系统和安全管理系统组成。该软件的特点是制图灵活，可在计算机上直接编制网络图，也可以借助模板，采用文本输入方式制作网络图。其可以根据工程的实际情况，使不同的管理层对应不同级别的网络，实现分级网络管理，也可以利用前锋线功能实现对工程进度的动态控制，并通过网络做出各种资源的分布曲线和计划报表，为实现工程进度优化提供了便利。

4. Welcom Open

Welcom Open 是 Welcom 公司开发的一款项目管理软件，该软件的特点是采用自上而下的项目分解方式来分解工程项目的所有工作，拥有无限级别的扩容能力，为复杂大型工程项目多级网络计划的编制提供了极大的便利，且作业数目不限，可以提供最多的作业编码，为工程项目多层次管理提供了可能，使项目管理者可以方便地实现与工程信息管理系统的直接对接与信息传输。

在此技术上，该软件拥有独特的资源优化算法，可以通过作业分解进行资源优化，还可直接使用进度计划数据计算出最早时间和最晚时间以及工程作业时间量，帮助用户自动输出工作报告，并将工程数据保存为系统文件。此外，该软件还可以通过跟踪实际进度，与基准进度进行比较，预测实际或潜在的进度风险。因此，该软件在工程项目管理中具有一定的实用价值。

第7章

工程项目费用管理

工程项目费用管理是工程项目管理中的三大管理对象之一，其目的就是确保工程项目在预订费用的前提下于规定的时间内保质保量地完成工程项目的全部工作。在工程项目费用管理中，主要的管理内容包括工程项目费用的计算、费用的编制和费用的控制。

7.1 工程项目费用及其组成

7.1.1 工程项目费用

在工程项目中，工程项目费用有广义和狭义之分。广义费用是指为实现工程项目的建设目标而在项目各个阶段的所有投资总和，它不仅包含工程项目实体的建造费用，而且还包含项目前期决策中所需的咨询费、考察费、调研费，项目实施前所需的设计费、若干手续的办理费，项目实施中处理特殊事件的不可预见费和监理费以及工程项目完成后进行验收、总结、分析和评价所发生的其他费用。狭义费用是指为完成工程实体建设而投入的资金，在其他同类书籍中，这一费用也被称为工程造价或工程成本。由此可知，从工程项目费用管理的角度来看，全面了解和掌握工程项目的费用内容及其相关知识更有利于工程项目管理者对工程费用的有效管理和控制。

从工程费用的投资角度看，工程费用投资分为静态投资和动态投资。静态投资是指依据某一基准年月的建设要素价格计算的建设项目投资额，主要包括建筑安装工程费、设备与工器具购置费、工程建设其他费用、基本预备费等内容。动态投资是指预计完成建设工程项目的投资总和，它不仅包括静态投资的各项费用，还包括建设期的贷款利息、涨价预备金、新开征的税费以及汇率变动等费用。如果工程项目管理者对工程费用的管理是从动态投资的角度考虑的，那么，这种费用管理属于宏观层面的工程费用管理范畴；如果项目管理者对工程费用的管理是从静态投资的角度考虑的，那么，这种费用管理属于微观层面的工程费用管理范畴。但不论是宏观层面的工程费用管理还是微观层面的工程费用管理，工程费用都存在着差异性和动态性两个特点。其中，差异性是指每一项工程项目在实物形态上的构成都会有不同的差异，即使是同一大型工程项目中最为相似的两个单位工程（如某一大型住宅工程中两个楼型完全一样的单位工程）也存在时间和空间的差异，而这些差异就可能导致工程费用的差异，特别是工程项目所处地区和建设环境出现较大差异后，给工程项目带来的费用差异就更为明显。动态性是指任何一项工程从其建造到结束都要一段相对较长的时间，这段时间可能会由于项目内外多种因素（如设计变更、利率变化、自然气候等变化）的影响而引起工程项目预定费用的变化。因此，在整个工程项目的建设过程中，工程项目的费用将处于相对不确定的动态变化之中，直到工程竣工，才能确定工程项目的最终费用。因此，在工程项目费用的管理中，预先了解和掌握工程费用的内涵及其特点对提高工程费用的管理水平、科学合理地利用工程费用并使之发挥更大的效用具有非常重要的意义。

7.1.2 费用的组成

建设工程项目的费用是由多种费用组成的，从不同的角度划分可得出不同的结果。例如，从费用的变化情况来划分，工程项目费用可分为固定费用和变动费用。固定费用是工程项目中相对稳定的费用，如工程项目的设备费、材料费、管理人员的基本薪金等；变动费用是指用于随工程项目工作内容的增减而发生的费用，如项目的广告费、研发费、职工培训费等。但在工程项目管理中，工程费用的组成主要是从工程成本的角度来确定的，即将工程项目费用分为直接费、间接费、利润、税金和预备费五大类（图 7.1），这样的划分不仅有利于工程项目费用的管理，而且有利于工程项目费用的计算。

（1）直接费。直接费是指工程施工过程中耗费的构成工程实体的各项费用，主要包含工程项目的人工费、材料费、施工机械使用费和措施费，这些费用直接计入工程项目的成本。其中，人工费是指直接从事建筑安装工程施工的生产工人开支的各项费用，内容包括工人的基本工资、工资性补贴、生产工人辅助工资、职工福利费和生产工人劳动保护费。材料费是指施工过程中耗费的构成工程实体的原材料、辅助材料、构配件、零件、半成品的费用，内容包括材料原价、材料运杂费、运输损耗费、采购及保管费和检验试验费。机械费是指施工机械作业所发生的机械使用费以及机械安拆费和场外运费，主要包括折旧费、修理费、安拆费及场外运费、燃料动力费、养路费及车船使用税。措施费是指为完成工程项目施工，发生于该工程施工前和施工过程中非工程实体项目的费用，主要包括环境保护费、文明施工费、安全施工费、临时设施费、夜间施工费、二次搬运费、大型机械设备进出场及安拆费、混凝土模板及支架费、脚手架费、已完工程及设施保护费、施工排水降水费。

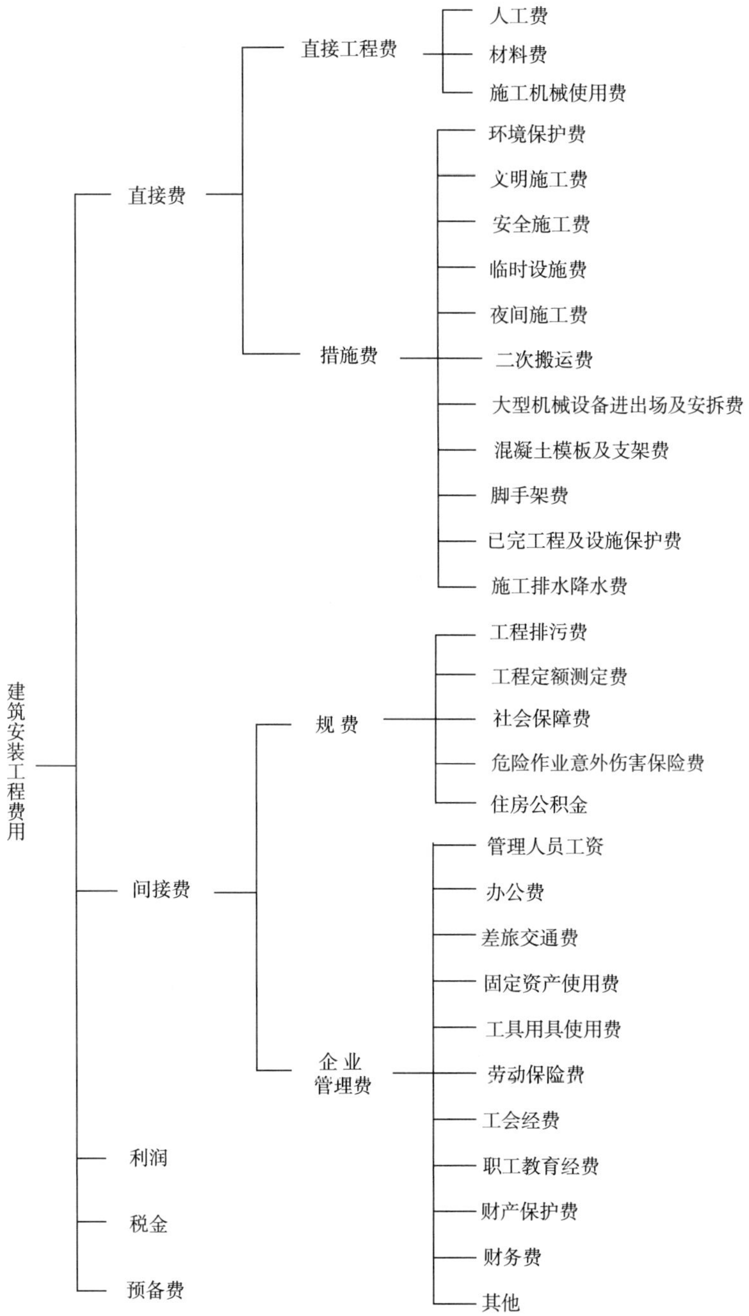

图 7.1　工程费用的组成

（2）间接费。间接费是指建筑安装企业为组织施工和进行经营管理以及间接为工程服务所需的各项费用，主要由规费和企业管理费组成。其中，规费是指政府有关部门规定必须缴纳的费用，主要包括工程排污费、工程定额测定费、社会保障费（即养老保险费、失业保险费和医疗保险费）、危险作业意外伤害保险费、住房公积金。管理费是指企业组织生产和经营管理所需的费用，主要内容包括管理人员工资、办公费、差旅交通费、固定资产使用费、工具用具使用费、劳动保险费、工会经费、职工教育经费、财产保险费、财务费、其他费（包括技术转让费、技术开发费、业务招待费、绿化费、广告费、公证费、法律顾问费、审计费、咨询费等费用）。

（3）利润。利润是指施工企业完成所承包的工程而获得的盈利。

（4）税金。税金是指国家税法规定的应计入建筑安装工程造价内的营业税、城市维护建设税及教育费附加等费用。

（5）预备费。预备费在某些书籍中也称为不可预见费，它是指工程项目在建设期内由于物价上涨、设计变更、自然灾害等因素影响而需要预先储备的费用。

在工程项目的费用中，除直接构成工程项目成本的上述五种费用外，从工程造价的角度看，还包含其他若干费用。这些费用主要有土地使用费、企业生产经营费、建设单位管理费、勘察设计费、研究试验费、工程监理费、工程保险费、引用技术和进口设备其他费等。

其中，土地使用费含有农业土地征用费和国有土地使用费，农业土地征用费是由土地补偿费、安置补助费、土地投资补偿费、土地管理费、耕地占用税等组成；有土地使用费含有土地使用权出让金、城市建设配套费、拆迁补偿与临时安置补助费。企业生产经营费主要包含联合试运转费、生产准备费、办公和生活家具购置费。其中，生产准备费包括生产职工培训费、生产单位提前进厂施工或设备安装调试以及熟悉工艺流程及设备性能等人员的工资、工资性补贴、职工福利费、差旅交通费、劳动保护费等费用。建设单位管理费包括项目建议书、可研和设计文件所需费用。勘察设计费是指为工程勘测和设计而准备的费用。研究试验费是为工程项目前期设计提供或验证设计参数、数据资料的所需费用，它包括自行或委托其他部门研究试验所需人工费、材料费、试验设备与仪器使用费以及支付的科研费用、先进技术的一次性技术转让等费用。工程监理费是工程建设单位支付给工程监理单位的费用。工程保险费是按照国家有关部门的规定上交的费用，它是根据不同的工程类别，分别以其建筑安装工程费乘以建筑安装工程费保险费率计算支出的。引用技术和进口设备其他费包含有关人员出国费用、国外工程技术人员来华费用、技术引进费、分期或延期付款利息、担保费及进口设备检验鉴定费。

7.2 工程项目费用计算的类别

任何一项工程项目都要经历开始策划立项、设计和准备、施工、竣工这四个阶段。从工程项目的费用组成可得知，开展每个阶段所包含的各项工作都需要投入一定的费用，特别是对工程建设造价费用的测算将随着工程建设计划的逐步清晰而更加精确。从工程建设费用计算的这一过程来看，工程费用的计算可分为五种类别，即工程项目费用的估算、概算、预算、结算和决算。

1. 估算

工程估算是指在工程项目的投资决策分析阶段对工程项目费用的测算，是工程建设方依据现有的资料和特定的方法对建设项目的投资数额进行的预测和估计，是项目决策阶段编制项目建议书和可行性研究报告的重要组成部分，是项目决策的重要经济指标之一。

在工程项目的决策阶段，由于工程项目建设方还没有对工程项目的建设细节进行清晰准确的定位和描述，无法对工程项目中的若干问题具体化，也很难预测工程项目实施中可能遇到的特殊问题，因而，很难确定工程项目的具体费用。但为了分析和确定工程项目的投资效益，并为工程项目的立项审批和项目立项后的项目融资提供科学的依据，就需要工程项目建设方对拟建工程所需费用做出初步估计。由于在费用估计中缺乏详细的工程设计文件，估算的依据主要是已完同类工程的费用、国家或行业发布的有关测算数据等参数，因此，估算的费用误差较大，工程中允许估计误差可在 ± 30%的范围内。

在工程费用的估算中，为了给后期工程费用的编制提供有价值的参考，工程估算必须充分反映工程项目建议书和可行性研究报告中的内容与要求，估算的结果既要包含整个工程项目的投资构成，又要较好地反映工程项目的特点，估算的内容还应达到一定的深度，并反映当时市场经济条件下基于工程建设条件、实施环境、建设期限等因素的差异而给工程费用所带来的影响。因此，基于这些因素的考虑，在开展此项工作时，要由专业素质较高的技术人员进行工程费用的估算，并严格遵循工程实况调研、相关数据分析、明确估算内容和估算方法、编制估算清单、进行估算审核和复核审查估算结果等一系列程序，最大限度地提高工程估算的精度。

2. 概算

在工程项目立项后，工程建设单位将进一步深化初步设计方案，并绘制可以满足工程项目建设的施工图。在此期间，为了选择更好的设计方案，并为工程项目建设费用的筹措或贷款申请以及工程项目的招标提供依据，设计单位或造价咨询单位将依据初步设计文件和概算定额编制工程概算。在编制概算时，相关人员对工程建设规模、建设环境、建设等级等建设内容已有相对清晰的了解和掌握，因此，工程概算的计算精度就比工程估算高出很多，工程中允许的计算误差限定在 5%~10%。

编制工程概算的主要依据有国家和当地发布的有关法律、法规、规章和规程，国家有关部委和当地发布的工程概算定额及其地区基价和费用定额，国家和当地发布的工程造价税费计价依据及计价办法，当地建设行政主管部门发布的价格信息、调整系数和造价指数，以及工程项目的可行性研究报告及投资估算、设计图纸等有关资料。

3. 预算

工程预算是根据批准的设计图纸，结合相应的预算定额及单位估价表、各种费率取费标准等计算和编制的工程项目建设费用，是预先确定工程项目内含各项建设内容价格的重要依据，也是工程建设单位今后管控工程项目费用的主要依据。

编制工程预算的依据主要有工程施工图纸、有关的标准图集和图纸会审记录，施工组织设计或施工方案，国家有关部委和当地发布的工程预算定额及其地区基价和费用定额，国家和当地发布的工程造价税费计价依据及计价办法，当地建设行政主管部门发布的价格信息、调整系数和造价指数等。

4. 结算

工程结算是工程项目施工方或材料供应方等承包商在完成工程项目的全部任务和工作之后，根据实际完成量和相应的定额以及各种费率取费标准等计算和编制的项目最终费用，也是工程建设单位支付工程承包商费用的最终依据。

在工程费用结算中，由于在工程建设中时常发生各种变更或受到来自项目内外多种因素的影响，这些变更或影响就会直接或间接地增加或减少工程项目费用，因此，也就必然会使工程项目的结算与预算出现不同程度的差异。项目中的出现的变更次数越多，受到多种因素的干扰越大，工程项目费用变化的程度可能也就越大。但在工程结算中，由于任何费用的调整和变化都必须依据相应的文件或证明来计量，而当有关方在处理和解决工程项目的变更等问题过程中未留有任何证据时，在工程结算时极易引起结算方和审核方之间的冲突与矛盾，此类情况已成为工程项目管理中最常发生的问题之一，因而也就成为工程项目管理中的主要管理问题之一。

5. 决算

工程决算是在工程项目竣工后，工程建设单位的财务部门从固定资产的角度出发，依据国家和企业对固定资产费用的有关规定，以工程结算为基础，向上级主管部门提供的工程资产经济文件。因此，工程决算是核算企业新增固定资产价值、分析工程投资效果、建立健全经济责任的依据，是反映建设项目实际造价和投资效果的依据。正因如此，一般将工程决算归于企业财务管理工作的范畴，而不是工程项目的费用分析之列。

7.3 工程项目费用的测算依据

在工程项目的费用计算中，不论是工程项目的估算还是概算、预算与结算，都需要一定的计算文件作依据。这些文件中，除工程项目的可行性研究报告、初步设计构想、设计方案、设计图纸外，还需要国家有关部委和当地发布的工程预结算定额及其地区基价和费用定额，国家和当地发布的工程造价税费计价依据及计价办法，当地建设行政主管部门发布的价格信息、调整系数和造价指数等。其中，最主要的是用于工程费用估算的估算指标，用于工程费用概算、预算、结算的工程概预算定额及工程计价规范与标准。

7.3.1 工程费用的估算指标

工程费用的估算指标是工程项目建议书、可行性研究报告等前期决策报告中测算工程投资费用的重要依据。从费用测算的层级来划分，工程费用的估算指标分为工程项目综合指标、单项工程指标和单位工程指标三种类别。

（1）工程项目综合指标。工程项目综合指标用于测算工程项目从其立项筹建开始至竣工验收交付使用为止的所有费用的基准，它包含对工程固定资产投资和流动资产投资两部分测算基准。固定资产投资主要包含设备及工器具购置费、建筑安装工程费、建设工程土地使用费、建设单位管理费、勘察设计费、研究试验费、建设单位临时设施费、工程监理费、工程保险费、供电贴费、施工机构迁移费、引进技术和进口设备其他费、联合试运转费、生产准备费、基本预备费、涨价预备费、建设期贷款利息等费用。流动资产投资是指项目所需的流动资金。对于工业工程，该指标通常以工程项目的综合生产能力单位投资额来表示；对于民用工程，该指标通常以工程项目的综合使用功能、综合服务效益单位投资额来表示。

（2）单项工程指标。单项工程是指具有独立生产能力或生产效益的工程体，一般包含主要生产设施、辅助生产设施、公用工程、环境保护工程、总图运输工程、厂区服务设施、生活福利设施、厂外工程等。据此，单项工程指标就是测算单项工程建设费用的基准，它包括建筑工程费、安装工程费、设备及生产工器具购置费和其他费用。该指标通常以单项工程项目的生产能力单位投资来表示，或是以工程单位平方米造价来表示。

（3）单位工程指标。单位工程是具有独立完整功能的最小工程单位，单位工程指标就是用于测算单位工程建设费用的基准。按照现行的工程费用计算规定，单位工程指标测算的费用包含了工程建设的直接费、间接费、利润和税金。该指标通常以工程安装的设备单位重量或是工程单位平方米造价来表示。

7.3.2 工程费用的概算定额

工程概算定额是国家或行业规定的完成一定计量单位工程量所消耗费用的标准，是工程建设单位确定工程大概费用、编制工程项目费用计划的重要依据。

工程概算定额由文字说明、概算定额项目表和概算定额附录三大部分组成。其中，文字说明是概算定额的使用指南；概算定额项目表是概算定额的核心内容；概算定额附录是为编制概算过程中工料分析和基价换算而提供的分析工具。

（1）概算定额文字说明。概算定额文字说明包括概算定额总说明和章节说明。概算定额总说明主要是说明概算定额的编制原则、编制依据、主要作用、适用范围、使用方法等重要问题，是使用概算定额的指南。章节说明主要是说明各章节重点分项项目包括的工程内容、定额数据的编制依据及使用规则、工程量计算规则、某些特殊情况的处理方法等。其中，章节说明和工程量计算规则是编制概算时划分分项工程项目及计算工程量的重要依据。

（2）概算定额项目表。概算定额项目表是进行工程概算的计算依据。该表由概算定额编号和名称、综合工程内容、人工和主要材料消耗指标三部分组成。

其中，概算定额编号和名称制定规则与预算定额相似，一般写作“×-×”。前面的“×”代表章号，后面的“×”代表概算定额项目编号。它所对应的基价是完成这一分项工程全部工作所必需的人工、材料、机械消耗量的货币表现，由人工费、材料费和机械费组成。

综合工程内容详细列出每一分项工程所包含的有关内容，主要包括分项工程名称、预算单价、计量单位、综合取定的工程数量和分项工程单价。

人工和主要材料消耗指标列出了完成分项工程所需的人工和材料基价。人工基价列出了合计工日数；材料基价列出了工程所需的主要材料消耗量，如钢材、木材、水泥、砖块、沥青、玻璃等。

（3）概算定额附录。概算定额附录是为工程概算编制者编制工程概算过程中的工料分析和基价换算而提供的工具，一般包括土石方松实系数、一般工程土类分级表、工程岩石分级表、混凝土砂浆配合比及材料用量、混凝土材料配合比、掺外加剂混凝土材料配合比、掺粉煤灰混凝土材料配合比、碾压混凝土材料配合参考表、泵用混凝土材料配合表、水泥砂浆材料配合表、水泥标号用量换算系数参考表等。

7.3.3 工程费用的预算定额

工程预算定额是国家建设行政主管部门规定的完成一定计量单位的合格工程量所消耗的费用标准，是工程有关单位确定工程预算费用的重要依据。工程预算定额不仅要明确完成单位合格产品的人工、材料、机械台班等实物消耗指标，还要明确该项工作所包括的所有工作内容。

工程预算定额由预算定额文字说明、预算定额项目表和预算定额附录三大部分组成。其中，预算定额文字说明是预算定额的使用指南；预算定额项目表是预算定额的核心内容；预算定额附录是为编制预算过程中工料分析和基价换算而提供的分析工具。

（1）预算定额文字说明。预算定额文字说明包括总说明、分部工程说明、分节说明和附注。

总说明是预算定额的使用指南，主要说明预算定额编制的指导思想、编制依据、编制原则、定额的适用范围、定额的使用方法、编制时有关共性问题的处理意见等重要问题，一般列在预算定额手册的前页。

分部工程说明即章说明，列于各分部工程（章）的最前面，用以说明本分部工程包括的定额项目、定额数据的有关说明和使用规则、某些特殊情况的处理方法、本章主要分项工程及其工程量计算规则等内容。

分节说明位于定额项目表的上方，重点说明本节工程项目的主要工序及其主要工程内容。

附注常列于定额项目表的下面，主要说明当工程设计与定额项目规定不符时调整定额的方法及其他有关问题。

（2）预算定额项目表。预算定额项目表是预算定额的主要内容，具体规定了分项工程中各项工作完成单位合格产品所消耗费用和材料的标准以及所需人工、材料、机械台班的具体数量。

预算定额项目表的划分、排列与编号是以章、节、项目、子目为层级单元的。其中，章以分部工程为单元，是按单位工程中的分部工程分类确定的；节是分部工程中按照工程性质和所属内容的再划分；项目是节中按照施工材料的类别、规格、工程的性质等条件进行的细划分；子目是按照工程结构的规格、材料的类别等条件进行的最小单元划分，也是预算定额规定实物消耗指标的具体对象。

为了方便使用预算定额，预算定额项目的编号一般采用阿拉伯数字表示，一般写作“×-×”。前面的“×”代表章号，后面的“×”代表概算定额项目编号。它所对应的基价是完成这一分项工程全部工作所必需的人工、材料、机械消耗量的货币表现，由人工费、材料费和机械费组成。

（3）预算定额附录。预算定额附录是为工程预算编制者编制工程预算过程中的工料分析和基价换算而提供的工具，一般包括工程主要材料名称、规格和单价表、机械台班使用费率表、土石方松实系数、一般工程土类分级表、工程岩石分级表、混凝土砂浆配合比及材料用量、混凝土材料配合比、掺外加剂混凝土材料配合比、掺粉煤灰混凝土材料配合比、碾压混凝土材料配合参考表、泵用混凝土材料配合表、水泥砂浆材料配合表、水泥标号用量换算系数参考表等。

7.3.4　工程量清单计价规范

《建设工程工程量清单计价规范》是根据国家相关法规，按照我国工程造价管理改革的要求，本着国家宏观调控、市场竞争的原则，规范我国工程计价活动的国家标准，对合理确定建设工程造价、推动工程建设市场的完善与发展、提高我国固定资产投资效益、优化配置建设资源、促进我国建筑业劳动生产率水平的提高、加快我国工程计价与国际惯例接轨具有重要的作用。

工程量清单是由招标人按照《建设工程工程量清单计价规范》附录中规定的统一项目编码、项目名称、计量单位和工程量计算规则编制的，供建设方计算工程标底和承包方投标报价、表现拟建工程项目及其相应数量的明细清单，也是依据施工设计图纸和国家制定的统一工程量计算规则计算出的实物工程量汇总清单。因此，工程量清单就成为工程项目中编制招标工程标底、投标报价、支付工程进度款、办理工程结算、调整工程量、进行工程索赔的重要依据。

工程量清单计价是指在工程招标投标中，将招标人编制的工程量清单作为招标文件的组成部分提供给投标人，由投标人按照现行的工程量清单计价规范及招标人提供的工程量清单工程内容和数据，自行编制有关的工程单价并自主确定建设工程造价的计价方式。这种方式中的综合单价不仅包括了完成规定计量单位项目所需的人工费、材料费、机械费、管理费和利润，而且也包含了应对风险因素所需要的费用。

按照《建设工程工程量清单计价规范》的规定，工程量清单计价由正文和附录两大部分组成。其中，正文包含总则、术语、工程量清单编制、工程量清单计价、工程量清单及其计价格式五个部分，分别明确且详尽地说明和规定了计价规范制定的目的、适用范围、使用方法、编制原则、编制工程量清单应遵循的原则、工程量清单计价活动的规则、工程量清单及其计价的文件格式。因此，正文是计价规范的使用指南。计价规范的附录中包含了五个部分，即建筑工程工程量清单项目及计算规则、装饰装修工程工程量清单项目及计算规则、安装工程工程量清单项目及计算规则、市政工程工程量清单项目及计算规则、园林绿化工程工程量清单项目及计算规则。每个附录中都包含了工程项目编码、项目名称、项目特征、计量单位、工程量计算规则和工程内容等详细内容。

与定额计价相比较，工程量清单计价有以下几个方面的不同。

（1）工程量清单计价是顺应市场经济要求的计价形式，它确定的是建设工程的市场价格；定额计价则是顺应计划经济要求的计价形式，它确定的是建设工程的计划价格。

（2）工程量清单计价的工程费用由工程量清单费用、措施项目清单费用、其他项目清单费用、规费、税金五部分构成；定额计价的工程费用由工程直接费、间接费、利润、税金和预备费构成。

（3）定额计价的工程项目是按预算定额中的项目规定划分的；工程量清单计价的工程项目是按招标人提供的工程量清单名目划分的。

（4）定额计价的依据是国家和当地有关部门编制的地区统一单位估价表，编制的工程费用体现了社会平均消耗水平；而工程量清单计价的主要依据是企业定额，是企业根据自身实力状况和市场行情编制出的综合单价。

（5）定额计价遵循的是传统的计价方式，标准统一，项目参与单位之间的争议较少。而工程量清单计价从根本上改变了以往政府定价的模式，建立起了以市场为主的工程造价管理机制，项目参与各方之间的竞争表现较为明显。

7.3.5 其他相关的费率规定

工程项目的费用总体上可分为直接费、间接费、利润、税金和预备费五大类。如果采用定额计价方式，工程项目费用组成中的直接费是相对稳定的，一般按照国家规定的统一定额标准进行计算即可。但在计算工程项目的间接费、利润、税金和预备费时，工程费用的贷款利率、计价标准、调整系数、物价指数等都会随着国家政策的变化而变化，也可能随着社会生产力水平的提高和工程材料平均消耗水平的改变而变化，这就有可能给工程项目费用的计算带来不便。因此，在计算工程项目的费用时，要及时了解和收集政府有关部门发布的工程计价信息，确保工程项目有关费用的计算符合工程建设单位的要求。

例如，近几年来，工程造价中包含的营业税、城市建设维护税及教育税费、银行贷款利率等都发生了很大的变化，工人的日工资标准、工程材料的市场价格、机械设备的购置价格和运输价格以及台班单价也发生了很大的变化，但国家和地区颁布的统一概预算定额依旧是几年前的标准，这就有可能给工程项目的费用编制带来较大的影响，有可能让承包单位获得较大利润，也可能给承包单位带来较大损失。针对这些问题，需要工程项目的建设单位和承包单位在了解和掌握当前实际情况的前提下，结合工程项目的特点，提出一个项目参与各方都能接受的计价方式或费用调整方式，使工程建设单位、施工单位、监理单位、设计单位、材料供应单位等项目参与各方既可保障自身的经济利益不受损失，也可为提高工程项目费用的管理水平提供科学的依据。

7.4　工程项目费用的计算方法

7.4.1　费用估算的方法

工程项目费用的估算是在工程项目很多资料和建设细节不明确的前提下进行的费用测算，最常用的估算方法主要有生产规模指数估算法、分项比例估算法、资金周转率法、单位面积综合指标估算法、单元指标估算法等。估算的依据主要是拟建项目的主要内容、专业机构发布的工程造价和费用构成，以及政府部门发布的物价指数、已建同类工程项目的投资档案资料等。

1）生产规模指数估算法

生产规模指数估算法是利用已建项目的投资额或其设备投资额，估算同类而不同生产规模的工程项目投资或其设备投资的方法，其估算表达式为

$$C_2 = C_1\left(\frac{Q_2}{Q_1}\right)^n \times C_f$$

其中，C_1为已建同类型项目的投资额；C_2为拟建项目的投资额；Q_1为已建同类型项目的生产规模；Q_2为拟建项目的生产规模；C_f为增价系数；根据不同行业的项目设定不同的值，一般不应超过 10 为宜；n 为生产规模指数，选取 n 值的原则是：靠增大设备或装置的尺寸扩大生产规模时，n 取 0.6~0.7；靠增加相同的设备或装置的数量扩大生产规模时，n 取 0.8~0.9。

2）分项比例估算法

分项比例估算法是将工程项目的固定资产投资分为设备投资（K_1）、建筑物与构筑物投资（K_2）、其他投资（K_3）三部分。首先估算出设备的投资额，其次按一定比例估算建筑物与构筑物的投资及其他投资，最后将这三部分投资加在一起。估算公式为

$$K = \left(K_1 + K_2 + K_3\right) \times \left(1 + S\%\right)$$

其中，$S\%$为考虑不可预见因素而设定的费用系数，一般为 10%~15%。

（1）设备投资估算按其出厂价格加上运输费和安装费估算，估算公式为

$$K_1 = \sum_{i=1}^{n} Q_i \times P_i\left(1 + L_i\right)$$

其中，K_1为设备的投资估算值；Q_i为第 i 种设备所需要数量；P_i为第 i 种设备的出厂价格；L_i为同类项目同类设备的运输、安装费系数；n 为所需设备的种数。

（2）建筑物与构筑物投资估算公式为

$$K_2 = K_1 \times L_b$$

其中，K_1为设备的投资估算值；K_2为建筑物与构筑物的投资估算值；L_b为同类项目中建筑物与构筑物投资占设备投资的比例，露天工程取 0.1~0.2，室内工程取 0.6~1.0。

（3）其他投资估算公式为

$$K_3 = K_1 \times L_w$$

其中，K_1为设备的投资估算值；K_3为其他投资的估算值；L_w为同类项目其他投资占设备投资的比例。

3）资金周转率法

资金周转率法是利用资金周转率指标进行投资估算的方法。采用该方法时，先根据已建类似项目的有关数据计算资金周转率，然后根据拟建项目的预计年产量和单价估算拟建项目投资。其计算公式如下：

$$\text{资金周转率} = \frac{\text{年销售总额}}{\text{年投资}} = \frac{\text{年产量} \times \text{单位产品售价}}{\text{年投资}}$$

$$\text{总投资} = \frac{\text{预计年产量} \times \text{预计单位产品售价}}{\text{资金周转率}}$$

4）单位面积综合指标估算法

单位面积综合指标估算法适用于单项工程的投资估算，投资费用包括单项工程的土建、给排水、采暖、通风、空调、电气、动力管道等所需费用。其计算公式为

单项工程投资额=建筑面积×单位面积造价×价格浮动指数±结构和建筑标准部分的价差

5）单元指标估算法

单元指标是指建设住宅类工程项目的单位客户房间投资指标、建设库房类工程项目的冷库单位储藏量投资指标、建设医院类工程项目的医院单个床位投资指标等。单元指标估算法在实际工作中使用较多，工业建设项目和民用建设项目的投资估算公式分别为

工业建设项目：

项目投资额=单元指标×生产能力×物价浮动指数

民用建设项目：

项目投资额=单元指标×民用建筑功能×物价浮动指数

7.4.2 费用概算的方法

工程概算分为三个类别，即单位工程概算、单项工程概算、工程项目总概算。

（1）单位工程概算。单位工程概算主要有概算定额法、概算指标法和类似工程比较法。

其中，概算定额法是采用概算定额编制工程概算的方法。这种方法首先根据初步设计图纸资料和概算定额的项目划分计算出所有工程量，其次套用概算定额计算出所有工程量的价格，进行汇总后再计取有关费用，最后得出拟建工程的概算费用。

概算指标法是采用工程直接费进行计算的方法。这种方法用拟建的厂房、住宅的建筑面积（或体积）乘以技术条件相同或基本相同工程的概算指标，得出工程直接费；然后按规定再计算出措施费、间接费、利润和税金等，通过汇总，获得拟建工程的概算费用。当估算初步设计深度较浅、不能准确地计算工程量，而工程设计技术比较成熟且又

有类似工程的概算指标时，即可采用概算指标法。

类似工程比较法是利用技术条件和设计对象相似的已完工程或在建工程的工程造价资料来编制拟建工程概算的方法，这种方法得出的估算费用偏差相对较大，在工程中仅在设计方案初选时参考使用。

（2）单项工程概算。单项工程概算是确定单项工程费用的方法，它是由单项工程中所有单位工程概算汇总而成的，是项目总概算的组成部分。单项工程综合概算文件一般包括编制说明、综合概算表（含其所附的单位工程概算表和材料表）、项目其他费用、贷款利息、预备费的概算。

（3）工程项目总概算。工程项目总概算是确定整个工程项目从筹备到结束所有费用的估算方法。它是由各单项工程概算汇总而成的，项目的其他费用、贷款利息、预备费和经营性项目的流动资金都是按照工程建设主管部门的规定进行编制的。

7.4.3　费用预算的方法

工程项目预算费用的编制一般有两种模式，即传统的定额计价模式和工程量清单计价模式。传统的定额计价模式是采用国家、部门或地区统一规定的预算定额、单位估价表、取费标准和计价程序进行工程造价计算的模式。工程量清单计价模式是招标人按照工程量清单计价规范中的工程量计算规则，由投标人依据企业自身条件和市场价格对工程量清单自主报价的工程造价计算模式。在这两种模式之下，工程项目预算费用的编制可以采用工料单价法和综合单价法两种计价方法来计算。

1）工料单价法

工料单价法是传统的定额计价方法，它以分部分项工程的单价为直接工程费单价，以分部分项工程量乘以对应分部分项工程单价后的合计为直接工程费，直接工程费汇总后另加措施费、间接费、利润和税金而得到工程预算。

按照分部分项工程单价的来源，工料单价法又分为预算单价法和实物单价法。预算单价法中使用的工程费用计算单价是工程项目的预算定额；实物单价法中使用的工程费用计算单价是当时市场的实际单价。实物单价法能够反映当时当地的工程价格水平，比较符合实际，因而在工程中使用较多。使用该方法时，先用计算出的分项工程实物工程量套取预算定额，按类相加并求出单位工程所需的人工、材料、施工机械台班消耗量后，再分别乘以当时当地各种人工、材料、机械台班的实际单价，求得人工费、材料费和施工机械使用费并汇总，以此而得到工程项目的直接费。工程项目的措施费、企业管理费、利润和税金等费用则是根据当时当市场实际情况来确定的，将这些费用合计后即可得出工程预算。工程项目的直接费计算公式为

$$
\begin{aligned}
\text{单位工程预算直接费} = & \sum(\text{工程量} \times \text{人工预算定额用量} \times \text{当时当地人工工资单价}) \\
& + \sum(\text{工程量} \times \text{材料预算定额用量} \times \text{当时当地材料预算价格}) \\
& + \sum(\text{工程量} \times \text{施工机械台班预算定额用量} \times \text{当时当地机械台班单价})
\end{aligned}
$$

2）综合单价法

综合单价法是工程量清单计价模式下的预算编制方法，它以拟建工程项目的分部分

项工程项目名称和相应数量的明细清单为基础，将完成项目的所需资源计算出来，然后按照相应的定额标准即可确定出项目所需的直接费和间接费。在此基础上，再结合项目费用的其他要求，确定出项目的总体费用。其中，直接费用中人工费、机械费和材料费的计算方法如下：

$$人工费=\sum(人工工日定额用量\times日工资单价\times实物工程量)$$

$$材料费=\sum[实物工程量\times(材料、配构件、零件、半成品定额用量\times相应材料预算价格)]$$

$$机械费=\sum(施工机械定额台班用量\times台班费用单价\times实物工程量)$$

7.4.4 费用结算的方法

工程结算和预算的基本方法一样，但在工程量的审定方面，因为关系到最终的所付费用数量，因而也最为严格。在编制结算费用时，结算费用的依据并不完全是设计图纸，而是根据实际完成的情况进行计算。因此，在工程结算中，要增加以下内容的工作。

（1）核对合同条款，检查竣工内容是否符合合同的预定要求，是否按合同要求完成全部工程并验收合格。

（2）检查费用是否按合同规定的结算方法、计价定额、取费标准、主材价格和优惠条款等进行计算。

（3）竣工结算的工程量应依据竣工图、设计变更单和现场签证等进行计算。

（4）结算单价应执行合同约定或招标规定的计价定额与计价原则。

（5）其他预先未考虑到但实际发生的费用。

7.5 影响工程项目费用的因素

在工程项目的实施过程中，项目内外因素的干扰可能使工程项目出现若干预想不到的情况和事件，并使工程项目不能按照预定的施工计划和设计方案顺利执行。这些情况的发生给工程项目带来不同程度的影响，因而，在处理这些问题的过程中也就有可能引起工程项目费用的变化。因此，在工程项目的费用管理方面，这些给工程项目带来影响的因素也就成为工程项目管理者需要关注和管控的对象。大量的工程实践结果证明，影响工程项目费用的因素主要如下。

（1）工程实施中发生重大事件或不可抗力事件，如自然灾害、重大社会活动导致的交通临时管制或交通中断等；突然发生的恐怖事件、武装袭击、社会动乱、国家战争、重大火灾、大规模罢工和社会动荡等。

（2）国家针对某种特殊现象采取的特殊政策或宏观经济调控。

（3）与工程项目紧密相关的刑事案件。

（4）由于拆迁困难或土地征用不顺利而带来的一系列问题。

（5）工程中发生重大安全事故而导致的工程停工和巨额赔偿。

（6）供水、供电、供气、通信等系统发生故障而导致的工程长时间停工，或工程手续不健全而导致的长时间停工。

（7）发生严重的工程质量事故而引起的返工、返修、拆除、重建等问题。

（8）施工中挖断重要管线、电力电缆、通信光缆等，使项目暂停实施并带来重大损失。

（9）与当地居民、有关部门发生争议而导致的工程停工。

（10）合同管理不善，导致有关方发生法律纠纷而停工。

（11）监理人员、施工人员缺乏施工经验、技术水平低而导致的工程问题。

（12）工程设计出现重大变更，或设计变更较为频繁。

（13）建设单位搞“政绩工程、献礼工程”等赶工期。

（14）施工场地环境恶劣，或施工现场狭窄、施工困难等导致的作业低效。

（15）施工中损坏设备工具较多，维修费用加大。

（16）采购人员收受回扣，购进质次价高的材料。

（17）无计划地调用工程施工材料或施工人员去干不属于该工程的其他任务。

（18）施工中材料、工具、零件等易耗品浪费严重。

（19）地质条件和地理环境过于复杂等导致投资增加。

（20）交通运输不便，工程材料和设备必须进行多次倒运，

（21）工程建设对自然环境造成破坏而被处罚和赔偿。

（22）违反政府有关部门（如环保、城建、安全、消防、交通、治安等部门）的规定，工程被责令整顿或被处罚。

7.6　工程项目费用的编制方法

7.6.1　估算费用的编制

根据我国现行工程造价的构成，建设工程项目的投资估算主要包括固定资产投资估算和铺底流动资金估算。固定资产投资估算的内容包括建筑安装工程费、设备及工器具购置费、工程建设其他费（不含铺底流动资金）、预备费（基本预备费和涨价预备费）、建设期贷款利息等。铺底流动资金是项目总投资估算中流动资金的一部分，它按项目投产后所需流动资金的 30%计列。在编制工程估算费用时，由于工程项目的建设方案和建设细节还不具体，项目费用的影响因素较多，无法给出非常精确的费用数据，因此，一般采用如下步骤和方法编制工程估算费用。

（1）明确建设意图。不同的建设目的必然需要不同的工程类型和建设规模，不同的工程类型和建设规模必然需要不同的投资规模。因此，在开展工程项目的费用估算前，首先必须明确工程建设的意图，并由此确定工程建设的类型与规模。

（2）调查建设环境。工程建设项目的意图与构想能否最终实现不仅与工程建设者的

能力有关，更与工程建设环境有关，这个环境包括市场环境、政治环境、政策环境、自然环境、人文环境等。由于这些环境与社会稳定情况（是否会发生战争或动乱）、市场竞争势态（市场经济状况以及国家的主要经济政策和特点）、生产要素行情（工程材料的供应能力、市场价格及相应售后服务情况等）、工程技术限定（国家对特殊工程技术的限定或行业限定）、施工技术水平（工程建设企业的资质等级和信誉、当地劳动力的技术水平）、金融税收保险（法律保障情况、利率和计息的有关规定等）等多个方面直接相关，因而，这些方面都将直接或间接地影响工程项目的投资规模与建设费用。因此，必须事先对工程拟建环境展开调查。

（3）调查工程现场。不同的工程项目建设场址将会有不同的自然环境，这就必然会给工程项目在其地基处理、基础设计、施工组织、材料运输、设备加工、能源供应等方面带来不同程度的影响，也必然影响到工程项目的费用。因此，在明确工程建设场址后，预先开展工程现场的实际调查、充分考虑各种因素将有益于提高工程费用的估算精度。

（4）确定工程费用估算的主次因素。在完成工程项目的初步调研后，要对调研结果进行全面系统的分析，结合工程项目的建设意图，明确事关工程投资的主次因素，确保这些因素的相关信息和数据的准确性，为工程估算提供切合实际的依据。

（5）开展工程询价。在明确工程建设意图并开展相关调查的同时，还有一项最重要的工作就是要详细了解和掌握当地同类工程的建设情况，咨询此类工程项目的建设投资与实际费用使用情况，为今后合理确定工程项目费用估算指标提供依据。

（6）确定计价标准。工程项目的估算费用是通过已建同类工程项目的相关数据、专门机构发布的工程造价和费用构成以及政府部门发布的物价指数等数据进行测算的，因此，在费用估算前，有关人员应在工程询价的基础上，根据拟建工程的建设规模、工程建设企业的劳动生产率水平及对市场行情等工程费用估算的主次因素，科学合理地确定工程估算的计价参数。

（7）估算工程项目的固定资产投资费用。工程项目的估算费用中最主要的是固定资产投资费，它主要包括建筑安装工程费、设备及工器具购置费、工程建设其他费、预备费和建设期贷款利息。在估算固定资产投资费用时，需要预先按照工程费用的估算方法分别测算出这些费用的数值，然后进行汇总并得出固定资产投资费用。

（8）估算工程项目的铺底流动资金。估算工程项目的铺底流动资金时，需要预先测算出项目投产后能保证正常生产的流动资金，然后以流动资金的30%计算出工程项目的铺底流动资金。

（9）估算拟建工程项目的总投资费用。在完成工程项目固定资产投资费用和铺底流动资金的估算后，汇总固定资产投资估算值和铺底流动资金估算值，即可得到拟建工程项目的总投资估算费用。

（10）编写项目费用估算书。项目费用估算书是对完成项目所需费用的估计和计划安排，是工程项目管理文件中的一个重要组成部分。在编写项目估算书时，要对费用估算的方法和主要指标进行详细的阐述，对完成项目活动所需的资源、资源的费用和数量进行详细的说明。如果存在一些特殊情况，也应进行专门的说明。

7.6.2　概算费用的编制

工程项目概算是指在完成工程初步设计的基础上，对工程建造费用开展的进一步分析和测算，它比工程估算费用更能有效反映工程实际建造价格，计算偏差一般限定在5%~10%的范围内。编制工程概算的主要步骤如下。

（1）详细了解工程项目的建设计划。为了给工程费用管理提供更符合实际的依据，在编制工程概算前，编制者要详细了解和掌握工程项目的初步设计图及其说明，深入了解工程项目的建设计划和批准建设规模，明确工程建设的设计标准、用地面积、建筑面积、主要设备、配套工程等具体情况，特别是工程项目建设场址的自然条件、地质情况、施工条件、能源供应条件、材料加工条件、现场附近的企事业单位和居民情况、治安情况、社会服务设施条件等情况要进行更深入的调查和分析，为确定概算编制指标提供科学客观的依据。

（2）划分工程科目。工程概算分为三个类别，即工程项目总概算、单项工程概算和单位工程概算，不同的概算采用的计算方法不一样，因此，要对工程项目所包含的所有科目进行科学的划分，为编制工程概算奠定基础。

（3）确定概算指标和测算方法。工程概算定额和概算指标是国家或行业规定的完成一定计量单位工程量所消耗费用的标准，是工程建设单位编制工程概算的重要依据。在编制工程概算前，要预先明确工程概算的指标和测算方法，确保工程概算结果符合工程实际。

（4）计算工程造价。在明确工程概算指标和测算方法后，按照工程概算的计算规则与方法，即可开展工程项目的概算工作，依次获得单位工程概算、单项工程概算和工程项目总概算。

（5）编制概算书。完成工程概算后，按照概算定额的规定，将所有的计算表格进行编排，并附上必要的概算说明和概算书封面，装订成册并盖章，即可完成概算书的编制。

7.6.3　预算费用的编制

在编制工程预算时，工程的详细设计图纸、施工计划与方案、工程项目有关合同、物资采购方式、项目管理模式及工程费用计算的方法和依据等已全部确定。据此，项目参与各方，特别是工程项目施工单位即可按照如下步骤开展工程预算的编制工作。

（1）了解和掌握工程建设环境。编制工程预算前，要全面了解和掌握工程项目的建设环境，特别是与工程项目间接费中一些科目相关的情况，如工程现场的地质情况、地理环境、若干费率取费标准、税率选取的规定等都要了解清楚，为准确计算出工程预算费用奠定基础。

（2）全面熟悉设计图纸和施工方案。在工程设计图纸和施工方案中，项目实施者都将详细说明工程项目的建筑、结构、给水排水、采暖通风、电气通信等方面的工程构造、材料品种、工程做法和规格质量。特别是施工图纸中的各种设计尺寸、面积标高等数据和施工方案中拟采用的机械设备等，都是编制工程预算必不可少的重要数据。因此，在编制工程预算前，必须全面熟悉和掌握设计图纸和施工方案，在此基础上才能结合预算定额的规则，正确计算该项工程的工程量。

（3）熟悉工程预算定额等有关文件。工程预算定额、单位估价表及有关文件规定是工程预算计价的依据，定额中对工程量的计量单位、计算方法、计算要求、科目划分，包含工序等都做出了详细的规定和说明。只有详尽地了解工程预算定额的有关规定，才能正确划分工程项目中的分部分项项目，并得出正确的计算结果。另外由于材料价格的调整，各地区也需要根据具体情况调整费用内容及取费标准，这些资料将以不同的文件方式体现出来，因此，在编制工程预算前，要认真了解和全面掌握这些方面的有关规定。

（4）计算工程量。确定工程项目和计算工程量是编制工程预算的重要工作。对于此项工作，一般是在熟悉工程项目全部情况的基础上，按照工程定额和有关规则进行计算。

（5）计算工程项目的直接费。在完成工程量计算的基础上，把计算好的各分项工程量按照定额规定的顺序分别写到工程预算表中，然后从定额或单位估价表中查出相应分项工程的定额编号、单价和定额材料用量。将工程量分别与单价、材料定额用量相乘，即可得出各分项工程的直接费和主要材料用量。将分项工程的直接费汇总即可得出分部工程的直接费，将分部工程汇总即可获得工程项目的直接费和主要材料用量。

（6）计算其他各项费用。获得工程项目的直接费后，即可按照预定规则计算工程项目的其他费用，如间接费、利润和税金等，将这些费用进行汇总，即可得到工程总造价。

（7）编制工程预算书。完成工程费用的计算后，按照预算定额的规定，将所有的计算表格进行编排，并附上必要的计算说明和预算书封面，装订成册并盖章，即可完成预算书的编制。

工程项目预算编制完成后，预算文件一般包含工程项目预算书、工程材料分析表、工程预算费用编制说明、编制单位与编制人及预算审核人、预算文件份数与分发单位等内容。

7.6.4 结算费用的编制

按照工程项目的建设规定，工程项目的结算必须根据工程竣工图来计算、编制和审定。但在工程实际中，工程结算一般是在工程预算的基础上，根据工程实际发生的变化进行局部调整后编制而成的，编制的步骤如下。

（1）收集和整理工程项目建设内容的变更资料。在工程竣工结算前，工程费用结算单位要将工程建设中发生的设计变更、材料替换、处理特殊情况所消耗的额外费用证明、市场价格调整文件、费率取费调整文件、验收资料、会议纪要、施工记录、施工签证等资料收集齐全，为调整工程结算费用提供依据。

（2）分析和计算工程变动费用。针对工程项目实施中发生的各种变化，结算方要认真分析这些变化给工程项目费用带来的影响，并按照新的规定重新计算有关工程量和工程造价，分别给出工程项目调整后的工程直接费用。

（3）计算其他各项费用。工程项目的直接费发生变化后，间接费一般也会发生变化。为此，应对工程间接费重新进行计算，在此基础上，获得调整后的工程间接费。

（4）编制结算说明书。将调整后的费用进行汇总，得出最终能够真实反映工程实际建造的费用。按照预算书的编制规则，重新装订成册，即可完成工程结算书的编制工作。

7.7　工程项目费用的控制方法

在工程项目的实施过程中，工程经常会受到来自项目内外多种因素的影响，这些影响可能给工程项目的费用也带来不同程度的影响。为此，为了实现工程项目的费用目标，就需要对工程项目的费用进行必要的管理和控制。

从费用控制的方法来看，各种控制方法可分为三大类，即工程费用的事前、事中和事后控制。其中，事前控制是指在工程项目实施前，针对工程项目今后可能发生的问题及其对费用的影响程度进行预测，在对这些问题进行深入分析的基础上，预先采取相应的措施进行处理，使工程项目费用处于预定计划之中。事中控制是指在工程项目的实施过程中，针对工程项目发生的问题及其对费用的影响程度进行即时分析，并提出相应的处理方法，使工程费用处于可控状态。由于这种方法是在工程项目的实施过程中并行而为的，能对工程出现的问题做出较快的反应，也能通过对项目费用若干指标的分析来发现项目费用存在的问题，因此，其成为工程中最常采用的方法。事后控制是在工程若干问题发生并给工程费用带来一定程度的影响后，才开展处理工作，并将这些问题对工程费用的影响减少到最低程度的管理方法。这种方法可能给工程项目的费用带来较大的不利影响，因此，事后控制一般仅作为总结工程费用管理经验的方法。

在工程费用的事中控制中，很多书中提到的一种费用管理方法是挣值法（earned value management，EVM）。这种方法的基本思想就是通过对若干参数的分析，帮助项目管理者了解和掌握工程项目的费用和项目工期变化情况，进而使工程项目管理者能够对工程项目费用的实际情况和未来发展趋势做出预测与判断，并对工程费用实施管控。这些参数主要有已完工作预算费用（budgeted cost for work performed，BCWP）、计划工作预算费用（budgeted cost for work scheduled，BCWS）和已完工作实际费用（actual cost for work performed，ACWP）。这三个费用参数的含义分别如下。

（1）已完工作预算费用。已完工作预算费用是指在某一时间已经完成的工作或部分工作以批准认可的预算为标准所需要的资金总额，其计算规则是

已完工作预算费用（BCWP）=已完成工作量×预算（计划）单价

（2）计划工作预算费用。计划工作预算费用是指在某一时刻应当完成的工作或部分工作以预算为标准所需要的资金总额，其计算规则是

计划工作预算费用（BCWS）=计划工作量×预算（计划）单价

（3）已完工作实际费用。已完工作实际费用是指到某一时刻为止，已完成的工作或部分工作实际花费的总金额，其计算规则是

已完工作实际费用（ACWP）=已完工作量×实际单价

以这三个费用参数为基础，可以得到费用偏差（cost variance，CV）、进度偏差

（schedule variance，SV）、费用绩效指数（cost performance index，CPI）和进度绩效指数（schedule performance index，SPI）四个评价指标，其计算规则如下。

（1）费用偏差。

费用偏差（CV）=已完工作预算费用（BCWP）−已完工作实际费用（ACWP）

当费用偏差为负值时，表示工程实际费用超出预算费用；当费用偏差为正值时，表示工程实际费用节支没有超出预算费用。

（2）进度偏差。

进度偏差（SV）=已完工作预算费用（BCWP）−计划工作预算费用（BCWS）

当进度偏差为负值时，表示进度延误，即实际进度落后于计划进度；当进度偏差为正值时，表示进度提前，即实际进度快于计划进度。

（3）费用绩效指数。

费用绩效指数（CPI）=已完工作预算费用（BCWP）/已完工作实际费用（ACWP）

当 CPI<1 时，表示工程实际费用超支，即实际费用高于预算费用；当 CPI>1 时，表示工程实际费用节支，即实际费用低于预算费用。

（4）进度绩效指数。

进度绩效指数（SPI）=已完工作预算费用（BCWP）/计划工作预算费用（BCWS）

当 SPI<1 时，表示进度延误，即实际进度比计划进度拖后；当 SPI>1 时，表示进度提前，即实际进度比计划进度快。

通过对挣值法的阐述可以得知，这种方法并不是只对工程费用进行管理的一种方法，而是基于工程项目进度与费用，分析工程项目实施结果与预定目标是否存在差异的一种方法。它通过工程进度与工程费用的相互比较，来分析工程项目是否在规定的时间内完成规定的任务并符合费用的规定。因此，挣值法并不是专门管理和控制工程费用的方法，而是一种进度与费用的综合分析法。同时，由于该方法计算参数过多，在工程实践中，工程管理者最常采用的方法是相对简洁实用的对比分析法。

对比分析法主要有三个参数，即表示项目费用的计划值$[\alpha]$、表示项目费用的实测值α、计划费用和实际费用的差值与计划费用的比值λ。很显然，若$[\alpha]\leqslant\alpha$，则工程项目超支；若$[\alpha]>\alpha$，则没有发生超支。这三者的关系是

$$\lambda=\frac{\alpha-[\alpha]}{[\alpha]}=\frac{\Delta\alpha}{[\alpha]}$$

实际上，在工程项目的费用管理中，即使工程费用发生变化，若在一定的偏差内且不会影响工程项目费用目标的实现，那么，工程项目管理者也是允许的。因此，为了更好地实现对工程费用的高效管理，工程项目管理者就在设定费用允许偏差的基础上，对工程费用实时数据进行采集与分析，以区域图的方式表示出来，使项目管理者可以随时了解和掌握工程费用的实际情况，如图 7.2 所示。

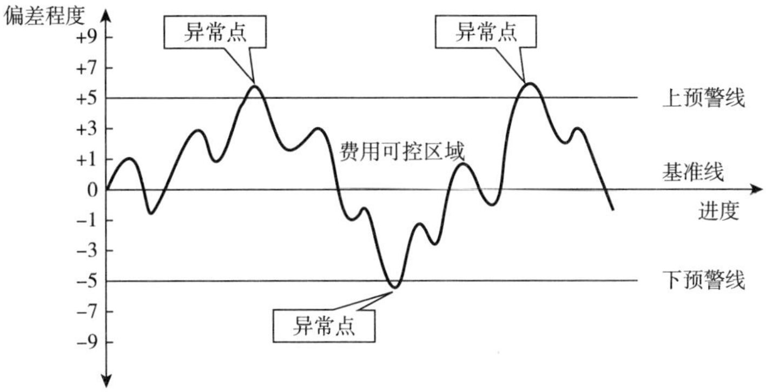

图 7.2　区域图

区域图以标示工程项目进度的横轴为基准线，分为正、负偏差两个区域。正偏差表示工程费用超支；负偏差表示工程费用节支。假设项目管理者可接受的工程费用变化偏差程度在总成本 ± 5%的范围内，则−5%称为工程费用的预警线，+5%称为工程费用的预警线，从−5%到+5%的范围称为工程费用的可控区域，超出可控范围的点都是工程费用的异常点。

一般来讲，完成项目任务就应消耗相应所需的资源，但在工程的实施过程中，过度的超支或节约都是不正常的。通过区域标尺图，当工程项目费用出现异常时就可被发现，并警示项目管理者做出相应的分析，找出相应的原因，并制定相应的对策，确保将工程项目费用控制在允许的范围之内。基准线的刻度可依据工程项目需要进行划分，如周、旬、月、季等；标尺线可按百分数、比率、具体数值等方式进行标注，视工程项目管理需要而定。

7.8　工程项目费用管理软件

面对工程费用计算中的大量工作，为了提高工程费用的管理水平和工作效率，国内外一些专业公司开发了多种工程费用计算软件。特别是近年来，国内在工程费用造价编制的计算机化方面有显著的进步，先后开发了广联达、神机妙算、清华斯维尔、PKPM、鲁班等多种工程费用专业软件，把工程造价人员从繁重的手工劳动中解放出来，极大地提高了工程项目管理人员的工作效率，也有效地促进和提升了建筑业的信息化水平。从目前情况来看，最常使用的工程造价软件主要有广联达、神机妙算和 PKPM 这三种软件。

1）广联达工程造价软件

广联达工程造价软件是目前造价软件市场中使用最多的一款软件。它是基于广联达公司自主平台研发的一款算量软件，无须安装 CAD（computer aided design，即计算机辅助设计）软件即可使用。它的软件内置全国各地现行计算规则，可实现全国各地行业动态的快速响应。

该软件采用 CAD 导图、绘图输入、表格输入等多种算量模式，三维状态自由绘图编辑。在工程费用的分析方面，该软件运用三维计算技术处理跨层构件的计算工作，由工程量软件和统计软件计算出工程量，通过数字网站询价，然后用清单计价软件进行组价。该软件计量简单、报表功能强大、提供做法及构件量报表，可以满足使用方的各种报表需求。

对于工程中出现的变更问题，该软件提供了材料换算、标准换算、批量换算等多种换算方式,实现了工程量价的自动调整。在造价信息输出方面,该软件具有批量导出 excel 功能，可以把需要的报表一次性导出为 excel 格式；也可以导入 excel 文件，软件自动识别 excel 文件中的有关数据。此外，还可以把本单位工程报表格式快速复制给其他单位工程，实现快速调整报表格式，满足不同工程费用的编制管理需求。尽管该软件功能较多，但其操作简单、设置灵活，使工程数据的管理更加方便，因而在工程项目的费用管理中被众多预结算人员称赞和使用。

2）神机妙算软件

神机妙算系列工程造价管理软件于 1996 年在上海推出,是国内第一款可视智能工程造价软件，在全国造价软件行业具有很高的影响力。

在工程费用的编制方面，神机妙算软件能够完成工程量清单、概算、预算、结算、审计审核、编制标底、投标报价、电子发标评标、造价指标计算分析、定额编排打印、企业内部定额、工程量自动计算、钢筋自动计算等工作。因此，该软件的使用范围覆盖了土建、装饰、修缮、安装、市政、园林绿化、公路、电力、电信、水利、机场、港口、石油、石化、煤炭等多个工程建设领域。

3）PKPM 软件

PKPM 软件是由中国建筑科学研究院开发的软件。由于该单位技术人员具有较强的专业性，开发的软件也有很高的技术含量。

PKPM 系列软件包括 STAT 建筑工程造价软件、CMIS 建筑施工技术软件、CMIS 建筑施工项目管理软件、施工企业信息化管理软件等，是唯一一家既为住房和城乡建设部指定清单计价软件的提供商，也是唯一一家提供工程全过程、全方位、多层次、多领域软件产品的公司。其软件的最大特点是一次建模、全程使用，各种 PKPM 软件随时可以调用。软件具有自主开发平台，而不用第三方中间软件支撑，同时又具有强大的图形和计算功能。在工程造价编制方面，PKPM 清单计价软件能实现报价风险控制和报价优化，实现经验数据积累，帮助企业形成企业定额。其钢筋软件秉承设计软件的风格，通过绘图实现钢筋统计，并提供两种计量单位（厘米和毫米）。此外，该软件对异形构件的处理也应付自如，只要在默认的图纸上修改钢筋参数即可。然而，尽管 PKPM 算量软件在构件划分和绘制方面有很大的优势，但有些细节未考虑到造价的实际应用之中，因此，在实际使用中没有广联达普及。

4）鲁班软件

鲁班软件是近几年推出的一款软件，它的算量软件因率先在 AutoCAD 平台上开发，因而提供自动识别 CAD 电子文档的功能，能够输出工程量标注图和算量平面图。该软件一改国内用 DELPHI 开发的套路，用 VC++语言开发，软件运行速度快，在输入完数据的同时即可得到计算结果。

该软件的缺点是由于算量建立在 CAD 平台上，难以保证鲁班用户都使用正版 CAD，导致使用不太稳定，经常出现随机致命错误。另外，该软件有些图形绘制的基础功能不太完美，很不符合预算人员的绘图习惯，因此，在实际使用中受到了一定的限制。

第8章

工程项目安全管理

安全管理始终是工程项目管理中的一项主要内容，这是因为在工程项目中一旦发生安全事故，不仅会给工程项目带来一定程度的经济损失，而且还会给工程项目的质量、进度等其他方面带来不同程度的不利影响，甚至危及人民群众的生命安全和社会稳定。因此，在工程项目的建设过程中，加强工程项目的安全管理、全面提高工程项目的安全管理水平就显得尤为重要。

8.1 安全与安全管理

8.1.1 安全的内涵

根据《职业健康安全管理体系》（GB/T-28001—2001）可知，安全是指某事物、人员、环境等对象没有危险、处于不受威胁和危害的状态。从这一定义可以得知，不论是事物、人员、环境等对象的内部还是外部，只要存在可能受到的威胁或危害，就意味着它们处于不安全状态。因此，没有威胁和危险是安全的本质，也是安全的根本属性。

但从客观的角度来看，任何事物、人员和环境等都不可能长期处于一种无威胁和危害的状态，而是可能会受到来自多个方面不利因素的干扰和影响，并且必然会在多种因素的干扰和影响下受到不同程度的危险或危害，只是从受到危险或危害及其产生后果的程度来看，处于管理者可控范围之内，且不足以改变事物的本质而已。在此情态下，一般就被认为是较为安全的。因此，任何事物都会受到不同程度的危险或影响，并且这种危险或影响是一种客观存在，且具有相对性。

尽管安全是一种客观存在，但它却不是一种实体存在。只有依附一定的实体，安全才能体现出来。例如，当安全依附于人时，就存在人的安全问题；当安全依附于设备时，就存在设备安全问题；当安全依附于机具时，就存在机具安全问题；当安全依附于环境时，就存在环境安全问题。因此，安全必须依附实体，才能体现其客观性，也才能分析和判断事物、人员、环境等是否处于安全状态。

在理解和明确安全概念的同时，还需要理解另一个与安全具有紧密关系的词——风险。在很多书中，常把安全和风险混为一谈。其实，风险是事物的若干条件发生变化后可能给原有事物或相关事物带来的危险或不利影响，而这些不利影响有可能使事物处于一种不安全的状态。因此，风险是安全管理的对象，与安全具有本质的不同，这种不同不仅体现在二者的内涵上，而且还体现在各自的属性上。例如，工程项目中存在风险是绝对的，这就使风险具有了绝对性这一属性。而风险的存在可能导致工程项目的不安全，使工程项目仅在某一时间和范围内是相对安全的，这就使安全具有了相对性这一属性。工程项目中是否存在风险需要经过风险识别、风险评估和风险分析，而只有在此基础上，才能对工程项目是否处于安全状态做出科学的分析和判断。因此，安全管理是在确定风险的前提下开展的相关管理工作。

8.1.2　安全管理

安全管理是工程项目管理的重要组成部分，是在工程项目建设过程中通过计划、组织、技术等手段，依据工程项目的人员、事物、环境等因素的运动规律，对有关人员的行为、事物的状态和作业的环境进行必要的管理和控制，以消除或减少不稳定因素，确保工程项目处于安全稳定状态而开展的管理活动。这一活动包含的主要内容如下。

（1）建立与完善安全生产管理制度和保证体系，使工程安全管理工作做到有章可循、有规可行、有法可依。

（2）组织安全教育，提高工程建设有关人员的安全意识与素质，促使有关人员掌握安全施工技术。

（3）开展安全影响因素分析，编制安全保障计划，制定针对性的安全保障措施。

（4）运用现代管理和科学技术，实施安全保障计划，并对工程建设过程实施持续性的安全管理与控制。

（5）组织安全技术交底、安全检查和宣传活动，开展安全资格认证，规范安全工作行为，实行标准化施工作业。

（6）对安全管理中出现的问题进行及时有效的分析、处理和总结，并向有关安全管理部门进行汇报。

（7）及时记录安全工作的各项内容，并将有关资料汇集整理。

（8）开展技术提升与改进工作，改善施工工艺，改进设备性能，提高安全保障能力。

（9）正确贯彻执行国家和地方的有关安全法律法规、技术标准和作业规范，确保工程项目有关人员和物资设备得到应有的法律保障。

在开展以上安全工作内容的过程中，为了实现安全管理目标、达到安全管理目的，要在工程项目的建设过程中实行全员、全过程、全层次、全方位的安全管理方式，使安全管理的各项规章制度在工程项目的建设过程中从始至终地得到贯彻和执行。不论任何时候开展和从事任何工程项目的建设活动，都要将安全管理理念贯穿进去，并始终在安全管理工作中坚持安全生产责任制度，做到管工程的同时也要管安全。与此同时，要正确认识和处理好安全与施工、安全与质量、安全与进度、安全与费用、安全与效益之间的对立统一关系，既不能为了安全而不顾工程质量，或长时间进行停工安全检查而耽误工期，或为了安全投入大量资金而不顾工程成本和效益，也不能仅仅为了快速完工或节约费用而不顾安全。要通过安全管理工作的开展与宣传，使工程项目有关人员真正懂得抓安全就是为了促生产，只有安全得到保障，工程质量才能得到更大程度的保障，工程进度才能顺利推进，工程效益才能显著提高。此外，在安全管理中，还要积极学习和引进科学先进的新思想、新方法、新技术、新工艺和新材料，使工程安全管理能力和水平再上新台阶，为工程安全提供有力的技术保障。

8.2 安全管理目标与方针

8.2.1 安全管理目标

目标是个人、单位或组织期望达到的标准或实现的成果。通过目标的激励和引导，可以调动工作者的劳动积极性，为实现目标而努力奋斗。对于工程项目的安全而言，不同的工程有不同的安全目标。一般的安全目标主要包含四个方面，即对人身安全的要求、对物资方面的要求、对施工现场的要求和对其他方面的要求。其中，其他方面的要求与工程项目的特点、所处环境、所在地域、建设时间等因素紧密相关。例如，当工程项目处于古建筑保护区时，就对工程项目产生的较大震动等可能对古建筑造成的危害有一定的安全要求；当工程项目紧邻居民住宅区时，就对工程项目开挖基坑、掉落物体等可能给周围居民造成的伤害等有一定的安全要求；当工程项目处于易发生火灾的区域时，就对工程项目的防火有一定的安全要求。因此，除了对人员、设备、环境有共性的安全要求外，不同的工程项目对工程安全还有其他方面的不同要求。

为了明确安全目标，一般需要将工程项目安全目标具体化。具体化的方式多采用语言描述或提出若干具体要求，如某工程项目的安全目标是人身死亡事故为零、重大人身伤害和设备损害事故为零，不发生环境污染事件，不发生重大火灾事故，不发生负主要责任的交通事故，不发生事关工程的重大刑事案件。此外，也可以若干指标的形式来确定工程项目的安全目标，如人员伤亡事故率、机械设备事故率、交通事故发生率、环境污染事件次数少于多少次、火灾或盗窃事件发生次数少于多少次等。特别是对于大型、特大型工程项目而言，为了明确工程安全目标，一般多采用安全指标的形式来描述，如要求发生的人身死亡事故率为零，轻伤事故小于 0.5%，重大设备事故为零，等等。

为了实现工程项目的安全目标，工程项目管理者根据工程项目的组织结构，把工程项目安全目标进行逐层逐级分解，并将安全目标与责任落实到每个单位和个人，形成工程项目安全目标体系与管理体系。在安全目标体系中，工程项目的安全总目标是最基本的安全管理指标，为了确保安全目标的实现，总目标分解后的下一层安全目标一般会比上一层安全目标要求更高，也更具体。例如，工程项目的安全总目标是人身伤亡事故为零，总目标分解后的下一层安全目标不仅要求人身伤亡事故为零，还要求重伤事故为零；而更下一层的安全目标不仅要求重伤事故为零，还要求轻伤事故为零；到了工程项目具体作业中，对工程项目的安全要求就逐步成为要求险肇事故为零，个人违章事故为零等更为严格的安全目标。因此，工程项目安全目标最终是通过逐层逐级的目标分解来落实与实现的。安全目标的分解方法也主要采用 WBS 方式。

8.2.2 安全管理方针

安全第一、预防为主是安全工作的总方针。安全第一是从保护生产力的角度和高度，肯定安全工作在工程建设活动中的位置和重要性。这表明在工程建设活动中，开展安全管理工作并不仅仅是为了处理事故，而是结合工程项目的特点，针对工程项目中存在的危险和隐患，对有关对象和工程建设要素采取针对性和有效的管理措施，避免和消除不安全因素的产生，或针对已出现的不安全问题进行有效控制，以保证工程建设中各种生产要素的安全以及劳动者的健康。

预防为主是从管理和解决安全问题的角度，明确安全工作的基本思路与工作方法。针对工程建设活动中潜在的或可能出现的危险因素，要预先开展危险识别、危害估计和趋势分析工作，预先制定出相应的措施和对策，做好应对计划，并将所有安全工作责任到人、落实到位。在工程建设活动中，还要有计划地开展安全检查活动，及时发现不安全因素并尽快消除，避免安全问题扩大化，保障工程建设不受损失。

为了将安全第一、预防为主的安全工作方针落实到位，在工程项目的安全管理工作中，管理者要在工程整个建设期间坚持全员、全过程、全方位、全层次的全面安全管理理念，坚持安全监督与个人自律并重、安全强制管理与理念引导并重、安全治标与治本并重、现场管理与文件管理并重的四项安全管理原则。

其中，安全监督与个人自律并重是指在工程项目的安全管理工作中，既要加大安全专职管理人员的监督检查力度，也要重视和强调每个人对安全管理的重视，避免工程项目中的有关人员产生依赖心理，淡化安全的主观防范意识，将安全工作全部推脱给安全管理人员，过分依赖安全管理人员。

安全强制管理与理念引导并重是指要通过必要的安全奖惩制度来严格规范所有工程项目有关人员的工作行为，不得在不安全的环境中和不具备安全保障的前提下开展施工作业活动，否则，就让有关人员承担相应的责任或接受相应的处罚。但在对安全进行强制管理的同时，也要教育和引导有关人员，使他们认识到，安全工作不仅事关工程项目本身，更事关自己的生命和经济利益，要自觉遵守和执行有关规则。此外，还应通过一系列的激励措施，使工程项目的有关人员积极主动地抓好安全工作，在保护好自己人身安全的同时也保护好工程项目其他方面的安全，全面提高安全防范意识和管理水平。

安全治标与治本并重是指在按照安全管理的有关规定开展安全管理工作的同时，也要加大安全工作的宣传力度，使安全理念真正深入人心。每个人都对安全重视起来，就能更及时、更全面地发现工程项目中存在的安全隐患，使工程项目的安全得到更加有力的保障。工程项目中发生了安全事故后，要在处理完安全事故后进行全面系统的分析和总结，而不能仅仅停留在编写常规性的事故总结和汇报层面上。要通过对已发事故的深层次剖析，就安全事故发生的原因和主次因素进行全面分析，同时还就为什么没有预先发现问题、发现问题后处理是否及时、危害范围是否得到有效的控制、危害程度是否减小到了最小的程度等问题进行深刻的分析。如果没有做到，要分析安全管理失控的原因；如果做到了，也要总结安全管理的宝贵经验和其他方面的教训。从正反两方面全面深刻地认识已发事故的缘由，真正提高安全工作的管理水平，彻底避免同类事故的再发生。

现场管理与文件管理并重是指对安全工作的管理既要从工程实际出发，结合工程现场的实际情况编制安全管理计划与方案，制定安全管理的有效措施与对策，避免理论空谈，犯主观主义和形式主义的错误，也要结合有关安全管理文件，在有关安全科学理论的指导下，对安全工作进行全面系统的理论分析，把理论与实践结合起来去抓好安全工作。

8.3 工程安全相关法律法规

目前，与工程项目紧密相关的安全建设法律法规主要包含四大类，即国家法律、行政法规、工程建设主管部门的规定标准和工程建设的通用性安全管理规定。其中，国家法律主要包含《中华人民共和国安全生产法》、《中华人民共和国建筑法》、《中华人民共和国消防法》和《中华人民共和国特种设备安全法》。行政法规主要包含《建设工程安全生产管理条例》、《安全生产许可证条例》、《生产安全事故报告和调查处理条例》和《特种设备安全监察条例》。工程建设主管部门的规定标准主要包含《建筑起重机械安全监督管理规定》、《建筑施工企业安全生产许可证管理规定》、《建筑工程施工许可管理办法》、《实施工程建设强制性标准监督规定》和《房屋建筑和市政基础设施工程施工分包管理办法》等。工程建设的通用性安全管理规定包含很多，最为常用且主要的规定如下。

（1）《建筑施工安全检查标准》。

（2）《建设工程施工现场消防安全技术规范》。

（3）《施工现场临时用电安全技术规范》。

（4）《建设工程施工现场环境与卫生标准》。

（5）《施工升降机安全规程》。

（6）《建筑基坑工程监测技术规范》。

（7）《塔式起重机安全规程》。

（8）《建筑施工钢管脚手架安全技术规范》。

（9）《龙门架及井架物料提升机安全技术规范》。

（10）《施工现场机械设备检查技术规程》。

（11）《建筑施工模板安全技术规范》。

（12）《建筑施工土石方工程安全技术规范》。

（13）《建筑施工高处作业安全技术规范》。

(14)《建筑施工作业劳动防护用品配备及使用标准》。
(15)《建筑起重机械安全评估技术规范》。
(16)《建筑机械使用安全技术规程》。
(17)《施工现场临时建筑物技术规范》。
(18)《建筑工程安全防护、文明施工措施费用及使用管理规定》。
(19)《建筑施工人员个人劳动保护用品使用管理暂行规定》。
(20)《建筑施工企业安全生产管理机构设置及专职安全生产管理人员配备办法》。
(21)《建筑施工特种作业人员管理规定》。
(22)《关于开展建筑施工安全质量标准化工作的指导意见》。
(23)《建设工程重大质量安全事故应急预案》。
(24)《危险性较大的分部分项工程安全管理办法》。
(25)《建设工程高大模板支撑系统施工安全监督管理导则》。

8.4　工程安全事故类型与等级

8.4.1　工程安全事故类型

工程项目的施工作业环境较为复杂，多种不确定因素的存在和出现给工程项目带来多种多样的危害，并以多种多样的安全事故形式呈现出来。根据大量工程项目安全事故的实例可知，施工过程中出现的事故主要有以下几种类型。

(1)高处坠落。高处坠落是指人员从高处落下而引起的伤害，如从离地面较高的脚手架、平台、陡壁等处踏空失足坠入洞、坑、沟、地面等处后发生死亡、残废、器官损坏等情况。

(2)物体打击。物体打击是指由失控物体的惯性力造成的人身伤亡和设备损害事故，如施工工具的坠落、砖瓦石块的坠落、施工垃圾的坠落等给其他人员和物体造成的毁坏，但不包括爆炸飞来物体的打击。

(3)器具伤害。器具伤害是指在施工作业中施工器具给作业者造成的伤害，如锤子砸伤、改锥扎伤、刀子割伤、夹子夹伤等。

(4)机械伤害。机械伤害是指机械设备的转动机构对人员或其他设备造成的绞、辗、碰、割、戳、切等伤害，也包括机械设备零件未固定而飞出导致的人、物伤害。

(5)灼烫烧伤。灼烫烧伤是指火焰导致的烧伤、高温物体导致的烫伤、化学物品导致的灼伤(酸、碱、盐、有机物引起的体内外灼伤)、实体物质导致的灼伤(如强光、放射性物质引起的体内外灼伤)等安全事故。

(6)人员触电。人员触电事故是指电流流经人体造成的生理伤害事故，如人体接触带电设备、设备误触高压线后引起的人体昏厥、人体烧伤事故。

(7)坍塌事故。坍塌事故是指建筑物、构筑物、堆置物及土石等物失稳后引起塌方而给工程其他物质、设备、人员造成的危害等事故。

（8）车辆伤害。车辆伤害是指机动车辆引起的机械伤害事故，如挖掘机、推土机、载重汽车、起重吊车、混凝土泵车等在工作中发生的挤压、撞车或倾覆等事故。

（9）起重伤害。起重伤害是指在起重作业中引起的伤害事故，如各种吊车和起重器具（如手动葫芦、电动葫芦、千斤顶等）起重作业时脱钩砸人、钢丝绳断裂砸人、移动吊物撞人等安全事故。

（10）淹溺事故。淹溺事故是指大量的水进入人体肺部而导致的死亡事故，如工人落入存有大量地下水的基坑中、掉入工地污水池中等事故。

（11）火灾事故。火灾事故是指工程现场的物质燃烧或其他外部燃烧体燃烧引起火灾而给工程带来的灾害。根据国家标准，火灾按物质燃烧特征可分为 A、B、C、D 四种类别。A 类火灾是指固体物质的火灾，如木材、棉、麻、毛、纸张等发生的火灾；B 类火灾是指液体火灾和可熔化的固体物质火灾，如汽油、煤油、柴油、原油、甲醇、乙醇、沥青、石蜡等发生的火灾；C 类火灾是指气体火灾，如煤气、天然气、甲烷、乙烷等发生的火灾；D 类火灾是指金属火灾，如钾、钠、镁、钛、锂、铝镁合金等发生的火灾。

（12）爆炸事故。爆炸事故是指工程中易燃易爆物质受到影响后发生化学反应而产生的巨大冲击力所引起的伤亡事故，包括：拆除建筑物、大型石块、地基中的坚硬物等工程爆破中出现的事故，工程中的氧气乙炔等压力容器发生的爆炸事故，锅炉超压发生的爆炸事故，粉尘与空气混合引起的爆炸，等等。

（13）中毒和窒息。中毒和窒息是指在施工作业中，受到作业环境的约束而使有毒物质进入人体引起的生命危害或在缺氧条件下发生的窒息事故，如在坑道、竖井、涵洞中作业时，因为氧气缺乏、废气无法排除、施工作业产生危害气体而导致的中毒、窒息和死亡等事故。

（14）其他伤害。其他伤害是指不被上述安全事故类型所包含的其他事故，如冻伤、扭伤、跌伤、动物咬伤、钉子扎伤等安全事故。

8.4.2 工程安全事故等级

根据不同的划分方式，工程安全事故可以划分为不同的等级。例如，按人员伤害程度划分，可分为轻伤、重伤和死亡三种等级（表 8.1）。其中，死亡事故是指事故发生后当即死亡（含急性中毒死亡）或负伤后在 30 天内死亡的事故；轻伤事故是指损失工作日低于 105 日的失能伤害；重伤事故是指造成职工肢体残缺或视觉、听觉等器官严重损伤的事故，一般能导致人体功能障碍的长期存在，或损失工作日等于和超过 105 日且小于 600 日。一般凡有下列情形之一的即为重伤事故：①经医生诊断为残废或可能成为残废的。②伤势较重，需要进行较大手术才能挽救的。③人体要害部位严重烧伤、烫伤，或虽非要害部位，但烧伤、烫伤占全身面积 1/3 以上的。④严重骨折（胸骨、肋骨、脊椎骨、锁骨、肩胛骨、腕骨、腿骨和脚骨等因受伤而引起的骨折）。⑤大拇指轧断 1 节的；食指、中指、无名指、小指任何一指轧断两节或任何两指各轧断 1 节的。⑥眼部受伤较剧、有失明可能的。⑦脚轧断 3 趾以上的；局部肌腱受伤甚剧，引起机能障碍，有不能行走自如、可能残废的。⑧内部损伤，内出血或伤及腹膜等。

表 8.1　安全事故的划分等级（按人员）

类别	失能伤害程度
轻伤事故	1~105 天
重伤事故	105~600 天
死亡事故	死亡

此外，若按照人员死亡数或事故发生后造成的经济损失数来划分，事故又可分为一般事故、较大事故、重大事故和特别重大事故。以经济损失为例，当造成的经济损失小于 1 000 万元时，事故等级为一般事故；当造成的经济损失大于 1 000 万元而小于 5 000 万元时，事故等级为较大事故；当造成的经济损失大于 5 000 万元而小于 1 亿元时，事故等级为重大事故；当造成的经济损失大于 1 亿元时，事故等级为特别重大事故。以死亡人数为例，当发生事故后，死亡人数在 3 人以下时，事故等级为一般事故；当发生事故后的死亡人数在 3 人以上且 10 人以下时，事故等级为较大事故；当发生事故后的死亡人数在 10 人以上且 30 人以下时，事故等级为重大事故；当发生事故后的死亡人数在 30 人以上时，事故等级为特别重大事故。安全事故的划分等级具体如表 8.2 所示。

表 8.2　安全事故的划分等级（按人数或经济损失）

类别	死亡	重伤	经济损失
一般事故	<3 人	<10 人	<1 000 万元
较大事故	3~10 人	10~50 人	1 000 万~5 000 万元
重大事故	10~30 人	50~100 人	5 000 万~1 亿元
特别重大事故	≥30 人	≥100 人	≥1 亿元

8.5　安全事故致因及相关理论

8.5.1　安全事故致因

建设工程项目是一个涉及面较广的行业，建设过程中有其自身的特点，而正是这些特点，使工程安全事故的发生有了与其他行业不同的方式和原因。

（1）工程项目是一个开放的系统，在其建设过程中，始终受到来自系统内外多种不确定因素的干扰和影响，并形成多种多样的建设环境。当多种不确定因素随机组合并形成不利于工程建设的环境与条件时，就可能导致工程项目出现潜在的危险或发生安全事故。而多种不确定因素随机组合并形成了多种状况，也使工程安全事故出现了随机性和多样性的特征。

（2）工程建设项目是一个庞大的人机工程。在工程项目建设过程中，工程建设人员与各种施工机械、设备、材料等共同作用，完成预定的工程项目建设任务。在彼此的相互作用中，施工人员与各种施工机械、设备、材料等既要发挥各自的作用，又要相互联系和紧密配合。这意味着，工程的安全状态不仅取决于人的行为，还取决于各种施工机具、材料及所形成产品的状态。如果其中的任何一方或某些因素出现不良倾向，就可能给其他相关方带来非常不利的影响。如果不能及时发现并排除这些不利影响，就可能导致工程安全事故的发生。

（3）不同的工程项目有不同的特点，即使是同一工程项目，在不同阶段也具有不同的特点。在工程项目的建设中，工程建设人员每天所面对的环境几乎都是一个全新的物理工作环境，且完成每天的工作任务后又将开展新的工作。因此，工程建设人员在不同的工程项目及其不同的施工阶段将面临不同的安全问题。这同时意味着，以前的安全管理经验并不完全适用于今后的安全管理对象，这是导致安全事故不易及时发现和处理的原因之一，也是出现工程安全事故的另一个原因。

（4）在工程项目实施之前，尽管有各种各样的施工作业计划，并制订了相应的安全管理计划，但很多计划的编制具有一定的假设性，如假设工程作业环境满足安全管理要求，工程材料、设备等处于良好的质量状态等。但这些假设有时会与工程实际存在一定的差异，真实的施工作业环境与条件并非完全可以处于理想状态，一旦出现较大的偏差，原有的计划及其相应的对策就可能失效，并出现安全管理失控的情况。

（5）在工程施工作业过程中，出现的很多安全问题具有多样性。面对出现的具体问题，很多施工人员并不是立刻向有关安全管理者汇报，而是自己预先做出分析和判断。如果可以自己解决，则依靠自己的经验来解决和处理潜在的安全隐患。尽管部分施工人员已积累了许多工作经验，但他所面对的作业环境依然是一个时常变化的动态环境，仅凭个人的经验分析和处理很多不确定因素还是远远不够的，同时也增加了他们在处理问题中的不安全性，并导致安全事故的再发生。

（6）建设工程项目多在露天环境中进行，所进行的工程建设活动必然受到施工现场地理环境、地质条件、自然气候等多种客观因素的影响。例如，当工程施工现场气温极高或者极低时，就容易导致作业人员生理或者心理的疲劳，工作注意力不集中，进而可能引发安全事故。

（7）工程项目有多个参与方，管理层次比较多，管理关系也较为复杂，仅对工程施工作业进行管理的就有业主、总承包商、分包商、供应商和监理工程师等人员。在工程项目的建设过程中，这些人员不仅行使其各自专业职责，也将适度介入安全管理工作。因此，安全管理要做到统一指挥、相互协调、意见一致，就需要科学先进的安全管理方法，而这并不是所有工程项目的安全管理都能够做到的。因此，在工程安全管理上的不协调或低效率也是构成安全事故的潜在危险因素。

（8）建设工程属于劳动密集型产业，技术含量相对偏低，工人文化素质也相对较低，很多施工作业人员并未接受过安全专业知识的教育和培训。面对工程中潜在的危险，他们也无法识别。当事故出现后，其采取的措施也可能缺乏针对性和有效性。因此，很多工人往往既是工程安全事故的肇事者，也是安全事故的受害者。

（9）尽管工程项目管理是工程项目建设行业从业人员的必修课程和专业知识，但许多相关从业人员对工程项目的认识和理解并不深刻，始终认为工程项目的主要管理对象就是质量、进度和成本三大方面。其认为工程安全事故具有很强的随机性和不确定性，不好管理也无从管理，由此造成工程项目的安全管理乏力，增加了发生工程安全事故的可能性。

尽管工程安全事故的发生存在以上几方面的原因，但工程项目的理论研究成果和大量的工程实践都已充分证明，只要树立正确的安全管理理念，通过科学的管理方法，采取科学的安全管理模式，依然能够营造出一个安全的工程建设环境，并可能避免工程安全事故的发生以及由此而造成的人员伤亡和经济损失。

8.5.2　安全管理理论

安全管理理论是科学开展安全管理的基础理论，是安全工作中分析导致安全问题根源的基本思想与方法，也是指导安全工作实践的有效工具。目前，在安全管理方面，有很多理论，如事故突变理论、连续事件理论、连锁关系理论、能量理论、人机环系统理论，了解和掌握这些理论对工程项目安全管理者提高安全管理能力和水平是极为有益的。

（1）事故突变理论。突变理论是分析和研究连续工作中突然出现异常变化现象以及突然变化和连续变化之间内在关系的理论知识。事故突变理论认为，工程中出现安全问题或发生安全事故可以理解为系统内某些参数的连续变化引起系统状态的突然质变，因此，工程中任何安全问题的发生都可以视为工程项目从常态到异态的突变。利用这一理论，可以建立事故致因的突变模型并确定相关事故分析参数。例如，如果把人的因素和物的因素作为两个控制参数，那么，当人的因素参数与物的因素参数同时恶化时，就有可能导致工程项目出现突变，即出现安全事故。因此，事故突变理论认为，解决安全问题的关键就是控制好各个安全因素及其参数，避免其在发生累积性变化后导致的突变，要在参数累积的过程中处理好各种问题。

（2）连续事件理论。连续事件理论认为，事故是一系列事件发生的后果，一系列事件持续不断地发生，最终就会导致事故的发生。但只要系列事件中有一件不发生，事故也就不会发生。因此，制止系列事件中任何一个事件的发生就能截断事故链。任何事件都是事故原因的重要环节，因而也就都是安全事故工作预防和管理的目标与对象。

连续事件理论是安全事故管理工作中应用最多的理论。应用这一理论，可以将工程项目中的很多安全管理对象所包含的连续事件详细地描述出来。据此，项目管理者就可以分析和研究任何与事件有关的因素，并通过对相关因素的管理和控制，制止系列事件中某一事件的发生。这样，就使工程中的安全事故得到一定程度的控制，从而避免安全事故的发生或缩减安全事故的影响范围，减少安全事故所造成的损失。

（3）连锁关系理论。连锁关系理论认为，任何安全事故的发生都不是孤立的，而是具有紧密的连锁关系。这种连锁关系包括遗传和社会环境、人的缺点、人的不安全行为和物的不安全状态、事故和伤害五种因素。其中，遗传和社会环境会使人具有鲁莽、固执、粗心等不良性格，而社会环境的不健康又会助长不良性格的发展。当人的缺点发展到一定程度，就会使人产生不安全行为或造成物的不安全状态，进而引发安全事故，并对人造成不同程度的伤害。由于这五个因素具有连锁关系，可以用多米诺骨牌形象地描述，故连锁关系理论也称为多米诺事故致因理论。据此，该理论认为，只要在工程中能够防止出现人的不安全行为和物的不安全状态，那么，工程安全就能得到有效的保障。

（4）能量理论。能量理论认为，事故是一种不正常的或不希望的能量释放，当这种能量释放出来后，就会对周围事物和人类造成威胁或危害。在工程项目中，意外释放的机械能是导致工程安全事故的主要能量类型，它包括势能和动能两大类。处于高处的人体、物体、岩体或结构都具有较高的势能，当这些物质或人员发生坠落后，就会释放出所具有的势能并造成一定的破坏。而工程中各种运动中的车辆、设备或机械等运动部件都具有较大的动能，当这些具有动能的物体不被控制而释放出动能且作用于人体或物体时，就可能发生车辆伤害、机械伤害、物体打击等事故。

同样，意外释放的能量是电能时，就会造成各种电器事故；意外释放的能量是热能时，就会造成各种烫伤、烧伤等事故；意外释放的能量是辐射能时，就会造成人体的急慢性损伤等事故。因此，能量理论认为，抓好工程安全工作的核心就是要防止和控制物质能量的意外释放。具体的方式可以是用安全能源代替不安全能源，或是缓慢地释放能量，或是采取防护措施隔离能量等。

（5）人机环系统理论。一些研究者在事故致因理论的基础上，综合考虑其他因素，提出了人机环系统理论。该理论之所以把人放到第一位，是认为在人机环协调作业的过程中，工程的安全性和可靠性最终取决于人的思想和行为状态。在人机环交互界面上，大部分安全事故的发生主要还是人的不安全行为和缺乏安全意识导致的。因此，预防和避免工程安全事故发生的关键就是要从人机环系统出发，应用人机环工程学原理和方法，努力消除各种不安全因素，特别是人的因素，建立一个以人为主的人机环协调工作系统，由此来保障工程项目处于安全状态。

尽管工程安全管理方面有诸多理论，但工程项目管理者在工作当中还应以工程实际为基础，在了解和掌握这些管理理论思想的基础上，加以灵活地应用，使之在工程安全管理中发挥更大的作用。

8.6 安全事故的发生规律

8.6.1 工程易发事故种类

通过工程安全事故类型的学习可以得知，在工程项目中，工程事故种类繁多、复杂多样。但在众多的事故中，并不是所有事故发生的概率和出现的频次都是等同的，有些事故极少发生，但有些事故却极易发生。因此，那些极易发生的事故就成为工程项目管理者在安全管理中必须高度重视的管控对象。

大量的工程实践结果证明，工程项目中相对容易发生和发生次数较多的工程事故主要有高处坠落、物体打击、机械伤害和人员触电。这四类事故所包含的事故形式分别表现在以下几个方面。

（1）高处坠落。高处坠落是导致工人死亡的主要原因之一。最常见的高处坠落事故形式有人员从屋顶、脚手架、梯子、没有护栏的楼面边缘、狭窄的墙面等处坠落。坠落的原因主要是作业工人在缺乏防护意识的情况下突然失去平衡。

（2）物体打击。工程安全事故统计结果证明，物体打击是造成人员伤亡的主要原因。常见的物体打击事故有工人受到坠落物、吊装物的打击和交通工具的碰撞。产生此类事故的原因主要集中在现场安全防护不当和作业人员注意力不集中两个方面。

（3）机械伤害。机械伤害事故出现较多的地方主要集中在材料加工现场，如剪切钢筋的过程中剪断手指、钢筋弯曲中打伤作业人员、木材加工中碰破皮肤、机械转动设备搅伤肢体等。产生此类事故的原因主要集中在现场安全防护设施不到位、作业人员操作不当或作业时注意力不集中等方面。

（4）人员触电。人员触电事故的种类比较多，但发生事故的原因主要是作业人员与带电导线直接接触、与带电设备接触、雨天带电作业，或是作业现场有积水和带电体，作业人员在水中作业等。其中，与带电设备接触发生触电事故的原因主要是设备接电部分漏电或绝缘设施失效而导致设备整体带电后伤及作业人员。

8.6.2　事故易发时间

虽然工程中发生事故的时间不可预测，但大量的研究成果表明，事故发生的时间也是有规律的，大量的事故时常集中在某些时段，具体如下。

（1）一天中的事故分布规律。

工程项目的施工作业通常都是在正常工作时间内进行的。按照我国的劳动法的规定，一天工作时间是 8 个小时，一般的工作规律是上午 8：00~12：00、下午 14：00~18：00 进行工作，但大部分工人每天的工作时间都会在 10 小时以上。从工作的工艺流程和作业顺序来看，一般在上午 10：00~12：00、下午 14：00~16：00 达到作业高峰。在这个时间段，工人倾向于尽快完成工作任务，工作精力主要集中在工程进度和施工质量方面，因而，这一时段也就最容易发生安全事故。尽管有时会出现夜间加班的情况，但夜间作业远比白天作业次数少，而且夜间作业也容易引起管理人员对安全的重视程度，反而使夜间事故发生率远低于白天。

（2）一周中的事故分布规律。

若从周的角度来分析工作时间，正常的工程建设项目作业时间一般是从周一到周五，即从周一开始工作，周五结束工作，而周三和周四达到工程作业的高峰时段。按此规律，周三和周四应该是发生安全事故的高峰时段。

但实际上，一周中周一是发生伤害事故可能性最大的时段。实际调查和研究结果发现，在周一这个时段，工人的精神状态可能还处在周末的休息状态，还未从周末休息的状态调整过来，不能立刻适应工程建设需求，因而极易发生安全事故。除周一外，发生事故的高峰时段就是周三和周四，这与正常的规律相符合。

（3）一年中的事故分布规律。

很显然，工程建设项目极易受到自然气候的影响，夏季过高的气温或冬季过低的气温都可能是引发安全事故的潜在因素。对此，研究人员对工程事故发生时间进行统计分析后发现，一年中二、三季度的事故率明显高于一、四季度的事故率，七、八月的事故率明显高于其他月份的事故率。由此可以看出，在七、八月这个室外温度相对较高的时段，工程项目一般也处于高峰时段，工人作业强度大、夏季作业时间也相对较长，工人疲劳程度也就比其他时间段高出很多，精神状态容易疲乏，因此这一时段成为安全事故的高发期。同时，分析结果表明，每年十二月、一月、二月的事故发生率相对较低，其主要原因如下：一是冬季室外作业少，或主要进行室内作业，安全度相对较高；二是下雪或天气寒冷，工人工作速度慢，安全意识适度增强，反而使安全事故较少发生。

8.6.3 人体生物节律

科学研究成果和工程实践都证明，一个人的情绪与工程安全也具有较为紧密的关系，而一个人情绪的好坏不仅与他所在的环境有关，还与自身的生物节律有关。

人体生物节律也称为人体生物周期。人体生物节律理论认为，一切生物（包括人在内）都有生物钟，它存在于神经（核）或神经细胞中。每个人从出生的那天起直到死亡，其体力、情绪和智力都将会发生周期性的变化。对此，德国医生威尔赫母・弗里斯和奥地利心理学家赫尔曼・斯瓦波达通过长期的临床观察，发现人的体力变化周期是 23 天，情绪变化周期是 28 天，智力变化周期是 33 天。随后的研究又发现，在每个周期的中间两天，人的智力、情绪和体力都不稳定，这几天被称为临界日。临界日前的半个周期是高潮期，即人们头脑灵敏、心情舒畅、体力充沛的时期；临界日后的半个周期是低潮期，即人们迟钝健忘、心态不稳、容易疲劳的时期。人从出生开始，其智力、情绪和体力都是按照高潮期、临界日和低潮期的顺序，循环往复地发生周期变化。人体生物节律如图 8.1 所示，各时期的人体生物节律特点如表 8.3 所示。

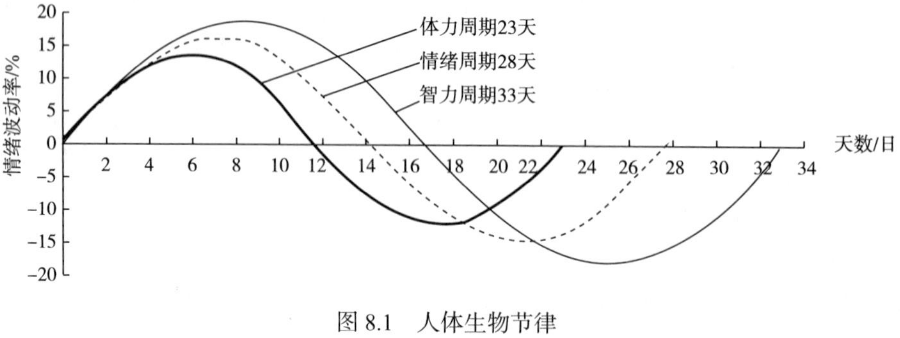

图 8.1　人体生物节律

表 8.3　人体生物节律特点

时期	体力节律（周期 23 天）	情绪节律（28 天）	智力节律（33 天）
高潮期（曲线上半周）	体力充沛 浑身有劲 反应敏捷	心情舒畅 精神愉快 心胸开朗 情绪乐观	头脑灵敏 思维敏捷 记忆力强 有旺盛的创造力和解决复杂问题的能力
低潮期（曲线下半周）	容易疲劳 做事拖拉 畏怯	喜怒无常，烦躁沮丧，情绪低落，做事无精打采、犹豫不决	注意力不易集中，迟钝健忘、判断力降低
临界期	临界期的时间为高潮期与低潮期转换时前后各一天（2~3 天），这一过渡状态下身体各方面正处于频繁的变化调整之中，机体各方面的协调性较差，人往往会产生一时的糊涂而出现差错，容易生病和发生事故		

此外，由于临界日的偏差，就出现了临界期，它是指高潮期与低潮期在中线附近相互过渡的前后两天。在此两天内，人们的体力、情绪和智力极不稳定，犯错率相对较高。在临界期或低潮期，人的体力、情绪和智力状态也处于不良状态，安全事故的发生率也相对较高。根据这些规律，工程项目管理者就可以对安全工作实施重点管控，尽可能地避免安全事故的发生，并充分发挥人的安全主观能动性作用。

8.7　工程项目安全管理方法

工程安全管理工作是一项较为复杂的工作，之所以复杂是因为安全问题不仅具有随机性、不确定性和多样性的特点，而且还与其他若干事物和环境具有较高的相关性。同时。由于不同的工程项目具有不同的特点，对不同的管理对象所需采用的管理方法与模式又需要结合安全管理对象的实际形态来确定。因此，这就给工程项目的安全管理带来了一定的困难。但从工程安全管理任何一个单一具体对象的角度来看，很多安全管理方法还是具有较强的通用性和普适性，这些方法对于提高安全管理水平、有效处理和解决工程安全实际问题具有较高的实用价值。

8.7.1　人员安全管理

在工程安全事故中，工程建设有关人员的不安全行为引发的安全事故占有很大比例，因此，在对工程安全进行管理时，首先应该加强对工程建设有关人员的管理。管理的方法主要包含以下几个方面。

（1）开展安全教育培训。

工程建设行业是一个劳动密集型的产业，在工程建设中需要使用大量的劳动力。但工程建设行业的工人文化程度普遍相对较低，整体素质相对较差。在工程建设过程中，工人不太了解施工过程中的不安全因素，时常出现违章作业；同时又缺乏安全知识、安全意识和安全防护技能，自我保护意识淡薄，极易发生安全事故。因此，在工程建设之前，应开展必要的安全教育培训，包括安全思想教育、技术教育和法制教育，使施工人员在了解和掌握施工工艺流程的基础上，熟悉安全生产技术和安全技术操作规程。特别是在使用工程材料、设备和各种机具前，要组织有关人员进行学习，使其了解和掌握工程机具的特点、性能及使用规程，树立起安全防范意识。

（2）落实安全生产责任制。

在开展工程项目的建设之前，要建立起完善的安全责任保障体系，编制出满足工程安全管理实际需求的安全生产规章制度，明确各级人员的安全责任，把安全工作落实到每一项施工内容和人员身上，要求所有管理人员、操作人员和参建单位签订安全协议，对工程安全做出保证与承诺。

（3）严格执行工程建设程序。

在工程建设过程中，凡涉及工程安全的各项工作都要严格执行规定的程序，如工程建设前要编制工程安全管理计划，建立健全现场安全管理网络，加强对分包单位资质的审核。在工程施工作业中，要严格执行操作规程，危险部位要有安全监督人员的监管和控制，要按规定开展安全检查工作。阶段性工作结束后，要进行安全工作总结，分析已发事故原因，吸取事故教训，提升安全管理水平，使安全管理工作进入科学化和规范化的轨道。

（4）采取安全管理激励机制。

在落实安全责任的同时，也要实行以人为本的安全管理方式，建立健全安全生产奖惩制度，在明确安全生产责任的同时，积极鼓励项目参建人员发挥主观能动性，主动参与工程安全管理工作，从“要我安全”逐步转变为“我要安全”。对那些给安全工作做出突出贡献的人员给予适度的表彰和奖励，也让那些造成安全危害和损失的人员承担相应责任和惩罚。

8.7.2 物质安全管理

在工程项目的安全管理中，物质泛指工程建设所需的材料、设备、机械、工具等物品。物的不安全状态不仅与人的不安全行为有关，而且更与物自身的不安全状态有关。如果工程施工使用的物质处于不安全状态，那就有可能给工程安全带来潜在的隐患或造成巨大的损失。因此，在物质安全管理方面，物质本身的质量、物资的存储与保管、物资的运输与使用、机械设备工具的保养与维修管理就成为管理的主要内容。对工程物质进行安全管控的方法主要如下。

（1）确保物质质量达标。

工程材料、设备、使用的机械和工具质量直接关系工程实施过程和施工结果的安全性。如果工程材料不合格，形成的工程产品不仅具有危险性，而且有可能成为危及其他对象的更大危险源。同样，如果施工使用的机械、设备和工具质量不合格，就可能在使用中引发机械倾倒、物体脱落、砸伤工人等次生灾害。此外，还需注意的是，由于科学技术的发展，不断出现很多新型物质材料，但一些材料含有有毒、有害物质，会对人体产生一定的危害，引发慢性中毒或其他职业病。因此，为了使安全工作得到根本性的保障，要加强对工程物质的质量检验，要对使用的机械、设备和工具进行使用前的全面检查，确保工程物质质量达到规定的标准。

（2）加强物质的存储与保管。

所有计划使用的材料在到达施工现场后和使用前，都要科学规范地放置和保管，堆放平稳，确保不受到任何损害。如果出现质量隐患，要及时更换，不得使用到工程产品的建造中。计划使用工具，特别是事关安全的工具如安全网、安全带、安全帽、绝缘鞋、绝缘手套、绝缘杆等工具，更要严格按照存放的规定进行严格保管，确保工具本身处于安全有效期。

对于工程使用的机械、设备和特殊工具，要进行必要的保养，保证其性能的可靠性，特别是机械和设备的灵活性、绳索的磨损程度、零件的紧固程度等，都要进行认真的检查。对于若干安全检测器械，要时常进行必要的检验，发现有缺陷和隐患时，必须及时修理，确保检测仪器的灵敏度和有效性，使其在工作中能够处于良好的工作状态。

（3）保障安全经费。

尽管工程项目的建造费用中已包含了相应的安全费用，如安全教育设备及设施费用、安全检测设备及设施费用、主要生产环节专项防范设施费用和事故应急措施费用等，但在工程实际中并不一定可以得到有效的保障。为此，工程参建单位必须设立安全专项经费账户并由安全负责人专门负责，确保安全工作的顺利实施。

8.7.3　能源安全管理

工程项目中的能源主要包含水能、热能、电能、气能（压缩空气、煤气、氧气、乙炔、氮气等工程施工中使用的气体）、光能、磁能、油类（煤油、汽油、柴油等）等能源。最常用的主要是自来水、电力、压缩空气、氧气、乙炔、汽油、柴油等能源。这些物质具有与其他物质不同的特性，极易引起火灾、爆炸等安全事故，因此，在工程安全管理中，应进行区别对待。对于不同的能源，首先要在了解其特性的基础上，分类分区且采用满足安全要求的容器存放，并在容器旁设置必要的消防工具。在使用能源的过程中，要严格按照不同能源的有关使用规定，开展能源供应保障和使用工作，并配备必要的检测仪器和监管人员，及时了解和掌握能源使用状况，避免发生火灾或爆炸事故。在能源的日常存储和运输中，也要采取更高一级的安全保护措施，杜绝任何可能引发能源事故的行为，确保能源处于安全状态。

特别是对于在工程中广泛使用且必不可少的电能，要给予更多的重视。由于大量电动器具和照明设备的使用，工程现场会铺设很多供电线路以及一些临时电缆。但又由于工程建设中施工情况复杂多变，施工用电负荷变化较大，再加上若干临时用电，时常可能出现电线负荷过大、电缆外皮磨损、电器机具漏电等问题。因此，在电源管理方面，安全管理人员要明确施工现场的分级配电体系，在总配电箱下设分配电箱，分配电箱下设开关箱，使配电用电层次清楚，便于管理。对于架设的高低压线路和埋地敷设的暗配管线，要考虑好带电体与地面之间、带电体与带电体、带电体与人体、带电体与其他设施和设备之间的安全距离，以及变配电装置的安全距离、检修安全距离和操作安全距离。

尤其是在市区或人口密集区域施工时，在与外电线路的最小安全距离无法保证的情况下，要增设屏障、遮栏、围栏或保护网，并悬挂醒目的警告标志牌，防止发生触电事故。在架设防护设施时，应有电气工程技术人员或专职安全人员负责监护。同时，在供电线路中，鉴于施工现场用电的危险性及接零、接地保护的局限性，除规定施工现场所有用电设备必须有保护接零（接地）外，还要加装漏电保护装置，形成“三级配电、两级保护”的用电布局。

对于特殊的临时用电，要对用电设备容量、接电地址、接电方式、用电时间、漏电防护措施、应急措施、用电负责人等提出明确的要求和规定，确保临时用电的安全性和可靠性，并要求做到即使临时用电发生问题，也不会危及整个供电系统的安全。

8.7.4 环境安全管理

工程施工作业环境是开展工程各项工作的必要空间，这个空间内的空气质量、照明效果、视觉效果、空间大小等因素都将与工程安全有着紧密的关系。从工程实际情况来看，工程项目施工作业的环境主要涉及自然地理环境、气候环境、周边环境和施工现场环境四大类。对于不同的环境，安全管理的方法也不相同。

（1）自然环境。

工程项目安全管理中的自然环境是指工程施工现场的地形、地貌、地质状况、地下水位、树木植被、河流沙滩、农田沼泽等自然状况。当工程现场的地质状况较差、土质承载力较低或水位较高时，就可能在基坑开挖作业中发生土方坍塌或基坑涌水等现象，进而引发次生灾害和安全事故。因此，不论工程项目处于何种自然环境，在工程项目施工前，都应通过地质勘探、现场勘查等方式，了解和掌握工程项目的自然环境可能给工程项目带来的安全隐患和不利影响，并根据地质勘探和现场勘查报告，编写降低地下水位、防止基坑坍塌等相应的安全预防措施，避免发生安全事故。同时也要对工程产生的污水、废气、烟尘、垃圾等进行有效的监管和控制，采取有效的技术保障措施，避免造成环境污染。

（2）气候环境。

气候环境主要是指工程施工现场所在区域的自然气候状况，如风力、温度、湿度、自然能见度、太阳辐射度、空气污染度、日照度、降雨量、降雪量等。当工程所在区域处于高温、潮湿、太阳辐射较强的施工环境时，就会给施工作业带来若干不利影响，并直接或间接引发安全事故。同样，在雨量较大的地区、温度偏低的地区进行施工作业，也会存在一些安全隐患，给工程项目的安全管理带来一定的困难。针对源于气候环境的若干问题，需要工程项目管理者在工程项目实施前，预先开展调研工作，详细了解工程施工现场的气候状况，据此来制定针对性的安全预防措施，如防风、防雨、防冻、防潮、防辐射等管控措施，避免安全事故的发生。

（3）周边环境。

周边环境是指工程建设项目周边的交通状况、人流状况、物流状况、通信条件、能源供应状况、治安状况、居民分布、企业单位分布等状况。很显然，当工程项目周边的这些状况较为复杂时，就可能给工程安全管理带来更多的困难，需要考虑更多的因素，并增加更多的安保设施。反之，当工程项目周边的这些情况较为简单时，工程项目的安全管理难度就会降低。对此，需要工程项目管理单位针对众多周边环境可能存在的危险因素进行识别，在此基础上，就周边因素可能给工程项目带来的安全隐患进行分析，并制定相应的对策。特别是当工程施工现场紧邻居民住宅区时，要在防尘、防噪、防震、建筑垃圾堆放、生活垃圾排放、污水排放等方面制定更为严格的安全方法措施，加强对施工现场粉尘、噪声、废气的检查、监测和控制工作。除设有符合规定的装置外，还应禁止在施工现场焚烧油毡、橡胶、塑料、施工垃圾等可能产生有毒、有害烟尘和恶臭气体的物质，工地锅灶、热水炉等设备也要附建消烟除尘设备，避免引起与当地居民的冲突。

此外，当施工现场周围有较为邻近的建筑物、构筑物或保护文物时，也要预先采取相应的保护措施，避免由于基坑开挖、施工振动等原因而损害文物，或引起邻近建筑物和构筑物的倾斜与倒塌。

（4）施工现场环境。

施工现场环境是指工程施工现场圈定范围内的空间。在此空间，工程建设单位一般不受外部人员和单位的制约，具有较大的自主权和决定权，可以根据工程施工所需，进行现场布置，满足工程建设需求。但是，除野外作业外，工程项目施工现场的空间大多也是有限的，这主要是因为施工单位占用的现场施工空间越大，就需要消耗更多的临时设施费用。因此，在工程费用限定的情况下，工程施工现场的空间也会受到一定的限制。为此，施工单位常常会结合工程现场的实际情况进行科学合理的布置，在满足工程建设需求的同时，也满足安全管理需求。

在安全管理方面，对工程施工现场常有多方面的安全管理要求，与之相应的安全管理措施和主要方法如下：①工程现场必须设立明显的标牌，标明工程名称、建设单位、施工单位、设计单位、监理单位及工程负责人等内容。②工地主要入口要设置简洁规整的大门和必要的围护遮挡设施。③施工现场的临时设施（包括生产、办公和生活用房、仓库、料场、道路、照明和动力线路、垃圾堆放点等）有全面的规划和布置，并配有现场布置图。④进入施工主体的入口处设有明显的安全防护设施和警示标志。⑤变压器、配电柜等主要电器设施涂有安全色标，挂有安全标志。⑥要有专门放置各种材料的专用地，并挂有明确的标牌，标牌上写明负责人。⑦带有污染的搅拌站废水、电石污水设有专门的存放池。⑧危险地带设有专门的危险标志及禁止通行标志，并设有必要的安全监控设备、设施，有安全报警装置。⑨现场设有消防栓或灭火器等安全消防设备设施，并设有安全应急通道。⑩现场场地平整，道路坚实畅通并设交通标志，有排水措施，环境整洁卫生，厕所及化粪池采取了防渗漏措施，并有防蝇灭蛆措施。

8.8 工程项目安全管理技术

工程安全管理中，解决安全实际问题最常用的方法主要是一些实体技术，如设置安全防护装置、增加电气绝缘装置、安装降噪减震设施等。除此之外，为了提高工程安全管理水平（management information system，MIS）和控制能力，还需要若干辅助技术。目前，这些技术中最常用的有安全管理信息系统和安全管理评价技术。

（1）安全管理信息系统。

安全管理信息系统是工程信息系统的一个子系统，主要是以安全为管理对象，就工程中的安全管理对象、安全管理种类、安全管理指标、安全管理计划、工程安全状态、安全问题识别、安全处理措施、安全预警提示、安全资料存储等内容进行基于计算机的系统性管理。它可以让安全管理者从繁重的手工劳动中解放出来，对工程安全实施高效管理，快速提高工程项目的安全管理水平。然而，由于不同的工程项目所管理的安全对象有所差异，管理的要求和程度也有很大的不同，因此，需要工程管理者结合工程安全管理的实际需求编制各自的安全管理信息系统。

目前，计算机编程技术已非常成熟，有多种计算机语言可供选用，只要工程项目管理者结合工程安全管理要求，确定了工程项目安全管理信息系统的结构框架和系统内每一项管理内容的操作流程与具体方法，计算机编程人员即可编写出相应的安全管理信息系统。

（2）安全管理评价技术。

工程中的安全评价包含两大内容：一是对工程安全状况的评价，即对工程项目中的安全危险因素进行识别，从中找出安全危险源并对这些危险发生的可能性进行分析和评价，根据评价结果提出相应的安全处理对策。其目的是在安全事故发生前采取相应的对策，控制工程安全薄弱环节，消除或减少工程项目的不安定因素，确保工程项目处于安全状态。二是对安全管理工作效果的评价，即对工程中实施安全计划并开展安全工作后的效果进行评价。其目的是了解和掌握当前工程项目的安全管理工作现状，找出安全管理方面存在的问题，为今后进一步改进安全管理方法、提高工程安全管理水平提供依据。在此阐述的安全管理评价技术属于第二种类型。

在开展安全管理评价前，首先需要明确安全评价的具体内容，然后根据评价的内容，确定相应的评价指标。每个指标不仅要有相应的评价标准，还要有相应的指标权重。评价指标的标准和权重不仅要能够全面有效地反映该项工程的安全管理工作状况，而且还应根据工程项目评价对象的变化而变化，真实有效地反映出不同指标在工程项目不同阶段评价不同对象的重要程度。

在明确安全管理工作的评价指标及其标准与权重之后，另一个需要确定的内容就是评价方法。目前，安全管理工作的评价方法有很多种，如模糊评价法、层次分析法（analytic hierarchy process，AHP）、灰度分析法、专家经验法等。不管使用哪种方法，其原则是既要能够分析和评价出工程项目的实际状况，又要尽可能的简单实用。只要能够达到安全管理工作的评价目的，方法越简单实用，就越容易被工程管理者所采用。

第9章

工程项目风险管理

在工程项目实施过程中，有许多来自项目内外的不确定因素给工程项目的质量、进度、费用、安全、资源保障等多个方面带来不同程度的干扰和影响，为确保工程项目的顺利实施，就需要工程项目管理者针对项目中可能存在的各种不确定因素开展必要的管控工作。通过这一工作，项目管理者可以预先或及时发现工程项目中存在的潜在问题，并通过对问题的深入分析和研究，提出相应的对策，以实现工程项目的预期目标。在工程项目的管理中，这一管理称为工程项目的风险管理。

9.1 风险的内涵及其特点

9.1.1 风险的内涵

在日常生活里，风险是一个应用较为广泛的词语，在不同的范围里有不同的含义。例如，在《现代汉语词典》中，“风险”是指可能发生的危险；在项目管理知识体系中，“风险”是表示确定性事件或状态，它的发生会对项目目标产生积极或消极的影响；而在PMI中，风险是对特定系统危险事件的发生概率及其事件后果的综合描述；在《朗文词典》中，风险的用词是risk，其含义是“The possibility that something with unpleasant or dangerous results may happen”。

实际上，可以从风险这个词的本身了解它的本质。从词的本义来看，风险是风带来的危险，风是气流运动产生的结果，这一结果使原有的事物状态发生改变且不再具有原来的稳定性，这就可能意味着给原有事物或相关事物带来危险。因此，风险就是事物的若干条件发生变化后可能给原有事物或相关事物带来的危险或不利影响，而工程项目风险就是与工程项目相关的因素发生变化后给工程项目带来的危险、危害或不利影响。

一般来说，对风险进行管理需要具备四个要素：一是要有具体的事物；二是事物自身行为产生的所需条件；三是存在引发条件发生变化的动因；四是事物发生变化后可能会给事物本身或其他事物及周围环境带来的若干不利影响。从这四个要素来看，产生风险最为主要的要素就是存在引发条件发生变化的动因，只有事物行为条件发生了变化，才有可能形成风险并产生后果。因此，在工程项目的风险管理中，对事物行为产生条件的管控是风险管理的重点内容和主要对象。

从广义的角度来看，引发事物行为条件发生变化的动因包含内因和外因两大方面。其中，内因来自事物的内部；外因来自事物的外部。当某事物的自身内容和特性、基础条件、所需前提以及与该事物相关的其他事物发生变化后，就有可能促使该事物发生变化。这些引发事物行为产生条件发生变化的动因一般都属于事物的内因，如事物本身的变化、管理事物的项目组织机构变动、人员的临时替换、材料供应的延迟等。当项目中出现与项目自身原本无直接关系的变化却给事物带来若干影响时，此类动因一般都属于事物的外因，如暴雨暴雪、地震海啸、社会活动、战争动乱、政策调整等。

工程项目的实施要经历不同的项目阶段，不同的阶段就有不同类型的风险。因此，在工程项目的管理中，项目管理者要根据工程项目不同阶段的管理内容及其特点以及项目所在地的不同环境，对项目风险进行识别，以便制定相应的对策，及时化解风险，确保工程项目的顺利进行。

9.1.2 风险的特点

风险是工程项目中的客观存在，不以人的意志为转移，它不仅会随着事物本身的发展而变化，也会随着事物之外的环境变化而变化，具有显著的客观性、随机性和不确定性等特点。

（1）客观性。风险的客观性是指风险是工程项目的伴随，只要实施工程项目，其中就必然存在风险。不论项目处于何时、何地、实施何种内容，也不论管理项目者是谁，都存在不同的项目风险。

（2）随机性。在工程项目的不同阶段，由于项目始终受到来自其内外多种因素的影响，且这些影响因素随着项目内外条件的变化而变化时，就可能使风险呈现出来。项目内外条件的变化具有很强的不稳定性，因此，项目风险也就具有了随机性。

（3）偶然性。影响工程项目的各种因素并不一定会在工程项目的实施中出现，它们可能随着项目内外条件的变化而变化。同样，这些条件的变化具有很强的不确定性，这就使工程项目的风险具有了偶然性。

（4）不确定性。尽管工程项目中有多种多样的风险，但在工程项目中却不一定会发生所有的风险。只有具备了产生风险的条件，工程项目才会出现风险。因此，工程项目中的风险具有显著的不确定性。

（5）必然性。虽然工程项目风险具有显著的不确定性、随机性和偶然性，但由于风险是工程项目中的客观存在，只要产生风险的条件形成，在工程项目的实施过程中就必然会发生风险。因此，风险也就具有了必然性。

（6）多变性。风险的多变性具有两种含义，一是指风险的种类，二是指风险的成因。在风险的种类方面，风险的多变性是指不同的工程项目、同一项目的不同阶段或同一项目的同一个阶段会有各种各样的风险。在风险的成因方面，风险的多变性是指不同的工程项目、同一项目的不同阶段或同一项目的同一个阶段的同样风险可能是由于不同的原因引发的。因此，风险的多变性就成为工程项目风险管理中的重点和难点。

（7）多样性。不同的工程项目具有不同的特点，项目的内外环境和实施条件也有很大差异。这些内外环境和实施条件的差异性会在工程项目的实施过程中形成不同的状况，并给项目带来不同的风险，产生不同的影响，同时也使工程项目的风险具有了多样性特征。

9.2 风险管理

9.2.1 风险管理的内涵

在工程项目的实施中，一旦出现项目风险，就会给工程项目带来不同程度的影响，且这些影响对于工程项目而言大多是不利影响。更重要的是，出现项目风险后，在处理工程项目风险的过程中，必然要消耗工程项目的若干资源，而资源的消耗可能就会导致工程费用的增加。因此，为了避免风险给工程项目带来损失，就需要对工程项目风险实施有效的管理。由此可知，工程项目的风险管理就是针对工程项目中可能存在的风险，就其发生的可能性、发生的原因、发生后所带来的危害以及解决风险的方法和对策所开展的一系列工作。

从项目风险具有的特点中可以得知，在工程项目中，风险始终都存在着，它具有显著的不确定性、随机性、多变性和多样性特征，因此，若要实现对工程项目的有效管理和控制，避免风险给工程项目带来的损失，就需要从工程项目立项初始，对工程项目及其今后实施中可能存在的风险进行系统性分析，以便全面地了解各种风险在工程项目中可能发生的种类、数量及其分布状况。在此基础上，通过对风险发生的可能性以及产生机理等方面的深入分析，判定产生各种风险的根源及其所需条件。据此，项目管理者即可采用相应的方法，制定相应的措施和对策，并编制出具有可行性和针对性的风险管理计划。因此，工程项目的风险管理就是对项目风险从识别到分析乃至采取应对措施等一系列过程的管理，是工程项目管理中的一项系统性工作。

同时，在工程项目的建设过程中，由于有工程建设单位、施工单位、设计单位、监理单位、材料供应单位等众多参建单位，因此，工程项目的风险管理是一个由项目众多方参与的管理工作。在工程项目的风险管理中，项目参与各方不仅要做好自身的项目风险管理工作，还需要各方相互配合，通过合理的资源调配，在项目风险发生后能够及时协调解决出现的项目风险，把项目风险所产生的不利影响和造成的损失尽可能地减少到最低程度，避免给工程项目最终目标的实现带来严重的阻碍和约束。

9.2.2 风险管理的内容

为了消除风险给工程项目带来的危害和影响，首先需要项目管理者对工程项目中存在的风险进行识别，分析项目中可能存在哪些风险并估计这些风险发生的可能性和给项目带来的后果。在此基础上，还要对识别出的风险进行研究，探究导致项目出现风险的原因，以便制定出相应的措施和对策，确保项目能够及时有效地化解项目中出现的各种风险。这样，这些工作也就成为工程项目风险管理中的主要工作。据此可知，在工程项目的风险管理中，风险管理的主要内容就应包含工程项目的风险识别、风险度量、风险评估、风险分析、风险应对和风险监控这六大方面。

（1）风险识别。风险识别的主要工作是在对工程项目进行全面了解的基础上，结合工程项目的特点及相关情况，发现项目中潜在风险的工作过程。

（2）风险度量。风险度量是在完成工程项目潜在风险的识别之后，通过科学的方法，就该风险在项目中发生的可能性进行分析的工作过程，是确定风险管理对象的主要依据。

（3）风险评估。风险评估是以项目中存在的各种风险为研究对象，就其发生后可能给工程项目带来的影响和危害程度进行的分析与研究，这一分析结果也是确定风险管理对象的主要依据。

（4）风险分析。风险分析是针对项目中存在的风险，就其发生的根源展开深入研究的过程，其目的是要找到引发风险的各种因素，为制定相应的对策提供依据。

（5）风险应对。风险应对是依据风险分析的结果，针对引发风险的各种因素而提出相应对策和措施的过程，工作成果主要是风险解决方案和风险应对计划。

（6）风险监控。风险监控是在完成风险计划的编制之后，在工程项目的实施过程中，就可能预测的各种风险进行监测、管理和控制的工作过程。

9.2.3 风险管理流程

与其他的工程项目管理相类似，工程项目的风险管理也是一个发现问题、分析问题和解决问题的过程。在这个过程中，工程项目风险管理主要包括项目的风险识别、项目的风险度量、发生风险后的后果评估、导致项目发生风险的原因分析以及在此基础上的风险处理和应对等环节。为了做好这一工作，工程项目管理者首先需要全面了解和掌握工程项目的总体状况，查阅工程项目有关单位已完工程的管理情况和管理能力，以及类似工程所发生过的风险种类、数量与处理措施，并对工程项目的周围环境、政策因素、市场状况、相关部门、有关单位和人员素质等情况进行必要的调查和研究。根据调查结果，对即将实施的工程分别从项目的决策、准备、施工和竣工阶段各个管理对象入手，通过科学的方法来预测和发现可能存在的风险，并对项目风险展开系统性分析，为制定科学的风险对策提供依据。

但对于一般性的工程项目来讲，工程项目的风险管理主要是针对工程项目施工阶段进行的管理，分析的对象也主要集中在风险对工程质量、进度、费用、安全、物资供应等主要方面。并且，不同的工程项目参与方都将在项目部的管理下，针对自身的管理内容编制出针对性的风险管理计划与方案，因此，对工程项目的风险就具有了较为系统的管理。从总体来看，各方所采用的风险管理流程通用模式如图 9.1 所示。

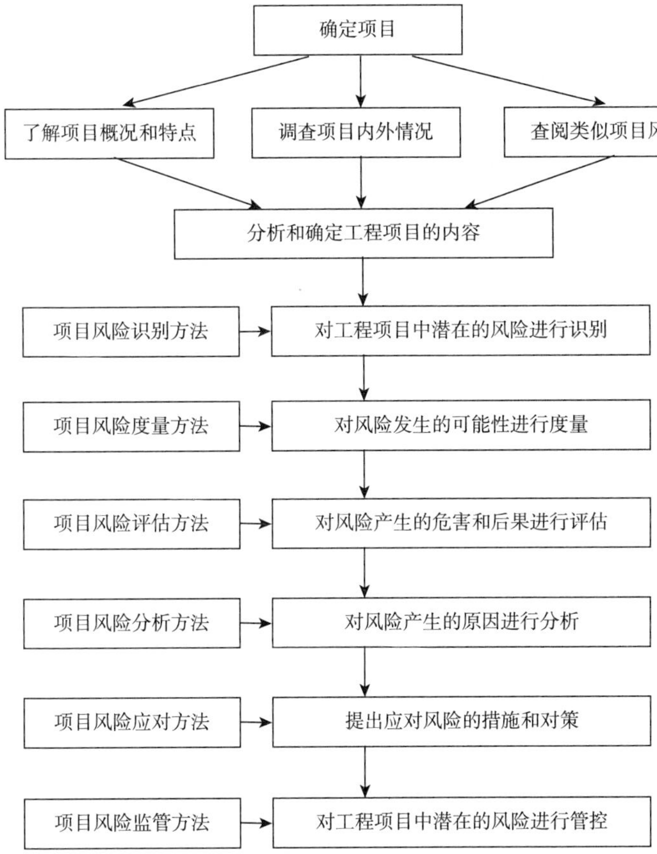

图 9.1　项目风险管理流程

9.3　风险的类别划分

要对工程项目风险进行有效的识别、管理和控制，首先就需要了解和掌握工程项目中有哪些风险。在工程项目中，风险种类繁多，从不同的角度、按不同的方法进行分类，会得出不同的结果。对此，既可以按照风险的种类进行分类，也可以按照风险的性质进行分类，还可以按照风险导致的结果进行分类。例如，从引发风险的来源进行分类，工程项目风险可分为以下几种类别。

（1）自然风险。自然风险是指自然现象或恶劣气候导致的风险，如较差的地理环境、不良的地质条件、严寒酷暑、暴风暴雨、洪水、泥石流、沙尘暴、台风、海啸、雷电、山崩、滑坡、地震等自然灾害。

（2）社会风险。社会风险是指类似社会动荡、战争、暴乱、罢工、疾病传染等社会性问题给工程项目带来的风险。

（3）经济风险。经济风险是指由于通货膨胀、物价上涨、利率波动、汇率调整等经济性问题给工程项目带来的风险。

（4）政治风险。政治风险是指由于国家的政策变化、产业结构调整、体制改革、外交断交、与项目紧密相关的刑事案件等问题给工程项目带来的风险。

（5）信息风险。信息风险是指由于决策、设计、制订方案的资料和信息不准确、不全面，不能及时了解和掌握工程现状而给工程项目带来的风险。

（6）物资风险。物资风险是指由于工程材料不合格、设备落后、项目中采用特殊材料或设备、水电气能源供应不足等问题给工程项目带来的风险。

（7）人员风险。人员风险是指可能由于工程项目管理者失职、监督者粗心、操作者不按规定执行、采购者采购劣质材料等原因给工程项目带来的风险。

（8）技术风险。技术风险是指由于工程设计者、监理者、管理者的技术能力低，制定的措施不正确，设计过程中出错、不能满足项目要求、引进的新技术不成熟等原因而给工程项目带来的风险。

（9）管理风险。管理风险是指由于工程项目组织不完整、体系不健全、制度不完善、措施不到位、上级干涉过多等原因给工程项目带来的风险。

（10）信誉风险。信誉风险是指项目参与方违背诺言、利用他方资信投标后转包、拖欠民工工资导致的罢工等问题给工程项目带来的风险。

此外，工程项目风险还可按风险影响范围划分为局部风险和总体风险；按风险的管理者或承担者划分为业主风险、政府风险、承包单位风险、投资方风险、设计单位风险、监理单位风险、供应商风险等；按风险的可预测性划分为已知风险和未知风险；按照风险性质划分为纯风险与投机风险、静态风险与动态风险、特定风险和基本风险等类别。在工程项目的风险管理中，管理者可以根据项目管理的实际需求来确定。

9.4 风险识别及其方法

9.4.1 风险识别

风险识别是工程项目风险管理的基础性工作，其目的就是通过对工程项目的全面分析和研究，寻找和发现工程项目中潜在的和可能发生的风险。通过此项工作，不仅可以了解和掌握工程项目中可能发生的风险种类、数量和分布情况，而且可以得知工程项目管理中存在的薄弱环节，确定风险管理的重点对象，提高工程项目管理人员的风险防范意识，为进一步提高工程项目风险管控能力和水平提供有效的实证性依据。

在开展风险识别之前，工程项目管理者首先需要了解和掌握工程项目的详细情况，并根据工程项目的设计内容、实施计划、实施方案、组织模式等具体文件以及相关档案和工程现场的实际调研结果，对工程项目存在的风险进行识别与分析。主要的风险识别依据如下：①工程项目设计图纸；②工程项目建设大纲；③工程项目建设计划书；④工程项目施工方案；⑤工程项目参与各方的合同及各单位的相关资料；⑥工程项目现场（如地理位置、地质环境、周围设施等）调查结果；⑦工程项目其他方面（如自然气候、交通状况、生态环境、政策制度等）的调查结果；⑧类似工程的档案资料（主要是工程风险记录文件）。

在工程项目风险识别的过程中，必须坚持实事求是的原则，既不能夸大风险，认为风险随时都会发生，防不胜防，也不能忽视风险。要在全面了解和掌握工程项目真实情况的基础上，采用科学的风险识别方法，将项目中存在的风险识别出来，确定其发生的客观性和必然性。在此基础上，分层次、分类别地将工程项目中存在的各种风险全部罗列出来，明确风险的名称、属性和类别，就风险出现后所涉及的范围以及与风险相关的其他情况进行详细的阐述，建立起工程项目的风险识别清单，为进一步深入系统地分析项目风险提供依据。其中，在风险清单中，还要在明确工程名称、建设地址、工程开工和竣工时间等主要内容的基础上，标明风险识别的工作人、开展风险识别工作的时间和主要依据，其目的是在明确风险识别工作责任的同时，还可以得知当时识别风险的具体依据，避免由于项目后期出现了原来未能预测的风险而追究风险识别人不该承担的责任。风险清单的基本格式如表 9.1 所示。

表 9.1　风险清单

项目名称				项目编号	
建设单位				工程投资	
开工时间		竣工时间		工程地点	
风险识别人		识别时间		完成时间	
风险识别主要依据					
风险识别明细					

序号	风险名称	发生时段	风险类别	风险影响范围	主要影响对象
1					
2					
3					
4					
5					

9.4.2　风险识别的方法

目前，对工程项目风险进行识别的方法有很多种，如头脑风暴法、核对表法、系统分解法、流程图法、情景分析法、假设条件法等方法，不同的方法有不同的特点，需要工程项目风险识别者结合工程项目的具体情况来确定。

（1）头脑风暴法。

头脑风暴法是一种运用发散性思维和个人经验，通过会议的形式分析和识别项目风险的方法。在识别项目风险前，需要风险识别的参与者预先了解和掌握工程项目的总体情况。在此基础上，请所有参与人员从风险的不同类别、不同属性等角度分析和提出自己的风险识别结果。提出的所有结果被汇总统计后，再进行进一步的讨论和分析。当通过多次分析得到一致性的风险识别结果后，即被认为完成风险识别工作。

（2）核对表法。

核对表法也叫风险对比清单法。这种方法是通过搜集已完类似项目的风险资料，对工程项目中曾经出现的风险进行总结归纳，并将归纳结果汇总成表，然后由项目风险识别人员与拟建项目进行比较，分析和提炼出拟建项目可能出现的风险。实际上，尽管这种方法较为实用简单，但每项工程具有不同的特点，极有可能使风险识别结果存在大量的漏缺。因此，在风险识别中，该方法一般仅作为辅助性的风险识别方法。

（3）系统分解法。

这种方法是利用系统分解原理将一个复杂的工程项目分解成若干比较简单和容易认识的子系统或子项目后，进而识别各子项目中内含风险的方法（图 9.2）。其中，最主要的是在分析和识别项目风险的过程中确保风险识别原则的一致性，否则，极易造成风险识别结果的混乱，并给分析风险产生的原因带来困难。

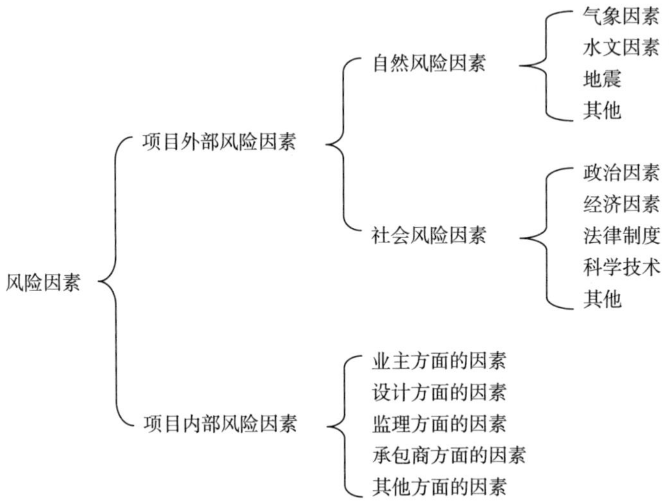

图 9.2　系统分析法

（4）流程图法。

流程图法是项目风险识别者预先绘制出能够系统表达工程项目各部分之间相互关系的图表，如项目工作流程图、项目实施流程图、项目工序流程图等。然后，通过对这些流程图分门别类地分析，从中找出工程项目在不同工作中可能存在的风险，从而完成工程项目所有风险的识别任务。

（5）情景分析法。

情景分析法是指通过对项目未来的某个状态或某种情况（情景）的详细描述，从其可能发生的状况来识别项目风险的一种方法。在描述项目未来某种状况时，可以采用文字描述，也可以采用图表或曲线描述，还可以借助计算机进行仿真模拟。情景描述得越真实，就越能详细具体地识别出可能发生的风险，得到的结果也就越接近实际。反之，采用的方法越简单，识别效果可能就与工程实际相差越大。在完成情景构建后，需要项目风险识别者变动项目中的若干要素，由此来判断项目情况变化后可能出现的风险，并通过筛选、监测和诊断，发现工程项目中今后可能出现的风险。

（6）假设条件法。

在开展工程项目的前期决策、工程设计等工作时，项目中的许多实施条件都是在假设满足的前提下设定的，但在工程项目的实施过程中，许多条件很可能发生变化。因此，可以通过假设项目所需的这些前提条件一旦得不到满足，项目将会发生哪些问题来识别和判断项目可能出现的风险。

9.5　风险度量及其方法

9.5.1　风险度量

工程项目是一个时常受到项目内外多种因素影响的开放系统。多种因素的随机性干扰和影响使风险发生的条件始终处于不确定状态，有可能即将形成的风险条件被即时出现的其他条件消解，使原本可能发生的风险不再出现。同样，原本不太可能发生的风险，却因为若干因素的逐渐累积和随机性耦合而最终发生。因此，尽管工程项目中有多种多样的风险，但并不是任何风险都会发生。工程项目中所有风险的形成和出现都与风险发生条件的形成概率紧密相关，只有当发生风险的条件完全具备之后，风险才会在工程项目中出现。

在数学中，概率是对随机事件发生可能性的度量，是随机事件的函数，一般以 0 到 1 之间的实数表示。必然发生的事件，其概率为 1；不可能事件，其概率为 0；一般的随机事件，其概率在 0 与 1 之间。某事件的概率数值越高，该事件就越可能发生；反之，某事件的概率数值越小，该事件就越不可能发生。因此，若要分析和判定工程项目风险发生的可能性，就需要在完成工程项目的风险识别后，依据有关数据，对工程项目的各种风险发生概率进行测算和度量，并得到工程项目所有风险的概率分布结果。据此即可进一步判断和确定工程项目中各种风险出现的可能性以及工程项目中风险的主次性。由此可知，风险度量就是在风险识别的基础上，通过对大量资料的分析，利用概率统计理论，估计和预测风险发生可能性的大小。

在风险度量中，确定风险事件的概率一般有三种方法：一是根据历史资料来确定风险事件的概率；二是利用概率理论来分析风险事件的概率；三是采用经验来确定风险事件的概率。若要使风险度量的结果更能反映工程实际，就应当根据历史资料，并结合工程项目的特点和类似工程的风险发生概率来综合确定。但当项目管理人员没有足够的资料来确定风险事件的概率时，也可以通过现场调查的方法，基于调查结果，通过概率理论来进行风险度量。其一般性的步骤如下。

（1）收集数据。在全面了解和掌握工程项目性质、特点、建设内容等信息的基础上，从已完的类似项目资料中收集工程风险信息、数据和资料，也可以对该工程的有关人员进行调查和采访，或从勘测或试验中取得相关数据，尽可能地获知能够有效反映工程风险的客观真实情况，并对这些情况进行必要的统计和整理。

（2）建立风险度量模型。结合工程项目的特点，建立对风险进行科学度量的模型。模型既要能有效反映出风险度量的机理，又要能够度量出风险发生的可能程度。

（3）测算风险发生概率。以取得的工程风险相关数据和资料为基础，利用已建立的风险度量模型，对风险事件发生的可能性进行分析，给出明确的风险事件发生概率数值。

（4）将所有风险及其概率进行统计，汇总得出工程项目所有风险的概率分布结果，完成工程项目的风险度量工作。

9.5.2 风险度量的方法

目前，对工程项目风险进行度量的方法有很多种，如调查统计法、德尔菲法、参照对比法、贝叶斯法、仿真模拟法、敏感性分析法、风险矩阵分析法等。其中，较常用的方法主要有调查统计法、德尔菲法、参照对比法、贝叶斯法和仿真模拟法。

（1）调查统计法。调查统计法是工程项目风险度量分析中最常使用的方法。该方法以工程项目可能出现的风险调查结果为依据，利用成熟、经典的概率统计公式，对调查结果进行分析并得出所有风险的发生概率。

（2）德尔菲法。德尔菲法是用若干专业人员组成的小组对风险进行度量的方法，具体的分析方法如下：①按照工程项目所需要的专业知识，请若干专业人员组成分析小组。人数越多，分析效果也相对越好。②让小组人员充分了解工程项目的所有情况。③小组人员根据对工程的了解情况，提出自己的风险预测结果。④将所有小组成员的第一次分析结果进行汇总，再分发给所有小组成员。⑤让所有小组成员修改自己的意见和判断，再次给出风险分析结果。⑥将所有小组成员的第二次分析结果进行汇总，再分发给所有小组成员。让所有小组成员修改自己的意见和判断，再次给出风险分析结果。⑦重复进行这一过程，直到每一位小组成员不再改变自己的意见为止。⑧对所有小组成员的最终分析结果进行数值分析，得出风险度量结果。

（3）参照对比法。参照对比法是以已完同地区、同类型、同规模的同样工程为参照对象，根据已完同类工程所发生的风险及其概率来分析和估测某一同类工程项目风险的概率，并以此概率作为该工程的风险发生概率。

（4）贝叶斯法。参照对比法是以已完同类工程为参照对象，对工程可能发生的各种风险事件进行分析的方法，但这种可能性直接受到各种因素变化的影响，是一种先验概率的分析模式。但先验概率的分析结果具有较强的不确定性，为此，有研究者通过对工程项目风险调查结果进行分析，再对先验概率分析结果进行修正，以得到更符合工程实际状况的概率分析结果。这种方法被称为贝叶斯法。

（5）仿真模拟法。仿真模拟法是一种正在兴起的较为科学的方法，它通过计算机仿真，在输入项目实施条件的前提下，模拟演示项目的运行状态，由此来分析和观察项目可能出现的风险及其概率的大小。但由于这一方法要求较高，需要专门编程来实现，需要一定的费用和试验环境与条件，模拟软件也不具备普遍性，因此，还仅局限于特殊重要的工程。

9.6　风险评估及其方法

9.6.1　风险评估的内涵

在工程项目的风险管理过程中，风险评估是一项必不可少的主要工作。这主要是因为，尽管工程项目中有很多可能发生的风险，甚至有些风险发生的概率很高，但并不意味着这些风险就会给工程项目带来显著的不利影响。有些风险可能发生多次，每次产生的影响和干扰都可及时排除或对工程项目的影响甚微；而有些风险可能只发生一次，但却给工程项目带来巨大的危害，甚至危及工程项目的成败。因此，与工程项目风险发生的概率和频率相比较，工程项目风险所带来的不利影响和损失就显得更为重要。在工程风险管理中，这项工作就是风险评估。

在工程项目风险危害的估测中，何时给项目带来何种危害以及危害所涉及的范围和危害的程度是风险评估的主要内容。在明确项目风险名称及其发生概率的基础上，项目管理者可以根据工程项目风险清单中所列出的风险及其风险来源和种类，依据相关资料和文献，采用适当的方法，对风险发生后在人身伤害、设备损害、材料浪费、资金损益、安全管理、工程质量、工程进度等方面可能造成的损失和危害进行估计，以判断各项风险的危害程度。评估的依据主要如下：①工程项目风险清单；②工程项目风险概率度量结果；③工程项目建设计划书；④工程项目施工方案；⑤工程项目参与各方的合同及各单位的相关资料；⑥工程项目现场（如地理位置、地质环境、周围设施等）调查结果；⑦工程项目其他方面（如自然气候、交通状况、生态环境、政策制度等）的调查结果；⑧类似已完工程的档案资料及其发生风险的记录。

估测的一般性步骤如下。

（1）收集风险明细及其相关数据。在全面了解和掌握拟建工程项目性质、特点和风险内容及其发生概率等信息的基础上，从已完的类似工程项目资料中进一步了解此类工程项目发生风险后所产生的危害，并就危害的种类、波及范围、影响程度进行详细的分析，获取最有价值的信息。

（2）选择或构建风险评估模型。结合拟建工程项目的特点和已完工程风险产生危害的程度，从已有的风险评估模型中选择合适的模型或编写出更为科学的模型，为科学估测拟建项目的风险提供科学的依据。

（3）进行风险危害程度评估。以已取得的工程风险相关数据和资料为基础，利用已建立的风险评估模型，对拟建工程发生风险后所产生的危害进行分析，给出更为明确的风险危害评估值。

（4）将所有风险的评估进行统计，汇总得出工程项目所有风险的评估结果，完成工程项目的风险评估工作。

9.6.2 风险评估的方法

对工程项目风险危害程度进行评估的方法有很多种，如盈亏分析法、敏感性分析法、专家分析法等。使用这些方法的规则一般多是针对不同的风险，采用不同的方法。例如，当分析工程费用方面的风险损益时，较多地使用盈亏分析法；而当分析工程质量方面的风险影响时，则较多地使用专家分析法。在实际工作中，可结合具体情况来确定。

（1）盈亏分析法。

当工程项目发生风险后，这些风险可能给工程项目带来一定的经济损失，这些损失必然涉及工程项目的成本和利润。根据风险对工程项目成本和利润的影响程度，即可分析和估测出项目风险对工程项目的影响程度。风险对工程项目成本和利润的影响程度一般采用定额分析法来计量。

在分析中，一般预先确定一个盈亏平衡点。低于盈亏平衡点，风险对项目所造成的损失处于可接受的程度；高于盈亏平衡点，风险对项目所造成的损失处于不可接受的程度。当然，对于不同规模的企业，盈亏平衡点具有较大的差异。实力较强的企业，盈亏平衡点的设定相对较高；实力较弱的企业，盈亏平衡点的设定相对较低。盈亏平衡点一般根据企业的具体情况来设定。

在完成风险对工程项目成本和利润的影响程度测算后，一般采用图表法来进行风险危害程度的对比性分析，即先在一坐标图上描述出不同风险在项目费用分析方面的盈亏平衡点所组成的盈亏平衡线，然后将评估的风险值也对应地描绘到同一坐标图。通过比较，即可看出项目风险给工程项目带来的危害程度。

（2）敏感性分析法。

敏感性分析法是通过分析和测算工程项目的若干风险发生后对实现工程项目预期目标的影响程度，进而确定风险危害程度的方法。这种方法针对拟建项目中可能发生的风险，以每一种风险为预测对象，采用定性分析或定量计算的方法来比较和判定各种风险所带来的危害。定性的方法主要以经验法为主；定量的方法则是在确定统一计量标准的前提下，按照预定的模型进行比较。此外，敏感性分析也可以是对项目中多个风险同时进行的分析，即同时分析多个风险变化对项目所产生的影响程度，但分析结果不便于主次风险的识别和判断，分析起来也较为复杂。因此，使用敏感性分析法时，工程项目管理者一般多采用单风险分析的方法。

（3）专家分析法。

专家分析法是当前工程项目风险评估中最常用的方法。该方法主要以若干专家的经验为评估依据，通过多位专家对同一风险的共同探讨与论证，获得该风险对工程项目影响程度的评估。在评估前，一般先对风险的危害程度或后果进行分值设定，在此基础上，请各位专家打分。将各位专家的分值进行加权平均后，即可得出各个风险对工程项目的影响程度。其一般性的评估步骤如下：①明确评估的风险及其发生概率，将所有风险列在一张表格上。②对风险后果进行分级确定，如分为严重、一般、较轻三个等级。③对这些等级进行相应的赋值，如严重=0.8、一般=0.5、较轻=0.2。④确定专家的权重。⑤请专家按照风险后果的等级对所有风险进行打分。⑥将每项风险的分值和专家的权重相乘，求出该项风险的综合得分。⑦根据专家人数求得均分，得分越高的风险对项目影响越大。⑧将分析结果汇总到表格中，具体如表 9.2 所示。

表 9.2　风险后果评估表

序号	风险名称	发生概率	影响程度														
			费用			进度			质量			安全			物资		
			较轻	一般	严重	较轻	一般	严重	较轻	一般	严重	较轻	一般	严重	较轻	一般	严重

9.7 风险分析

9.7.1 风险等级的分析与确定

很显然，当工程项目中的某一风险发生概率较高且危害较大时，必将成为工程项目管理者主要关注和管理的对象；反之，当工程项目中的某一风险发生概率较低且危害较小时，也就成为工程项目管理者非重点关注和管理的对象。风险发生的概率可以从风险度量结果获知，风险发生后的危害程度可以从风险评估结果获知，因此，工程项目中各项风险的发生概率度量值和发生风险后的危害评估值就成为决定各项风险在工程项目风险管理中主次地位的主要因素，而如何将二者结合起来进行综合考虑就是工程风险分析的主要内容。

在工程项目的风险管理中，为了对工程项目风险识别结果进行全面有效的管理和控制，以便工程项目管理者分清主次、把握全局，就需要以这两个因素为基础，对工程项目的所有风险进行风险分析。为了保证分析结果的有效性，一般在风险分析的过程中不再采用含有主观判定的方法，以避免管理者的主观臆断和干扰，而多是以数学逻辑分析为基础，设定表示风险发生概率的度量值为权重，发生风险后的危害程度或后果评估值为赋值，将二者结合起来进行的纯数学分析。其计算式为

$$r_i = \sum_{i=1}^{m} w_i S_i$$

其中，w_i 表示权重，即风险发生概率的度量值；S_i 表示赋值，即发生风险后的危害程度或后果评估值；r 表示风险综合分值；i 表示风险的编号。

按照该计算公式完成工程项目风险清单中所有风险的分析之后，项目管理者即可根

据风险等级的有关规定进行风险等级排序。然后根据排序的等级，即可明确各个风险在工程项目风险管理中的主次地位，为工程项目管理者实现对工程项目风险的有效管理提供科学的实证性依据。

在风险等级的划分中，最重要的依据就是风险等级的划分标准。对于这一依据，不同的工程项目管理企业有不同的划分标准。一般来讲，实力较强的企业，其承受能力也较强，设定的低风险等级相对较高；实力较弱的企业，其承受能力也较弱，设定的低风险等级相对较低。较为通用的风险等级设置一般有两种：一是区域型等级，二是明确型等级。这两种风险等级给出的判定都是一个较为宽泛的概念，只是划分的精度略有区别而已，如表 9.3 和表 9.4 所示。通常认为，当项目风险综合分值小于 0.3 时，为低风险；高于 0.7 时为高风险； 0.3 至 0.7 之间时为中等风险。

表 9.3 区域型等级

风险等级	低风险	中等风险	高风险
风险综合分值	≤0.3	0.3~0.7	≥0.7

表 9.4 明确型等级

风险等级	极低风险	低风险	中风险	高风险	极高风险
风险综合分值	≤0.14	0.15~0.35	0.36~0.75	0.76~0.85	≥0.85

9.7.2 风险因素分析

面对工程项目中可能出现的各种风险，要实现对这些风险的有效管理与控制，最为重要的一项工作就是要预先了解和掌握这些风险的产生原因或诱发风险的各种因素。在此基础上，项目管理者才能提出管理和应对风险的针对性措施。因此，在工程项目的风险管理中，项目风险的诱发因素分析也就成为另一项非常重要的风险管理工作。

在项目风险因素分析中，目前较为常用的方法主要有专家经验法、决策树法、逻辑递推法、鱼刺图法等。实际上，这些方法并非风险因素分析的独有方法，在工程项目的质量、进度、安全等问题分析中也会使用。

（1）专家经验法。专家经验法是指在分析风险的产生原因和诱发因素时，邀请若干工程管理类的专家，请他们根据自己长期积累的知识和经验，对风险产生的原因和诱发因素做出分析和判断，并预测在拟建工程项目中引发同类风险的原因或因素。在分析中，专家一般先详细了解拟建工程项目的实际情况，并进行必要的现场考察。在此基础上，通过相互之间的多次分析与探讨，确定引发同类风险的原因或因素，并给出相应的风险处理意见和建议。

（2）决策树法。决策树法是利用一种树形图作为分析工具，分析风险产生的原因并给出其相应对策的一种方法。在分析中，整个决策树由风险点、风险相关分枝、风险概率分枝、状态结点和结果点五个要素构成，其中，风险点是风险分析的初始点。从风险开始，管理者分析和推导出与风险有关的各种因素并形成相关分枝；然后，再对这些分枝中包含的因素在项目中可能出现的概率、可能处于的状态及可能形成的结果进行分析，并形成相应的概率分枝、状态结点和结果点。通过对所有因素出现的概率、可能处于的状态及可能形成的结果的集合对比分析，最终确定引发风险的主次因素。在确定主次因素后，即可给出相应的因素消解对策。

（3）逻辑递推法。逻辑递推法是一种根据风险属性与其内含因素的逻辑关系来推测产生风险原因的方法。推测的方法是项目管理者预先明确风险的属性，然后根据风险属性，逐层逐项地推断出此类属性中所包含的所有因素，通过对每一项因素与风险关系程度的分析，来推断出哪些因素可能会引发该风险。在工程实际中，由于在因素与风险关系程度的分析中极易含有分析者的主观臆断，因此，得出的分析结果极易引起争议。

（4）鱼刺图法。鱼刺图法是一种对项目风险所产生的原因进行分层分类的分析方法。使用该方法时，首先要明确分析的风险名称并将其作为鱼头。其次，将与该风险紧密相关的重要因素逐一引出并形成层次分明的鱼身主要骨刺。再次，以这些重要因素为分析对象，进一步将与该因素紧密相关的次要因素逐一引出并形成条理清楚的鱼身次要骨刺。最后，以此类推，逐渐绘制出所有因素中包含的次级因素。在此基础上，风险分析者即可采用专家经验法或其他方法，通过对所有因素的分析来判定引发该风险的原因，并据此来确定相应的对策。该种方法在形式上与决策树方法较为类似，但在实际分析中，其主要采用定性分析，而决策树分析是定性与定量分析相结合，因此，得出的结果会有一定的差异。特别是在因素分解方面，鱼刺图法更容易含有分析者的个人经验，因此，分析效果也因人而异。

9.8　风险应对及其方法

在明确项目中可能发生风险的种类、概率及产生原因和主次影响因素之后，工程项目管理者就可以制定相应的风险处理措施和应对策略。一般来讲，风险应对措施主要有风险规避（risk avoidance）、风险转移（risk transference）、风险缓解（risk mitigation）、风险自留（risk retention）和风险化解（risk elimination）以及这些方法的组合措施。

（1）风险规避。风险规避是一种通过变更工程项目计划或实施方案、改变施工条件来避免或保护工程项目实施对象不受风险影响的方法。常用的方法主要有工作调整法、技术保障法和标准工序法。工作调整法是通过变更工程项目计划、实施方案或改变施工条件来消除项目风险的方法；技术保障法是采用成熟的施工工艺和技术来保障工程项目实施对象不受风险影响的方法；标准工序法用标准化、制度化、规范化的方式从事工程项目活动，以避免可能引发项目风险的一种方法。具体采用何种方法，可结合工程实际情况来确定。

（2）风险转移。风险转移是设法将某项工作或某一项目的权利连同项目所包含的风险一并转移给他方的方法。转移的具体方法是采用合同约定，即通过项目合同约定在将工程项目转交给对方的同时，工程项目的风险也交由对方来承担。实际上，采用这种方法时，项目原本所包含的风险并没有化解掉，只是转移给他方。采用这种方法的前提常常是建设单位将工程项目及其风险一并承包给有实力的大型工程企业，而这些企业有能力处理和管控工程项目中包含的风险。

（3）风险缓解。风险缓解是指将工程项目发生风险的概率和产生的后果与不利影响降低到某一可以接受的程度。风险缓解既不是消除风险也不是避免风险，而是减轻风险，它包括减少风险发生的次数、控制风险发生后涉及的范围、缓减风险对项目其他管理对象的冲击等。缓解的手段主要有提高施工人员的素质、增强管理者的责任心、对项目风险及时处理、加强对日常工作的监管力度、选择可靠的材料或设备供应商、预先进行必要的试验等。

（4）风险自留。风险自留是一种由项目主体自行承担风险后果的风险应对方法，这种方法意味着工程项目主体不改变工程项目的原定计划，并积极面对和准备处理可能发生的项目风险。采用风险自留这一应对方法时，一般需要预先准备一笔费用，一旦风险发生时，即可将这笔费用用于损失补偿，如果损失不发生，则这笔费用即为项目节余。

（5）风险化解。风险化解是从产生项目风险的因素出发，针对性地采取相应的措施来消除引发项目风险的一种管控方法，如项目的风险是由于资源缺乏引起的，那么就在项目中补增相应的资源。近年来，更倾向于通过引进新技术、新方法、新工艺或新材料等方法来化解项目风险，并且其已成为解决工程项目风险的主流方法。

9.9 风险监控及其方法

9.9.1 风险监控

风险监控是在工程项目的实施中，对工程项目的实施状态进行观察和监督，一旦出现预先识别的风险或未知风险，就采用相应的措施进行处理，同时检验和分析已制定措施的有效性，并对风险进行动态持续管理的过程。

在工程实际中，对工程项目的风险管理并不是单一性的纯风险管理，一般都贯穿在工程项目各个管理对象的各个管理环节或施工工序管控之中，时常与工程项目的质量、进度、成本、安全等管理对象结合起来共同管理。因此，对风险的监管与控制实际上是一种与工程项目其他管理对象相融合的综合性管理。

为了实现对工程项目风险的有效管理与控制，在开展风险监控前，需要建立相应的风险管理机构，这个机构一般包含风险管理部门及配套的风险管理人员、风险管理体系和运行机制。管理人员包含风险识别人员、风险分析人员和风险管控人员，但这只在特大型工程项目中才专门配置，一般性的大中型工程项目是将工程项目风险管理人员的工作内容和职责与工程项目的质量、进度、费用、安全等其他管理人员的工作内容和职责一并考虑与安排，并不做单独的设置，但并不会因为没有单独设置工程项目风险管理人员和部门而削弱对工程项目的风险管理，反而特别要求工程项目的有关单位和管理人员在编制工程项目的管理计划和实施方案时，将工程项目风险的识别与预防及相应对策一并包含进去。风险监控的一般管理程序如下。

（1）建立工程项目风险监控体系。在建立工程项目的管理组织时，也要同时将工程项目的风险管理体系包含进去，并在明确风险管理相关责任人的基础上，编写和制定出具体的工程项目风险管理职责、项目风险管控程序、项目风险决策程序、项目风险信息报告制度、项目风险监控沟通程序等管理规则。

（2）确定监控的对象。根据项目风险识别清单，将工程项目风险清单中的每一个具体风险管理对象安排给工程项目的相关责任人，使工程项目管理人员明确自己的工作内容和相应职责，以便对工程项目风险进行及时有效的管理和控制。

（3）落实风险监控所需条件。监控工程项目的不同风险有不同的要求，也需要不同的条件、设备与工具。为此，不同的风险管理责任人要根据风险管理需求，落实风险监管的所需资源，为有效开展风险监管工作提供必要的保障。

（4）实施风险监控。根据预定的风险监控计划与方案，项目风险管理者即可开展相应的风险监管工作和项目风险控制活动，并做好风险监管记录。同时，将风险监管工作情况按照规定的要求报给有关部门和主管领导，并及时通报工程项目的风险管控进展及整体管控状况。

（5）及时发现和处理项目风险。工程项目中一旦出现风险征兆，项目管理人员应立即进行分析，并根据风险预定计划及其措施进行处理，确保工程项目风险能够得到及时有效的管理和控制。

（6）跟踪和控制项目风险。在风险管控中，要及时收集和了解风险管控工作的信息，判断项目风险是否出现新的变化，及时确认所采取的项目风险控制活动是否有效。

（7）判断项目风险是否已经消除。在完成项目风险的处理后，要重新进行项目风险识别，准确判断项目风险是否已经消除，确保项目风险得到彻底的解决。

9.9.2　风险监控的方法

由于不同的工程项目有不同的特点，工程项目风险又具有明显的复杂性、多样性、随机性和偶然性特征，因此，管理和控制工程项目风险的方法也就具有了多样性。就目前情况来看，多采用系统动态监控、风险预警系统、设置风险应急处置机构和应急计划等方法来对工程风险进行监控。

1）系统动态监控方法

工程项目的风险监管是一个系统性的工作过程，若要实现对工程项目风险的有效管理，就需要工程项目风险管理者从工程项目的风险识别开始，并从工程项目的总体出发，在全面了解和掌握工程项目总体状况的基础上，全方位、全过程、全层次、全角度的对工程项目中存在的潜在风险进行分析和研究、观察和监控。在此基础上，可与工程项目的其他管理对象相融合，在对工程项目其他管理对象进行管理的过程中，也同步开展工程项目的风险管理工作，直至工程项目结束。因此，对工程项目的风险管理是一项从工程项目开始到项目结束的系统持续性动态监管过程。

2）风险预警系统

风险预警系统是基于预先观测到的风险征兆信息而给工程项目管理者发出风险管理预警信号的信息系统。在工程项目的风险管理中，一些研究者结合工程项目管理的特点，以工程项目的风险清单为基础，以若干风险预测指标为工具，通过对风险预测指标与工程项目风险发生可能性的关系分析，建立了风险预警系统。当风险预警系统获取工程项目实施状态的若干信息后，即可通过对信息及其相关指标的分析与测算，测定出工程项目即将发生风险的概率及其可能性，并根据风险分析结果给出进一步的判断，确定可能发生风险的等级。在此基础上，系统再给工程项目风险管理者发出相应的预警，告知工程可能发生的风险。这样，工程项目管理者即可对可能发生的项目风险进行相应的分析，并采取相应的措施，及时进行风险管理和控制，使即将可能出现的风险及时得到消解，或使风险产生的不利影响减少到最低程度。

3）设置风险应急处置机构和应急计划

实际上，设置风险应急处置机构和应急计划是一种被动的风险管理方法。一般来说，常规方式是在工程项目实施前，工程项目管理者根据风险识别结果和分析结果，预先制订出相应的风险管理计划与方案。当项目出现风险后，工程项目管理人员立即启动风险管理计划与方案来处理和解决工程项目中出现的风险。但当出现的风险种类不在预定的计划和方案之中时，才采用风险应急管控预案。但为了达到应急管控的目的，必须预先设置风险应急处置机构和应急计划，包括设立风险应急组织、应急处理人员、应急处理程序、应急资源的调配与使用、应急结果的后期管理等工作。因此，这种方式只用于工程项目的特殊风险处理，如地震、台风、暴风暴雪等突发事件。在正常的工程项目管理中，一般并不建议将这种方式作为风险管理的常规手段。

第10章

工程项目资源管理

资源是工程项目建设中必不可少的重要组成部分，工程项目的实施过程实际上也是资源的耗用过程，因此，工程建设所需资源能否保质保量地按时供应到位并发挥其应有的作用，与工程项目的质量、进度、费用、安全等主要管理对象有关，而且事关工程项目的成败。那么，在工程项目的实施过程中，工程项目何时需要何种资源、如何根据工程项目的实际需求对工程项目资源进行科学的配置与管理就成为工程项目资源管理的重点内容。

10.1 工程项目资源及其特性

在《辞源》中，“资源”是所有人力、物力、财力等物质要素的总称。在经济学中，把可以投入生产过程中创造财富的东西统称为资源。但在工程项目中，资源则具有较宽泛的内涵，它不仅包含工程项目中所需要的人力、物力、财力等有形实体，而且还包含建设工程项目必不可少的时间、空间、信息、技术等无形虚体，因此，工程项目资源在存在形式上就可被分为有形资源与无形资源两大类。

1. 有形资源及其绝对的有限性

一旦工程项目计划被批准，工程设计图纸绘制完成，工程预算被确定，工程项目的投资也就被确定，工程项目所需的材料、设备等有形实体资源所对应的数量、规格通过设计图纸也就被一一确定。这意味着，工程项目中所使用的有形资源也就被固定和限制，这一限制使这些有形资源在工程中只能被有限地使用，并使有形资源具有了有限性。只要超出限定的范围，再增加有形资源的使用量，就需要不同程度地增加工程项目费用。

由此可知，在工程项目中，资源的约束一般主要是指有形资源的约束，资源的缺乏也是有形资源的缺乏。一旦有形资源在项目中被使用完后，就应完成相应的工程任务，实现相应的项目目标。如果有形资源已被使用完而未完成相应的工程任务和实现相应的目标，就需要额外的资源补助，而有形资源的额外补助一般将超出工程所限定的费用，导致项目超支。因此，有形资源在工程项目中的增加常常是被严格限定的，这就需要在项目若干条件的约束下，对有限的资源进行优化、调整和配置，并进行有效的管理及控制，确保工程项目资源发挥其应有的作用。

2. 无形资源及其相对的无限性

为了在规定的时间内完成工程项目的建设任务，提高工程项目的质量水平，确保工程项目在安全的前提下顺利实现工程项目的预定目标，工程项目就需要项目参与各方在相互的协调与配合下共同工作。相互之间的协调与配合不仅需要大量工程信息的相互交流与共享，而且需要在工作时间、空间、技术等方面的相互支持。但是资源一般不会随着各自的支出而减少，而是具有多方可以利用同一时间、同一技术、同一信息同时工作的特点，因此，这些资源就具有了无限性。但这一无限性的前提是在一定的条件和时间范围内（如项目还未完成），如果失去了这一前提条件，工程项目所拥有的无形资源也就不再具有这一特点。

在工程项目中，有些资源具有有限性和无限性的双重特点，如人力和时间这两种资源。从广义上讲，时间是无限的，因此，在工程中，如果条件具备，允许多个子项工程并行施工，那么，同一时间段的时间资源就可以被多个项目共同占用，甚至在条件允许的情况下，可以再增加额外的项目来共享这一段时间资源。这一特点在大型和特大型项目中表现得尤为明显，此时，时间表现出无限性的特点。但对于一项已确定工期的工程项目来讲，项目整体所拥有的时间却具有了有限性。因此，时间在工程项目中具有有限与无限的双重性。

资源的双重性也同样出现在工程项目中的人力资源方面，即人力资源中劳动力资源的有限性和智力资源的无限性。当人力资源指的是从事体力劳动的施工人员时，常常被视为有形资源；当人力资源指的是从事脑力劳动的项目管理人员时，常常被视为无形资源，主要是因为这一资源在工程项目中所发挥作用的潜力是无限的。因此，时间和人力资源是项目中最灵活、最有价值的资源。在工程项目的资源管理中，管理者深刻地认识到资源的双重性，对充分利用和挖掘项目资源，特别是无形资源将是十分有益的。

10.2 工程项目资源的种类

从工程项目所需资源的泛性角度来划分，除了技术、信息、时间等这些无形资源属于所有工程项目都需要的共性资源外，不同的工程项目还需要其他不同种类的资源。一般来讲，这些资源主要有以下几种类别。

1. 项目人员

人是工程活动的主体，是工程建设的主要动力来源，具有极强的主观能动性。从施工所需的有形资源来看，人力资源包含工程施工人员、项目设计人员、工程监理人员、材料供应人员、项目管理人员、项目决策人员及其他相关人员。对于大型或特大型工程项目来说，可能还包含政府主管人员、银行参与人员、保险公司人员、合同法律人员等。因此，不同工程项目的人员组成具有很大差异。

在这些人员中，最主要的是工程施工人员。工程施工人员又包含固定人员和临时雇佣人员。由于在工程项目的不同时段需要不同种类的人员来工作，因此，工程项目中的人员类别和数量就始终处于动态变化之中。为此，如何实现工程项目人员的最佳配置、提高劳动效率，并使工程项目的所有人员发挥最大的效用，就成为工程项目人员优化与配置的主要工作。

2. 工程材料

工程材料是直接构成工程实体的重要物质。除最常使用的钢材、木材、水泥、砖瓦砂石、玻璃等主要材料外，不同的工程项目需要的工程材料具有很大的差异性。即使是一般性的工程项目，工程材料的种类也达几十种。

从材料的成分来划分，工程材料一般可分为金属材料、非金属材料和复合材料。金属材料是指以铁、铜以及这两种材料和其他金属合成的合金为主要成分做成的材料，如钢筋、角钢、钢管等；非金属材料主要是指用非金属类制成的材料，如陶瓷、玻璃、塑料、橡胶等产品；复合材料是指由两种或两种以上物理和化学性能不同的物质合成的材料，如塑钢门窗、沥青纤维等。近年来，随着科学技术的发展，此类材料在工程项目中的使用范围越来越广，并具有很好的发展前景。

3. 机械设备

在工程项目建设中，不同的施工内容需要不同的机械设备来配合和完成，如大型土方工程作业需要的挖掘机、破碎坚硬物质的破碎机、加固地基需要的打桩机和打夯机、抽取地下水的水泵、高层建筑运输材料需要的塔吊和卷扬机、加工钢筋的切割机和弯曲机、焊接材料的电焊机、运输人员的施工电梯、搅拌混凝土需要的搅拌机、远距离运输混凝土需要的混凝土搅拌车、振捣混凝土的振动棒、安装设备需要的吊车、高层外墙装饰需要的吊篮等。因此，工程机械设备已成为工程项目建设中必不可少的物质。

一般来讲，从工程机械的用途来划分，工程机械可分为土方机械、桩工机械、石料开采机械、起重机械、运输机械、加工机械、装修机械、路面机械、砂浆或混凝土等产品生产机械和维修这些机械的机械等。但对于工程项目管理来讲，了解这些机械设备的特点和性能等基础知识，一般即可满足工程项目的管理需求。

4. 施工工具

工程项目的施工不仅需要大量的工程机械设备，还需要多种多样的施工工具，如测量放线的经纬仪和塔尺、检测工程质量的卷尺和挂板、拧固构件的扳手、砌筑墙体的泥铲、清理土方的铁锹、清洁卫生的扫帚，以及保护安全的安全帽、安全网、安全带和安全绳等。这些工具种类繁多、作用各异，有直接用于工程生产的，也有用于质量检测的，还有用于安全管理的。其中，仅用于安全方面的工具就含有很多种类，如用于电气作业的梯子、脚扣、高压绝缘棒、高压验电器、绝缘夹钳等基本用具，用于确保人员作业安全的安全帽、安全带、绝缘手套、绝缘靴、防护眼镜、绝缘垫、标示牌、临时遮拦等安全用具。对于工程项目管理来讲，只需了解这些施工工具的特点和性能等基础知识即可。

5. 通信网络

在工程项目的建设中，工程项目的大量信息需要项目参与各方的相互支持与配合，在此过程中，需要彼此之间的相互联系与通信以及信息的交流与传递。为了开展这些工作，就需要通信网络以及手机、计算机、打印机、传真机、复印机等资源，这些资源都是开展工程各项管理工作和实现工程管理现代化与高效化必不可少的资源。

6. 工程能源

工程项目的建设离不开水、电、气、油、煤等能源，特别是水、电两大能源。不论是工程现场的施工，还是项目人员的日常生活，水、电能源都是确保工程项目顺利实施的重要资源，是工程项目必不可少的重要资源。气资源主要是指焊接和切割作业所用的氧气、氮气以及破碎石块等需用的压缩空气等气体；油资源主要是指工程所用汽油、柴油、机油等油类物质；煤资源是指煤炭以及用于工程建设的煤炭衍生产品。

7. 其他资源

除上述主要资源外，工程项目还需要其他多种资源，如需要用于解决书信、文件、报告编写的笔、墨、纸、尺、规等必要办公用品，需要用于工程概况介绍和宣传的标牌广告，需要用于解决项目人员日常生活的食宿用品，特别是一般不需项目投资的资源——空气，也是项目极为重要且必不可少的资源。

10.3 工程项目资源的耗用规律

工程项目的整个建设过程可以分为四个阶段，即项目决策阶段、准备阶段、施工阶段和竣工阶段。在工程项目的实施过程中，由于不同的项目阶段有不同的工作内容，就需要不同的项目资源来满足工程项目的建设需求。同时，由于各阶段工作内容的难易程度和工作量也具有较大的差异，所需投入和耗用的项目资源种类与数量也就有了很大的差异。

1. 决策阶段

在工程项目的决策阶段，工程项目的工作主要是针对拟建项目开展前期调查与研究，对拟建工程投资的必要性、价值性和可行性进行科学论证，提出工程拟建方案并进行工程初步设计，编写项目建议书和可行性研究报告。在此基础上，提交项目有关文件，申请工程建设主管部门审批直至批准立项。由此可以看出，这一阶段需要的项目资源主要是人力资源中的智力资源和及少量的调研经费。

2. 准备阶段

工程项目的准备阶段是在项目批准立项后开展若干前期准备工作的阶段，这一阶段的工作主要是建立工程项目组织机构、开展工程项目设计、编制工程施工方案和工程概预算，组织工程项目的招标与投标，选定工程设计单位、施工单位、监理单位、物资供应单位等，并与这些单位签订相关合同，筹集项目资金并预先拨付工程预付款，办理工程建设相关手续，施工单位搭建临时设施并进行施工现场的“三通一平”等工作。由此可以看出，这一阶段需要的项目资源主要是人力资源、项目资金、少量的工程物质材料及清理工程现场的机械设备，工程物质材料主要是搭建临时设施所需的材料和通信网络等设备设施以及工程项目部办公与管理所需的材料。

3. 施工阶段

施工阶段是开展工程项目建设的阶段，该阶段的主要任务是在项目组织的领导下，利用项目各种资源，完成项目所制订的计划，实现工程项目的预定目标，将设计蓝图变成工程实体。为此，工程项目中所涉及的人力、物力和财力等有形资源以及技术、信息等无形资源全部被投入使用。在这一阶段，资源需求量最大、种类最多，因此该阶段是工程项目的资源消耗最为突出的阶段，也是工程项目资源管理与控制的主要阶段。

4. 竣工阶段

工程项目在完成所有任务之后，还需要组织验收和试运行，处理发现的若干问题，验收合格后进行项目移交和工程费用结算。从这些工作可以看出，在工程项目的竣工阶段，工程项目所需要的主要资源是人力资源、少量的工程材料及工程设备设施进行试运行所需要的少量资源。

从工程项目不同阶段所消耗的资源及其消耗规模来看，工程项目的资源累计消耗呈现出递增函数的规律，资源投入的累积效应随着项目各阶段的逐步展开而逐渐增加。特别是在项目的施工阶段，资源递增效应表现得尤为明显，而在结束阶段则趋于平缓；但从各阶段的资源耗用规律来看却呈现出二次曲线函数的特征，即项目的资源需求量是一个从少到多再到少的过程。具体如图 10.1 所示。

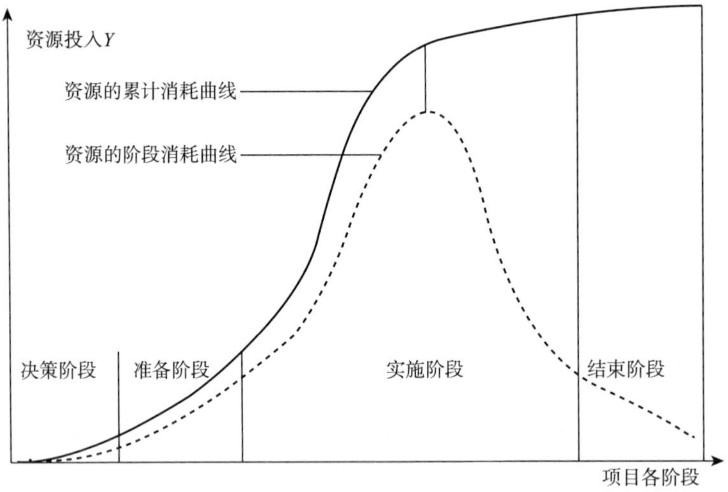

图 10.1 工程项目资源消耗曲线

10.4 工程项目资源需求分析

从工程项目的资源消耗过程可以看出，工程项目的不同阶段对资源的需求具有较大的差异。资源需求最为突出的阶段集中体现在工程项目的施工阶段，并且以有形资源的需求方式体现出来。但由于有形资源的有限性特点，工程项目不可能一次性地满足工程项目参与各方所需所有资源的即时需求，而且施工现场的空间限制或项目资金的渐进性支付方式也在一定程度上限制了资源即时需求的可能性。此外，由于工程资源社会需求的广泛性，如国家开展大规模工程建设活动，大量工程项目同时开工建设，也可能发生资源供给困难，无法满足工程项目的资源需求。因此，为了保障工程项目的顺利进行，就需要工程项目管理者结合工程项目的实际情况，预先开展工程项目的资源需求分析工作，并根据资源需求情况编制出相应的资源需求计划，以便工程物资供应方根据资源供应计划提前做好各项准备工作，确保工程所需资源按时供应到位，为工程项目的顺利实施提供保障。

10.4.1 资源需求分析的内容

资源需求分析的目的是使项目管理者预先得知工程项目在何时需要何种资源才能满足工程项目的建设需求，为此，资源的需求分析就包含需求资源名称、规格型号、需求数量、需求时间、需求地点、需求质量和需求方式及其他特殊要求这八项内容。其中，资源名称是指工程建设所需的材料设备或工具以及能源等有形物质的名称。规格型号是指所需物资的种类、规格和型号，一般根据设计图纸的规定来确定。需求数量是指所需不同种类和规格的物资吨数、台数、箱数、个数或件数等。需求时间是指工程施工的实际需要时间，需求方一般会将此时间比实际需求时间适度提前。需求地点是指需求方要求供应方将物资供货到的地址。需求质量是指需求方为确保工程项目的质量，按照工程设计或国家规范对所需资源提出的质量要求。需求方式是指所供应的设备或其他物资供应到现场后，是在供货单位技术指导下由施工单位安装还是由供货单位直接负责安装到位。其他特殊要求是指除上述要求外的其他额外要求。这八项内容一般以表格的方式简洁、清晰、准确地表示出来（表 10.1），并提交给供货方和工程项目的有关管理单位。

表 10.1 工程资源需求表

<table>
<tr><td>资源名称</td><td>资源一</td><td>资源二</td><td>资源三</td><td>资源四</td><td>…</td><td>资源 N</td></tr>
<tr><td>规格型号</td><td></td><td></td><td></td><td></td><td></td><td></td></tr>
<tr><td>需求数量</td><td></td><td></td><td></td><td></td><td></td><td></td></tr>
<tr><td>需求时间</td><td></td><td></td><td></td><td></td><td></td><td></td></tr>
<tr><td>需求地点</td><td></td><td></td><td></td><td></td><td></td><td></td></tr>
<tr><td>需求质量</td><td></td><td></td><td></td><td></td><td></td><td></td></tr>
<tr><td>需求方式</td><td></td><td></td><td></td><td></td><td></td><td></td></tr>
<tr><td>特殊要求</td><td></td><td></td><td></td><td></td><td></td><td></td></tr>
<tr><td colspan="3">需求单位：
负责人：
联系人：
联系电话：
电子信箱：</td><td colspan="2">审批单位：
负责人：
联系人：
联系电话：
电子信箱：</td><td colspan="2">供货单位：
负责人：
联系人：
联系电话：
电子信箱：</td></tr>
</table>

此外，在工程资源需求表中还要同时明确资源需求的单位、负责人、联系人、联系人的联系电话和文件传输信箱，以及资源审批单位和供货单位的此类信息，以便相关各方及时答疑解惑、相互协同和配合工作。

10.4.2 资源需求分析的方法

为了对工程资源进行有效的分析，一些工程项目管理者和研究者提出了多种工程项目资源需求分析方法，如定额分析法、系统分解法、工料分析法、时段分析法、实际需求法、经验法、资料参照法、表单法等，其中，最为实用的主要是表单法、定额分析法和实际需求法。这些方法简单实用且较为有效，因此，在工程项目的资源管理中应用较为广泛。

1）表单法

表单法是一种用于确定工程项目主要通用物质资源（一般是国控物质）的方法。该方法预先设计一个能够反映工程项目主要资源明细的表单，使用单位根据工程项目的资源需求，按照表单的格式填写完规定的内容，即可完成资源需求分析。表单格式一般分为两部分：一部分为固定内容格式；另一部分为空白格式。固定内容格式中填写表格中已有的物质内容；空白格式中补充填写固定内容格式中没有的内容。表单式样如表 10.2 所示。

表 10.2 工程资源表单

<table>
<tr><td>资源需求单位</td><td colspan="4">江苏××第三建设公司</td><td>负责人及电话</td><td>×××</td></tr>
<tr><td>供货地点</td><td colspan="3">大余污水工程工地</td><td>供货时间</td><td colspan="2">2015 年 10 月 6 日　星期二</td></tr>
<tr><td colspan="7">原计划类物质明细</td></tr>
<tr><td>名称</td><td>规格</td><td>单位</td><td>等级</td><td>数量</td><td>种类</td><td>备注</td></tr>
<tr><td>钢筋</td><td>12 毫米</td><td>吨</td><td>Ⅱ</td><td>26</td><td>直条螺纹</td><td>长钢产</td></tr>
<tr><td>角钢</td><td></td><td></td><td></td><td></td><td></td><td></td></tr>
<tr><td>槽钢</td><td></td><td></td><td></td><td></td><td></td><td></td></tr>
<tr><td>钢板</td><td></td><td></td><td></td><td></td><td></td><td></td></tr>
<tr><td>工字钢</td><td></td><td></td><td></td><td></td><td></td><td></td></tr>
<tr><td>硅酸盐水泥</td><td></td><td></td><td></td><td></td><td></td><td></td></tr>
<tr><td>硅酸盐水泥</td><td>325#</td><td>吨</td><td>国标</td><td>20</td><td>散装</td><td>江苏陵城产</td></tr>
<tr><td colspan="7">非原计划类物质</td></tr>
<tr><td>名称</td><td>规格</td><td>单位</td><td>等级</td><td>数量</td><td>种类</td><td>备注</td></tr>
<tr><td></td><td></td><td></td><td></td><td></td><td></td><td></td></tr>
<tr><td></td><td></td><td></td><td></td><td></td><td></td><td></td></tr>
<tr><td colspan="3">审批单位：　负责人：
联系人：　联系电话：
电子信箱：</td><td colspan="4">供货单位：　负责人：
联系人：　联系电话：
电子信箱：</td></tr>
</table>

2）定额分析法

定额分析法是在编制工程项目预算的同时，根据国家或地方定额标准中完成单位项目所需资源的数量和种类而提出完成各项工作的所需资源，然后将之进行汇总形成工程所需资源明细表的一种方法。采用这种方法时，一般由预算人员来完成该项工作。这种方式的优点是便于预算人员及时进行工程费用的调整，确保材料预算与工程实际始终保持一致。

3）实际需求法

与定额分析法相对比，实际需求法是由工程现场管理人员根据工程建设的实际需求而编写工程所需资源的一种方法。由于工程项目现场管理人员非常了解和掌握工程项目的实际进展及其下一步实施计划，其可根据工程计划清单、设计图纸和实际需求以及施工现场情况提出更符合工程实际的资源需求计划。但当这种计划与原定计划具有很大偏差时，如果工程预算人员不了解此类情况，就有可能在工程结算时漏掉部分材料变更所发生的费用。

10.4.3 资源需求分析的影响因素

工程项目的资源需求分析是工程项目管理中一项现实性要求非常高的工作，只有预先将工程项目的所需资源清单提交给有关单位和部门，才能为工程项目的顺利进行提供有力的保障。但即使如此，也可能由于工程项目内外实施条件的变化而产生一些不利因素，进而原定的资源供应计划发生改变，给工程项目的顺利实施带来一定的不利影响。

在工程项目中，影响资源需求分析的因素主要如下。

（1）资源需求分析人员不了解工程设计图纸。

（2）资源需求分析人员没有实践经验。

（3）资源需求分析人员不了解工程实际情况。

（4）施工内容发生变更而未通知资源需求分析人员。

（5）工程施工中采用了新的技术或工艺，但需求分析人员对此还不了解。

（6）施工现场出现异常情况，原定方案无法实施。

（7）在项目施工中工程材料浪费严重，超出正常规定。

（8）需求分析人员不了解材料设备的生产情况或市场供应情况。

（9）工程材料和设备的市场价格发生显著变化。

（10）设计材料设备的型号老旧，已停工停产。

（11）项目资源自身存在的不稳定性，如临时工（人力资源）在秋收季节的大规模返乡。

（12）夏季用水用电高峰对工程能源供应的限制。

（13）特殊油气能源的限制性。

（14）材料设备运输中存在的问题。

（15）过程中可能存在的风险对资源供应所带来的约束和影响。

（16）工程项目资金的拨付对工程资源的影响。

（17）工程局部特殊质量要求对资源需求分析的影响。

（18）工程进度对资源需求分析的影响。

（19）突然发生的自然灾害对资源需求分析的影响。

（20）自然气候，如冬雨季对资源供应的影响。

（21）上级主管部门审批效率的影响。

（22）在资源分析中工作不认真，漏缺个别所需资源条目

（23）所需资源的规格、型号、等级或数量填写错误。

（24）工程材料的一部分将被征用他处，而需求分析人员不知道。

10.5　工程项目资源的配置关系与原则

10.5.1　资源配置关系

从理论上讲，工程项目设计及施工计划和方案确定之后，为实现工程项目每一个子目标所需的项目资源同时也就配置给了相关的项目实施者，不存在项目资源缺乏的问题。但在工程项目的实施中，由于多种不确定因素的影响，特别是项目资金常常无法按时拨付给项目实施者，工程项目实施者就不能按原定计划购买工程材料或设备等物资而出现停工待料或资源紧缺等问题。更严重的是，这些资源的短缺可能还会引起项目相关方相

互之间的资源竞争，从而引发与资源短缺或配置不合理有关的若干冲突事件。在此情况下，施工单位就必须利用有限的资金来购买部分工程建设物资，且购买的物资种类和数量既要保障当前的工程建设所需，也要保障工程项目的正常进度，而不至于引起严重的进度拖延与滞后。对于一般非重点或非重大工程项目来讲，此类问题出现的可能性较高，因此，如何对项目资源进行科学合理的调整与配置就成为工程项目资源管理中的一个主要问题。

通过对工程项目资源及其特性的阐述可以得知，工程项目资源的约束和短缺主要体现在有形资源方面。获得有形资源需要必备两个条件：一是这种资源是工程项目所允许获取的资源；二是需要有相应的费用。在项目资金有限的情况下，若把项目资金作为投入，购买工程物资后的施工结果作为产出，那就必然存在一个最佳投入产出比的问题。投入产出比越大，说明效益越低，资源配置越不合理；投入产出比越小，说明效益越高，资源配置就越合理。若要把项目所需资源之间的配置关系用函数来表示，那么，项目资源之间的配置关系式如下：

$$y = f\left(x\right) = z + x_1^{a_1} + cx_2^{a_2} + dx_3^{a_3} \cdot x_4^{a_4} \tag{10.1}$$

其中，x_i（i=1，2，…，n）为资源变量；a、c、d 为不同资源变量的相关系数；z 为工程项目所对应函数模型的常项量。通过对同类工程项目相关累积数据的回归分析，就可得出该类型项目具体的资源变量相关系数和常项量，并得到具体的资源配置关系模型。当想获得以某一资源 x_i 为主的最佳资源配置时，用资源配置产出 y 对资源变量 x_i 进行求导，即 $\mathrm{MP}_i = \partial y / \partial x_i$。此时偏导结果可能出现三种情况，即 $\mathrm{MP}_i > 0$、$\mathrm{MP}_i = 0$、$\mathrm{MP}_i < 0$。很显然，根据数理理论，当 $\mathrm{MP}_i = 0$ 时，投入产出效益最大，此时以某一资源 x_i 为主的资源配置也最合理（图 10.2）。

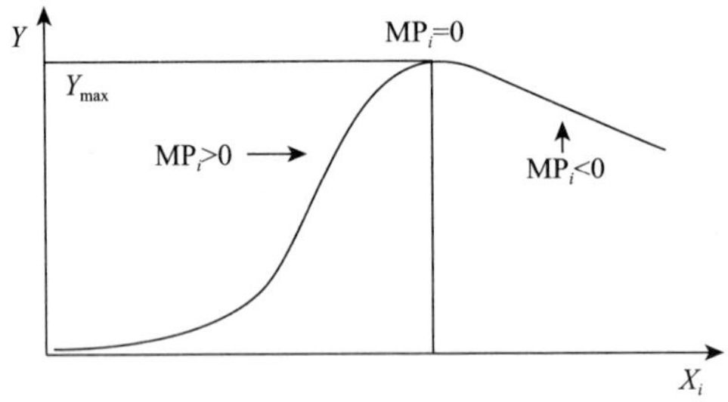

图 10.2 资源分配关系

实际上，在工程项目中，为实现同一目标，一般可以有多种不同的施工方案，同样也就有了相应多种资源的组合方案。基于以上资源配置关系的分析，假设解决某一项目有三种资源组合方案，即

$$y = f\left(x_1^1, x_2^1, x_3^1, x_4^1, x_i^1\right) = f\left(x_1^2, x_2^2, x_3^2, x_4^2, x_i^2\right) = f\left(x_1^3, x_2^3, x_3^3, x_4^3, x_i^3\right)$$

此时，即可通过对不同资源的组合分析，从中寻找各种资源最佳的配置比例，使投入的总费用达到最小而效益最高。

10.5.2　资源配置原则

为了有效解决工程项目中所需资源的短缺问题，或是在资源满足需求的情况下尽可能地提高资源利用率，获得更高的经济效益，项目管理者可能会对原有的项目资源计划做出适度调整。但此时需要注意的是，尽管此时调整后的工程项目资源配置是最合理的，并解决了当时存在的若干资源冲突问题，但极有可能给后续项目的实施带来更大的问题，或导致后续项目实施的间断性，并有可能引发项目其他方面的一系列调整和项目关键线路的改变。因此，为了确保工程项目宏观目标的最终实现和整体利益，任一阶段中任一时段的工程项目资源调整与配置就不能仅从当时的局部利益或解决局部资源冲突问题的角度来考虑，而更应考虑资源调整后项目的整体变化与效果。从长远来看，项目所配置的资源就应优先供给那些事关项目全局的子项，在保证项目整体利益的前提下，再将所余资源分配给位于非关键线路上的其他资源需求者。因此，在项目资源的调整与配置过程中，应当时刻注意的是，项目资源的调整与配置绝不是项目资源的平均分配，而应该是根据各子项在项目中的主次地位或相对权重对现有资源进行的再分配，不考虑项目间的主次关系、轻重缓急进行资源的平均分配本身就是一种错误。因此，在工程项目资源的调整和配置中就应遵循以下原则：①资源的供给时态与资源的需求时态相一致；②各类资源的配置结构与实际需求结构相一致；③各类资源的供给可以满足工程建设的最低需求；④资源在项目中的供给过程处于连续状态；⑤所供资源在满足质量要求的前提下成本最低；⑥资源耗用总量最小但总体效益最高；⑦工程资源的调整与配置不会引发工程资源需求冲突；⑧工程资源的调整与配置不影响工程项目关键线路的改变；⑨工程资源的调整与配置不会影响工程项目质量。

据此原则，工程项目资源的调整与配置不仅应考虑资源需求各方的利益，还应考虑资源分配后产生的总体效益。因此，工程项目资源配置的根本原则就是根据项目在不同阶段的资源需求，通过确定项目各种资源的合理分配比例和相互间的有效组合，以最小的资源投入获取最大的效益并实现项目的预定目标。

10.6　工程项目资源计划的编制

工程项目资源是完成工程项目各项任务必需消耗的各种投入总称，不仅包含工程项目的有形资源，也包含工程项目的无形资源。但在工程项目中，与无形资源相比，有形资源直接与工程项目的费用相联系，是工程项目费用中直接费的核心组成部分，也是工程项目资源调整与配置的重点管理对象。因此，为了避免由于有形资源的问题而给工程项目的实施带来不利影响，项目管理者应预先编制出工程项目的资源计划（一般仅是有形资源的计划，不包含无形资源计划），并在资源计划的指导下对工程资源实施有效的管理和控制，确保工程项目资源能够及时满足工程项目的建设需求，为工程项目的顺利实施提供有效的资源保障。

10.6.1 资源计划的类别

工程项目资源计划是基于项目实施要求而编制的资源供应实施方案。根据工程项目在不同阶段的资源需求，工程项目资源计划一般可分为四大类，即项目前期决策阶段的资源计划、工程项目准备阶段的资源计划、施工阶段的资源计划和竣工阶段的资源计划。

（1）前期决策阶段的资源计划。由于这一阶段所需求的项目资源主要是人力资源中的智力资源及少量的调研经费，涉及内容主要是项目可研分析的专家类别和数量以及需要的研究经费数额，因此，此阶段编制的资源计划非常简单，没有固定的格式，一般多以文字方式来表述。

（2）准备阶段的资源计划。由于这一阶段需要的项目资源主要是人力资源、项目资金和少量的工程物质材料以及清理工程现场的机械设备，工程物质材料也主要是搭建临时设施所需的材料和通信网络等设备设施以及工程项目部办公所需材料，资源种类较少且数量不多，因此，此阶段编制的资源计划也较为简单，一般多以简单的表格并辅以必要的文字说明来表述。

（3）施工阶段的资源计划。由于施工阶段是工程项目各种资源的集中使用阶段，资源种类多、数量大、供需关系复杂多变且极易受到来自项目内外多种因素的影响，因而，资源进度计划的编制就需要采用能够及时反映工程所需资源实际需求的动态模式。就目前情况来看，多是以计算机技术为基础，采用工程项目管理部统一规定的资源计划编写模板来编写资源计划，必要的情况下，可辅以若干图例和文字进行详细的说明。

（4）竣工阶段的资源计划。在工程项目的竣工阶段，工程项目所需要的主要资源是人力资源和少量的工程材料等资源。由于此阶段所需要的这些资源完全可以使用施工阶段余留下来的资源，因此，除工程项目试验运行所需要的必要材料外，一般并不编制资源计划。即使遇到个别特殊情况，编制的资源计划也非常简单，没有固定的格式，一般多以文字方式来表述。

10.6.2 资源计划的编制依据

为了使编写的工程项目资源计划满足建设的实际需求，编制的资源计划必须依据有关文件规定或规则来编写。这些文件规定和规则主要如下：工程项目施工图；工程概算和预算定额；工程项目施工方案；工程项目建设大纲；工程项目质量、进度、费用和安全工作计划；工程现场环境及其周围的自然环境状况；工程地质情况；工程地基处理方案；工程资源需求分析结果；工程应急处理方案；工程风险预案；工程概预算书；国家有关部委和当地发布的地区基价和费用定额；工程税费计价依据及计价办法；当地建设行政主管部门发布的价格信息文件；工程设计变更；工程建设调整方案；工程合同；生产厂家提供的设备材料手册；工程可行性研究报告；国家或行业对有关特殊材料的规定文件；其他与工程设备、材料、能源等有关的资料。

10.6.3　资源计划的编制程序

工程项目资源计划的编制是一项科学性和系统性较强的工作。在获得资源计划编制文件之后，编制者首先需要预先全面系统地了解和掌握工程项目的现场情况、设计图纸、施工方案、建设大纲、工程合同等一系列内容。在此基础上，编制者可结合实际情况，采用定额分析法或表单法等方法，通过对工程项目所需资源的需求分析，提出工程项目所需各种资源的需求明细清单，并编写出资源需求表。其次，根据工程项目部所规定的资源计划模板，即可编写出工程项目开工建设前的资源计划。在工程项目的建设过程中，若出现工程设计变更和实施方案的调整与变化以及其他情况，编制者应再对原资源计划进行及时的调整和修正，确保工程资源计划与实际需求相一致。据此，资源计划的编制程序如下：①了解工程现场情况；②熟悉工程建设文件；③分析工程项目组成；④计算工程量；⑤依据有关文件确定完成各项工作所需的资源名称、规格型号和数量；⑥确定所需资源的质量要求、需求时间、需求地点、需求方式及其他特殊要求；⑦明确资源需求单位及其负责人、联系人、联系人的联系电话和文件传输信箱；⑧明确供货单位及其负责人、联系人、联系人的联系电话和文件传输信箱；⑨按工程项目部所规定的资源计划模板形成资源计划文件。

资源计划的编制流程图如图 10.3 所示。

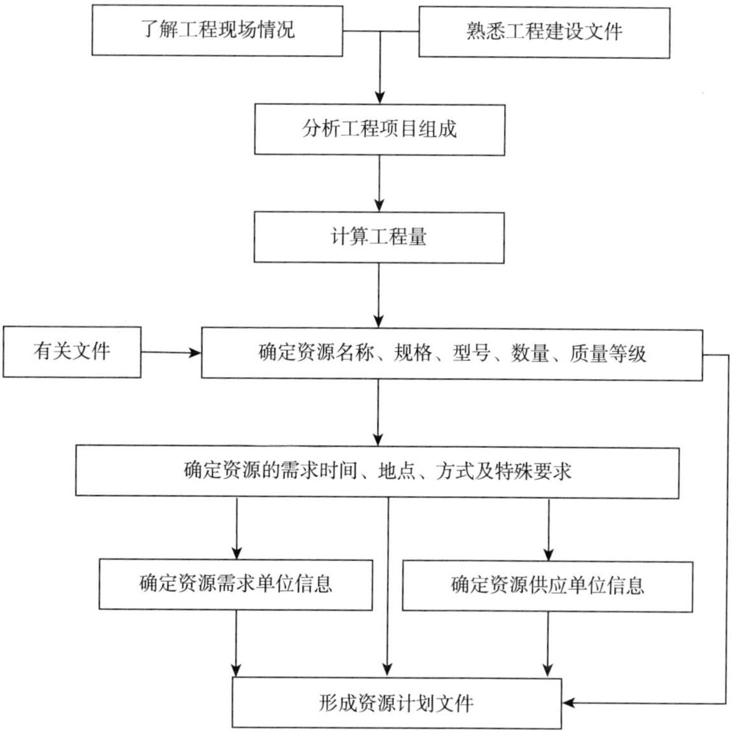

图 10.3　资源计划的编制流程图

10.7 工程项目资源计划的落实与保障

在工程项目的资源管理中，完成工程项目资源计划的编制仅仅是资源管理工作的第一步，更重要的工作是如何将这一计划落实到位，为工程项目的顺利实施提供资源保障。为此，工程项目组织通过相应的工程项目管理体制和运行机制构建起工程项目的资源保障体系，责成有关单位或部门的专职人员专门负责工程项目的资源管控工作。资源管理者为了做好自己的工作，也将依据资源供应计划编制出相应的资源管理计划，并通过若干有效的资源管理方法和工具实现对工程资源的有效管理和控制，确保工程项目资源计划落实到位。

10.7.1 资源保障体系

在工程项目中，资源管理是工程项目众多管理对象之一，管理的内容主要有资源的采购、接收、检查、入库、保管、领取等多个方面，但不同规模的工程项目将采用不同的模式进行管理。对于大型或特大型工程项目而言，可能需要专门组建相应的工程物资管理单位来负责工程资源的管理与保障工作，各部门的设置和人员岗位设定以及工作职责就需要进行专门的编制，整个工程资源的管理体制和运行机制也需要专门的设计和规划。对于中小型工程项目来讲，一般并不设置专门的部门来管理工程项目资源，多是根据项目资源管理工作量的大小而设置若干物资管理人员，将这些人员归属为项目部成员，并与工程项目经理、项目总工、技术人员、监理人员在各负其责的基础上，构建工程资源的保障体系。这些人员的共性职责主要如下。

（1）项目经理。项目经理是施工现场管理的主要负责人，在授权范围内代表工程建设单位或施工单位对工程项目实施全过程管理；组织制订工程资源管理计划，实时掌握工程施工状态，监管相关各方落实工程所需资源；组织工作例会，安排部署资源保障工作，协调解决资源供应中出现的有关问题。

（2）总工程师。总工程师是工程项目的技术负责人，主要协助项目经理做好各项技术管理工作，负责组织编制符合工程项目设计和建设要求的资源管理制度、技术规范和有关标准，并在施工过程中负责关键技术的管理和控制工作。

（3）技术人员。技术人员是工程资源管理的直接责任人，是工程资源管理计划的编制者，同时负责和落实工程资源在采购、接收、检查、入库、保管、领取等过程中的质量保障工作，并在施工过程中负责工程物质的技术指导工作；当出现有关问题时，提出技术解决问题的具体措施并负责落实到位。

（4）监理人员。监理人员作为监管工程项目的第三方，主要的职责是认真贯彻执行国家有关资源管理制度、技术规范和技术标准，参与编制工程资源管理计划，并在施工过程中监督有关方落实各项资源质量保障措施；按照有关要求或管理办法，记录、审查、整理和编制好工程材料设备等物质的质量检测和试验报告等资料。

（5）物资管理人员。物资管理人员的主要职责是严格遵守物资管理及验收制度，加强对设备、材料和危险品的保管，建立各种物资供应台账，做到账、卡、物相符；同时负责对到达现场（仓库）的设备、材料进行型号、数量、质量的核对与检查；收集项目设备、材料及机具的质保等文件；以审定的设备材料供应计划为依据，负责办理设备材料的保管、发放等工作。

10.7.2　资源管理计划

与资源计划相对应，资源管理计划是为了落实资源计划的各项内容而开展的具体工作，内容主要包括各种资源的名称与数量、实际需求时间与计划供应时间、资源供应中可能出现的问题及其解决办法、具体问题的责任人等。管理计划的编制不仅需要以已编制好的资源计划为依据，更需要按照工程施工准备计划、施工进度总计划和主要分部分项工程进度计划来落实。编制的资源管理计划文件一般由两个部分组成：一是资源管理计划明细表；二是资源计划管理对策表。

1）资源管理计划明细表

资源管理计划明细表是为了清晰条理地表达资源管理的各项工作而编写的管理内容矩阵单，主要的目的是让资源管理人员在了解和掌握所需资源具体明细的基础上，就各自的责任进行明确的划分，使有关各方认真履行各自的职责。资源管理计划明细表的格式如表 10.3 所示。

表 10.3　资源管理计划明细表

资源名称		资源一	资源二	资源 N
计划数量				
规格型号				
计划供应时间				
实际需要时间				
时间余量				
生产单位	生产单位			
	负责人			
	联系电话			
	电子信箱			
供货单位	供货单位			
	负责人			
	联系电话			
	电子信箱			
接受单位	接受单位			
	负责人			
	联系电话			
	电子信箱			
质量负责人				
备注				

2）资源计划管理对策表

资源管理对策表是以资源管理计划明细表为基础，针对各项资源在其保障中可能存在的问题而编写的对策与措施，主要内容包括资源的质量保障措施、供应时间保障措施、运输的具体方式及可能存在的风险、风险的具体对策、各项措施的执行人和责任人。资源计划管理对策表的格式如表 10.4 所示。

表 10.4　资源计划管理对策表

<table>
<tr><td colspan="3">资源名称</td><td colspan="7"></td></tr>
<tr><td rowspan="3">质量保障</td><td colspan="2">质量标准</td><td colspan="3">潜在问题</td><td colspan="2">保障措施</td><td colspan="2">检测工具</td></tr>
<tr><td colspan="2"></td><td colspan="3"></td><td colspan="2"></td><td colspan="2"></td></tr>
<tr><td colspan="2">执行人</td><td colspan="3"></td><td colspan="2">责任人</td><td colspan="2"></td></tr>
<tr><td rowspan="3">进度保障</td><td colspan="2">进度要求</td><td colspan="3">潜在问题</td><td colspan="2">保障措施</td><td colspan="2">检测工具</td></tr>
<tr><td colspan="2"></td><td colspan="3"></td><td colspan="2"></td><td colspan="2"></td></tr>
<tr><td colspan="2">责任人</td><td colspan="3"></td><td colspan="2">执行人</td><td colspan="2"></td></tr>
<tr><td rowspan="5">其他风险</td><td colspan="3">资源运输类</td><td colspan="3">资源安全类</td><td colspan="3">其他类</td></tr>
<tr><td>运输问题</td><td colspan="2">保障措施</td><td>安全问题</td><td colspan="2">保障措施</td><td colspan="2">其他问题</td><td>保障措施</td></tr>
<tr><td></td><td colspan="2"></td><td></td><td colspan="2"></td><td colspan="2"></td><td></td></tr>
<tr><td>执行人</td><td colspan="2"></td><td>执行人</td><td colspan="2"></td><td colspan="2">执行人</td><td></td></tr>
<tr><td>责任人</td><td colspan="2"></td><td>责任人</td><td colspan="2"></td><td colspan="2">责任人</td><td></td></tr>
<tr><td colspan="2">计划编制人</td><td colspan="3"></td><td colspan="2">编制时间</td><td colspan="3"></td></tr>
<tr><td colspan="2">计划审批人</td><td colspan="3"></td><td colspan="2">审批时间</td><td colspan="3"></td></tr>
</table>

10.7.3　资源管理工具

在工程资源计划的管理中，为了对工程资源实现有效的管理和控制，项目管理者时常借助若干管理工具来了解和掌握资源管理的效果，以便及时发现其中存在的问题，并提出针对性的解决方法，确保达到资源管理的预期目的。常用的方法主要有项目资源矩阵和项目资源甘特图。

（1）项目资源矩阵。项目资源矩阵是为了更好地实现工程项目的资源调整与配置而采用的一种资源管理方式，通过这种方式，可以把工程项目某一时段或整个阶段所需的所有资源与有关工作联系起来，描绘出某一时段或整个阶段资源的需求和使用情况。当工程中出现资源冲突时，项目管理者可以进行全局性调整和配置，为实现工程资源的有效管理与控制提供科学的依据。项目资源矩阵如表 10.5 所示。

（2）项目资源甘特图。项目资源甘特图是一个以工程进度为基准，分析工程资源需求进度与供给进度的工具，通过这种方式，可以看出工程项目对资源需求的紧缺程度，并可以判断工程资源对进度带来的影响程度。当工程即将出现资源供应紧张的情况时，可以帮助项目管理者实现对工程资源的预警管控目的。项目资源甘特图如表 10.6

所示。

表 10.5　项目资源矩阵

阶段	资源配置与使用状况								备注
	工作一				工作 *N*				
类别	计划量	供应量	使用量	差量	计划量	供应量	使用量	差量	
资源 1									
资源 2									
资源 *N*									

表 10.6　项目资源甘特图

阶段	资源供应进度状况						备注
	工作一			工作 *N*			
类别	要求时间	实际时间	时间余量	要求时间	实际时间	时间余量	
资源 1							
资源 2							
资源 *N*							

第 11 章

工程项目信息管理

工程项目，特别是大型建设工程项目具有规模大、工期长、参与方众多、协调工作量较大等特点，如果多方之间出现相互衔接不畅等问题，就极易引发多种冲突和矛盾，并给工程项目带来不同程度的不利影响。为此，项目参与各方之间及时进行信息交流与沟通就显得尤为重要。同时，在工程项目中，及时获取和掌握工程项目的有关信息对及时发现和解决工程项目中存在的问题、改进工程项目管理方法、提高工程项目管理水平和工作质量、降低费用、加快进度等方面都具有重要的作用。

从工程项目管理的知识属性来讲，信息属于工程项目资源类。但由于工程信息在工程项目中具有不同于其他资源的特殊属性，并且随着工程管理科学技术的不断发展和工程项目管理知识外延的不断扩大，工程信息在工程项目中发挥着越来越重要的作用，在工程项目管理中占据了非常重要的地位，因此，很多工程项目管理书籍就将工程信息单独作为一个知识单元进行阐述，使工程项目管理人员能够更好地了解和掌握这一专业知识和技术，为工程项目管理提供更有效的服务。

11.1　信息及其特性

11.1.1　信息与信息管理

信息是事物运动和物质存在的一种状态与方式反映，是客观事物之间相互联系和相互作用的表征，它的存在表现了客观事物运动状态和变化的内容及其属性。20 世纪 40 年代，信息论的奠基人香农（C. E. Shannon）给出了信息的明确定义，他认为信息是用来消除随机不确定性的东西，并定义信息量的单位为比特（bit）。这一定义被人们看做经典性定义并加以广泛引用。但也有一些研究者从不同的角度给出了信息不同的定义。例如，我国从事信息学研究的钟义信教授认为，信息是事物存在方式或运动状态的表述。美国信息管理专家霍顿（F. W. Horton）认为，信息是为了满足用户决策的需要而经过加工处理的数据，即信息是经过加工的数据，或者说信息是数据处理的结果。电子学和计算机领域的专家学者则认为，信息是电子线路中传输的信号。由此可以看出，信息在不同学科领域有着不同的内涵和解释，但不论从何种角度来定义信息，信息都是一种客观事物，是事物之间相互联系和相互作用中呈现和释放出的各种运动状态及其变化的客观反映，由此，人们即可对事物进行分析和判断，并认识、了解和掌握事物的本质及其规律。

在此，事物泛指世界的一切客观存在，既包括客观世界的有形实体，也包括主观世界的精神虚体。运动则泛指一切意义上的变化，包括机械运动、化学运动、思维运动、社会运动等。正是由于事物的运动和变化，信息才具有多样性的特征，并通过多种多样的形式反映事物外在的形态和内在的本质以及其在客观世界发生、发展和分布规律。但对信息的获取和认识需要引入认识主体这一前提条件，通过认识主体，依附于事物本体并表示事物本体特征的信息就可以转化为认识论意义上的信息。在此基础上，通过若干技术和方法的分析与处理，认识论意义上的信息可以进一步转化为描述事物客观存在或运动状态特性的有关数据、参数或图像等可记录或可存储的信息。利用这些信息，研究者或管理者就可以认识和了解所研究的对象，并通过信息交流和信息互换以及信息挖掘和信息再生，发现事物更深层次的内部规律，为揭示研究对象的本质和规律，并在此基础上进一步利用事物为人类的发展和进步发挥其应有的作用而提供科学的依据，这也是人类对信息进行管理的目的。因此，信息管理就是为了有效地开发和利用信息资源，以若干技术和方法为手段，对信息的收集、存储、分析、传递和利用等行为进行有目的、有计划、有组织的指导活动，并通过这一活动，达到预期的目的。

11.1.2 信息的特性

在客观世界中，信息是一种非常特殊的物质，可以说无处不在、无时不有，也正因如此，信息具有客观性、依附性、时效性、可存储性、可加工性、可增值性、可传递性、可共享性等多种特性。

（1）客观性。信息是事物变化的客观反映，它以客观存在为前提、从事物变化的表征为依据，作为一种客观存在而出现。因此，这就使信息具有了客观性。

（2）依附性。信息的依附性体现在两个方面：一是信息来源于事物的变化，因此信息必须依附于事物客体；二是信息本身是虚体，它的存在必须依附于一定的载体，如文字、图像、声音、光波等。因此，这就使信息具有了依附性且不能单独存在。

（3）时效性。某一信息是客观事物某一时段客观状态的反映，如果管理者或研究者需要了解和掌握这一时段的事物状态，那么，这些信息就具有相应的价值。但这些信息仅是对事物状态某一时段的反映，离开了这一时段，这些信息就不再有效。

（4）可存储性。存储是指采用某种方式将事物存放起来。对于信息而言，信息存储主要是指依托某些物理载体（如光盘、磁带、胶片、文字等介质），将信息内容和数据临时或长期保存到这些媒介中，以便今后使用。

（5）可加工性。信息可以通过多种手段和方法加工处理，可以被选择和删除。通过信息加工，人们可以选择有用的信息，剔除无用的信息，使所获取的信息具有更大的价值。

（6）可增值性。不同人员需要不同种类的信息，不同信息对于不同的人员就具有不同的作用和价值。当管理者或研究者获取了正在需求的信息时，就可能产生比信息本身更大的价值，从而使信息具有了可增值性。

（7）可传递性。信息来源于事物的变化，事物的变化信息被认识主体获取后，事物的信息就可以通过信息载体转移到与事物无关的另一时空。因此，信息具有可传递性。

（8）可共享性。信息具有可传递性，因此，信息可以在不同群体或个体之间进行传播。在信息的传递过程中，同一信息允许多方多次重复使用。信息传播者不仅不会失去原有的信息，还有可能从他方得到更多的信息，并利用这些信息去更大程度地提高信息的共享能力。信息的这一特点就使信息具有了与其他资源不同的特性。

11.2 信息类别划分

信息是客观世界普遍存在的物质。和世界上多种多样的物质一样，信息也具有多样性。当从不同的角度、不同的层次并采用不同的方式对信息进行分类时，可将信息划分为不同的类别。例如，从信息所属范畴来划分，信息可分为广义信息和狭义信息。广义信息是指所有事物运动状态和变化形态的外在表征与反映，它包含了所有事物的实体信息和虚体信息，是信息世界的总体集合。狭义信息则仅指信息本身或信息内容，即某一领域或某一对象的行为状态特征描述，一般的表现形态为数据、图像或波谱等。此外，从其他不同的角度来看，信息还可划分为多种类别，划分方式可据管理需求来确定。

（1）按信息的属性来划分，信息可分为自然信息和社会信息。自然信息是对自然事物的描述和反映，信息源主要是客观实体事物，如生物行为（不含人类行为产生的信息）、地理形态、物质演变、自然气候、宇宙变化等。社会信息是反映人类社会活动的有关信息，信息源主要是人类认识世界和改造世界的活动。根据社会信息的具体来源，其又可分为政治信息、军事信息、科技信息、文化信息和经济信息等类别，这些就是人们经常所指的信息类别，也是人类使用最多的信息。

（2）以信息源本身为对象，信息可分为内部信息和外部信息。内部信息是指信息源系统内部自身产生的信息；外部信息是指信息源系统外部或与信息源本身直接无关或相关的其他事物产生的信息。对于工程项目管理来讲，无论是工程项目的内部信息还是外部信息，都可能成为工程项目的影响因素，所以，内部信息和外部信息都是工程项目管理需求的信息。

（3）据信息生成的时间来划分，信息可分为历史信息、现时信息和未来信息。历史信息是对事物过去某一时段行为状态和变化结果的描述与反映；现时信息是对事物当前行为状态和变化结果的描述与反映；未来信息是对事物未来行为状态和变化结果的预测分析与描述，如根据事物的历史信息和现时信息，管理者或研究者对事物未来发展状态和趋势进行的推测、分析和判断结果。从工程项目管理的角度来看，与工程项目的历史信息相比，工程项目的现时信息和未来信息相对更为重要。

（4）按管理层次来划分，信息可分为宏观信息、中观信息和微观信息。宏观信息主要是为高层管理人员制定组织长期发展战略、进行重大决策而使用的信息。中观信息是指中层管理人员了解、掌握和管控所管对象所处状态，并对管理对象进行有效管理和控制的信息。微观信息是反映事物具体形态的最直接信息，是管理人员深入了解和掌握管理对象即时状态、深入分析管理对象内在本质及未来发展趋势的直接依据。由于若干中观信息和宏观信息源于微观信息的推测与分析，因此，微观信息的真实有效性与中观信息和宏观信息的有效性就具有非常紧密的关系，微观信息也就成为三种信息中最为关键的信息。

（5）从信息的处理角度来划分，信息可分为原始信息和加工信息。原始信息即初始收集的信息，此类信息寄存着初次获取信息所得到的原始状态。加工信息则是以原始信息为依据，在原始信息的基础上，通过一定的技术手段和处理方法，对原始信息进行分类、统计、筛选、推断、计算等产生出来的新信息。

在工程项目管理中，不论管理者采用何种方式对信息进行划分，信息划分的结果应该符合系统原则、整序原则、共享原则和实用原则，以满足工程项目管理所需。其中，系统原则是从信息总体出发，以系统的观点和方法并结合管理需求，对信息进行分类、分层的划分。在此原则指导下，所有的信息都有各自的类别归属，不仅便于信息的管理和使用，也有利于信息的存储和传递。整序原则是指对所有信息的管理都要预先给予确定的信息定位规则，通过这个规则，任何信息不仅具有唯一的编码，而且可以被迅速识别、检索、定位、提取和利用。如果在信息的管理中缺乏这一原则，所有信息就会处于混乱状态，即使按照系统原则将信息放置于某一类别之中，也很难实现信息的有效利用。共享原则是指使被获取的信息最大活化，可以被有关人员共同利用，最大限度地发挥信息应有的作用和价值。实用原则是指被收集的信息要尽可能地提高其真实性和可靠性，信息容量应尽可能最大化，使信息量饱满而不存在漏缺，能够系统全面地描述出事物的真实状态。即使是被加工的二次信息，也要尽可能地使信息处于充裕状态，充分体现信息的直观价值和潜在价值。

11.3 工程项目信息及其特点

11.3.1 工程信息

按照不同的方式可将工程信息划分为不同的类别。按工程信息内容属性划分，其可分为技术类信息、经济类信息、管理类信息和法律法规类信息。其中，技术类信息是指在工程项目实施过程中与技术有关的信息，如设计要求、技术流程、施工工艺、操作规范等信息；经济类信息是指与工程造价、投资费用有关的信息，如材料价格、工程预算、现金流量等信息；管理类信息是指工程组织管理方法、管理模式、岗位责任、工作流程等信息；法律法规类信息是指工程项目参与各方必须遵循的依据，如工程设计规范、工程施工规范、工程验收规范等信息。按工程信息来源划分，工程信息可分为工程内部信息和项目外部信息，其中，内部信息是指工程项目各个阶段、各个环节、各有关单位产生的信息，如设计文件、施工方案、会议制度、工程质量、项目进展、安全状况等；外部信息是指来自项目外部环境的信息，如市场材料和设备价格、物价指数、国家有关政策及法规等。但对于工程项目来讲，为了实现对工程信息的有效管理并能最大限度地利用信息，使之为工程管理服务，最常用的信息划分方法是从信息所属的管理对象角度进行划分，主要包含的种类有工程概况信息、工程设计计划类信息、标准规范类信息、工程质量信息、工程进度信息、工程费用信息、工程安全信息、工程物资信息、工程合同信息、工程验收信息、工程档案信息等。

（1）工程概况信息。工程概况信息主要包括工程名称、工程编号、工程地点、建筑面积、结构形式、计划工期、开工日期、竣工日期、建设单位、设计单位、施工单位、监理单位和自然条件等信息。自然条件信息主要包含工程场址的地理环境、地质状况、所属地区、场地土类别、年平均气温、年最高气温、年最低气温、雨季时间、冬季时间、风季时间、年最大风力、地下水位高度、交通运输状况、周围环保要求、人居情况、当地风俗、其他自然因素等信息。

（2）工程设计计划类信息。工程设计计划类信息主要包括工程设计文件、施工方案、建设大纲、施工计划、组织计划、采用的新技术、新工艺、新流程等信息。

（3）标准规范类信息。此类信息包含工程建设法律法规、施工规范、设计规范、验收规范和单位管理规定。所有的规定和标准都要有统一编号，包含的具体信息有文件名称、颁发单位、颁布日期、内容提要、使用密级等内容。

（4）工程质量信息。工程质量信息主要包括质量目标体系、质量目标分解、质量管理对象名称、对象类别、质量标准、质量控制工作流程、质量控制方法、质量风险分析、质量抽样检查结果、质量检查记录、质量评定结果、质量事故记录和处理报告等信息。

（5）工程进度信息。工程进度信息主要包括工程进度总计划、单位工程进度计划、分部工程进度计划、分项工程进度计划、班组作业进度计划、具体工作名称、施工单位、施工人、负责人、计划工期、计划开工日期、计划竣工日期、实际开工日期、实际竣工日期、进度控制的风险分析、计划进度与实际进度的偏差、计划调整情况、进度控制方法与流程、提前或延误天数等信息。

（6）工程费用信息。工程费用信息包含工程投资计划、工程概算、预算、结算、决算、材料价格表、机械设备价格表、费用支付情况、实际成本分析表（计划偏差、实际偏差）等信息。

（7）工程安全信息。工程安全信息主要包括安全管理组织体系、管理人员、管理制度、管理流程、安全措施、安全教育、安全交底、安全检查、安全设施验收、安全事故、事故分析、安全处罚、处理日期、复查整改、会议通知等详细信息。

（8）工程物资信息。工程物资信息主要包含材料、设备、机具的使用计划表，以及材料明细表、设备明细表、机具明细表、能源需求明细表、劳动力需要量计划表和材料实际消耗表。材料、设备、机具的使用计划表包括材料、设备和机具的名称、型号、规格、使用地点、使用时间、使用人需求数量，以及材料、设备和机具领用人及其联系方式等信息。材料明细表包含材料名称、材料编号、材料规格、数量、质量等级、材料价格、需求时间、交货时间、供货方式、材料供应厂商名称、企业性质、资质等级、厂商邮编、地址、信箱、网址、业务联系人等信息。设备明细表主要包含设备名称、规格型号、数量、质量等级、产品报价、需求时间、交货时间、供货方式、设备供应厂商名称、企业性质、资质等级、厂商邮编、地址、信箱、网址、业务联系人等信息。机具明细表主要包含所需机具名称、规格型号、数量、需求时间、交货时间、机具供应厂商名称、联系电话、业务联系人等信息。能源需求明细表主要包括能源种类、需求数量、供应方式、需求时间、供应单位、联系方式、负责人等信息。劳动力需要量计划表包括工种名称、需求数量、需要时间等信息。材料实际消耗表包括材料名称、计量单位、规格型号、计划数量、实际用量、实际单价、材料运费、领用日期、负责人等信息。

（9）工程合同信息。工程合同信息主要包括工程招标投标文件、中标通知书、所签合同、合同争议记录、工程合同纠纷和索赔记录等信息。合同信息中应包含合同名称、合同编号、合同类别、签订日期、合同内容、合同签订变更执行情况、变更次数、变更原因等内容。工程合同纠纷和索赔记录应包含索赔事项、索赔具体内容、索赔依据、索赔计算凭证、索赔日期、执行结果和备注等信息。

（10）工程验收信息。工程验收信息主要包括工程验收组织及其人员、验收程序、验收方法、试运行结果、验收结果、问题处理、移交方法、移交时间、遗留问题处理方式、遗留问题处理结果、工程资料移交情况、回访与保修内容范围、用户意见等信息。

（11）工程档案信息。工程档案信息主要是指将来用于工程资料存储的文件信息，如施工日志、技术资料（资料编号、资料日期、案卷题名、文字册数、文字页数、图样册数、图样页数、其他册数、其他页数、保管人、备注等）。

11.3.2　工程信息特点

工程信息来源于工程项目及其建设过程。由于工程项目本身始终处于动态实施过程，工程项目的信息也具有了区别于其他信息的若干特点，了解和掌握工程信息的这些特点对工程项目管理者提高工程信息管理能力与水平极为有益。

（1）信息种类多。从工程信息的分析及其所包含的内容可以看出，工程项目中包含的信息种类非常多，但从信息结构来看，主要分为两大类：一类是可用数据直接表述的结构化信息；另一类是不能用数据直接表述的非结构化或半结构化信息，如工程状况的文字档案、工程图片或声音图像等多媒体信息。若要实现对工程信息的有效管理，就必须采用系统工程的方法，对工程信息进行分层分类的系统化分级管理。

（2）信息数量大。在工程建设初始，工程项目已含有大量的信息，随着工程项目的实施和推进，工程信息的数量将呈现加速递增的趋势。因此，面对工程的海量数据，完全依靠传统的手工作业方式无法实现对工程信息的有效管理，这就要求工程项目管理者必须利用现代化的管理手段对工程信息进行管控。在此方面，依托计算机技术而实现工程信息的电子化是工程信息管理的发展趋势。

（3）信息来源广。在工程项目的建设过程中，信息的来源十分广泛，既可以来自工程建设单位、设计单位和施工单位，又可以来自监理单位、材料供应单位及其他相关单位；既可以来自工程项目的决策阶段和准备阶段，又可以来自工程项目的施工阶段和竣工阶段；既可以来自工程建筑结构、给水排水、采暖通风和电气设备等传统专业，又可以来自通信网络、远程监控、智控识别等新型专业；既可以来自工程质量、进度、费用、安全等主要管理对象，又可以来自风险识别、合同签订、招标投标等其他管理对象。由此可以看出，如何对工程信息实施科学、系统、逻辑、条理的全面管理，及时收集来自工程各个方面的工程项目信息，为工程建设提供有效的服务将是一项非常重要的工程管理工作。

（4）动态性。工程项目始终处于动态变化之中，描述工程项目的信息也就处于动态变化之中。因此，要想准确了解和及时掌握工程项目的有关信息，就必须及时收集工程项目的实施状态信息，确保工程信息的时效性。

（5）相关性。工程项目中的很多信息都具有不同程度的相关性，如工程项目的概算费用和工程投资计划具有一定的关系，工程项目的预算费用和工程物资采购计划有一定的关系，工程结算费用与工程进度款的支付有直接的关系，工程物资供应计划与进度计划有直接关系，工程安全管理内容与工程实施阶段有紧密关系，等等。更为重要的是，工程项目信息之间的关系不仅具有直接性，还有更多、更广泛的间接性以及更深层次的关系。例如，工程进度的快慢不仅与工程质量具有一定的关系，还与工程费用、工程安全、物资供应等管理对象具有一定的关系。又如，工程管理人员的管理水平不仅与工程质量具有紧密关系，还与工程进度、工程效益、工程安全等方面具有一定的关系。正是由于这些复杂关系的存在，给工程信息的管理带来了一定的困难。因此，在工程信息管理中，要在了解和掌握工程项目特点及管理需求的基础上，结合工程信息的特点，提出具有针对性的工程信息管理方法。

11.4 工程项目信息管理技术

工程信息管理技术是关于信息的产生、发送、传播、接收、变换、识别、管理和控制等应用技术的总称，是在信息科学的基本原理和方法指导下提高和扩展人类信息处理能力的技术，主要包括信息基础技术、信息处理技术、信息应用技术和信息安全技术四大类别。

11.4.1 信息基础技术

信息基础技术是信息技术的基础，它包括新材料、新能源、新器件的开发和制造技术，但对信息技术及整个信息科技领域的发展影响最大的是微电子技术和光子技术。

1）微电子技术

微电子技术是在半导体材料芯片上采用微米级加工工艺制造微小型化电子元器件和微型化电路的技术，是在传统电子技术的基础上发展起来的一种渗透性最强、影响面最广的高技术，同时它本身也是一项集众多科技成果于一体的综合技术，集成电路是其发展的标志。微电子技术包括的内容比较多，主要有微细加工技术、高密度集成电路和集成系统的设计方法、微小单元器件的结构和器件物理、材料性能和制造技术、高密度集成器件的可靠性物理、集成电路和集成系统测试技术、质量控制和生产自动化等。它通过利用和控制固体内电子的微观运动来实现对信号的加工处理，信号的传递只需在极其微小的尺度内进行，可以把一个电子功能部件甚至一个子系统集成在一个很小的芯片上，在同一流程中成批地制造出来。由于这些技术为当代计算机科学技术、多媒体技术、无线电电子技术、通信技术、自控技术、智能技术提供了最底层的技术支持，因此，微电子技术就成为信息技术的基础和支柱。

2）光子技术

光子是物质存在和运动的基本形态之一，它能深刻地反映物质的微观结构信息和量子化运动特性。就目前的认识而言，光子具有最快的运动速度、不具有荷电性、最容易体现出波粒二象性、静止质量为零等特征。将光子作为信息和能量的载体，效果明显好于电子。因此，光通信、光盘存取、光雷达、红外遥感等早已把光子用做传送和获取信息的载体。而光子技术就是用于处理光子发生、光子存储、光子调制、光子显示、光子通信和光子探测的技术，因此，光子技术也就成为信息科学的重大支柱技术。

光子技术对信息领域产生的影响主要通过以下几个方面来体现：一是光运算速度远比电子计算要快得多，便于信息的快速处理。二是光存储设备信息容量大、存取速度快、成本低、应用范围广且不易磨损，不受外界磁场、温度影响，因此，光存储设备更可靠。三是光通信和光信息传输速度非常快，信息损耗几乎为零。四是光子技术的应用必将大大改善电子通信设备、电子计算机和电子仪器的性能，促使目前的信息技术跃进到一个新的水平，由此而显著地推进信息技术的快速发展和进步，并对信息技术和信息发展带来更为深远的革命性影响。因此，光子技术在信息技术中就占有了非常重要的地位。

11.4.2　信息处理技术

信息处理技术是信息的多技术集成，它主要包括信息获取技术、信息传输技术、信息加工技术、信息控制技术和信息虚拟仿真技术。

（1）信息获取技术。

信息既可以通过人的感官来获取，也可以通过技术设备来获取，但利用技术设备，获取的结果相对更客观、效率更高、质量更好。信息获取技术主要包括传感技术和遥感技术。其中，传感技术是利用各类传感器来获取和处理管理对象特征信息的技术；遥感技术是从远距离感知目标反射或自身辐射的电磁波、可见光、红外线等对目标进行探测和识别的技术。现代遥感技术主要包括信息的获取、传输、存储和处理等环节，其核心组成部分是获取信息的遥感器。

（2）信息传输技术。

信息传输技术包括通信技术和广播技术，但以通信技术为主。现代通信技术包括移动通信技术、数据通信技术、卫星通信技术、微波通信技术和光纤通信技术等。

（3）信息加工技术。

信息加工技术是对信息进行描述、分类、排序、转换、浓缩和扩充的技术，主要涉及三大技术，即整理加工技术、测量加工技术和统计加工技术。

整理加工技术是指运用科学的方法，对调研所采集的信息进行审核、检验和初步加工，使之系统化和合理化，并以集中、简明的方式反映调研对象总体情况的研究过程。信息整理加工时必须遵循的三个基本原则是定性资料和定量资料相结合、宏观资料和微观资料相结合、动态资料和静态资料相结合。

测量加工技术是针对研究资料的量化而言的，就是把需要研究的主题通过确定主题、定义问题、实施测量、检验结果这四个主要环节提炼成若干个可测量指标，然后对这些指标进行统计分析。分析中所要测量的不是研究对象本身，而是研究对象的某些特征或属性。

统计加工技术是运用统计学原理，对采集的数据资料进行综合处理，以揭示事物内在数量规律的过程和方法。在信息加工阶段，统计技术具体表现为对已经初步整理的数据资料进行加工概括，并用统计量对这些资料进行描述，主要包括：描述绝对数量的次数或频数，描述相对数量的比值、比率和指数，描述集中趋势的众数、中位数和平均数，以及描述离散趋势的比率、极差、标准差或方差、变异系数等。

（4）信息控制技术。

信息控制技术是利用信息控制系统使信息能够顺利流通的技术，控制系统的主体为计算机控制系统。利用计算机的控制系统，信息可以在预先编制好的区域存放，并可以按照预定的指令进行传输，实现信息的再扩展和再利用。

（5）信息虚拟仿真技术。

虚拟仿真技术是在多媒体技术、虚拟现实技术与网络通信技术等技术的基础上，将仿真技术与虚拟现实技术相结合，利用计算机生成一种模拟现实环境的技术。利用这种技术，用户可以通过视觉和听觉与虚拟环境进行交互对话，分析信息输入或输出后系统所做出的反应或实体在虚拟环境中的作用，以表现客观世界的真实特征。

11.4.3 信息应用技术

信息应用技术是针对各种实用目的，如信息管理、信息控制、信息决策而发展起来的具体实用性技术，它大致可分为两类：一类是管理领域的信息应用技术，如管理信息系统（management information system，MIS）；另一类是生产领域的信息应用技术，如计算机集成制造系统（computer integrated manufacturing system，CIMS）。

（1）管理信息系统。管理信息系统是一个以人为主导，利用计算机软硬件、网络通信设备及其他办公设备，进行信息收集、信息传递、信息储存、信息加工、信息维护和信息使用的系统。为了实现对信息的有效管理与控制，管理信息系统必须具备五项功能，即数据处理功能、计划功能、控制功能、预测功能和辅助决策功能。其中，数据处理功能是指在信息输入系统后，系统能对信息进行分类处理；计划功能是指系统能够根据现存信息提供相应的计划编制；控制功能是指系统能够根据提供的数据，对信息执行情况进行差异分析并给出分析结果；预测功能是指系统能够运用现代数学方法、统计方法或模拟方法，根据现有数据来推测未来状况；辅助决策功能是指系统能够采用相应的数学模型，从大量数据中推导出有关问题的最优解和满意解，辅助管理人员进行决策。

（2）计算机集成制造系统。计算机集成制造系统是在通信技术、计算机技术、自动控制技术、制造技术的基础上，将制造类企业中的全部生产活动（包括设计、制造、管理等）有机地集成起来，形成的一个实现整体集成化和智能化的生产系统。这个集成化和智能化的生产系统不仅把技术系统和生产系统集成在一起，而且把人的思想、理念及智能小型计算机也集成在一起，使整个企业的工作流程、物流与信息流都能保持通畅和相互联系。因此，计算机集成制造系统是人、经营和技术三者集成的产物。

从大系统组织理论角度来看，计算机集成制造系统由管理信息系统、工程设计自动化系统、制造自动化系统、质量保证系统等功能子系统组成，技术的关键是将各功能子系统有机地集成在一起，而集成的重要基础就是信息共享。

11.4.4　信息安全技术

信息安全技术是信息管理中保障信息处于安全状态的一种技术，主要包含密码技术、防火墙技术、主机加固技术、身份鉴别技术、访问控制技术、边界防护技术等多种技术。

（1）密码技术。密码技术是指通过信息的变换或编码，使不知道密钥的人不能解读所获信息，从而实现信息保护的技术。该技术包括两个方面，一是密码编码技术，二是密码分析技术。

（2）防火墙技术。防火墙是保护企业等组织内部网络免受外部入侵的屏障，是内外网络隔离层硬件和软件的合称。防火墙技术主要包括过滤技术、代理技术、电路及网关技术等。

（3）主机加固技术。主机加固技术是针对操作系统或者数据库不可避免地出现的漏洞，对操作系统和数据库进行漏洞加固和保护，从而提高系统抗攻击能力和信息保护能力的技术。

（4）身份鉴别技术。身份鉴别技术是用来确定用户或者设备身份合法性的技术，典型的手段有用户名口令、身份识别、证书和生物认证等。

（5）访问控制技术。访问控制技术是保证网络资源不被非法使用和访问的技术，它通过对主体访问客体的权限控制，限制非法者使用和访问系统信息资源。

（6）边界防护技术。边界防护技术是防止外部网络用户以非法手段进入内部网络访问内部资源，并保护内部网络操作环境的特殊网络互联设备技术，典型的设备有防火墙和入侵检测设备。

11.5 工程项目信息管理方法

11.5.1 工程信息管理模式

在工程项目管理中，对工程信息的管理主要是依托信息管理系统或信息管理平台来实现的。通过这一系统或平台，工程项目管理组织将工程项目的所有信息收集起来进行分析和处理，再把信息处理结果反馈给工程项目的有关方，这样，既可以实现对工程信息的有效管理，又可以发挥信息的有效作用，同时还可以为项目各参与方实现信息交流、信息共享、共同工作提供一个有效的工具。按照信息系统或平台的构建模式，工程项目信息管理的基本模式可分为以下三种类型。

1）PSW 模式

PSW 是 project special website 的简称，即项目专用平台，其含义是工程建设单位为了对工程项目的信息进行管理，专门建立一个内部网站。网站主管单位设置专门的网站服务器并开发出专用的信息管理系统，然后给工程项目的各个参与单位和有关人员配发相应的用户名和不同级别的使用权限，被授权的单位和个人即可登录信息管理平台，对有关信息进行管理和使用。与此同时，系统的设计、开发及维护工作完全由网站管理单位来承担。具体如图 11.1 所示。

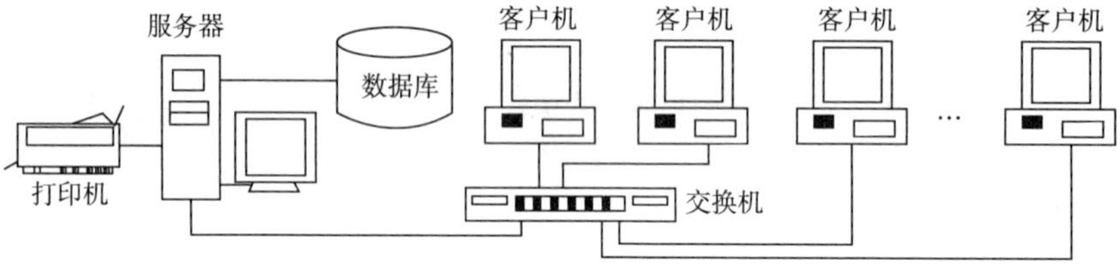

图 11.1 PSW 模式

采用这种模式时，建设单位一般负担较大，除需要自行开发系统管理软件或购买若干成品商业软件外，还得购买服务器、网络设备、系统保护或防病毒等软硬件，并需要经常性地进行系统维护工作。但对于长期从事工程建设的单位而言，可以在今后的工程中重复利用，因此，这种模式具有一定的优势。

2）ASP 模式

ASP 是 application service provider 的简称，即应用服务供应商，其含义是由某一专门从事信息管理和服务的营运商为工程项目提供一个公用网站，工程建设单位无须购置专门的服务器，信息系统也由营运商负责开发，工程项目各参建单位按照所分配的网址，即可进入信息管理平台，并对有关信息进行管理和使用。

这种模式的核心是在营运商与建设单位共同签署外包协议或合同的基础上，工程管理单位将其部分或全部与业务流程相关的应用委托给营运商，营运商不仅要负责应用程序的建立、维护与升级，还要对应用系统进行管理，并通过网络管理提交相应的服务，使用者则通过网络获取这些服务。同时营运商通常按照服务器的租用时间、数据占用空间大小来收取相应的费用。对于工程建设单位而言，这样尽管省心省力，但却是一次性的，工程项目结束后，系统管理的有关资源也将不复存在。

3）基于互联网的工程项目信息管理模式

对工程信息进行管理需要两个必备条件：一是必须有信息管理的功能，主要用来分析和处理信息；二是必须有信息传输和接收功能，即用来接收来自各方的信息和信息处理后的反馈与发送。在信息处理方面，既可以自行开发信息系统的管理软件，也可以直接购买商品化的项目管理软件，供项目参与方共同使用。但对于信息的接收和传输而言，可能就需要一定的途径，特别是拟实现远程信息的传输与控制时，就需要一个更为广泛的信息网络作支撑。为此，很多企业就基于互联网来构建工程项目信息管理系统，以此实现对工程项目信息的有效传输与互馈，如图 11.2 所示。但基于互联网的工程项目信息管理系统不是某一个具体的软件产品，而是基于互联网技术标准的项目信息沟通系统或远程协同工作系统。该系统可以在项目实施的全过程中。通过共用的文档系统和共享的项目数据库，对工程项目参与各方产生的信息进行集中式的管理、共享和传递（不是对信息进行加工和处理），从而实现信息的传输与接收。项目参与各方通过互联网及管理信息系统，即可实现信息的传输、查阅、浏览、分析与处理。因此，在互联网已经非常普及的时代，基于互联网的工程项目信息管理模式就成为当前最为常用的工程信息管理模式。

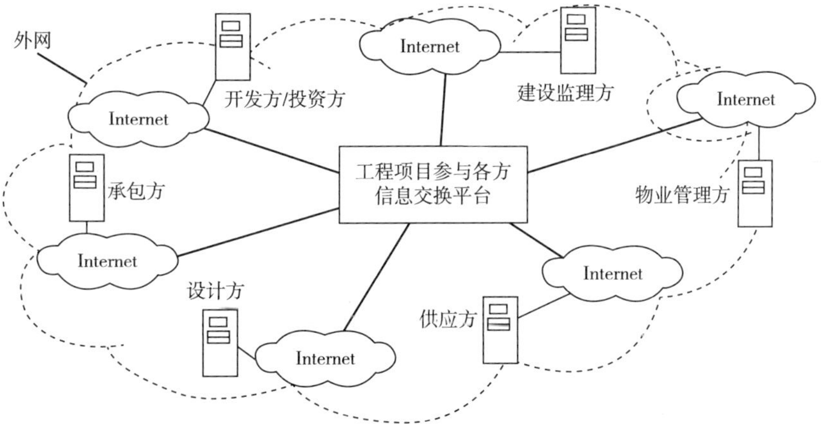

图 11.2　基于互联网的工程项目信息管理模式

11.5.2　工程信息管理流程

不论采用何种方式构建起工程项目的信息管理系统，之后更为重要的工作是要获取工程项目的有关信息，并在完成信息分析的基础上，利用信息分析结果为工程项目管理服务。由于在工程项目建设初始工程信息就开始不断地产生直至工程结束，因此，对工程信息的管理也将贯穿于工程建设的全过程。在信息的管理过程中，对信息进行管理的基本环节主要有信息采集、信息传递、信息存储、信息加工和整理、信息分析和处理、信息输出和反馈等方面。

（1）信息采集。在工程项目的不同阶段，工程项目的参与方和工作内容有较大的差别，因此，在采集工程项目的信息内容、种类、数量和方式等方面也有很大的不同。例如，在工程项目的决策阶段，收集的信息主要有项目相关市场方面的信息、相关政策法律方面的信息、新技术和新工艺方面的信息、工程建设环境方面的信息。在工程项目的准备阶段，收集的信息主要有工程设计信息、工程组织管理信息、工程技术文件信息、工程概预算信息、工程相关参与单位信息、招投标信息、合同法律法规等信息。施工阶段收集的信息则主要集中在工程质量、进度、费用、安全、风险、物资供应、资源保障等方面。竣工阶段收集的信息主要集中在工程验收、工程结算、工程试运行、工程移交、工程遗留问题处理、工程索赔、档案资料等方面。这些信息既可以通过仪器、设备、工具等方式来采集，也可通过文字描述、图像拍摄等方式来获取。信息采集的原则主要是及时、全面、正确和可靠，以确保信息的有效性。

（2）信息传递。信息的传递既可以与信息采集同步，也可以在信息采集完成后再通过人工方式或其他方式进行传输。在信息传输方面，目前越来越倾向于无人工介入下的信息自动传输，其原因主要有两个方面：一是工程信息量较大，给工程项目管理者带来较大的工作负担且效率较低；二是在人工介入的情况下可能出现人为的信息干扰，降低信息的真实性和可靠性。因此，在工程信息传输方面，应尽可能地采用仪器设备来完成信息传输这一工作。

（3）信息存储。工程项目信息的存储需要预先建立统一的数据库，然后按照统一的信息编码和存放规则，以文件的形式组织在一起，实现所有信息的规范化存储与管理。在此方面，可以采用国家统一的信息编码和管理规则，确保所有工程信息数据的唯一性和可靠性。

（4）信息加工和整理。信息的加工和整理过程主要有信息筛选、去除冗余和分类整理三个步骤。信息筛选是根据信息使用需求，从所获取的信息中选择有价值的信息；去除冗余是通过对比法、核查法、专家评估等方法开展信息鉴别，去除虚假和无用信息；分类整理是按照信息管理和存储规则，合并、排序和汇总所有信息，以便各类管理人员使用。

（5）信息分析和处理。工程项目所获取的信息是信息的初始形式，信息中所包含的若干参数、数据所代表的含义才是管理工程项目的依据或最有价值的内容。因此，项目管理者可以将信息管理系统中存储的信息调取出来，根据管理需求，采用系统预存的分析模型或输入的分析模型进行数据分析，并根据分析结果给出相应结论，以便在工程项目管理中参鉴和使用。

（6）信息输出和反馈。在完成信息分析后，信息分析的结果既可以存放于信息系统之中，也可以根据管理需求发送到有关人员的指定信息接收处，还可以直接通知和告知有关人员。这些方式都是信息输出的方式，最终采用哪种方式可以根据管理需求来确定。

11.5.3 工程信息管理的基本条件

若要采用工程信息管理模式和工程项目信息管理流程对工程信息进行有效的管理，

还必须具备若干条件，如为了使所采集的信息能够在信息系统中顺利地调配和使用，就必须实现工程信息的电子化和数据化；为了使所采集的信息能够满足信息系统的分析和处理要求，所有的信息结构必须采用预定的标准化格式；为了使项目参与各方获取工程信息，就必须要求各方有相应的信息设备；等等。只有具备了这些条件，才能实现对工程项目信息的有效管理和控制。

（1）信息数据的电子化。若要将工程项目采集的所有信息存入信息系统之中，并利用这些信息进行基于计算机的应用，就必须将所有信息转换为电子文档，否则，就无法实现信息管理的计算机化。因此，信息数据的电子化就成为实现工程信息管理必须具备的基本条件之一。

（2）信息格式的标准化和规范化。不论是在信息的分析与处理过程中，还是在信息的传递与反馈过程中，信息系统的分析模型和传递方式都对信息格式提出了一定的要求。当信息格式不符合信息分析模型和信息传递格式的要求时，系统分析模型就无法进行信息分析工作，或是传出的结果无法查看和利用。因此，信息格式的标准化和规范化就成为开展信息管理必须具备的另一个基本条件。

（3）项目参与各方都要有相应的信息进出媒介。工程建设项目各参与方若要传输或接收工程项目管理信息，就必须有各自的信息进出媒介，这个媒介既可以是计算机，也可以是手机、Ipad、ITunes、移动载体上的信息接收设备或其他信息接收体。只有这样，才能实现项目参与方之间的信息传输与相互联系，并实现工程信息的现代化管理与控制。

11.6　工程项目信息管理模型

尽管工程项目的信息贯穿工程项目的始终，工程项目信息量也相对较大，但并非所有工程项目对信息的管理都采用基于计算机的信息管理模式。对于一般小型工程项目而言，为了节约工程成本，有些依旧采用传统的纸质方式来收集、存储、分析、处理和传递工程信息。还有一些中小型工程项目，虽然采用计算机管理工程信息，但只是将信息简单地存储于计算机的硬件之中，信息的分析与处理也主要是利用现有的文档处理工具，如 word、excel、photoshop、smartdraw 等，信息的传输也主要是借助于 E-mail 来完成，并没有开发专门的信息管理系统，并且这种处理方式在工程项目的信息管理中占有极大的比例。但对于大型或特大型工程项目而言，由于有众多的工程项目参与方，工程信息量也远远多于中小型工程项目的信息量，非人工方式可以实现对信息的有效管理和处理，因此就需要根据工程项目管理需求来构建相应的工程项目信息管理系统，并据此实现对工程信息的有效管理与控制。

从近些年我国工程项目信息系统的应用现状来看，工程项目信息管理主要集中在对工程项目的质量、进度、费用和安全这几个方面，或是将这些管理对象集成起来，构建起工程项目信息管理系统或平台。这些平台或系统的信息管理模型主要有以下几种。

11.6.1 大型建设工程项目管理平台

大型建设工程项目管理平台是一款针对大型、特大型工程项目信息管理的工具，是集工程概况查询、档案信息处理、项目分析评价、预报信息传输、图纸文档管理、公示通告发布及密码修改重置等多功能为一体的工程项目集成管理系统。该平台主要由工程概况、信息系统、分析系统、预报系统、查询系统、公示通告和密码修改七大模块构成。其中，工程概况主要是介绍大型工程内含各子类工程的工程名称、工程投资、工程规模、工程内容、工程时间、建设地址、建设单位、设计单位、施工单位、监理单位等工程基本内容。信息系统主要是收集和处理各类工程详细的工程设计、施工方案、工程合同、材料设备、工程质量、工程进度、工程费用、工程风险、工程安全等电子信息。分析系统主要是用于分析和评判工程项目实施过程中的各个管理对象并给出相应的分析结果。预报系统则是根据系统分析结果，为工程项目管理者就各类工程施工中存在的工程质量、工程进度、工程费用、材料设备、安全状况等问题给出相关建议和项目发展趋势预测。查询系统是用于查询各类工程详细的工程设计、施工方案、工程合同、材料设备、工程质量、工程进度、工程费用、安全状况等原始文档和影像记录。公示通告则是根据管理需求，动态显示各类工程的有关通知、通告及通知和通告的相关人、相关要求等信息。密码修改则是不同级别的用户自行修改进入系统的密码的入口，以确保用户登录信息的安全性。该管理平台的结构组成如图 11.3 所示。

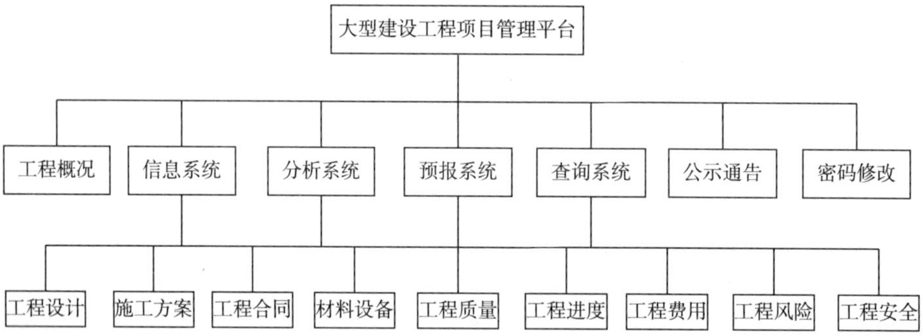

图 11.3 大型建设工程项目管理平台

在使用中，该管理平台不仅可为工程项目管理者全面有效地管理和控制工程项目提供一个多方协作的工作环境，而且针对工程项目管理需求，专门增加了对工程项目实施即时动态管理的项目分析和预报模块。因此，工程项目管理人员可根据该平台信息系统所提供的动态即时数据，对工程的质量、进度、费用、安全、风险、材料、能源等管理对象进行有效的管理和控制，使工程项目始终处于一种高效的管理状态，从而达到对工程项目实施有效监管的目的，为企业提高工程项目管理水平和经济效益提供有力的保障。

11.6.2 工程项目全寿命信息交流平台

工程项目全寿命信息交流平台是一个从工程项目整个建设过程角度来构建项目参与

各方通过协同作业改善信息的创建、分享与过程管理，从而达到提高工程管理、决策的能力与水平的信息管理系统。

在工程项目设计文件信息的处理方面，该信息交流平台以 CAD 为基础工具，因此，工程技术人员利用这一工具进行工程设计和审图，在后续的工程设计修改、变更、编制工程施工方案等方面，也主要是以此为信息交流工具。但在开展工程招投标和合同管理方面，依旧采用传统的管理方式，还没有实现技术文件的系统性整合。

在工程施工过程中，该信息交流平台主要构建起一个多方交流和协同工作的平台。针对工程施工中出现的问题，项目管理者利用该平台来实现所有信息的快速传输与共享，避免项目参与各方因信息缺失而产生误解，或引发工程项目的冲突与矛盾；并通过相互之间的高效交流与沟通，实现工程项目的协同化作业。

在交流平台的搭建方面，工程项目全寿命信息交流平台主要是采用专业数据资源服务的电子商务模式，以便工程项目参与各方能够随时随地获取信息资源并开展充分的信息交流。为此，有些工程还专门设立了强大的信息发送平台，避免信息交流中出现断点和滞后，减少低效因素，优化信息衔接环节，提高项目参与各方之间的可视化程度以及协同工作效率和快速反馈能力，为充分发挥工程信息的作用、有效解决工程实际问题提供有力的保障。

11.6.3　基于 BIM 技术的工程项目管理信息系统

BIM 是 building information model 的简称，即建筑信息模型，它是随着信息技术在建筑业中的应用而发展起来的。它可将数字化的三维建筑模型作为核心应用于工程项目的设计、施工管理等过程中，并以模型中的各种数据为参数，定义和创建工程项目的有关信息，实现从二维到三维、从图形到模型的转变。

系统数据的来源主要是系统中预先存储的工程三维信息模型。该模型由专业设计人员用专业软件编制而成，目前最常使用的软件主要是美国 Autodesk 公司的 Revit 软件。该软件结合了 AutodeskRevit Architecture 和 AutodeskRevit Structure 软件的功能，可帮助建筑设计师设计更完美的建筑与结构。当工程设计人员进行工程设计时，通过点阵、线条、符号等图形绘制出工程模型，这些图形同时在计算机的数据库中形成了包含工程实体的各种信息数据，并存储于信息系统的数据库中，形成信息模型。当工程项目管理人员需要获知有关信息时，通过信息调用即可获知工程实体的有关数据。信息模型能够将工程实体所包含的建筑构件详细地罗列出来，并给出具体的项量及相关数据，通过信息格式的设置，还可以表格的形式显示出来。当工程项目发生若干变化后，通过对信息模型的修改、补充和完善，工程中新的信息也一并存入信息系统之中，并可在信息管理系统中的其他模块中同时显示出来。

在工程信息的管理中，项目样板文件担负着非常重要的作用，它用统一的标准设置了所有信息的基本格式以及几何图形。这种统一模式不仅为工程设计提供了极大的便利，也为今后显著提高信息分析和处理效率奠定了有利的基础。以该技术为基础，工程建设管理单位可以在整个工程建设中使用一致的信息来管理工程项目，同时还可以通过精确的工程外观可视化来支持更好的信息交流与沟通，并且能以更真实的效果让工程项目管理者了解工程项目成本、工期与环境等其他因素之间的相互关系与影响，为提高工程项目管理水平提供有益的指导和帮助。

然而，由于软件功能的限制，基于 BIM 模型产生的数据主要是工程建筑实体和构件的基本数据，与工程项目管理、施工组织、材料供应、安全管控等方面有关的所需信息还不能一并产生。因此，当采用这种模式构建工程项目管理信息系统时，就需要对其进行必要的改进和完善，以满足工程项目的实际管理需求。

11.6.4 基于电子商务的工程项目信息管理模型

电子商务是以微电脑技术和网络通信技术为手段进行的商务活动，是传统商业活动各个环节的电子化、网络化和信息化行为。电子商务可以分为狭义电子商务和广义电子商务，其中，狭义电子商务是指通过使用互联网等电子工具进行的商务贸易活动；广义电子商务则是指利用多种网络所开展的业务性活动。以此为基础，当这种活动应用于工程项目管理之中，就被称为工程项目的电子商务。

与其他电子商务不同的是，在工程项目的电子商务活动中，参与项目的活动方主要是工程项目的建设方、投资方、施工方、监理方、设计方和物资供应方。以这些项目方为主体，通过电子商务这个平台，就可以把工程设计市场、承发包市场、建筑材料市场、设备租赁市场、建筑劳务市场、建筑技术市场、技术培训市场，甚至资金融集市场等多个具有商业性的主体整合到一起，为工程项目建设所需资源快速找到最佳的结合点。同时，工程项目参与各方也能从这个商务大平台中及时获取所需要的各种信息，并开展相互之间的信息交流与沟通，为工程项目管理提供最直接的服务。由此可以看出，基于电子商务的工程项目信息管理是对工程项目进行的多方位、动态化、多层次信息交流与共享，是对工程项目参与各方多种信息资源的整合以及业务流程整合。从工程实际使用的情况来看，这种信息管理模型在工程项目的招投标和物资采购方面具有较大的优势，不仅可以从中选择更有实力的工程建设参与方，而且还可以为工程项目提供更广泛的社会资源。因此，在一些具有显著社会化、公益化或国际化的工程项目信息管理中，该模型具有一定的优势。

此外，在此技术上，工程项目管理者还可以在管理信息系统中嵌入若干专业管理软件，为工程项目提供文档管理、质量管理、进度管理、费用管理、安全管理、在线讨论、信息发布、计划跟踪、远程监控等功能，并预留出工程信息管理的扩展空间，为工程项目管理提供更满意的服务，使工程项目的信息管理功能更多，管理能力更强。

11.7 若干工程项目信息系统软件简介

由于信息系统在工程项目管理中能为提高工程项目的管理水平和有效解决工程实际问题发挥较大的作用，因此，国内外已涌现出很多种工程项目管理软件。并且随着科学技术的不断发展与进步，工程项目管理已越来越向远程化、集成化、信息化和虚拟化的管理方向发展，为此，一些具有新特点、新功能、新模式的工程项目管理软件也不断地被开发出来并应用于工程项目管理之中。可以说，采用管理系统软件对工程项目的信息进行管理已成为工程项目信息管理的必然发展趋势。

11.7.1 Microsoft Project 软件

Microsoft Project 软件是 Microsoft 公司研发的项目管理系统，是应用最普遍的项目管理软件之一。它的前期版本 Project 4.0、Project 98、Project 2000 已在我国得到了广泛的应用，很多工程项目管理者对其性能与特点有着较为详细的了解，并可较为熟练地使用。2003 年，Microsoft 公司又推出了最新的 Project 2003（简称 P3），并由 Project standard 2003、Project professional 2003、Project server 2003 和 Project web access 组成，具有更强大的功能。该软件特点和功能具体如下。

（1）强大的多项目处理能力。该软件可将包含多个子项的大型工程项目进行系统划分，按 WBS 开展系统结构分解。分解后的子项形成基础单元后，再逐层、逐级地集成，形成大型工程项目的整个系统，为实现工程项目的系统化管理提供依据。

（2）多用户并行作业。面对多个用户对信息管理的需求，P3 可以实现高度密集的信息管理，可以让多个用户同时获取或处理同一信息并支持项目文档资源的共享，也可以同时保障各自信息处理的结果的独立性和相互之间的交互性。

（3）全周期管理。该软件的设计内容包含工程项目的所有阶段，是一个较为系统全面的工程项目管理信息系统软件。它可以支持工程项目从项目初始至结束的所有工作，并对项目中需要同时管理项目多个内容的单位提供多个用户的多种管理和分析工具。

（4）数据自动接收和传输。P3 不仅可以输出传统的 Dbase 数据库、lotus 文件和 ASC 11 文件，也可接收和存储由其他系统发来的其他类型文件，并通过 Windows 实现文件格式的相互转换。

（5）项目计划优化。在完成工程计划的编制后，P3 还可以对计划进行优化，并作为目标进行保存。其根据工程项目实际输入的信息，与当前的计划和资源使用情况进行比较，给出工程项目超前、滞后或按计划进行的状况。

（6）资源平衡调配。P3 可以工程项目资源计划为基础，根据工程项目的进度情况，对项目资源进行资源消耗模拟，并对消耗状况给出更优的资源平衡调配结果，供工程项目管理者参考和使用。

（7）项目风险分析。当工程项目中的成本和进度出现偏差时，P3 可以自动产生问题，帮助项目经理在任何时候及时发现问题并对问题进行分级处理，将工程项目的风险管理与风险评价结合起来，给出相关意见和建议。

（8）多种报表的自动生成。P3 可以根据工程项目的实施状况，自动利用丰富的图表和电子数据生成多种工程管理报表，并根据系统设置进行比较和分析，形成相应的项目管理方案。

11.7.2 Buzzsaw 管理软件

Buzzsaw 是美国 Autodesk 公司开发的一种适合工程项目参与各方管理人员进行在线管理和协同工作的系统，使用该系统可以让项目参与各方更加高效地开展相互间的工作交流，减少由于沟通不畅导致的错误，缩短工程项目管理时间，提高团队的相互配合能力和对项目的控制能力。该软件具有以下几个方面的特点。

（1）具有存储完整的项目资料信息中心。在工程资料管理方面，该软件提供的项目资料管理方式具有集中化（所有项目资料集中存放）、标准化（所有项目资料管理模式和文件类型采用统一模板）、数字化（减少打印投递作业和费用）、一致性（所有项目成员获取同样的信息）、安全性（多级权限控制）、可检索（具有多种查询方法）和再利用（项目资料的多次重复利用）的特点。

（2）具有高效的协同作业平台。工程项目参与各方在确定相互间的合作关系后，即可在不同地区使用不同的语言随时上网交流，系统可自动给对方发出 E-mail，对交流信息进行自动跟踪、汇总和记录。

（3）具有检查项目进展动态追踪的功能。对于工程项目管理来讲，最大的问题就是如何随时随地看到每个项目成员和每个事件的执行情况。对此，该软件可以为工程项目不同类型的管理人员提供工程项目进展状态的动态显示情况，并给出必要的参数。

（4）具有项目文件浏览和批注功能。针对工程项目中的各种文件、传真、照片、图纸等，该软件不仅可以浏览各种格式的文件，而且实现了与 office 软件和 AutoCAD 的无缝连接，可以允许项目管理者对文件进行红线批注，给出相应的问题指向。

（5）提供了良好的项目作业界面。该软件结合工程管理所需，在项目作业界面提供了更为便利的资料查阅、内容浏览、日志记录、自动通知等功能，使工程项目管理者可以随时访问项目信息，建立自己的客户化观察方式，实现瞬间监控和管理多个项目，更好地做出项目决策。

（6）更强大的过程控制能力。在工程项目管理过程中，项目管理者可以通过该软件的自定义和自优化工作流程，不断改善工程项目的控制能力，并实现工作责任指派和实施情况的全部跟踪，提高工程项目的全程控制能力。

但使用该软件时，项目成员需要登录专门的 Buzzsaw 项目管理平台来访问相应的系统站点，工作的界面也必须是 Buzzsaw 项目管理平台设定的专用界面，获取文件时也需要向站点管理员提出专门的申请。因此，该软件的使用有一定的约束性。

11.7.3 梦龙智能项目管理系统

梦龙智能项目管理系统是一款国内企业开发的工程项目管理软件。该软件主要包括工程项目管理动态控制、合同管理和定额管理三大部分。其中，工程项目管理动态控制是利用数据库信息，按时间段为各项工作分配项目资源，对工程项目的进度及其相应资源进行分析。合同管理系统则提供了大量的合同模板和内容丰富的知识库，可以帮助用户制作格式规范、内容齐全、符合法规的合同，并具有合同起草、动态控制、法律法规查询等功能，为工程项目管理者管理合同提供依据。定额管理系统主要含有定额管理、材料管理、信息管理和取费表维护四个部分，同时在此系统中可以建立企业内部定额，为企业参与项目招投标提供专业依据。特别是在以下几个方面，该软件具有较强的功能。

（1）图形编辑。该系统能够在计算机触摸屏上直接实现工程文档的任意编辑、调整、删改、分并、检查和计算功能，并且操作灵活简便，无须工程管理人员具备很强的计算机文字和绘图知识，即可实现工程资料的编写和存储。

（2）多种图形转化方便。该系统能够以网络图为基础，通过人工指令快速生成其他各种图形，并能在保证正确逻辑关系的前提下，任意修改和增删图形。同时，可在图形确定的状态下进行资源分配、分析，并输出相应的报表和图形。

（3）统计功能较为强大。该系统可以对工程项目的各种参数进行专业统计分析，并以图表方式灵活地反映到信息系统的界面。如果项目管理者需要对工程实际数据进行对比性分析，还可与预定计划进行比较，并给出相应的分析结果。

（4）图形彩色输出无级缩放。该系统具有很强的输出功能，能够利用打印机或绘图仪灵活地输出各种网络图、资源分配图及网络计算成果表。利用彩色打印可以实现打印幅面的无级缩放，满足工程项目不同层级的各种管理需求。

（5）工程进度即时展现功能。该系统只要获得当前所完成的所有工序实际进度，就可立刻显示所有工序累积形成的网络进度图，给工程项目管理者最为直观的工程项目进度实际感受，并可在编辑状态下进行适度的调整和计划修改，编制出工程项目的下一步进度计划。

但由于该软件还没有把工程项目的所有管理对象进行集成，因此，在分析、处理和管控工程项目等方面还需要不断地改进和完善。

第12章

工程项目招投标管理

工程项目招投标是在市场经济条件下，工程建设单位为实现工程项目的建设目标，综合考虑工程项目的各种因素，从工程建设需求角度运用竞争机制来选择工程项目参与各方，并获取最佳资源组合的一种工作方式。从工程项目系统管理的角度出发，工程项目招投标是归属于工程项目准备阶段的一项主要工作，工作的主要内容包含工程设计招投标、工程监理招投标、工程施工招投标和工程物资采购招投标。

12.1 招投标的基本概念

12.1.1 招投标及其基本原则

工程项目招投标包含工程项目招标和工程项目投标两个部分，是市场经济条件下开展工程建设、货物买卖、中介服务等工程经济活动的一种竞争性交易方式。其中，招标是指工程建设单位（招标人）在设定拟建工程项目的功能、质量、期限和价格为主要标的的基础上，用相应的文件格式进行公告，约请若干工程设计、监理、施工、物资供应等单位（投标人）参与工程项目未来建设的活动。投标是指对拟建工程有兴趣的单位在获知工程项目的招标通知或公告后，按照招标人规定的条件提出参与工程项目实施计划并交给投标人评审的活动。在此基础上，招标人以投标人的投标文件为依据，通过对多家单位之间的相互比较与竞争，从中选择信誉可靠、技术能力强、管理水平高、报价合理并最合适工程建设的单位作为项目参建人，与其达成交易协议并签订合同，随后按照签订的合同实现工程项目的建设目标。由此可知，工程项目的招投标是由工程项目招标和投标共同组合形成的工程项目管理活动。

在工程项目的建设活动中，工程项目招投标在工作性质上属于工程经济活动，但与其他工程项目活动相比，该活动却是一项与法律法规紧密相关的工作，对此，我国还专门制定了《中华人民共和国招标投标法》（简称《招标投标法》）。因此，当开展工程项目的招投标工作时，必须遵守工程建设法律法规等规则。其中，最为重要的就是要坚持公开、公平、公正和诚实信用的原则。

（1）公开。公开原则是指在开展工程项目招投标前，要公开招标信息；在开展工程项目招投标过程中，要公开评标的原则和方法；在完成工程项目招投标后，要公开开标结果。

（2）公平。公平原则是指在资格预审和招标文件中不应设置地域和行业保护条件，资格预审和评标条件应一视同仁，给有资格的投标人平等的竞争机会；招标文件应包括足够的信息，以便投标人能够进行合理的投标报价；给每一位投标人相同的信息资料，如需修改或补充招标文件，应同时发送给每一位投标人，以维持公平竞争的原则。

（3）公正。公正原则是指招标文件中的规定对招标人和投标人均具有约束力，评标时既不应设置歧视性的评标比较条件，也不允许再增加招标文件中未说明的要约作为评审条件。

（4）诚实信用。诚实信用原则是指招标文件中不应隐瞒可能对投标人实施项目不利的重要事实或资料，应严格按照招标文件中规定的程序和条件进行评标。

12.1.2　招标范围

虽然工程项目有多种类别，但并不是所有的工程项目都需要开展招投标工作。对此，我国《招标投标法》第三条规定，在中华人民共和国境内进行下列工程建设项目，包括项目的勘察、设计、施工、监理以及与工程建设有关的重要设备、材料等的采购，必须进行招标。

（1）大型基础设施和公用事业等关系社会公共利益与公众安全的项目。由于大型基础设施、公用事业项目的建设质量关系公众的安全和社会公共利益，为此，我国《招标投标法》规定，对于大型基础设施和公用事业项目，不论其建设资金来源如何，都必须依照本法规定进行招标投标。其中，所谓基础设施是指为国民经济各行业发展提供基础性服务的铁路、公路、港口、机场、通信等设施；公用事业是指为公众提供服务的自来水、电力、燃气等行业。

（2）全部或者部分使用国有资金投资或者国家融资的项目。由于国家资金主要来源于各项税收和政府性收费，涉及全体纳税人和全社会成员的共同利益，因此，我国《招标投标法》规定，要对使用国有资金投资或者国家融资的项目进行招投标，以保证国家资金的合理有效使用。在此，全部或部分使用国有资金投资或国家融资的项目包括：使用各级政府的财政拨款建设的项目，使用纳入财政预算管理的各种政府性基金，如铁路建设基金、公路建设基金、三峡工程建设基金、电力建设基金、水利建设基金等的工程建设项目，使用各级政府及政府部门的预算外资金建设的项目和国家政策性银行贷款等的建设项目。

（3）使用国际组织或者外国政府贷款、援助资金的项目。改革开放以来，我国开始利用包括世界银行、亚洲开发银行、日本海外经济协力基金等在内的一些国际金融组织和外国政府的贷款与援助资金来从事工程建设与开发，并且使用国际组织或者外国政府贷款、援助资金的项目规模逐年扩大。但是，由于这部分资金的获取是由我国政府有关部门作为对外借款的窗口单位，由国家实行统借统还或者由国家财政承担还款担保责任的，因此，这类国际金融组织和外国政府的贷款实际上已成为我国广义国有资金的一部分。为了保证这些资金的合理有效使用，我国《招标投标法》也将使用国际组织或者外国政府贷款、援助资金的项目纳入强制招标投标的范围。

与此同时，凡涉及国家安全或者有特殊保密要求的工程项目、工程项目的勘察和设计采用特定专利或者专有技术的工程项目则可不用招标。

12.2 招标方式及其组织监督

为了规范招标投标活动，保护国家利益、社会公共利益和招标投标活动当事人的合法权益，提高工程经济效益，保证工程项目质量，我国《招标投标法》规定，工程项目招标投标的方式主要有两种，即公开招标和邀请招标，并且在工程项目招标投标活动中，招标投标活动及其当事人应当依法接受监督。

12.2.1 公开招标和邀请招标

1）公开招标

我国《招标投标法》规定，公开招标是指招标人以招标公告的方式邀请不特定的法人或者其他组织的投标活动。采用公开招标时，招标单位要在规定的渠道发布工程招标信息，简述招标工程的名称、性质、规模、建造地点和建设要求等主要事项，公开邀请对该招标项目感兴趣的潜在投标人参加投标竞争。所以，公开招标又称无限竞争性招标，凡有兴趣的单位或组织，不受地域和行业限制，均可以申请投标。

采用公开招标的优点是，招标人可以在较广的范围内选择承包单位，有利于招标人在众多的投标人中选择出报价合理、工期较短、有较强实力也适合承担工程项目建设且信誉良好的承包人。但公开招标也存在着一些缺点，如招标成本大、对投标申请单位进行资格预审的工作量较大、评标时间相对较长、投标竞争可能会相对激烈。并且在工程项目的实际招投标中，还可能会出现资格审查合格后，参加评标的单位不能满足最基本的评标单位数量要求，或有些单位没有按规定时间参加投标竞争等现象。目前，国家大型工程项目，尤其是使用世界银行、亚洲开发银行或其他国际金融机构贷款建设的工程项目，都必须通过公开招标的方式选择工程承包商。

2）邀请招标

我国《招标投标法》规定，邀请招标是指招标人以投标邀请书的方式邀请特定的法人或者其他组织的投标活动。采用邀请招标时，招标人根据自己了解和掌握的信息、过去与承包人合作的经验或咨询机构提供的情况，有选择地向预先确定的若干家承包单位发出投标邀请函，就招标工程的内容、工作范围和实施条件等做出简要说明，邀请他们参加投标竞争。被邀单位愿意参加投标后，从招标单位获取招标文件，并在规定时间内进行投标。一般来讲。邀请招标的邀请对象数目以 5~10 家为宜，但不应少于 3 家，否则就失去必要的对比性。由于未受到邀请的单位不能参加投标，因此，邀请招标也称有限竞争性招标。

与公开招标相比，邀请招标不需要发布招标公告，不进行资格预审，简化了招标程序，因此，节约了招标费用，缩短了招标时间。虽然未设置资格预审程序，但由于对投标人在施工经验、技术力量、财务能力和信誉等方面的业绩与履约能力比较了解，减少了合同履行过程中承包商违约的风险。与此同时，为了体现公平竞争和便于招标人根据各投标人的综合能力进行选择，仍要求投标人按招标文件中的有关规定，在投标书内报送有关资质材料，并作为评标时的资格评审材料。但这种方式也存在若干缺点，主要是由于投标竞争激烈程度不高，有可能提高中标的合同价，也可能将一些有竞争实力的潜在投标人排斥在外。为此，国家重点项目和地方重点项目以及全部使用国有资金投资、国有资金投资占控股或主导地位的项目应当公开招标，不宜采用邀请招标。必须采用邀请招标的，必须经过国务院发展计划部门或者地方人民政府批准后方可进行。

12.2.2　招标机构

为了开展工程项目的招投标工作，需要有相应的单位来从事此项工作，对此，我国《招标投标法》规定，招标人具有编制招标文件和组织评标能力的，可以自行办理招标事宜。若不具备此能力者，招标人有权自行选择招标代理机构，并委托招标代理机构办理招标事宜，任何单位和个人不得以任何方式为招标人指定招标代理机构。

招标代理机构是依法设立并从事招标代理业务及提供相关服务的社会中介组织。当招标代理机构从事招标代理业务并提供相关服务时，需要有从事招标代理业务的营业场所和相应资金，具备能够编制招标文件和组织评标的相应专业力量，其评标委员会由招标人的代表和有关技术、经济等方面的专家组成，成员人数为五人以上单数，其中技术、经济等方面的专家不得少于成员总数的三分之二。这些专家应当是从事相关领域工作满八年并具有高级职称或者具有同等专业水平的专业技术人员。在开展招投标工作时，这些专家应从国务院有关部门或者省（自治区、直辖市）人民政府有关部门提供的专家名册或者招标代理机构的专家库内随机抽取确定，特殊招标项目可以由招标人直接确定。

对于专门从事工程建设项目招标代理业务的招标代理机构，我国《招标投标法》规定，招标代理机构的资格需由国务院或者省（自治区、直辖市）人民政府的建设行政主管部门认定。工程招标代理机构资格分为甲级、乙级和暂定级。其中，甲级工程招标代理机构可以承担各类工程的招标代理业务，其工程招标代理机构资格由国务院建设主管部门认定。乙级工程招标代理机构只能承担工程总投资 1 亿元以下的工程招标代理业务。暂定级工程招标代理机构只能承担工程总投资 6 000 万元以下的工程招标代理业务。乙级和暂定级工程招标代理机构资格由工商注册所在地的省（自治区、直辖市）人民政府建设主管部门认定。申办工程招标代理机构所需具备的基本条件如下：①具有独立法人资格，是依法设立的中介组织；②与行政机关和其他国家机关没有行政隶属关系或者其他利益关系；③有固定的营业场所和开展工程招标代理业务所需设施及办公条件；④有健全的组织机构和内部管理的规章制度；⑤具备编制招标文件和组织评标的相应专业力量；⑥具有可以作为评标委员会成员人选的技术和经济等方面的专家库；⑦法律、行政法规规定的其他条件。

在此基础上，申请甲级工程招标代理资格的机构，还应当具备下列条件。

（1）取得乙级工程招标代理资格满 3 年。

（2）近 3 年内累计工程招标代理中标金额在 16 亿元以上。

（3）具有中级以上职称的工程招标代理机构专职人员不少于 20 人，其中，具有工程建设注册执业资格人员不少于 10 人（其中注册造价工程师不少于 5 人），从事工程招标代理业务 3 年以上的人员不少于 10 人。

（4）技术经济负责人为本机构专职人员，具有 10 年以上从事工程管理的经验，具有高级技术经济职称和工程建设注册执业资格。

（5）注册资本金不少于 200 万元。

申请乙级工程招标代理资格的机构，应当具备下列条件。

（1）取得暂定级工程招标代理资格满 1 年。

（2）近 3 年内累计工程招标代理中标金额在 8 亿元以上。

（3）具有中级以上职称的工程招标代理机构专职人员不少于 12 人，其中，具有工程建设注册执业资格人员不少于 6 人（其中注册造价工程师不少于 3 人），从事工程招标代理业务 3 年以上的人员不少于 6 人。

（4）技术经济负责人为本机构专职人员，具有 8 年以上从事工程管理的经历，具有高级技术经济职称和工程建设注册执业资格。

（5）注册资本金不少于 100 万元。

新设立的工程招标代理机构具备申办工程招标代理机构的基本条件和申请乙级工程招标代理资格中（3）、（4）、（5）项条件的，可以申请暂定级工程招标代理资格。

成立工程招标代理机构后，工程招标代理机构在其资格许可和招标人委托的范围内跨省（自治区、直辖市）开展招标代理业务时，任何单位和个人不得非法干涉。同时，招标代理机构代理招标业务时应当遵守《招标投标法》的规定，不得在所代理的招标项目中投标或者代理投标，也不得为所代理的招标项目的投标人提供咨询。

12.2.3 招投标监督

为了确保工程招投标工作及其结果的合法性，对于国家出资融资的、经国家投资主管部门审批或审核后报国务院审批的建设工程项目，在工程项目的招投标过程中，国家投资主管部门还将组织有关人员对工程项目的招投标过程进行监督检查，确保工程项目的招投标符合公开、公平、公正和诚实信用的原则。

（1）督查方式。督查人员对工程项目招投标的督查方式主要有经常性督查和专项性督查两种方式。经常性督查是对工程项目招投标活动全过程的跟踪监控和检查；专项性督查是对工程项目招投标活动的随机性抽查。经常性督查项目由国家投资主管部门确定。对于这些项目，招标人应当根据核准的招标事项编制招标文件，并在发售招标文件前 15 个工作日将招标文件、资格预审情况和时间安排及相关文件报国家投资主管部门备案。招标人确定中标人后，应当在 15 个工作日内向国家投资主管部门提交招标投标情况报告。

（2）督查内容。在工程项目招投标的过程中，督查人员将依据国家有关招标投标的法律法规对工程项目招投标活动进行监督和检查，监督检查的内容主要有：检查招标投标当事人和其他行政监督部门有关招标投标的行为是否符合法律法规规定，检查和核实招标投标的有关文件资料是否真实合法，检查招标公告是否合规，检查工程项目招投标过程中的资格预审、开标、评标、定标过程是否符合招标文件和资格审查文件的有关规定，参加与招标投标事项有关的重要会议，监督工程项目的开标，现场查验和核实招投标结果的执行情况。

（3）督查人员的行为规定。尽管督查人员在工程项目招投标过程中有较大的监督检查权，但为了保证工程项目招投标工作的顺利进行，我国《招标投标法》也对监督人员做出了相应的规定，明确指出工程项目招投标督查人员不得作为评标委员会成员直接参与评标，在监督检查过程中不得泄露知悉的有关内容，不得与任何投标人单独接触，不得与任何评标委员会成员单独接触。在监督检查过程中，督查人员必须由两人及两人以上同时在场开展查询、调查、询问、监督、记录等工作，以确保工程项目招投标的监督工作具有公信力。

12.3 招投标程序

工程项目的招投标是一个含有多项工作的系统化工作过程，从招标人准备招标开始，整个过程可以分为三个阶段，一是招标前准备工作阶段，二是招标投标阶段，三是评标定标阶段。每个阶段的工作不仅有各自的工作程序，而且前后工作相互衔接，形成一套系统完整的工程招投标程序。

12.3.1 招标前的工作

工程项目立项后，为了将工程项目的设计和建造等工作落实到位，招标人首先需要根据工程项目的特点和自身管理能力确定工程项目的实施计划。如果自己可以完全解决工程建设的所有问题，即可自行组织项目的设计与施工建造。如果自身的能力有限，需要其他组织和单位加入工程项目的建设之中，可能就需要其他单位来帮助完成工程项目的设计、施工、监理和物资供应等工作。而开展这些工作需要预先完成确定招标内容、确定招标方式、准备招标文件和招标申请备案几项工作。

（1）确定招标内容。工程项目中一般含有很多子项，这些内含的工程可采用多种方式进行工程建设，如将整个工程委托给一个单位，由其完成全部工程建设任务；或是将工程项目的工作内容划分为若干个分段，并委托给不同的承包商实施。同时，工程项目的设计、监理、施工或物资供应等工作中哪些需要委托给他方，也要进行详细的分析和确定。

（2）确定招标方式。根据拟委托的工作内容、特点、范围和数量，选择和确定工程项目的招投标采用何种方式并同时确定发包工作的合同计价方式。

（3）准备招标文件。为了将工程项目的招标工作落实到位，首先需要招标人编制出工程项目的招标公告或投标邀请函。招标公告或投标邀请函要明确招标工程项目名称、工程概况、工程地点、工程工期、投标申请人条件、投标时间、投标文件送达地址、招标人名称、招标人办公地址、联系电话等信息。在此基础上，招标人要编制出招标文件，招标文件应明确告知投标人投标的相关规定、委托工作的范围、实施项目的合同责任等方面的内容。

（4）招标申请备案。发出招标公告或投标邀请书前，招标人需向建设行政主管部门办理招标备案手续，接受招标活动的监督。申请招标的备案文件应说明招标方式、计划工期、对投标人的资质要求、招标项目前期准备工作的完成情况、自行招标还是委托代理招标等内容。建设行政主管部门接到备案文件后，应在规定时间给出答复，若无异议，招标人即可开展招标工作。

12.3.2 招投标阶段的工作

在完成工程项目招标前的准备工作后，即可发出招标公告或投标邀请书。投标单位按照规定提交基础资料后，招标人即可开展以下几个方面的工作。

（1）资格预审。如果是公开招标，需要在招标前进行资格预审，其目的是检查投标申请人企业资质和能力是否符合招标工作要求，并通过筛选确定投标人。资格预审的主要步骤是检查申请投标人是否满足招标条件、对满足条件的申请投标人据其所报材料进行评定、确定各投标人的综合得分并确定合格投标人。

（2）现场考察。招标人在投标须知规定的时间内，可组织投标人自费进行现场考察，以便投标人了解工程项目的现场情况、自然条件、施工条件及周围环境条件，避免合同履行过程中投标人以不了解现场情况为理由推卸责任。

（3）标前会议。标前会议是在投标截止日期以前，按投标须知中所规定时间和地点召开的会议。会议的主要目的是介绍工程概况和就有关问题答疑，还可就招标文件中的某些内容进行必要的说明。会议结束后，招标人应将会议记录用书面通知的形式发给每一位投标人，并成为招标文件的组成部分。

（4）接受投标文件。招标人在规定投标截止日期前，要组织接受投标人送达的投标文件，并给投标人签发回执。开标前所有投标文件不得开封，并做好保密工作。

（5）开标。公开招标和邀请招标均应在投标截止日举行公开开标会议，以体现公平、公正和公开的原则。开标会议由招标人组织，同时应邀请公证部门参加。招标人在做好会议签到记录的同时，应当众宣读无效标和弃权标的规定，然后核查投标人提交的各种证件，宣布核查结果，请投标人的代表检查投标文件的密封情况并进行确认。

启封投标文件后，应按报送投标文件的时间顺序进行唱标，当众宣读有效投标的投标人名称、投标报价、工期、质量和主要材料用量及其他必要内容。

12.3.3　评标定标阶段的工作

招标人确定有效投标人和投标文件后，即可组织和建立评标委员会，展开工程项目的评标工作。评标工作的主要内容有初评、详评、编写评标报告和定标。

1）初评

鉴于工程项目的复杂性，为了确保工程项目评标工作的科学性和可靠性，对所有参加评标的文件应先开展初评工作。初评工作是检查投标人递送的投标文件是否对招标文件做出实质性响应，在此基础上保留可接受的合格标书，淘汰存在重大偏离的投标文件。评审时不应采用招标文件中要求投标人考虑因素以外的任何条件作为标准。初评的内容主要包括核查投标文件是否按照招标文件的规定和要求编制、投标文件是否实质上响应招标文件的要求、投标文件与招标文件是否存在显著差异、投标文件是否存在招标人不能接受的条件。

如果在初评中评标委员会发现若干存有疑虑的问题，其可以书面方式要求投标人对投标文件中含义不明确、不一致或有明显文字和计算错误的内容作必要的澄清、说明或补正。澄清、说明或补正应以书面方式进行，并不得超出投标文件的范围或改变投标文件的实质性内容。

2）详评

完成初评后，评标委员会可对确定为实质上响应招标文件要求的投标书进行详细评审。详评分为技术标评审和商务标评审两部分。评审过程可以分为审查投标书、澄清问题和量化比较三个步骤。其中，审查投标书包含对技术标的审查和对商务标的审查。对技术标的审查内容主要包括实施方案是否先进合理、实施计划是否满足招标文件的工期要求、所采用的措施能否保证计划的实现、人财物等资源的投入是否合理、质量管理体系和安全措施是否合理可行、提出的技术建议是否合理可行等。对商务标的审查内容主要包括投标报价的合理性、接受优惠条件可能给发包人带来的风险等内容。

澄清问题是在标书审查过程中对投标书中存在的不确定性问题要求投标人澄清或答辩。答辩采用会议答辩的形式，并需要投标人在规定的时间内以书面形式对澄清的问题进行确认。量化比较是以量化分析的方式对可接受的投标书进行量化对比，以确定实施方案的优劣性。根据对比结果，以最大限度满足招标文件规定的评价值为中标候选人。

3）编写评标报告

评标委员会按照招标文件中的规定完成评标后，须编写评标报告并提交给招标人审查。评标报告包含的内容主要有评标委员会成员名单、招标项目的基本情况、对投标人的资格审查情况、开标记录、投标文件的符合性鉴定情况、投标报价审核情况、对商务标和技术标的评审分析论证、评标方法、投标文件问题的澄清、中标候选人推荐结果。

4）定标

评标委员会属于招标人聘请的咨询专家，因此，没有定标权。最终的定标还需要招标人来确定，除非招标人将定标权委托给评标委员会。一般来讲，招标人可根据评标委员会提交的评标报告选择最终中标人。

工程项目招投标的工作流程如图 12.1 所示。

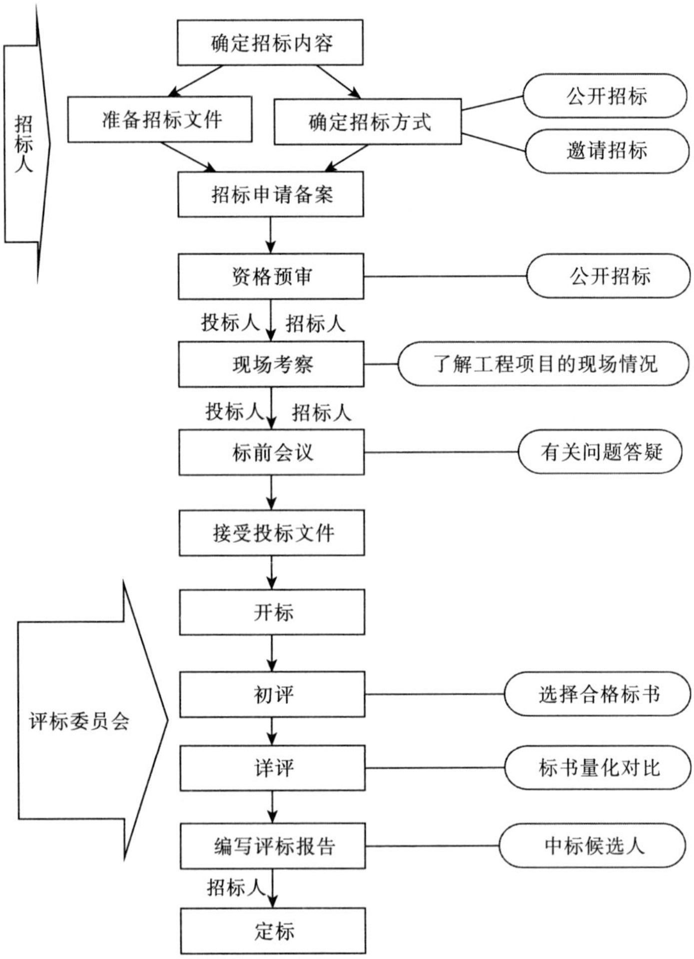

图 12.1 工程项目招投标的工作流程

12.4 工程设计招标

工程设计招标是工程招标中最为重要的一项招标内容，它是提高工程设计水平、开展工程设计合理竞争、降低工程造价、缩短工程建设周期并提高工程投资效益的有效手段之一。在开展工程设计招标时，招标人一般不单独进行初步设计招标，而是由设计招标的中标单位承担初步设计。工程项目的勘察任务既可以单独发包给有相应资质的勘察单位，也可由设计单位总承包。

12.4.1 设计招标的特点

设计招标与其他招标最大的不同之处就是，设计招标是承包者通过智力劳动，将业主的工程项目设想转变为可实施的蓝图。因此，在招标文件中，招标人只是将工程项目的指标要求、投资限额和实施条件等情况阐述出来，投标人则以此为依据，提出工程项目的构思方案和实施计划。然后通过开标、评标程序对各方案进行比选，再确定中标人。因此，设计招标具有以下几个方面的特点。

（1）招标文件中仅提出设计依据、工程项目应达到的技术指标、工程项目包含的范围、工程建设地址以及所在地基本资料和要求完成的时间等内容。

（2）投标人的投标报价不是按规定的工程量填报单价后算出总价，而是首先提出设计的初步方案，论述该方案的优点和实施计划，在此基础上再进一步提出报价。

（3）开标时，不是按照招标机构公布各投标书的报价高低排定标价次序，而是由各投标人分别介绍自己初步设计方案的构思和意图，而且不排标价次序。

（4）评标决标时，业主主要关注提交方案的技术先进性、所达到的技术指标、方案的合理性及投资效益等因素。

12.4.2　工程设计招标与投标

和一般性的招投标程序一样，工程设计招标初始也是由招标人准备招标文件，然后进行招标公告或邀请若干单位投标，并根据投标的情况，选出中标人。工程设计招投标的主要工作包含以下几个方面。

（1）招标文件的编写。

招标文件是指导设计单位进行正确投标的依据，也是对投标人提出要求的具体文件。招标文件的内容主要包含投标须知、经过批准的可行性研究报告或设计任务书、有关行政文件的复印文本、工程建设的目的和意图、工程设计要求、工程项目投资额、设计要求深度和设计进度、设计资料的供应方式和时间、进行现场勘察和对招标文件说明的时间与地点、投标截止日期。特别是工程设计要求，应该尽可能地给出详细的说明，如国家有关行政主管部门对规划方面的要求、平面布局要求、建筑形式要求、结构设计要求、设备方面的要求、技术经济指标要求及其他有关方面的要求。

（2）投标人资格审查。

资格审查主要包括资质审查、能力审查和设计经验审查。资质审查主要是审查投标单位所持有的勘察和设计证书资质等级是否与拟建工程项目的要求级别相一致，以避免无资质或低资质单位越级承接工程设计任务。能力审查主要是审查投标单位设计人员的技术力量和主要技术设备能力，其中，设计人员的技术力量审查是检查投标单位各专业设计人员的专业覆盖面能否满足完成工程设计任务的需求；主要技术设备能力审查是检查投标单位在勘测、制图、建模、仿真、模拟等方面的实际能力。设计经验审查主要是审查设计单位近年来所完成的工程设计规模、工程性质、质量评定等级等是否与本工程相适应，即有无此类工程的设计经验。

（3）提交设计标书。

设计单位在接到设计投标邀请函或看到设计招标公告而有意参加设计招标时，要在规定时间内提交标书。设计投标书的内容一般包含设计方案说明书、方案设计内容及主要图纸、建设工期、主要技术要求、施工组织方案、工程投资估算和经济分析、设计进度、设计承包报价，必要时还可提供工程设计的模型或沙盘。

（4）评标与定标。

在收到标书并符合评标规定后，招标单位即可组织评标委员会进行评标。评审的主要内容有建设标准的合理性、设计方案的先进性、总体布置的合理性、设备选型的适用性、主要建筑物和构筑物的结构是否合理及是否与周围环境相协调、主要经济指标和经济效益等。通过对各标书的评审，推选候选中标单位，并编写评标报告。如果使用非中标单位的技术成果，需首先征得其同意，然后实行有偿转让。

确定中标单位后，招标人与中标单位应在中标通知书发出之日起30日内，签订工程设计承包合同，并开始履行合同规定。

12.5 工程监理招标

监理招标与工程项目其他招标最大的区别是监理招标的标的是监理服务，具体表现为监理单位不承担物质生产任务，只是受招标人委托对工程建设过程进行监督、管理、协调和咨询服务。因此，监理招标选择中标人的基本原则更倾向于提供工程监督、管理、协调和咨询服务的能力。

12.5.1 监理招标的特点

与其他类型的招标一样，监理招标也是一种基于竞争性的单位评选，但从招标程序和合同法律的角度来看，它具有以下几个方面的特点。

（1）监理服务是监理单位对监理工程的智力和能力投入，工程监理的效果不仅与监理人员的技术水平有关系，而且还与监理人员的工作经验、工作责任心、工作中的风险意识，以及监理中的协调能力、办事能力、人际关系等多个方面有关。因此，选择监理单位主要是对监理单位能力的选择。

（2）在选择工程监理单位时，监理投标报价在选择中处于相对次要的地位。这主要是因为，如果监理单位为了维护自己的经济利益采取减少监理人员数量或选派技术能力较低的人员来降低成本，就可能给工程项目的某些方面带来危害，并给业主造成一定的经济损失。反之，如果监理单位在工程监理中能够提供高质量的服务，也有可能使业主获得节约工程投资和提前投产的实际效益。因此，选择监理单位时主要考虑的是监理单位的能力，报价最低的投标人不一定就是最好的监理单位。

（3）监理招标是对知识、技能和经验等方面综合能力的选择，投标人都可以结合自己的长处提出具有独特见解或创造性的实施建议。因此，招标文件中提出的任务范围不是已确定的合同条件，只是合同谈判的一项内容，投标的监理单位可以对其提出改进建议。

（4）评标时主要考虑的内容虽然包含监理单位的资质、工程业绩、人员结构、人员数量、人员的资质和等级等内容，但主要是以技术监管能力为主要评审对象，而不是完全以投标价格为主要评审标准。

（5）监理单位的投标书可以对招标文件中的任务大纲提出不同程度的修改意见，或提出若干更好的技术性或建设性工程监理建议，但提出的建议必须与招标工程所述内容相一致，且必须具有可实施性和可操作性，而不能是若干的假设或虚拟的设想。其他类型的招标标书中一旦出现此类情况，即为废标。

12.5.2　工程监理招标与投标

目前，我国的工程监理招标程序与其他招标程序基本一致，只是在监理单位的选择方面更多地倾向于监理单位的能力、业绩和信誉等软实力。因此，在监理单位招标中，多采用从较为熟悉的监理单位中预先选出若干家单位，然后采用邀请招标方式进行招标。工程监理招投标的主要工作包含以下几个方面。

（1）确定监理任务内容。

确定的监理任务内容是编制招标文件的基础。招标文件所指出的工程监理委托服务范围应与工程项目预先确定的工程内容相对符合。在工程招标文件中，招标人必须明确规定监理工作的任务、监理目的、工作目标和工作范围，并提供足够的工程背景资料和相关技术文件，以便投标人编制投标书。

（2）确定投标人名单。

投标人可根据业主的建议，在较为熟悉的监理单位中选出若干家监理单位作为邀请投标人。对于工程监理任务较为特殊的工程，也可采用公开招标的方式进行招标，以寻求更为合适的监理单位。

（3）确定评选办法。

在工程监理单位的招标评选中，按照工程监理的内容和委托服务的工作范围与要求，一般有两种评选方法可供选择和使用：一种是基于服务质量和监理费用的评选办法；另一种是基于工程监理质量的评选办法。对于一般工程项目来讲，多采用基于服务质量和监理费用的评选办法。该方法首先考虑的是工程监理单位的监理能力和服务质量，在此基础上，再对相同水平的投标人进行投标价格比较，并最终确定中标人。

对于较为复杂或专业性很强的工程项目，一般多采用基于工程监理质量的评选办法。其主要目的就是从工程的特殊性要求考虑，从中选出在工程监理方面能够满足工程监理特殊要求的监理单位。

（4）开标与评标。

招标人收到投标人提交的标书后，即可采用预定的评标方法，组织评标委员会开始评标。评标方法一般有专家评审法和计分评审法。专家评审法是由评标专家分别就各投标书的内容进行分析和评价后，以投票方式评选出最具实力的监理单位的方法。计分评审法是采用量化指标考查每一个监理公司的综合水平，以各项因素评价得分的累计值高低排出标书的优劣顺序，并选出监理单位的方法。具体采用哪种方法，可由评标委员会来决定。

评审时分为技术评审和商务评审，其中，技术评审的内容主要有监理公司的监理业绩、监理实施计划、监理组织结构、派驻人员及数量、监理工具和监理方法等技术性内容；商务评审的内容主要有工程监理报价、计取费用的合理性、监理单位要求发包人提供的设备设施及其他服务要求的合理性。

12.6 工程施工招标

与设计招标和监理招标相比较，施工招标的特点是发包的工作内容必须具体明确。在招标之前必须根据工程项目的特点和业主的意图，明确工程施工单位的承包范围和承包方式，特别是工程材料和设备的采购与供应将由谁来负责是招标前必须预先明确的内容。在招标前，需要招标的工程项目必须具备以下几项条件：①已获得工程项目立项文件并已获得工程项目所在地规划部门的批准；②工程项目已正式列入国家、部门或地方的年度计划；③建设用地的征用工作已经完成；④建设资金和主要工程材料、设备的来源已经落实；⑤具有能够满足施工需要的施工图纸及技术资料；⑥概算已经批准。

12.6.1 施工招标的特点

工程施工单位是工程建设的主要力量，施工单位的技术水平、管控能力、设备工具的先进性、资金的储备能力等都将与工程项目的质量、进度、费用、安全等多个方面直接相关，并与能否实现工程项目的最终目标具有更为紧密的关系。因此，在工程项目中施工单位的招标就具有了以下几个方面的特点。

（1）工程承包方式多样。

在施工单位承担工程建设任务的过程中，承包任务的方式有很多种。以是否包含工程物资的供应来划分，可分为包工包料、包工不包料和包工部分包料三种方式。对于一些不复杂的工程而言，常采用包工包料的单价合同承包方式，承包方负责工程建造的同时也负责工程材料的采购。包工不包料则是指承包方只负责工程建造，而所有工程建设物资由建设单位供应。包工部分包料主要是针对某些大型复杂工程的特殊设备或材料而言的，由于某些工程所使用的设备或材料有特殊的要求，因此，业主可能会要求由指定厂家来供应。因而，这就使施工单位的招标内容具有了多样性。

（2）招标次数变化较大。

对于招标人而言，既可将整个工程一次性招标后全部委托给一家施工单位来承担工程建设任务，也可将全部施工内容分解成若干个单位工程和特殊专业工程分别发包。全部一次性委托方式的优点是可以减少业主与承包单位之间关系的复杂性，合同关系简单，管理较为直接方便，但承包单位一旦发生若干问题，业主可能无法控制。工程分别发包招标方式的优点是可以选择出具有不同专业特长的施工单位，即使出现一些问题也是局部的，易于纠正或改善，而且每个独立合同比总承包合同更容易落实，但缺点是招标发包的数量会增加，签订合同的次数也增多，可能会给业主增加合同管理难度。

（3）施工单位的选择是综合实力的竞争。

虽然投标人按照招标文件中确定的工程量给出了工程报价，但价格的高低并不是确定中标人的唯一条件，评标过程中还需考虑投标人完成该项工程的技术、经济、管理等综合能力。因此，施工招标中施工单位的选择是综合实力的竞争。

12.6.2 工程施工招标与投标

工程施工招投标一般采用公开招标方式，招投标的程序也是按照常规的招标程序实施的。在工程施工招投标中，工作内容主要包含以下几个方面。

（1）编制招标有关文件。

编制的招标有关文件主要包括招标公告、资格预审文件、招标文件和评标办法。其中，资格预审文件通常由资格预审须知和需投标人填写的资格预审申请表两部分组成。资格预审须知包含的内容主要有总则、申请人应提供的资料和有关证明文件；资格预审申请表包含的内容主要有投标人公司的名称和地址、公司成立的时间、公司主要业务概况、公司组织机构、公司财务状况表、公司人员情况表、施工机械设备情况说明表、执行合同的分包计划、工程业绩和经验调查表、申请人或联营体合伙人目前涉及的诉讼情况调查表、与资格预审有关的其他资料。

（2）审核标底。

在招标前，招标人要预先编制标底。标底是建设项目的预期价格，是选择施工单位的重要依据之一。因此，编制标底需要认真、准确和全面，要尽量减少漏项缺项，工程量要尽可能计算准确，所取用的定额应能反映目前较为先进的施工水平。标底编制完成后，需报请主管部门审定，审定后保密封存至开标前。

（3）勘察现场和召开投标会议。

招标人应在投标须知规定的时间内组织投标人进行现场勘察，使投标人在熟悉图纸的基础上进一步了解和掌握工程项目的现场情况以及周围环境情况。同时，招标人应举行投标会议，就工程招标中存在的某些问题进行解答，以便投标人更好地编制投标书。

（4）开标。

投标截止后，招标人应邀请有关主管部门的招标监督人员，在规定的时间和地点召开开标会议。开标时，由投标人或其授权代表检验投标文件的密封情况，确认完好无损后，工作人员当众拆封，宣读投标人名称、投标价格、工期质量等内容。如果发现不符合规定的标书，应宣布投标文件为废标。

（5）评标。

评标工作由招标人组织，由评标委员会完成。评标一般先进行初评，然后再进行详评。在初评中，评标委员会以招标文件为依据，对所有的投标文件进行审查，确定投标文件的真实有效性。在详评中，评标委员会依据评标原则和评标办法，对各个投标人的报价、工期、质量、主要材料用量、施工方案、施工组织设计、以往业绩、社会信誉、优惠条件等进行综合评定，从中选出中标候选单位。在此基础上，评标委员会编写出评标报告，向招标人提交结论性报告并报招标管理机构审查。

（6）定标。

招标人根据评标委员会提出的评标报告和推荐的中标候选人确定中标人，也可直接授权评标委员会确定中标人。中标人确定后，招标人向中标人发出中标通知书，同时将中标结果通知所有未中标的投标人并退回他们的投标保证金或保函。中标通知书发出后的 30 天内，双方应按照招标文件和投标文件订立书面合同，并按合同开展后续工作。

12.7 工程物资招标

工程项目建设过程中所需的材料和设备不仅事关工程项目费用的高低，而且事关工程项目的质量和安全，因此，业主通常采用工程物资招标的方式来选择质优价廉的物资及其供应单位。从工程招投标的角度来看，工程物资招标过程既与其他招投标有类似之处，也有自身的特点，因此，在开展工程物资招标前，应了解和掌握此类招标的特点和方式。

12.7.1 工程物资招标的特点

在工程项目的建设中，工程所需物资种类繁多，数量较大。除普通的设备和材料外，还有一些非常规的备品、备件与设备材料。特别是对于若干特殊设备和材料，需要采用特殊的方式来进行采购。因此，这就使工程物资招标具有了很多独有的特点。

（1）招标次数相对较多。

工程项目所需的各种物资有不同的需求时间，业主通常会根据工程建设的实施进展情况和资金拥有情况来组织招投标，这就增加了工程物资的招投标次数。此外，业主还可能根据物资的种类和数量，将物资招标分为多次，不同的时段对不同的物资进行招投标，这也使工程物资的招投标次数显著增多。

（2）招标形式灵活多样。

工程项目所需要的物资既可能是一般性的普通材料，也可能是极为特殊的设备材料。对于一般性的普通材料，工程物资招标多采用公开招标方式；对于特殊的设备材料，工程物资招标多采用邀请招标或议标方式。

（3）对投标人的要求相对较低。

由于工程物资买卖合同内不涉及标的物的生产过程，因此，对投标人的要求相对较低。只要投标人具备按时交付标的物的能力，即可参与投标。因此，投标人既可以是生产厂家，也可以是物资流通环节中的经营贸易公司；既可以在投标前已拥有标的物，也可能在中标后再组织生产货源。

（4）设备招标和材料招标的评审力度有差异。

对于工程项目的一般性材料，业主可能在工程施工招标时将其一并承包给施工单位，由施工单位自采自购。对于工程设备，业主时常会给予较大的关注，并主要采用工程物资招投标的方式来确定工程设备的供货单位。特别是对于一些仅有个别厂家生产的特殊设备，业主可以采用议标的形式来确定生产厂家，以确保特殊设备的供货时间和供货质量。

（5）物资招标后的签约合同与其他招标后的签约合同有差异。

对于工程项目的主要设备与材料，中标单位不仅要按照投标文件的规定保质保量地按时供货，而且还要负责这些特殊设备和材料的后期维修、维护和零配件的供应等工作。因此，工程物资招投标与工程项目的设计、监理和施工单位招投标有很多差异之处。

12.7.2 工程物资招标与投标

在工程物资招投标中，材料招标和设备招标一般分开进行。在工程材料的招标方面，当采购简单商品、半成品、原材料及质量相同或容易进行比较的货物时，一般仅以投标价格作为评标考虑的主要因素，选择投标价最低者为中标人。对于一般常用的中小型设备产品，由于这些产品具有通用性和标准化生产的特点，在选择资格合格且有足够供货能力的投标人时，一般也采用最低投标价法。此外，对于国内生产的货物，投标价应为出厂价，但不包括货物售出后应交纳的销售税或其他类似税款。如果所提供的货物是投标单位早已从国外进口且目前已在国内的货物，则投标价应为仓库交货价，该价格应包括货物进口时所交纳的关税，但不包括销售税。

对于设备招标，招投标程序与其他招投标程序基本相同，但工作内容与其他招投标有差异，主要体现在以下几个方面。

（1）资格审查。

设备招标前的资格审查一般包含对投标人的资格审查和对所提供货物的合格性审查两个方面。其中，投标人资质审查是审查投标人是否有资格参加投标，中标后是否具有履行合同的能力。如果投标人是生产厂家，投标人须具有履行合同所必需的财务、技术和生产能力。若投标人提供的货物不是自己生产或制造的，则应提供货物生产或制造厂家正式授权同意提供该货物的证明文件。货物的合格性审查是审查货物的主要技术指标和操作性能、货物使用两年内所需的零配件和特种工具清单，包括货源和现行价格情况。

（2）标书评审与评标方法。

在标书评审中，评审的主要内容是投标人的报价、包括保险费的运输费、设备交付期、设备的性能和质量、备件价格、支付要求、售后服务等因素。常用的评标方法有最低标价法、综合标价法、以寿命周期成本为基础的标价法和打分法。其中，低标价法是以标价最低方为中标人的评标方法。综合标价法是指以报价为基础，将评标时所考虑的其他因素一并考虑到投标价中而得到的价格，考虑的因素包含付款条件、零配件和售后服务、技术指导与人员培训等。以寿命周期成本为基础的标价法是在综合标价法的基础上，再加上运行期内的费用来确定投标价格的方法。运行期内的费用包含三部分，即寿命期内所需的燃料折算费用、寿命期内所需零件及维修估算费用和寿命期末的估算残值。打分法是评标前将各评分因素按其重要性确定评分标准，然后对各投标人提供的报价和服务进行打分，得分最高者为中标人。具体采用哪种方法，一般由评标委员会预先确定。

第 13 章

工程项目合同管理

在工程项目的建设中，众多工程参建方不仅需要完成各自的工程建设任务，还需要彼此之间相互协调与配合，为实现工程项目最终目标而共同努力，并同时尽可能地为自身获取更大的效益。为此，工程项目通过基于法律效力的合同，明确规定了项目参与各方的权利和责任，规范了各方的行为，为提高工程质量、降低工程费用、加快工程进度、减少各方之间的冲突与矛盾提供了必要的保障。因此，工程合同管理就成为工程项目管理的主要内容之一。

13.1 合同及其形式

13.1.1 合同的基本概念

合同是平等主体（如自然人、法人和其他组织）之间就民事权利、义务关系在平等自愿基础上达成的受法律保护的协议。由于合同主要发生在涉及经济行为的活动之中，因此，从法律上讲，合同就成为经济交易中的基本法律形式，合同关系也就隶属于法律关系。在社会生活中，法律关系是指人与人之间由法律规范所形成的权利与义务关系。当某一种社会关系由法律规范所规定时，这种社会关系的参与者之间就形成了一种用法律形式来规范各方之间社会关系的依据。

合同的法律关系由主体、客体和内容三部分构成。其中，主体是指合同法律关系中经济权利的享有者和经济义务的承担者。客体是指合同法律关系主体（当事人）享有的权利和承担的义务所指的对象。客体的主要形式有物品（包括自然资源和人工制造的产品）、行为（合同关系主体为达到一定经济目的进行的经济活动）、货币（包括货币资金和有价证券）、智力及成果（智力是指人们的智力、才能、学识等）。内容是详细阐述主体和客体的具体权利和义务。主体、客体和内容三部分的关系如图 13.1 所示。

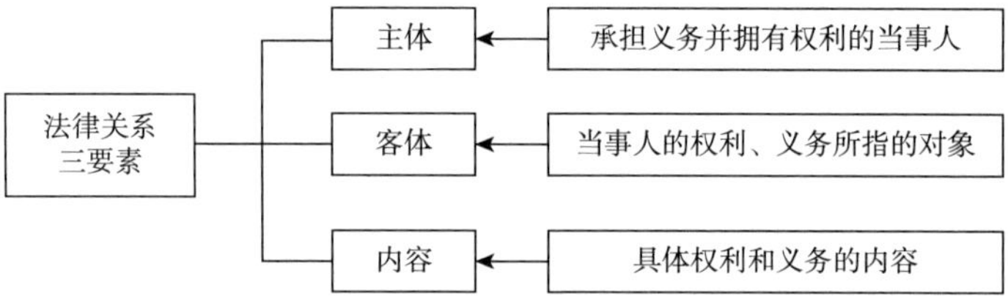

图 13.1　主体、客体和内容三部分的关系

对于工程项目而言，合同主体一般是企业法人，客体是指工程建设项目，所签订的合同内容主要是围绕工程项目目标的实现而彼此之间应该承担的义务和责任。但更为主要的是，由于工程项目的标的是不动产，具有长久性、不可完全复制性、影响广泛性等特点，工程项目的合同具有了更强的法律性。

13.1.2　合同的基本形式

合同的形式即合同当事人的意思表现形式，一般有书面形式、口头形式和其他形式，但一般主要以合同书的书面形式来确定对方要约。

合同书是指载有合同条款且有当事人双方签字或盖章的文书。在工程项目中，工程合同形式多以承包合同、买卖合同和委托合同三种形式出现。其中，承包合同是承包人进行工程建设、发包人支付合同价款的合同，如工程施工合同；买卖合同是出卖人转移标的物所有权于买受人，买受人支付价款的合同，如材料设备采购合同；委托合同是由受托人处理委托人事务的合同，如工程设计或监理合同。

在工程合同的签订中，由于涉及很多内容，当事人为了提高工作效率，往往采用格式合同，即当事人为了重复使用而预先拟定并在订立合同时未与对方协商的合同。由于格式合同中存在大量的没有经过当事人双方协商的条款，所以格式条款本身是不符合合同公正平等原则的。因此，为避免格式合同提供方利用自己的特别地位设立不公平的格式条款，我国《中华人民共和国合同法》(简称《合同法》) 第三十九条第一款规定：采用格式条款订立合同的，提供格式条款的一方应当遵循公平原则确定当事人之间的权利和义务，并采用合理的方式提请对方注意免除或者限制其责任的条款，按照对方的要求，对该条款予以说明。同时，《合同法》第四十条还规定，格式条款提供方免除己方责任、加重对方责任、排除对方主要权利的，一律无效。因此，根据法律的约束效力，合同效力分为有效合同、无效合同和效力待定合同三种情况，这三种情况的合同效力所需条件如表 13.1 所示。

表 13.1　合同效力

合同效力	合同效力所需条件
有效合同	合同主体合法，具备民事权利能力和民事行为能力
	当事人意思表示真实，符合自愿原则
	合同内容合法，不违反国家法律法规，不损害国家及公共利益
	合同格式合法，法规有规定的按规定，无规定的双方商定

续表

<table>
<tr><th>合同效力</th><th colspan="2">合同效力所需条件</th></tr>
<tr><td rowspan="3">无效合同</td><td colspan="2">恶意串通损害国家、集体及他人利益的合同无效</td></tr>
<tr><td colspan="2">以合同形式掩盖非法目的的合同无效</td></tr>
<tr><td colspan="2">损害社会公共利益及其他法律法规的合同无效</td></tr>
<tr><td rowspan="4">效力待定合同</td><td rowspan="2">当事人是限制民事行为能力的人</td><td>纯获利合同有效</td></tr>
<tr><td>非纯获利合同的效力看其法定代表人意见</td></tr>
<tr><td>以欺诈胁迫手段强迫签订的合同</td><td>损害公众利益的违法合同无效，否则，合同效力看被胁迫或被欺诈方意见</td></tr>
<tr><td>无代理权人所签合同</td><td>表见代理合同有效，非表见代理合同的效力由被代理人决定</td></tr>
</table>

13.2　合同内容及其范本

13.2.1　合同的主要内容

合同主要详细阐述和说明两个主题内容：一是权力，二是义务。权利是指权利主体依据法律规定和约定，有权按照自己的意志做出的某种行为，同时要求义务主体做出某种行为或者不得做出某种行为，以实现其合法权益。其内容主旨包含：①在法律规定的范围内，有权自主决定从事或不从事某些经济活动，从而实现或放弃自己的利益和要求。②有权依照法律、法规或约定，要求相对义务主体履行法律义务，以实现自己的利益和要求。③当相对义务主体不依法或不依约定履行义务而致使权利主体的权利受到侵犯时，权利主体有权请求国家机关强制其履行，以保护和实现自己的权益。

义务是国家在法律中规定的对法律主体的行为进行约束的一种手段，内容主旨包含：①义务主体必须依照法律或合同约定，做出一定行为或者不得做出一定行为，以实现权利主体的利益和要求。②义务主体应自觉履行事先约定的义务，如果不履行或不完全履行，将受到国家法律的制裁。③义务主体的义务仅限于当事人依法约定的范围，约定以外的不必履行。

通过对合同内容组成可以得知，在工程项目中，可以通过工程合同明确工程项目参与各方的责任、义务和权利，同时借助于法律的约束力，可以使工程合同成为有效管理项目参与各方随机性行为的有效手段，并成为今后处理有关问题的法律依据。因此，合同在工程项目中就具有以下几方面的作用：①明确项目参与方之间的关系（服从、平等）。②明确各方的共性任务、权力和责任（制度、规则）。③明确各方的具体任务、权力和责任（工作内容、范围）。④明确各方为完成项目所必须达到的要求（进度、质量、安全）。⑤明确出现问题后协调和解决问题的方法和途径（索赔、争议、纠纷、诉讼）。⑥确定参与项目的形态和程序（供货时间、方式、地点等）。

在签订具体合同时，合同的具体内容可以由当事人约定，一般应有合同的标的、数量、质量、价款或报酬、履行期限、地点和方式、违约责任、解决争议的方法，同时规定当事人可以参照或使用各类合同的示范文本订立合同。

13.2.2 合同范本内容

为了避免合同责任约定不明确、风险责任划分不合理或遗漏合同执行过程中可能遇到的问题的责任约定，我国建设行政主管部门和国际权威机构针对工程建设的管理需求，编制出了不同类型的合同范本，以供当事人订立合同时参考使用。例如，我国建设行政主管部门颁发的合同范本有《建设工程勘察合同（示范文本）》、《建设工程设计合同（示范文本）》、《建设工程施工合同（示范文本）》、《建设工程监理合同（示范文本）》、《建设工程施工专业分包合同（示范文本）》和《建设工程施工劳务分包合同（示范文本）》等。国际咨询工程师联合会（Fédération Internationale Des Ingénieurs Conseils，FIDIC）先后出版的标准化合同文本有《客户/咨询工程师标准服务协议书》、《施工合同条件》、《生产设备和设计施工合同条件》、《设计采购施工/交钥匙工程合同条件》、《土木工程施工分包合同条件》和《简明合同格式》。这些合同文本不仅在国际工程中得到广泛采用，而且在我国许多大型工程项目的合同管理中也得到了广泛的应用。实际上，我国的设计合同和监理合同范本也是参考 FIDIC 合同条款编制的。

从合同范本的内容来看，范本条款的内容涉及当事人责任、履行过程中规范化的管理程序及履行过程中可能出现非正常事件后的责任等约定。所有类型的合同范本均采用协议书、通用条件（标准条件）和专用条件三部分格式进行编制，三部分的条款内容共同构成对当事人权利和义务的约定。

（1）协议书。

协议书是一个内容简单的格式文件，一般只需填写工程概况、承包工作范围、合同工期和合同价款以及合同生效方式等主要内容。协议书虽然内容简单，但却是合同中具有法律效力的重要文件，它是当事人双方对合同内容协商达成一致后，向对方承诺履行合同义务的正式协议。因此，协议书的作用表现为以下几个方面：①确认双方达成一致意见的合同主要内容，使合同内容清晰明了。②确认合同文件的组成部分，有利于合同双方正确理解并全面履行合同。③确认合同主体双方并签字盖章，约定合同生效。④合同双方郑重承诺履行自己的义务，有助于增强履约意识。

（2）通用条件。

通用条件是标准化范本的主要内容，是针对合同履行中可能涉及的各方面情况，以条、款、目的方式详细地写明具体内容的合同部分。因此，通用条件中包括了对大多数合同都适用的规定以及合同正常履行和遇到非正常情况的处理原则与程序。编制的原则是对该类合同履行过程中可能发生的情况均用条款加以约定，其作用主要是避免当事人在专用条件中附加过多的补充约定条款。但通用条件中的条款并非每个工程的合同中都必须全部采用，当事人可以根据具体工程的特点和委托任务进行取舍。

（3）专用条件。

尽管合同中的大量条款是通用的，但有些合同必须考虑工程项目的具体情况，对合同双方的若干行为加以约定。对此，合同范本中就包含了处理此类问题的专用条件部分。专用条件所述内容主要是通用条件条款内需要在专用条件内补充细化的内容、通用条件未包括的内容和其他内容。

需要注意的是，由于专用条件的条款反映了工程项目的具体要求，因此，该部分条款有可能与通用条款规定存有矛盾。当出现此类问题时，需以专用条件的条款为准。

13.3　工程合同及其主要内容

尽管已有多种工程项目的合同范本，但工程项目建设中不同种类的工作所包含的协议内容、通用条件和专用条件也不相同。从工程项目建设管理对象的角度来划分，工程合同主要包含工程勘察设计合同、工程监理合同、工程施工合同、工程施工分包合同、物资采购供应合同和设备供应及其安装合同。

13.3.1　工程勘察设计合同

工程勘察设计合同包含工程勘察合同和工程设计合同两种类型。其中，工程勘察合同是根据工程建设要求，建设单位要求勘察单位查明、分析和评价建设场地的地质地理环境特征和岩土工程条件，并编制出工程勘察文件的合同。工程设计合同是根据工程建设要求，对建设工程所需的技术、经济、资源和环境等条件进行综合分析和论证，并编制出工程设计文件的合同。为了保证工程勘察和设计合同的全面性，住房和城乡建设部与国家工商行政管理总局于 2016 年 9 月制定了《建设工程勘察合同》(示范文本)，于 2015 年 3 月制定了《建设工程设计合同示范文本》。

(1)《建设工程勘察合同》(示范文本)。

该合同适用于为工程设计提供岩土工程勘察、水文地质勘察(含凿井)、工程测量和工程物探等勘察工作的委托任务，合同条款的主要内容包括工程概况、发包人应提供的资料、勘察工作要求、勘察工作开始和终止时间、勘察成果的提交及份数、勘察费用的支付、发包人和勘察人责任、违约责任、未尽事宜的约定、其他约定事项、合同争议的解决和合同生效这几个部分。其中，发包人应提供的资料包括工程批准文件复印件、工程用地文件复印件、工程施工和勘察许可等批件复印件、工程勘察任务委托书、技术要求和工作范围的地形图、建筑总平面布置图、勘察工作范围内已有的技术资料及工程所需的坐标与标高资料、勘察范围地下埋藏物的资料和其他必要的相关资料。勘察工作要求包括自然条件观测、地形图测绘、岩土工程勘察、地震安全性评价、工程水文地质勘察、环境评价等内容。

(2)《建设工程设计合同示范文本》。

该合同适用于委托设计单位开展工程设计工作，合同条款的主要内容包括订立合同的依据文件、委托设计任务的范围和内容、发包人应提供的有关资料和文件、设计人应交付的资料和文件、设计费的支付、双方责任、违约责任和其他约定。其中，委托设计任务的范围和内容包括工程建设规模、建筑面积、建筑物的设计合理使用年限要求、设计方案和设计深度要求。设计文件应当满足设备材料采购、非标准设备制作和工程施工的需要，并附有工程概算。发包人应提供的有关资料和文件包括经批准的项目可行性研究报告或项目建议书、城市规划许可文件、工程勘察资料、工程的建设范围、限额设计的要求、设计的标准和其他应满足的要求。

13.3.2 工程监理合同

在工程项目的合同中，工程监理合同是一种较为特殊的合同。与工程设计、施工、物资采购等相比，工程监理不会有任何工程实物产出，仅是一种服务性质的工程管理活动，即监理人用知识、经验和技术为发包人提供工程质量、进度、费用、物资供应、设备加工和制造及安全等方面的监督、协调和管理服务。

在工程监理合同方面，建设部、国家工商行政管理局参照国际广泛通行的 FIDIC 合同，颁布了《建设工程委托监理合同（示范文本）》。该合同是一个总协议，是纲领性的法律文件，不仅明确了当事人双方确定的委托监理工程概况，还明确了向监理人支付报酬的期限和方式、合同签订生效和完成时间及监理人应当履行的义务和责任。除协议部分外，在合同的通用条件部分共有四十九项条款，主要内容包含词语定义、适用范围和法规、监理人义务、监理人权利、监理人责任、委托人义务、委托人权利、委托人责任、合同变更与终止、争议的解决及合同正常执行的程序和遇到非正常情况下的处理原则与处理程序。在合同的专用条件部分，主要是允许当事人双方根据工程项目的实际情况、专业特点和其他情况，对通用条件中的某些条款进行补充和修正。所谓补充是指已在通用条件中的条款明确规定，在该条款确定的原则下，专用条件的条款中需要进一步明确的具体内容。通过补充，使两个条件中相同序号的条款共同组成一条内容完备的条款，避免当事人双方产生误解，并在此基础上更好地执行合同。所谓修正是指针对在通用条件中已规定内容，如果当事人双方认为不合适，可以协议进行修改，并不一定要完全按照国家《建设工程委托监理合同（示范文本）》中的规定来执行，也可以根据工程项目的实际情况、专业特点和其他情况，提出符合工程建设管理需求的其他约定。经过多年的使用后，住房和城乡建设部与国家工商行政管理总局结合我国实际情况进行了修订，并于 2012 年颁布了新的版本。

在签订监理合同时还需注意，工程监理方仅能接受建设单位发包人的委托，不得接受工程项目其他参与方的监理委托，更不允许将监理工作委托给第三方或在合同履行过程中将部分监理工作分包给第三方并从中获得经营性盈利，监理方只能按监理合同中的约定获得规定的酬金。但是，如果监理方通过科学技术和有效管理为工程项目节约了投资、缩短了建设工期或显著提高了工程质量，应允许监理人参与工程承包人的盈利分成，或得到发包人给予的额外奖励。反之，如果工程项目出现工程质量缺陷或进度拖延、成本增加等问题，监理方并不承担直接责任，仅承担监理合同中所明确的责任。

此外，尽管监理合同也有服务起止期限的规定，但这个期限最终取决于所监理的工程完工日期。如果所监理的工程因非监理人责任而未完工，监理合同的期限也要相应顺延。同时，在合同约定的有效期内，如果所监理的工程因非监理人的责任而未能顺利完工，监理人不仅不对委托人承担赔偿工程延误的损失的责任，还有权要求委托人对延长的工程项目监理期工作给予额外的资金补偿。补偿的资金额度并不一定要完全按照原定监理合同的酬金计算方法来确定，也可以采用延长的日期、余下的监理工程复杂度、监理的工作量或余留的监理工作人员数量来确定，并应增补相应的监理合同。

13.3.3 工程施工合同

工程施工合同是发包人与承包人就完成具体工程项目的建筑建造、结构施工、设备安装和设备调试、工程保修等工作内容达成的协议，是将设计图纸变成发包人投资预期产品的一种有偿服务协议。在工程施工合同中，合同协议书部分是施工合同的纲领性文件，主要内容包括工程概况、工程承包范围、合同工期、质量标准、合同价款、合同生效时间及对双方有约束力的合同文件组成附件名称等事项。

通用条件部分是发包人和承包人双方履行合同义务的标准化合同条款，此部分条款共四十七项，内容包括词语定义与合同文件、双方一般权利和义务、施工组织设计和工期、质量与检验、安全施工、合同价款与支付、材料设备供应、工程变更、竣工验收与结算、违约索赔和争议的处理方式等事项。

专用条件是为当事人提供明确工程具体特点和要求的专用条款，这类条款主要是针对工程项目在其建造中，由于工程结构复杂、工程材料类型繁多、建造工程工作量较大、工期相对较长，在施工过程中时常受到自然气候、地理环境、水文地质、社会状况、政策调整、人为干扰等多种因素的影响，有可能在工程项目的施工过程中出现不可预测的问题，就此为明确双方的义务和权利，消除双方的误解和其他不利行为而提供的合作协议，协议的具体内容由当事人根据发包工程的实际要求来确定和编写。编制专用条件的原则是结合工程项目施工现场和外部环境条件的具体情况，针对通用条款内容的不足之处进行修正和完善，以达到相同序号的通用条款和专用条款共同组成对某一协议内容的完备约定。

此外，工程施工合同范本还为使用者提供了承包方承揽工程项目一览表、材料设备供应一览表和工程质量保修书三个标准化表格形式的附件。如果工程项目的承包形式为包工包料，则可不使用供应材料设备表。

13.3.4 工程施工分包合同

工程项目中不同的施工作业内容需要不同的专业技术队伍来完成，为了充分发挥不同人员的特长和专业技术人员的优势，施工总承包人签订工程项目施工合同后，可将非主体工程的特殊专业部分或劳务作业部分工程任务分包给具有相应资质和能力的分包人。此时，施工总承包人就需要与承包特殊专业部分或劳务作业部分工程任务的承包人签订工程施工分包合同。为此，建设部和国家工商行政管理总局专门编制了《建设工程施工专业分包合同（示范文本）》和《建设工程施工劳务分包合同（示范文本）》两个标准化合同范本，这两个分包合同范本可配合《建设工程施工合同（示范文本）》一同使用。

（1）《建设工程施工专业分包合同（示范文本）》。

当工程中存在需要特殊专业技术人员完成的任务时，承包人可将主合同内对发包人承担义务的部分工作任务分包给具有专业技术能力的单位，此时，承包人与分包人之间的权利、义务与责任就需要通过施工专业分包合同来确定。分包合同所确定的工程建设内容既是主合同的一部分，又是承包人与分包人签订合同的标的物。但分包人完成的这部分工作仅对承包人承担责任，对发包人不承担任何责任。

该合同由协议书、通用条款和专用条款三个部分组成。对承包人和发包人有约束力的合同文件主要有合同协议书、中标通知书、承包人的投标函或报价书、合同协议文件、合同专用条款、合同通用条款、工程建设标准和图纸、承包人和分包人协商一致的其他书面文件。其中，通用条款部分共有十条三十八款，内容分别为词语定义及合同文件、双方的一般权利和义务、工程工期、质量与安全、合同价款与支付、工程变更、竣工验收及结算、违约、索赔及争议的处理方式、保险及担保等事项。

从文件的组成来看，分包合同与工程施工合同的区别主要表现在，除了施工合同中承包人向发包人提交的报价书之外，施工合同的其他文件也构成分包合同的有效文件，即要求分包人的施工应当遵守施工合同发包人的要求，并体现出承包人将分包工程的实施义务和风险分散给分包人承担。承包人的投标函和报价书主要用于招标选择分包人，建设标准和图纸在分包合同中需由承包人提供给分包人。

（2）《建设工程施工劳务分包合同（示范文本）》。

该合同是承包人专门将工程项目的劳动力工作分包出去的合作协议，合同的主要内容包含劳务分包人资质情况、劳务分包工作对象及提供劳务内容、分包工作期限、有关质量约定、工程承包人义务、劳务分包人义务、施工机具和材料的使用方式、施工变更的影响、施工配合与违约责任、安全施工与检查、事故处理、保险、索赔和争议、劳务报酬及其支付、合同文件及解释顺序、项目指定现场负责人等事项。其中，在施工配合方面，明确要求劳务分包人应配合工程承包人对其工作进行必要的检查和验收，以及工程承包人按发包人或建设行政主管部门要求进行的涉及劳务分包人工作内容和施工场地的检查、隐蔽工程验收及工程竣工验收。当工程承包人或施工场地内第三方的工作需要劳务分包人配合时，劳务分包人应按工程承包人的指令进行配合。同样，劳务分包人按约定完成劳务作业中必须由工程承包人或施工场地内的第三方进行配合时，工程承包人应配合劳务分包人工作或确保劳务分包人获得该第三方的配合。

对于涉及工程劳务方面的其他事项，可以在专用条款中进行详细的补充和说明。

13.3.5 物资采购供应合同

按照合同分类，物资采购供应合同归属于买卖合同，是为了解决工程项目建设过程中所需的大量建筑材料而与物资供应方签订的合作协议。协议的内容主要围绕采购标的物的交货约定形成，不涉及材料的生产过程，签订合同的目的主要是要求供货方保证货物能够按质按量地按期交付和采购方按时付款等事项。

在物资采购供应合同的签订过程中，只要供货方具有合法经营的资格和履行合同义务能力，即可以作为合同当事人。根据物资采购渠道，物资采购可分为国内采购和国外采购，据此，物资采购供应合同内容也各有侧重。

1）国内物资采购供应合同的主要条款

国内物资采购供应合同分为约首、合同条款和约尾三部分。其中，约首主要写明采购方和供货方的单位名称、合同编号和签约地点；约尾是双方当事人就条款内容达成一致后，最终签字盖章使合同生效的有关内容，如法定代表人、委托代理人、开户银行和账号、合同的有效起止日期等。双方在合同中的权利和义务，均由条款部分来约定。条款的主要内容包含产品名称、商标、型号、订购数量、合同金额、供货时间及每次供应数量，质量要求、技术标准、供货方对质量负责的条件和期限，交（提）货地点与方式，运输方式及到达站（港）的费用负担责任，验收方式及提出异议的期限，包装标准、包装物的供应与回收和费用负担，超欠幅度、材料损耗及计算方法，随机工具数量及供应办法，结算方式及期限，违约责任，如需提供担保的担保书附件和解决合同争议的方法。

在物资采购供应合同的约定中，针对物资供应量偏大、单价价格相对较低、易发质量问题等特点，需要在合同中就产品验收的方法、依据和异议处理方式做出更为详细明确的特别说明。一般来讲，验收方法常以国家对产品的质量检验方法为具体方式，也可通过双方共同认可的检测单位再次检测来检验所供物资的质量。验收依据主要包含合同内约定的质量标准、产品合格证、检验单、技术证明文件、供货方提供的发货单、计量单、装箱单及其他有关凭证。产品异议处理方式应详细写明采购方对不合格产品提出异议的时间和拒付货款的条件，采购方对产品不符合规定的证明和具体处理意见，以及供货方的意见反馈方式与处理时限。凡因采购方使用、保管、保养不到等原因导致的质量问题，供货方不承担责任。

2）国外物资采购供应合同的主要条款

当工程中所需材料在国内不能生产或有特殊要求时，工程建设单位可能需要从国外进行采购，此时，就需要与具备国外物资采购能力的当事人签订物资采购供应合同。与国内物资采购相比，国外物资采购相对较为复杂，考虑的因素也较多，因此，签订国外物资采购供应合同时，除应遵循国内采购合同应遵循的基本原则外，还要考虑国际运输、保险、汇率、关税等问题。

根据国际惯例，国际采购货物的买卖都是按照货物的价格条件来成交的，但货物的价格不同于国内采购，即其价格仅反映货物的生产成本和供货商计取的利润，还涉及货物交接过程中的各种费用由哪一方承担。为此，合同的种类又分为到岸价（cost, insurance and freight, CIF）合同、离岸价（free on board, FOB）合同和成本加运费价（cost and freight, C&F）合同。

（1）到岸价合同。

到岸价合同是国际上采用最多的物资供应合同类型，也可称为成本、保险加运费合同。采用这种合同时，供货方的责任主要包括：提供符合合同规定的货物和商业发票，提供符合规定的货物买卖许可证、批准证件及海关手续，提供运输合同与保险合同，在规定的期限内将货物交付运输方，承担货物灭失或损坏的一切风险，支付运费、保险费以及出口所需的一切关税、捐税和官方收取的费用，给予采购方货物已装船的充分通知以及使采购方能够采取必要的措施提取货物所需要的其他任何通知，向采购方提供交货凭证，支付货物核查费用等约定事项。采购方的责任主要有：支付采购合同规定的价款，在指定的目的地收取货物，支付进口税、捐税及其他各项清关手续费，通知供货方货物的接收与时间以及双方约定的其他事项。

从以上责任分担可以看出，到岸价合同中除在供货方所在国进行的发运前货物检验费用由采购方承担外，运抵目的地前所发生的各种费用支出均由供货方承担，而且很多手续也较为繁杂，需要在合同中进行详细的说明。

（2）离岸价合同。

离岸价合同与到岸价合同的主要区别表现在费用承担的划分方面。离岸价合同所采用的约定是采购方负责办理好有关购货手续后，将装货时间、运货车船或机号通知给供货方，供货方负责所在国的内陆运输、办理出关手续和货物运达目的地后的所有费用开支。

（3）成本加运费价合同。

成本加运费价合同与到岸价合同的主要差异是办理保险的责任和承担的费用有所不同。尽管该合同规定由供货方负责办理并支付保险费，但在运输过程中出现货物损坏或灭失时，仍由采购方向保险公司索赔，供货方只承担采购方向保险公司索赔的协助义务。因此，从到岸价合同变为成本加运费价合同只是将办理保险这项工作转由采购方负责办理并承担其费用支出。

13.3.6 设备供应及安装合同

按照合同分类，设备供应及安装合同也属于买卖合同，是为了明确工程项目建设过程中若干工程设备及其安装的有关规定而与设备供应方签订的合作协议。与物资采购供应合同不同的是，尽管设备供应及安装合同也属于买卖合同，但合同条款内容涉及生产、运输、安装和保修等全过程，因此，其与物资采购供应合同的条款约定就有了一定的差异。

设备供应及安装合同涉及的范围既可以是设备的直接采购，也可以是包含设备在内的设备设计、制造、运输、安装、调试和保修等内容。当使用的设备是一般常规设备且施工单位有能力自行安装时，设备供应及安装合同仅包含设备采购和供应部分。当使用的设备较为特殊或施工单位没能力自行安装时，设备供应及安装合同就包含设备采购供应和安装两部分。此外，还可能出现的情况是，虽然设备是一般性设备，但采购方出于工程使用需求，要求对定型设备的某些方面进行修改，这就可能需要由承包商承担起工程设备的改造、设计、建造、运输和安装等任务。此时，设备供应及安装合同可以有设备制造和施工安装分别发包、总包后再分包两种类型。设备制造和施工安装分别发包是指由生产厂家承包设备制造并负责指导安装，施工企业承担安装任务的合同管理方式；总包后再分包是指先由一家单位全部承包，该单位再将安装任务或设备制造任务分包给其他单位的合同管理方式。

签订设备供应及安装合同时，除在协议书和通用条件内写明一般性条款外，还需在专用条款中明确承包设备供应及安装的工作范围、详细的设备性能指标、设备制造和安装后需要进行的各种试验，以及试验的时间、地点、内容、检验方法和检测标准等。对于试验的约定，既可以在项目实施过程中按规定的程序进行，也可以委托专门检测机构进行后期试验。

13.4　合同签订及原则

13.4.1　合同签订及程序

合同签订是指合同涉及的双方当事人通过协商建立合同关系的行为过程，这一行为过程含有要约和承诺两个部分。

（1）要约。

要约是指当事人一方向他方提出订立合同的建议，因此要约也被称为订约提议。为了达到要约的目的，要约中要有与对方订立合同的明确意愿表达和合同应有的主要条款、要求对方做出答复的期限等内容。在要约约定的答复期限内，要约人受其要约的约束。

（2）承诺。

承诺是指当事人一方完全同意要约方提出的要约内容和条件的答复，因此承诺也被称为接受订约提议。要约人收到承诺时，双方就可订立合同。如收到承诺时已具备符合法律规定的合同形式，合同就具备了法律效力。

如果要约的接受方不完全同意要约而改变了其中的主要条款，就意味着对原来要约条件的拒绝，且接受方提出了新的订约提议。订立合同的过程往往是一方提出要约，另一方又再提出新的要约，反复多次，最后才能成立合同关系。其中必要的条件是，必须有一方完全接受对方的要约内容。这个反复多次的协商过程，也被称为合同谈判。由此可知，合同谈判是合同签订中必不可少的环节。

合同谈判的目的是合同双方当事人能够更好地了解对方要约的内涵和本意，并经过相互的接洽、协商与讨论，将双方在合同中所述内容具体化或进行部分修正，最终达到双赢效果。为此，在合同谈判之前，合同双方都需要深入细致地了解合同的内容及合同对方所表述的含义，并通过对合同中若干条款的质询与问答，澄清若干合同条款中的疑惑。在此基础上，合同双方即可就合同中的主要条款和实质内容进行具体商谈，明确合同标的、数量和质量、价款或酬金，合同履行、项目验收、违约责任等具体细节，以及合同生效的具体条件。如果合同双方对合同均无异议，即可执行合同生效具体条件中所约定的合同生效行为，如盖章和签字。至此，合同签订完成，签订的合同随即生效。合同签订的一般程序如图 13.2 所示。

图 13.2　合同签订的一般程序

13.4.2 合同签订的原则

《合同法》是我国合同管理的指导思想和法律准则，所有从事工程交易活动的当事人都必须遵守《合同法》的有关规定。在签订合同方面，《合同法》明确规定，合同签订必须遵循以下四项基本原则。

（1）平等自愿原则。

合同的平等原则是指任何当事人在法律面前均处于平等地位，任何一方不得将自己的意愿强加给另一方。合同的自愿原则是指在法律规定范围内，任何一方对合同的签订都应是在自愿的前提下进行的，任何单位和个人不得非法干预。若因一方欺诈、胁迫而订立合同，则该合同无效。

（2）公平守法原则。

在合同签订中，当事人应当遵循公平的含义是：在订立合同时应当公平确定各方的权利和义务，显失公平的合同可以撤销；在发生合同纠纷时应公平处理，既要切实保护守约方的合法利益，也不能使违约方因较小的过失承担过重的责任；在极个别的情况下，若发生因客观情况的变化而使当事人产生巨大损失，也应公平调整当事人之间的利益。

遵循守法原则的含义是：当事人在订立和履行合同中，应当遵守国家法律、行政法规，尊重社会公德，不得扰乱社会经济秩序、损害社会公共利益。

（3）诚实信用原则。

当事人在订立和履行合同中，应当遵循诚实信用原则，即当事人与他人订立合同时，均应诚实、不作假、不欺诈、不损害他人利益和社会利益；在合同执行过程中，应以诚实善意的方式履行其义务，不得滥用权力及规避法律和合同规定的应尽义务。

此外，合同双方遵循诚实信用原则还有利于保持和弘扬恪守信用、履行诺言的良好社会风气，有利于强化当事人的法律意识和优良品德，维护社会交易秩序，并为司法实践中处理合同纠纷提供道德准绳。

（4）鼓励交易原则。

《合同法》中所指的交易是指独立市场主体就其所有的或管理的财产和利益实行的交换。在市场经济条件下，交易活动是市场活动的基本内容，很多交易活动都是通过履行合同来进行的，因此，合同关系就成为市场经济中最基本的法律关系。鉴于此，为了促进市场经济的发展，要鼓励当事人从事更多合法的交易活动，活跃市场，加速社会财富积累，使市场经济真正得到发展。

13.5 合同履行与担保

13.5.1 合同履行

合同的履行是指当事人双方按照合同规定的标的、数量、质量、价款或酬金、履行期限、履行地点、履行方式等要求，全面地完成各自承担的义务和责任的过程。按照合同履行的方式，工程合同的履行分为实际履行和适当履行两种形式。

（1）实际履行。

工程合同的实际履行是指当事人按照合同规定的标的来履行各自的义务和责任，且不得以其他标的代替约定标的的行为。即使出现一方违约的情况，违约方也不能以偿付违约金、赔偿金的方式代替履约；对方要求继续履行合同的，仍应继续履行。之所以有此规定，是因为如果允许合同违约方用货币代偿合同中规定的义务，那么合同当事人的另一方可能会蒙受较大的经济损失或不易计算的其他损失。即使当事人一方在经济上的损失得到了部分补偿，但由于违约方未完成合同约定的工作，也有可能给另一方造成更为严重的损失。所以，在合同的执行阶段，要求对方必须以实际履行的方式履行合同中所规定的条款就具有非常重要的实际意义。

当然，在工程合同的实际执行中，在坚持实际履行原则的同时也应坚持从实际出发的原则。其含义是，当发生不以人意志为转移或人力所不及的客观事件（如地震、台风、暴雨、暴雪、暴乱、战争、罢工、地质环境复杂等）时，过于强调实际履行不仅不可能实现，而且还会给合同当事人、企业、社会或国家等造成更大的损失。在此特殊情况下，应当允许违约方用支付违约金和赔偿损失的办法来代替合同的履行。

（2）适当履行。

工程合同的适当履行是指当事人按照有关法律和工程合同规定的标的按质按量地履行合同的行为。虽然是适当履行，但适当的含义是不得违反合同签订的诚实信用原则，不得以各种理由以次充好、以假乱真或以旧换新。否则，合同的另一方当事人有权按规定验收，并对不合格产品拒绝接受，所造成的损失由违约方承担。

同时，为了避免合同一方在履行合同时故意基于合同漏洞而违约，在要求合同双方签订合同时，必须对标的物的名称、规格、数量、质量、提交时间、提交地点、提交方式、限定期限等内容做出明确的规定，使合同双方在履行合同的过程中有明确的行为指向。

13.5.2　合同担保

合同担保是指合同双方为了使合同能够得到全面执行，根据国家法律和行政法规规定，经双方当事人协商确定的、保证合同能够切实得到履行的一种法律保障措施。当一方当事人向对方提供担保时，既是做出自己愿意忠实履行合同义务的表示，也是向另一方当事人证明当自己有严重违约行为而使对方受到损害时，能够使对方获得合理补偿的有效依据。特别是对于工程项目来讲，由于工程项目含有不可预测的多种风险，因此，实施工程合同担保就成为工程合同管理中的一项重要工作。

按照我国《中华人民共和国担保法》的规定，担保可以采用保证、抵押、质押、留置或定金五种方式。其各自的含义如下。

（1）保证。保证是指具有代为清偿债务能力的法人或公民在自愿作为合同某一当事人的保证人前提下，当该当事人不履行合同约定时，保证人愿意按照合同约定履行违约当事人的合同约定或承担违约责任的行为。

当同一违约当事人或债务人有两个或两个以上保证人时，保证人应当按照保证合同约定的保证份额承担保证责任。没有约定保证份额的，保证人承担连带责任，合同债权人可以要求任何一个保证人承担全部保证责任，保证人负有担保全部债权实现的义务。

（2）抵押。抵押是指合同某一当事人或者其保证人不转移所提供的财产，并将该财产作为债权的担保方式。当合同当事人不履行合同且给另一合同当事人造成损失时，对方或债权人有权依法将该财产折价或拍卖，并作为损失补偿。可以抵押的财产有抵押人的房屋和其他地上定着物、抵押人的设备机具等私有财产、抵押人依法拥有的土地使用权、抵押人依法承包的土地使用权等财物。

（3）质押。质押是指合同某一当事人或者其保证人将其动产或权利凭证移交给另一合同当事人作为债权的担保方式。可以质押的物品或权利有股份、股票、支票、本票、债券、存款单、提货单和依法可以转让的商标专用权、专利权、著作权等。

（4）留置。留置是指合同某一当事人按照合同约定占有另一合同当事人的动产作为担保的方式。当合同当事人不按照合同约定履行合同并给对方造成损失的，另一合同当事人有权依照法律规定留置该财产，并以该财产折价、拍卖、变卖的价款作为补偿。

（5）定金。定金是指在合同约定执行中，一方当事人在合同约定未履行之前，交付给另一方当事人一定数额的货币作为担保的方式。当给付定金的一方不履行合同约定时，无权要求返还定金。当给付定金的一方履行合同约定时，定金应当返回给付定金的一方。当收受定金的一方不履行合同约定时，应当双倍返还定金。

定金应当以书面形式约定，并在约定中明确定金的数额和交付定金的期限。定金的数额由当事人双方约定，但不得超过合同标的额的20%。

13.6 合同中若干常见问题

在工程合同的执行过程中，有可能会由于若干因素的影响，合同中的有些内容和条款无法得到有效的执行，此时就需要合同双方当事人进行相互协商，对某些条款和规定进行必要的调整或变更。当出现此类问题时，如果某一方既不告知对方且不与对方协商，也没有及时有效地解决问题，就可能出现合同违约。如果违约问题没有得到很好的解决，就可能进一步发生合同纠纷并出现合同索赔等问题。因此，在工程合同管理中，为了实现对工程合同的有效管理与控制，需要合同管理者了解和掌握这些方面的知识。

13.6.1 合同变更

在履行合同的过程中，由于若干因素的影响而不得不对原合同的某些条款进行修正或补充的行为即为合同变更，因此，合同变更是基于一定的客观事实而改变合同内容的法律行为。合同变更一经成立，原合同中的相应条款也就解除。一般来讲，当具备以下条件时，即可进行合同变更：①由于不可抗力，合同的部分条款不能履行。②由于合同一方生产或作业情况发生重大变化，合同的部分条款不能履行。③合同一方发生合并或分立的组织结构变化，致使合同的部分条款不能履行。④针对实际情况的变化，经双方当事人协商，同意对原合同内容进行部分修改。

对合同进行变更时，合同变更的内容主要集中在工作范围的调整、工作内容的修改、执行条件的修改、双方责任和义务的局部改动、合同执行期限的变化等方面。在合同变更中，集中体现的三个特征是：合同当事人必须协商一致，改变合同的部分条款和内容（而不是终止合同），产生新的债权和债务关系。

当进行合同变更时，需要合同一方按照规定的合同变更程序来开展合同变更工作，这一程序包含的步骤如下。

（1）合同一方以书面形式向另一方提出合同变更请求。

（2）合同另一方接到合同变更请求后应立即做出书面答复。如同意，则提议并告知对方开展合同变更协商工作的时间和地点；若不同意也应立即告知对方并说明不同意的理由。

（3）双方在约定的时间和地点对合同变更内容进行协商与探讨。

（4）明确变更的条款以及相应责任和义务的改变内容，明确因合同变更而给对方带来的可能损失与赔偿方法。

（5）审查合同变更的条款是否存在对方责任的有意逃避，是否存在涉及国家法律法规的约束。如若涉及，须在变更前报请国家有关主管部门批准，并明确审批手续办理方以及办理结果的通知方式。

（6）确定合同变更的具体内容与条款，并取得一致性意见。

（7）编写变更后的新合同版本，并提交对方审定。

（8）编写合同变更协商纪要，并作为合同附件。

（9）合同双方履行合同生效手续，使变更后的合同生效。

在合同变更中需要注意的是，在变更协议尚未达成之前，原合同仍然有效。任何一方不得以变更为借口逃避原订合同中所规定的责任和义务，否则仍要承担违约后的法律后果。

13.6.2 合同违约

合同违约是指合同一方不履行项目合同并给对方造成一定损失的行为。在合同有效期，当合同一方出现以下行为时，即存在合同违约问题。

（1）有不履行合同的过错。不履行合同的过错是指不履行合同一方由于主观故意或自身过失而没有履行项目合同并给对方造成一定损失的行为。过错的存在是违约方承担法律责任的一个必要条件。根据过错原则，不论合同哪一方违反合同规定，都必须承担相应的违约责任。

（2）有不履行合同造成损失的事实。一般来说，不履行合同会给合同另一方造成一定的损失，只是损失的种类和程度不同而已。损失包括直接损失和间接损失，通常将损失折算成费用，以支付违约金的方式进行赔偿。

一旦出现合同违约，违约方必须承担相应的违约责任。承担违约责任的方式主要有交付违约金、交付罚款、取消合同资格、终止合同等。

（1）交付违约金。违约金是由合同双方当事人在签订合同时约定，当签约中的一方违约时应向对方支付的一定数额的货币。当一方违约时，应无条件地向对方支付违约金，并且不因此而免除违约者继续履行合同约定的义务。

（2）交付罚款。罚款是合同一方因履行合同不当或未履行合同而给对方造成损失或延误时间的一种处罚方式，由合同双方当事人在签订合同时共同约定。但对违约方的罚款一般不超过合同价的6%。

（3）取消合同资格。取消合同资格是工程合同管理中最严厉的惩罚措施之一。采用这种方式时，必须事先通知违约方，并要求违约方在规定期限内做好辩护准备。这种惩罚方式只在对方违约十分严重并存在严重违法违规的情况下使用。

（4）终止合同。当合同一方发现对方存在恶意行为且故意不履行合同，并已造成较为严重损失时，可以依据合同的有关条款解除已生效的合同，并要求赔偿相应的损失。若对方不同意，也可拒绝执行，并通过合同争议的处理方式进行申辩和处理。

当违约方不履行合同且又不承担违约责任时，合同一方可向仲裁机关和法院提出申请和起诉，要求另一方履行合同或支付违约金，赔偿已造成的损失。当违约方不赔付违约金或不赔偿损失时，法院可采取强制措施，强制违约方履行合同和赔偿损失。但在处理合同违约时需要注意的是，法律只要求行为人对其故意和过失行为造成的不履行合同承担违约责任，对于无法预知或无法防止或人力所不及的客观事件所造成合同违约，则不能要求合同当事人承担违约责任。

13.6.3 合同纠纷

合同纠纷是指合同当事人一方对自己或对方的行使权利、履行义务及分配利益有不同的意见、要求、想法或主张时提出的异议。合同签订初始，合同当事人可能对合同内容以及合同实施中不可预见的影响因素估计不足，或对合同条款的内涵理解不够全面，在此情形下就签订了合同。而在合同的执行过程中，一旦出现若干问题并给合同当事人带来不利影响时，当事人就会对合同条款的内涵有深刻的感受。此时，为了维护自己的利益，其就会给合同另一方提出条款修改建议。当对方不接受修改、提出修改的额外条件或有不同的观点与看法时，就有可能引起纠纷，这些纠纷就是合同纠纷。

引发合同纠纷的因素有很多种，但归结起来主要有以下三类。

（1）不可预见的原因。在合同执行过程中，有可能发生人力所不及的和不可预见的自然灾害与社会变革等情况，这些情况有可能给工程造成实质性的损害。在此情况下，合同当事人为了自身的利益，就可能提出合同变更或修正等问题。当合同另一方不同意修正时，就容易发生合同纠纷。

（2）合同自身的原因。虽然在签订合同前，合同双方都尽可能地对合同条款进行详尽的审定，但也绝不可能没有任何缺陷，而这些缺陷就为日后发生合同纠纷埋下隐患。

（3）第三方的原因。在执行合同过程中，可能会由于其他方面的原因，合同得不到有效的执行。但这些原因并不是合同当事人造成的。在此情形下，合同一方可能会提出合同变更或修正。同样，当合同另一方不同意修正时，就容易发生合同纠纷。

基于合同的特有属性，合同纠纷已是合同管理中较为常见的问题。为此，如何快速有效地处置合同纠纷对合同双方都是较为重要的事情。目前，解决合同纠纷的方法主要有协商解决、调解解决、仲裁解决和诉讼解决四种方式。

（1）协商解决。协商解决是指合同双方当事人为了今后的长远合作与发展，相互谅解并做出一些彼此都可接受的让步，最终有效解决问题的一种方法。

（2）调解解决。调解解决是指由第三方从中调停，促使合同双方当事人相互理解并各自做出退让的一种解决方法。调解可以在交付仲裁和诉讼前进行，也可以在仲裁和诉讼过程中进行。通过调解达成和解后，即可不再求助于仲裁或诉讼。

（3）仲裁解决。仲裁解决是指合同双方当事人根据双方达成的书面协议，自愿把争议提交双方同意的第三者进行裁决，由其依照一定的程序做出裁决。裁决结果对合同双方都有约束力。

（4）诉讼解决。诉讼解决是指合同双方当事人按照法律诉讼的规定和程序，提请司法机关按照法律规定来解决合同纠纷的一种方式。司法机关按照法律判决的最后结果对合同双方都有约束力。采用诉讼方式解决合同纠纷时，当事人在提起诉讼前应做好充分准备，收集对方违约的有关证据，同时向律师咨询或聘请律师处理诉讼案件。

13.6.4　合同索赔

索赔是指在合同实施过程中，合同一方因另一方不履行或未能正确履行合同规定而给自己造成损失，向对方提出赔偿要求的行为活动。当向对方索赔时，可按下列程序以书面形式提出索赔。

（1）当出现索赔事件时，合同一方以书面的索赔通知书形式，在索赔事件发生后的 28 天内，向合同另一方正式提出索赔通知书。

（2）在索赔通知书发出后的 28 天内，合同一方向合同另一方提出补偿经济损失的索赔报告及有关资料。

（3）合同另一方在收到合同一方送交的索赔报告及有关资料后，于 28 天内给予答复，或要求合同一方进一步补充索赔理由和证据。

（4）合同另一方在收到合同一方送交的索赔报告及有关资料后 28 天内未予答复，或未对合同一方作进一步要求的，视为该项索赔已经认可。

（5）如果合同双方都不接受对方要求，即可进入仲裁或诉讼程序。

处理索赔问题除要遵循上述程序外，还必须有必要的索赔依据，这些依据主要有事故照片、会议记录、来往信件、工程施工记录、合同文件、工程检查和检验报告、工程其他相关资料。

此外，在工程合同索赔方面，索赔方需要注意的是，如果证据不足，极有可能索赔不成，并损害了合同双方之间的良好合作关系。更为严重的是，还有可能被对方找到对自身更为不利的证据，提出反索赔要求。因此，当合同执行中出现因另一方不履行或未能正确履行合同规定而给自己造成损失后，应积极收集各种索赔证据，并对收集的证据进行索赔前的全面分析与研究，确定索赔行为的可行性和索赔成功的可能性。如果在索赔前的分析中发现存在证据不足或索赔不成功的可能，就应预先做好各项索赔的准备工作，而不能轻易提出索赔。

13.7 合同管理与控制

13.7.1 合同管理

在完成工程合同的签订后，要顺利完成合同所确定的内容，就必须对合同进行有效的管理和控制。在合同管理方面，管理的主要内容有合同分析、合同交底、合同跟踪、合同实施偏差分析和合同纠偏这五个方面。

（1）合同分析。合同分析是指通过科学的分析方法，将合同条款和约定中存在的潜在问题预先寻找出来，以便预先化解，确保合同顺利执行的行为过程。分析的主要对象有合同书和合同执行条件。分析的具体内容主要有当事人的责任与权力、工作范围、工期要求、质量要求、技术规范、变更规定、违规责任、补偿条件、验收方法、索赔规定、合同解除方式等事项。

（2）合同交底。合同交底是指合同管理人员在全面了解和掌握合同内容的基础上，组织工程有关人员学习合同条文并就其中的主要条款进行解释和答疑的过程。通过合同交底，工程项目管理人员可以掌握合同的主要内容和有关规定、熟悉自身所担负的合同责任以及相应的法律后果，避免出现违约行为。此外，通过合同交底，工程项目的有关人员还可以通过工作计划的详细安排与分解，将合同中的履约要点与相关责任落实到工程项目的每一个具体环节之中，确保合同中的各项条款得到有效的落实与保障。

（3）合同跟踪。在工程项目实施过程中，实际情况的随机性变化可能会导致合同执行效果与合同预定目标出现较大偏差，如果不能及时发现这些偏差并消除，就可能产生非常严重的后果。因此，为了确保工程合同的执行结果与合同要求相一致，就必须对工程合同的执行情况进行跟踪与检查，及时了解合同的执行情况。

（4）合同实施偏差分析。通过合同跟踪，合同管理者可以了解和掌握执行合同的具体实况信息。根据这些信息，即可分析和判断合同执行的当前效果与预期目标是否存在偏差，是否存在一些问题，并在此基础上，就若干问题的产生原因展开进一步的分析，以便制定相应的对策，确保合同的执行结果与合同要求保持一致。合同偏差分析的主要内容有产生偏差的程度、偏差原因、责任归属、发展趋势与后果以及解决问题的具体措施。

（5）合同纠偏。针对合同执行中出现的问题和造成的偏差，合同管理者需要及时采取针对性的措施进行纠正。从纠偏的具体方法来划分，可分为组织措施、技术措施和经济措施三种类别。组织措施是指通过增加人员投入、调整人员安排、调整工作流程和工作计划等方式来解决问题的一种方式；技术措施是指通过变更技术方案、采用新技术来解决问题的一种方式；经济措施是指通过增加资金投入、采取经济激励手段来解决问题的一种方式。在工程合同的实际管理中，解决问题时并不一定是单独使用某一种方式或手段，也可以综合应用多种方式。

13.7.2　合同控制

合同控制的方法可分为多种类型，如按合同的执行过程来分类，可分为事前控制、事中控制和事后控制；按照合同控制信息的来源来分类，可分为前馈控制和反馈控制；按合同管理者的管理态度与工作方法来划分，可分为主动控制和被动控制。在工程实际中，主动控制和被动控制是合同控制最常用的两种管控方式。

（1）主动控制。主动控制是合同管理者在合同实施前，预先分析合同执行中可能存在的潜在风险，并拟定和采取相应的预防性措施，以保证工程合同能够顺利执行的管理方法。采用这种方法时，需要合同管理者本身就是一位对工程项目非常熟悉的管理专家，其不仅能够预测工程项目实施中可能出现的问题，而且能够在工程项目实施中及时获取工程实施状态信息，并能够根据这些信息预先发现可能给合同执行带来的潜在隐患。因此，主动控制方法对合同管理者提出了较高的要求。一般只在重点工程和特殊工程的合同管理中才使用这种方法。

（2）被动控制。被动控制是指在合同执行中，当工程项目出现问题后，合同当事人依据合同条款向合同另一方提出合同争议后，合同管理者根据工程项目的实际情况和合同内容对出现的问题进行分析并解决，确保已签合同能够得到继续执行的一种管控方法。尽管该方法是一种发生合同问题的事后处理方法，但由于工程项目合同管理者常常不在工程现场第一线，不能及时了解和掌握工程项目的实施状态信息，因而也无法分析和预测工程项目可能发生的问题，进而也不便对工程合同实施主动性的管控。因此，这种方法时常用于一般常规工程的合同管控之中。

第14章

工程项目综合管理

工程项目是一个涉及众多方面的系统工程，若要实现工程项目的预定目标，不仅需要对工程项目的质量、进度、费用、安全等主要管理对象进行全面有效的管控，而且还需要做好其他大量的辅助性管理工作，如工程项目建设的可行性研究，贯穿工程项目始终的技术管理，工程建设过程中的文件、资料和档案管理，工程项目的验收和完工后的工程项目后评价等。由于这些辅助性工作的实施效果与工程项目的成败具有不同程度的紧密关系，因此，也称为工程项目管理中较为重要的管理内容。

14.1 工程项目可行性研究

14.1.1 可行性研究及其作用

可行性研究是从技术、经济、社会、环境等多个方面就拟建项目是否可行、是否值得投资建设、能否达到预期目标而进行的全面综合性分析，是工程项目投资决策中必不可少的一个工作环节，也是工程项目开展基本建设的关键程序之一。

工程项目的可行性研究是在工程项目建设方或投资方已有较为明确的工程项目投资意向基础上开展的项目前期研究性工作，它的主要任务就是通过对市场相关问题的调查和分析，获取拟建工程项目的有关信息，然后基于调查结果提出工程建设的设想或方案以及投资计划；通过对工程建设计划与方案的论证和比较、同类工程的对比与分析及经济效益的预测和判断，提出拟建工程项目是否可行的建议和意见。分析的内容必须包含三个部分：一是拟建项目的必要性；二是拟建项目的可行性；三是拟建项目的合理性。其中，拟建项目的必要性主要是通过对调研结果的分析来完成的；可行性主要是通过对拟建方案建设条件和技术水平等方面的论证来完成的；合理性主要是通过对拟建项目的经济效益分析来完成的。

工程项目的可行性研究，不仅可以避免和减少工程项目投资决策的失误，而且还可提高投资决策的科学性和可靠性，使工程项目以最小的投资尽可能地获取最大的效益。同时，工程项目的可行性研究还有以下几个方面的作用。

（1）为工程项目管理者进行投资决策提供科学的依据。工程项目的建设可能会受到来自社会、自然、经济、技术等多方面因素的影响，只有对这些方面进行全面的分析和论证，获知其中潜在的危险和可获得的效益，才能科学、理性地做出符合实际的正确决策。

（2）为筹集工程建设资金提供依据。很多工程项目的建设资金需要金融机构或国家主管部门以及其他相关方的支持，但这些单位和部门是否愿意给拟建项目投资和贷款，要先对其可行性研究报告的真实性、可靠性和有效性进行分析与评价，在此基础上，才能确定否给予投资和贷款。

（3）为政府主管部门项目审批与立项提供依据。政府主管部门以可行性报告为依据，从工程项目建设的必要性、技术的先进性、实施的可行性、经济的合理性、社会环境的保障性等方面进行详细的审查后，即可确定是否准予工程建设，以确保拟建工程符合国民经济发展计划和当地发展需求。

（4）为工程项目的设计与实施提供依据。在可行性研究报告中，对拟建项目的建设规模、建设地点、建设等级、建设方案、主要设备和总图布置等将进行较为详细的说明。可行性研究报告得到主管部门的审批和认可后，即可以作为拟建项目的设计和实施依据。

14.1.2 可行性研究内容

不同的工程建设项目有不同的建设目的，并具有不同的特点，因此，其可行性研究报告内容也各有侧重。但为了达到工程项目可行性研究的目的，可行性研究包含以下几个方面的内容。

（1）总论。总论主要阐述拟建工程项目建设意图的提出背景、投资的必要性和经济意义，明确可行性研究的依据和范围。

（2）需求预测调查和拟建规模。需求预测调查和拟建规模主要是依据调研结果，阐述拟建工程项目在国内外的现有状况及发展趋势，同时根据发展趋势提出拟建项目的建设规模设想。

（3）确定建设方案。确定建设方案是可行性研究的重要组成部分，是根据提出的拟建项目建设规模设想，就工程项目的主要建筑物形式、结构类型，水、电、暖、通、动力等设计方案和工艺流程，以及拟采用的新技术、新结构、新工艺、新材料和新设备提出更为详细的建设方案，为开展可行性研究提供技术依据。

（4）能源材料及设施情况。这一部分主要阐述拟建工程所需的主要材料种类、规格、数量等主要数据，估计拟建工程所需要的能源消耗数量、供应方式、供应条件及所需要的基础设施。

（5）工艺技术和设备选择。如果拟建项目涉及大量设备的选择与工艺流程事项，就需要在可行性研究中论述所提方案中涉及的主要设备和辅助设备的名称、型号、规格、数量、产地等情况，并说明选用理由。对于选择的生产工艺，也要给出相应的详细分析和论证结果，并附有必要的平面布置图、立面布置图和剖面布置图等技术性文件。

（6）工程建设地址选择。要在明确拟建工程建设地址的基础上，详细说明拟建地址的地理位置、自然环境，以及现有铁路、公路、河道、港口码头及其发展规划情况，论证选址范围内的土地现状、种类、城市规划部门的意向，现有供水、排水、供暖、供气、电力、通信等方面的负荷及其情况，为有关部门的项目审批提供依据。

（7）环境保护分析。要在完成现场环境情况调查的基础上，提出拟建工程对周围环境的影响预测，给出工程建设中废水、废土、垃圾等污染物的处理方法与措施，并附上有关单位编制的《环境影响评估报告书》。

（8）项目实施进度计划。在明确拟建工程建设规模和建设方案的基础上，要给出拟建工程的建设工期、计划开工时间、竣工时间，以及工程勘察设计、设备制造和工程施工所需时间及其相应的进度计划。

（9）投资费用与资金筹措。这一部分主要说明拟建工程所需资金的数量、分摊比例、主体工程和协作配套工程所需的投资、生产流动资金估算、工程成本估算，叙述工程资金的来源及依据。

（10）拟建项目财务评估。拟建项目财务评估是拟建项目经济评估的重要组成部分，是根据现行财税制度及现行价格分析和测算拟建项目投资效益、获利能力、清偿能力及外汇效益等财务状况，为投资决策提供相关依据。

（11）国民经济评估。国民经济评估是从国家角度考察拟建项目的效益和费用，一般采用影子价格、影子工资、影子汇率和社会折现率来分析和计算拟建项目给国民经济带来的净收益，评价拟建项目的经济合理性，为审批项目或方案取舍提供依据。

（12）结论与建议。结论与建议部分是基于上述各方面分析结果，给出拟建项目在技术、经济、社会、环境等多个方面是否可行、是否值得投资建设、能否达到预期目标的具体意见和建议，以及工程建设中可能存在的问题，是最终决定拟建项目是否投资建设的重要依据。

14.1.3 可行性研究的方法和程序

对于工程项目来说，工程项目的可行性研究是一项非常重要的工作，其结果不仅事关拟建项目的后期效益，更事关拟建项目的成败。因此，在开展工程项目的可行性研究中，必须确保研究方法的科学性、正确性和有效性。为此，开展可行性研究时，一般将可行性研究分为三个部分，即投资机会研究、初步可行性研究和详细可行性研究。

其中，投资机会研究的主要任务是通过对拟建工程区域的自然资源状况、环境状况、社会状况、人口状况、建设产品需求状况的初步分析，预测和判断拟建项目的投资机会。但投资机会研究仅是对拟建项目建设构想的一般性粗略分析，研究时间较短（1~2 个月），研究精度也较低，一般仅作为决策者的初步参考。

初步可行性研究是在投资机会研究的基础上开展的进一步研究工作，是对投资机会研究中若干问题的进一步深入分析与论证。特别是涉及关键性的问题时，如市场情况、建设方案、资源条件、技术方法、主要设备及经济效益等，需要进行专门的调查与分析。其研究时间相对较长（5~6 个月），研究精度也相对较高，研究结果的参考价值也较大，可以成为决策者确定项目是否投资建设的初步依据。

详细可行性研究是对拟建项目可行性进行最为详细的分析，是从拟建项目所涉及的各个方面分别进行详细论证和确定工程建设规模与建设方案、工程投资数额与资金来源、主要设备选型与材料种类、工程建设工期与投产时间等关键问题的主要部分。依据分析结果，需要给出全面、详细、完整的工程建设意见与建议，选出最为科学合理的建设方案，为工程项目决策者提供最为有力的依据。与初步可行性研究相比，详细可行性研究时间较长（约 12 个月以上），研究精度也高，研究结果的可靠性也最大，是上级主管部门立项审批的依据。

在开展拟建项目的可行性研究时，尽管投资机会研究、初步可行性研究和详细可行性研究的深度有所不同，但研究的步骤和程序基本相同，其基本程序如下。

（1）提出拟建工程设想，确定可行性研究主题，明确可行性研究的范围。

（2）组建可行性研究小组和有关人员，明确可行性研究的目的和任务。如果需要通过外委方式开展可行性研究，就与具有可行性研究资质的单位进行联系和商谈，并签订可行性研究委托协议或合同。

（3）组织有关人员开展实地调查，获取与拟新建项目有关的所有信息与数据。

（4）通过数理统计等科学方法，对调查结果进行汇总和分析，了解和掌握拟建项目的国内外现状、发展趋势与国家相关政策和要求。

（5）根据调查结果，结合拟建项目的设想，确定初步建设规模、建设方案、建设等级、建设地址、建设时间等主要技术参数，并确定拟建工程项目的建设方案。

（6）进行技术、经济、社会、环境等方面的详细分析与论证。按照可行性研究要求的精度，给出相应的调查分析结果，并将分析结果汇总，编写相应的技术报告。

（7）对拟建项目的潜在风险进行分析，就其中可能存在的隐患以及项目建设中可能出现的问题进行分析和预测，并给出相应的对策和建议。

（8）根据可行性研究结果，开展工程项目的资金需求分析，并编制拟建项目的资金筹措计划与方案。

（9）根据可行性研究结果，按照可行性研究的编制大纲与编写规范，编制满足不同层级要求的可行性研究报告。

（10）将编写的可行性研究报告提交给项目决策者进行审阅，并根据项目决策者的建设意图、具体意见和国内外最新的相关现状进行必要的修改和完善。在确定可行性研究报告能够完全表达拟建项目的建设意图和所有要求后，将可行性研究报告提交有关工程建设主管部门或上级主管单位审批。

14.2 工程项目技术管理

14.2.1 工程技术管理的内涵

工程项目技术管理是工程项目管理者针对工程项目建设中各项技术活动开展的计划、组织、设计、指导、协调和控制工作的总称，是促使和引导工程项目施工人员按照有关技术规程和设计规范进行工程建设，保障工程项目高质量地完成预定任务、实现工程项目预定目标的手段与方法。通过工程项目技术管理，不仅可以为工程项目的质量、进度、安全等目标的实现提供技术保障，而且还可以更好地发挥工程施工人员、材料、设备和机具的潜力，并可帮助工程项目施工人员不断提高技术水平和技术素养，积极研究与推广工程新技术，促进工程技术管理的现代化，为提高工程项目管理水平积累实践经验。

在工程项目的建设中，技术管理的范围主要包含设计类、施工类和管理类。其中，设计类主要包含图纸会审、设计交底、设计变更、设计修改、图纸答疑、设计人员的现场技术指导与服务等内容。施工类主要包含施工前的技术交底、设备材料及半成品的试验与检测、施工规范和工艺操作流程的技术指导、质量问题的技术性处理、施工安全技术保障及季节性施工技术措施的编制与实施等内容。管理类主要包括：施工组织设计，明确工程相关技术规范和技术标准，开展技术档案和技术责任制的编制、执行与指导，组织有关人员开展技术改造和科学研究工作等内容。

实际上，在工程项目的建设过程中，工程项目技术管理都是随着工程项目的建设流程而逐步展开与实施的。从工程建设流程来看，工程项目技术管理可分为施工前期基础性的技术管理、施工过程中的技术管理和施工后期的技术管理。

其中，施工前期基础性的技术管理主要有制定技术管理制度、开展施工组织设计、明确技术标准与技术规程、学习和会审设计图纸、进行设计交底、预先开展有关技术试验、交流技术情报、获取技术信息、对有关人员进行技术培训，所有这些工作都是为工程项目的实施提供技术保障、奠定技术基础。

施工过程中的技术管理主要有：对施工人员进行技术交底，详细介绍施工工艺流程，指出关键施工技术和操作方法，对工程材料、设备和机具进行检验，对施工过程进行技术指导，施工中技术问题的答疑，出现问题后的设计图纸修改，设计变更与签证，施工结果的质量检验和验收，技术检测和结果核定，施工中的安全技术保障，施工过程中的标准化管理，工程创优技术指导，技术改造、技术革新和科学试验，开展技术交流，获取工程技术新信息，编写工程施工技术档案和文件等工作。

施工后期的技术管理主要有工程项目的整体验收技术管控、工程设备的技术检测和试运行检查、遗留问题的技术指导与处理、工程竣工图的绘制、工程技术文件的编写与汇总、工程技术档案的建立、工程项目的技术分析与评价、工程建设的技术经验总结、为进一步提升技术水平而开展相关科学研究的建议与措施、工程建设经验的交流与传播、工程事故的技术分析与总结、工程新技术的凝练与提升、工程建造技术成果的编写与发表、工程科技成果的申报与鉴定等工作。

14.2.2　工程技术管理内容

在工程项目的建设过程中，虽然很多施工项目都涉及技术管理，但技术管理最常集中在技术交底、质量检测和验收、工程材料与设备质量的检测与试验以及其他方面的技术指导与服务这几个方面。

（1）技术交底。

技术交底包含设计完成后的设计交底和施工前技术交底。

设计交底是指设计单位的设计人员向工程施工、监理等其他单位技术人员的交底，一般和图纸会审同时进行。交底的内容主要包括：工程设计的依据、设计思想和有关部门的设计要求；建设项目场址位置及其地形、地质、地貌、气象、水文、地震烈度等自然状况；工程项目的建筑、结构、给水排水、采暖通风、电气通信等设计情况；施工时应特别注意的事项，如对建筑材料方面的特殊要求、建筑装饰的施工要求、基础施工的特殊要求、工程采用的新结构、新工艺或新材料对施工方面的技术要求等内容。

施工前技术交底包含单位技术负责人向项目具体技术负责人的技术交底、项目技术负责人对工长的技术交底和工长向作业工人的技术交底三个层级。其中单位技术负责人向项目具体技术负责人的技术交底内容包含工程项目的一般性技术、工程特点及设计意图、工程施工方案、施工前的准备要求、施工重点注意事项、施工中的新技术和新工艺及其关键技术。项目技术负责人对工长的技术交底内容包含工程设计的具体要求、实施施工方案的具体技术措施与方法、各专业交叉施工的注意事项、分项工程的技术标准、技术规程、检测方法、施工安全技术等具体措施。工长向作业工人的技术交底内容包含具体对象的操作方法、操作流程、关键注意点、质量标准、薄弱环节和作业容易发生的问题及其处理方法。

（2）质量检测和验收。在工程项目的施工过程中，工程质量与技术管理具有极高的紧密度，即在工程质量的监管中，主要是以技术管理为主的工程管控。从工程项目施工开始至结束，对工程质量的技术管理与控制就贯穿工程质量的各个环节之中。例如，在工程项目施工前，技术管理的内容包括：建筑物的坐标点和水准点的检测与复测，基坑的边线尺寸、断面尺寸和槽底标高的检测与复测，基础的定位轴线、设计标高、预留孔洞尺寸及其位置的检测，工程主体的楼层标高、墙柱轴线、门窗洞口尺寸与位置、梁板柱的定位轴线与设计标高、预埋件位置尺寸的检测与复测，设备基础的几何尺寸、位置标高及预埋件定位坐标的检测等工作。这些工作都涉及不同种类的技术管理与指导。

在施工过程中和完成任务后，技术管理的内容还包括：地基、基础隐蔽工程的检查与验收，混凝土构件浇筑前的钢筋品种、规格、数量、位置与预埋件的检查与验收，钢构件的焊接方式、所用焊材的质量与型号、焊接作业方式、焊条规格、焊缝的长度和厚度、焊接工艺要求、螺栓型号、连接位置、连接方法、固定方式、紧固程度、检验方法等内容的检查与验收，各层间地面基层处理、屋面找平层和保温层的质量等隐蔽性工程内容的检查与验收等工作。

（3）工程材料与设备质量的检测与试验。工程材料与设备的质量直接关系工程项目的质量、费用、进度、安全等方面，因而也成为工程技术管理的主要对象。在工程项目中，技术管理的内容主要包括：工程材料的验收、试验和抽检，工程设备的现场验收和安装后的测试与调试，备品、备件和若干施工机具的质量检验与测试等工作。

（4）其他方面的技术指导与服务。除上述三个方面外，在工程项目的其他方面，技术管理还将发挥非常重要的作用，如编制施工组织设计和施工方案，分析和处理工程质量或安全问题，对工程施工中的废水、废气等污染物进行管控，使用新技术、新工艺、新结构、新材料的技术指导，保证施工安全的技术措施等。

14.2.3 工程技术管理模式

为了实现对工程项目的有效技术管理与服务，不同的工程项目管理组织将会根据工程项目的特点，构建不同类型的工程技术管理组织，并根据技术管理组织的类型和规模，设置相应数量的技术管理人员来负责工程项目的技术管理工作。这样，就形成了不同类型的工程技术管理模式。一般来讲，工程技术管理模式是根据工程项目的建设规模来确定的。

（1）小型工程项目。与大中型工程项目相比，小型工程项目的建设规模小、建设工期短、工程建造技术相对较为简单。因此，在工程项目的建设中，一般仅在工程项目部设立一名专业技术人员负责技术管理工作。技术人员在项目经理的领导下，负责对工程项目相关技术的指导与服务。从工程设计交底、技术方案的编制、工程施工技术问题的处理以及工程验收中的技术检验等工作都由该技术人员负责完成。

（2）大中型工程项目。大中型工程项目一般采用项目型或矩阵型的项目管理模式，并根据工程项目的技术复杂程度设置工程技术部或工程技术组，同时配置相应的技术人员，项目部则设有总工程师来专门牵头负责工程项目的技术管理工作。在总工程师的领导下，工程技术部或工程技术组的技术人员分别负责不同的技术管理工作。

（3）特大型工程项目。对于某些特殊工程或特大型工程项目，由于工程参建单位众多、建设工期相对较长、工程技术涉及面广，且可能有若干新技术、新材料或新工艺的应用，工程项目管理组织就会设立专门的工程技术管理机构负责工程项目的技术管理工作。这一机构又根据工程建设项目的技术管理需求，设有多个技术管理部门并配置专门的技术人员。工程技术管理机构负责人负责工程项目的技术管理工作，领导该机构所属各部门的技术人员开展工程项目全过程的各种技术管理工作。

14.3 工程项目文档管理

14.3.1 工程文档及所含范围

工程文档是指在工程项目的筹划和实施过程中形成的，记载工程项目建设工作过程中各种工作和有关情况的文字、图表、数据、图像、实物等资料，是今后开展工程项目分析、总结、评价、提升、设计、管理、运行、维护、科研、抗灾等工作的重要依据，也是工程项目后期开展维修管理、改建或扩建的重要依据。正因如此，工程项目的文档管理就成为工程项目管理中的一个重要内容。

工程项目的建设过程包含工程项目的前期决策、施工准备、工程建造和竣工验收四个阶段。与这四个阶段相一致，对工程资料的管理也贯穿工程项目的整个过程并与工程进展同步化。据此，工程资料管理的范围就包含工程项目前期决策阶段各项工作报告和批文的管理、工程准备阶段各项工作计划和方案的管理、工程施工阶段各项工作记录和数据的管理以及工程竣工阶段各项工作评价资料的管理。按类划分，工程资料管理的范围包含以下几种类别。

（1）工程项目前期决策阶段筹划项目过程中的有关项目建议书、调查报告、可行性研究报告、申请报告等资料。

（2）有关工程项目建设的政府批文。

（3）有关工程项目建设的政策法规和规章制度。

（4）工程项目实施前的有关设计文件和勘测报告。

（5）工程项目招标投标类文件、信函、通知、公告、记录、纪要等资料。

（6）工程项目的设计、监理、采购、施工等合同书以及合同谈判纪要。

（7）工程开工前办理的各种手续和费用收据等资料。

（8）工程开工前的各种工作计划、工作方案、建设大纲、工程概算、组织机构、规章制度、人员配置明细、保障措施、应急预案等文件。

（9）工程项目施工过程中的工作日志、施工记录、作业录像、现场图片、工程实物、建造模型、验收记录、隐蔽记录、检查记录、设计变更、检测结果、评价结果、通知公示、往来函件、会议记录、分析报告、处理结果等资料。

（10）工程项目施工过程中的新技术、新结构、新材料、新工艺、新创造、新发明、新改进等工程技术成果与相关资料文件。

（11）工程质量、安全、进度、费用、风险等方面的管理计划、预算结算、分析报告、评价资料、对策措施、应急方案等资料。

（12）工程项目竣工阶段的验收报告、验收记录、遗留问题处理结果与记录等资料。

（13）工程试运行记录、运行结果的分析与评价、异议处理结果等资料。

（14）工程完工后的费用决算、实体移交、资料保管等记录。

（15）工程项目建设中的其他相关资料。

14.3.2　工程文档管理要求

依据国家工程建设主管部门发布的《基本建设项目档案资料管理暂行规定》，工程项目的所有文档必须符合完整化、规范化、标准化和真实化的要求。编制好工程项目的文档资料不仅是工程项目建设单位的责任，而且也是工程项目监理单位、施工单位、设计单位等有关参建单位的共同责任。同时，该规定要求，为了做好工程项目的文档管理工作，工程项目的文档管理必须遵守以下几方面的要求。

（1）工程项目的文档积累、整编、审定等工作要与工程项目的建设进程同步，确保所有工程文档的真实性，不得擅自修改、伪造或事后补做。

（2）工程建设单位、总承包单位、工程现场指挥机构、施工单位、监理单位和勘察设计等有关单位必须有一位负责人分管文档资料工作，并建立与工程档案资料工作任务相适应的管理机构，配备档案资料管理人员，制定档案文件管理制度，保证工程文档能够得到及时有效的保护和管理。

（3）工程建设过程中，工程建设单位、总承包单位、现场指挥机构、施工单位、监理单位和勘察设计等有关单位应在各自的职责范围内做好工程文档的形成、积累、整理、归档和保管工作。

（4）形成的工程文档必须做到全面完整，并能真实反映工程实际状况。

（5）工程文档中的图片、照片、录音、录像等材料应有完整的文字说明。

（6）归档的文件材料必须字迹清楚、图面整洁，不得污染和损害。

（7）工程项目施工过程中的重大事件应有完整的文字说明和图像记录。

（8）工程文档记录要用不易褪色的材料书写和绘制。

（9）文档中需要签字盖章之处必须手续完备。凡是列入工程档案的技术文件和资料，都必须经有关技术负责人签章。

（10）工程竣工图应反映工程最终的实际状况，必须做到图物相符，并加盖工程竣工章。

（11）工程文档应专柜存放，定期检查，防止损坏和丢失。

（12）工程文档存放地点应安全可靠，并应采取必要措施对不同介质的档案妥善保存。

（13）工程文档保管期分为永久、长期和短期三种，其中，属于长期保管的工程文档资料实际保管期限不得短于工程项目的实际寿命期。

（14）工程文档管理单位应根据工程文档管理规定，编制详细的档案管理方式，以确保归档文件查阅的便利性。

（15）特殊工程、重点工程的文档应进行单独管理，设定严格的文档查阅和使用管理办法，并有详细的文档阅读记录。

（16）任何人不得私自保存应归档的文件材料。

（17）工程文档管理人员应对工程文档分类编目，并负责对不同保密等级的工程文档进行分级分类存放和保管，确保工程文档所涉及的技术秘密不被泄露。

14.3.3 工程文档管理内容

工程项目的文档种类繁多，数量极大，从工程项目筹建到竣工结束，工程文档工作都需要进行持续不断的管理。因此，若要做好这一工作，必须对工程文档的管理内容有着清晰的了解和认识。从总体来看，工程文档可分为工程项目申请立项类文件、勘测设计招标投标类文件、工程设计类文件、开工手续类文件、施工管理类文件、工程造价类文件、工程监理类文件、工程竣工验收文件及其他文件。各类文件的具体内容如表 14.1 所示。

表 14.1　工程项目各类文档明细

序号	类别	文档名称	文档主要来源
1	工程项目申请立项类文件	（1）工程项目建议书、可行性研究报告及其批复文件 （2）项目评估报告、环境评估报告和调查报告 （3）项目立项申请及批复文件 （4）有关部门的审查意见及批准文件，主要包含：规划、环保、消防、卫生、人防等主管部门的批复文件，水、暖、电、气、通信等单位的批准意见 （5）会议记录、领导讲话和专家意见等资料	工程建设单位
2	勘测设计招标投标类文件	（1）工程地质、水文地质勘测图 （2）红线位置和测量成果报告 （3）勘测记录、化验和试验报告 （4）重要岩石、土样等实物证明 （5）地形地貌、控制点、建筑物、构筑物及重要设备的测量定位和观测记录 （6）水文、气象、地震等设计基础资料 （7）工程招投标文件和有关合同及合同附件	工程建设单位 工程设计单位 工程监理单位 工程施工单位 物资供应单位
3	工程设计类文件	（1）初步设计和技术设计文件 （2）总体规划方案 （3）工程设计方案和设计计算书 （4）关键技术试验报告 （5）设计评价、鉴定及审批材料 （6）工程设计图纸及有关文件	工程设计单位
4	开工手续类文件	（1）工程选址报告及土地规划部门批复文件 （2）建设用地许可证及用地地形图 （3）移民安置计划等方面的文件及拆迁协议书、补偿协议书 （4）承发包合同及协议书 （5）施工执照和开工许可证 （6）有关专业文件 （7）有关会议记录	工程建设单位 上级主管单位 工程相关单位
5	施工管理类文件	（1）图纸会审、技术交底和设计变更记录 （2）施工组织设计和工程各类计划 （3）测量定位放线记录 （4）工程质量验收记录 （5）隐蔽工程验收记录 （6）原材料试验报告 （7）设备试验报告 （8）工程事故处理记录 （9）工程事故处理报告 （10）重大事故处理的检测检验记录 （11）记载施工重要阶段、过程和重大事故现场的声像材料及有关实物和文字说明 （12）工程测试、测量沉陷和位移变形等观测记录 （13）防水工程检验记录 （14）闭水试验记录 （15）打压试验记录 （16）工程施工过程中的来往函件和其他记录	工程施工单位 物资供应单位 工程设计单位 工程监理单位 工程相关单位

续表

序号	类别	文档名称	文档主要来源
6	工程造价类文件	（1）工程概算书 （2）施工预算书 （3）工程结算书 （4）工程决算书 （5）固定资产清单及明细表	工程建设单位 工程设计单位 工程施工单位 工程监理单位 物资供应单位
7	工程监理类文件	（1）工程监理合同 （2）工程监理规划与实施细则 （3）监理记录	工程监理单位
8	工程竣工验收文件	（1）竣工验收报告、验收记录、验收资料 （2）工程试运行记录 （3）工程移交记录	工程施工单位 工程设计单位 工程监理单位
9	其他文件	（1）科研项目协议书 （2）工程项目后评价和工程建设总结 （3）其他相关文件	工程建设单位 工程相关单位

14.4 工程项目竣工验收

14.4.1 工程竣工验收及其所需条件

工程项目的竣工验收是工程建设的重要管理环节之一，是指施工单位按照合同规定完成其承建的工程建设任务后，接受建设单位的检验并向其移交已完项目实体的一项工作，是工程项目建设成果即将转入生产使用的重要标志。通过工程验收，不仅可以检测已完成工程项目是否达到了工程设计的预定要求并具备了相应的使用能力，而且可以通过必要的运行测试，及时发现和解决生产或使用方面存在的问题，确保工程项目后期的正常使用。

根据工程施工单位承建合同内容和已完工程内容的不同，工程竣工验收分为工程项目整体竣工验收和分部分项或单位工程验收两大类。当施工单位仅承担工程项目的部分工程建设任务时，在其完成所承担的工程建设任务后即可申报分部分项或单位工程验收；当施工单位承担了工程项目的全部建设任务时，在其完成所承担的工程建设任务后即可申报工程项目整体竣工验收。尽管都是工程项目的竣工验收，但这两种工程验收的验收主体、参加验收单位、验收目的、验收对象却各不相同，具体内容如表 14.2 所示。

表 14.2 工程验收类别

验收类别	工程项目整体竣工验收	分部分项或单位工程验收
验收时间	工程项目整体建成后	分部分项或单位工程完工后
验收主体	工程建设主管部门	建设单位
参加验收单位	建设、设计、施工、监理和使用单位	设计、施工、监理单位
验收目的	整体工程验收与移交	分部分项或单位工程验收与移交
验收对象	整体工程	分部分项或单位工程

此外，不同类别的工程项目验收所需具备的验收条件也有较大差异。当申请分部分项或单位工程验收时，需要具备以下几项主要条件：①完成工程设计和合同约定的各项内容。②工程完工后对工程质量进行了自检，确认工程质量符合工程建设标准。③有完整的监理评审资料和评定结果，施工单位和监理单位有关负责人已审核签字。④勘察设计单位已进行必要的审核并签字认可。⑤有完整的技术档案和施工管理资料。⑥有施工单位签署的工程质量保修书。

当申请工程项目整体竣工验收时，需在具备申请分部分项或单位工程验收条件的基础上具备以下几项主要条件：①已完成合同约定的全部工程建设任务。②已按设计要求完成生产性项目和辅助性公用设施，并且能够满足生产使用要求。③主要工艺设备配套设施经联动负荷试车合格，形成生产能力，能够生产出设计文件规定的产品。④劳动安全保障设施、卫生设施、环境保护设施、通信网络设施、消防设施等应配备的设施已全部建成并达到设计要求，具备使用条件。⑤公安消防、环保等部门已出具认可文件或者准许使用文件。⑥城乡规划行政主管部门已出具审查工程是否符合规划设计要求的意见。

14.4.2　工程竣工验收方式

工程项目的竣工验收是一项系统严谨的工程管理工作，开展此项工作时必须按照工程项目的有关验收规定并遵循一定的程序来进行。当开展分部分项或单位工程验收时，其验收方式是由工程建设单位作为验收主体，施工单位完成合同所规定的预定任务并达到生产要求或具备使用条件后，即可向建设单位提交验收申请。相应的验收程序是：建设单位接到施工单位的验收申请后，在做好验收准备的基础上，组织施工、设计、监理及其他有关单位共同进行工程验收。在验收中应按试运行规程进行检测，确保工程所有设备设施处于良好状态。验收合格后，建设单位与施工单位签订验收证书，同时，施工单位向建设单位移交工程及其文档材料。具体验收的步骤如下：①施工单位进行自检，开展工程质量自评和设备设施自运行检测。②施工单位准备好工程验收资料。③向工程建设单位提出竣工验收申请。④建设单位向工程设计、施工、监理等有关单位发出准备验收通知，明确验收时间、验收程序、验收标准和有关人员名单。⑤建设单位组织工程设计、施工、监理等有关单位进行验收，实地查验工程设备设施的试运行情况并做出验收结论。⑥施工单位向建设单位移交工程文档材料，并正式办理工程移交手续。

当开展工程项目整体竣工验收时，其验收方式是由工程建设主管部门作为验收主体，在整个工程建设项目按设计要求全部建成后，经过一段时间的使用和试运行并全部达到设计要求后，由工程建设单位向工程建设主管部门提出验收申请。相应的验收程序是：工程建设主管部门接到工程建设单位的验收申请后，组建工程投资单位、使用单位、环保部门、消防部门、市政部门、设计部门、规划部门、能源管理部门等工程建设相关部门形成验收委员会或验收组。验收组根据工程验收的有关规定，审阅工程技术档案资料，审查工程建设的各个环节，实地查验工程设备设施的试运行情况，听取有关单位的工作报告，并对工程设计、施工和设备质量等方面提出全面的评价，给出是否同意验收的结论。特别是对于大型、特大型工程项目来说，由于工程项目较为庞大、结构复杂、内容较多，为了确保工程验收的顺利进行，又将工程验收工作分为验收准备、预验收和正式验收三个部分。其中，验收准备是由工程建设单位组织工程施工单位、设计单位和监理单位开展的验收工作，这些单位依据验收结果，编写验收报告，为开展工程预验收奠定基础。工程预验收是由上级主管单位或工程建设主管部门会同工程建设单位、施工单位、设计单位和监理单位开展的工程验收工作，并通过工程预验收，确保工程项目达到验收标准，为正式验收奠定基础。正式验收是由验收委员会组织的验收。验收委员会通过这一验收签署工程竣工验收意见，给出工程项目的最终验收结论，将工程项目移交使用单位。之后，工程项目正式投入使用。

14.5 工程项目后评价

14.5.1 后评价及其作用

工程项目后评价是指在工程项目建设完成之后，对工程项目的质量、进度、费用、安全等各个管理对象及其预期目标和工程建设过程中所产生的各种效益、影响和作用进行的全面、系统、客观的分析与评价。通过这一评价，不仅可以对工程项目的建设过程进行全面的分析与总结，客观系统地了解和掌握工程项目整个建设过程的全部状况，从中吸取经验和教训，为进一步提高工程项目管理水平提供改进和完善的依据，而且还可以通过对投资活动的经济分析，检验工程投资的经济效益，为今后工程项目的投资决策提供科学的指导。

为了达到工程项目后评价的目的，在开展工程项目后评价时，应当遵循国家工程项目建设的有关指导方针和法律法规，并在国家有关产业政策的指导下，通过科学的分析来完成对工程项目的全面分析与评价。同时，在开展工程项目的后评价过程中，还应遵守以下几方面的原则。

（1）独立性原则。独立性原则是工程项目后评价的首要原则，它是指工程项目后评价工作不能受到与工程项目有关部门或单位的影响，从事工程项目后评价的单位应当是参与工程建设项目之外的第三方，尤其要避免工程项目决策者、管理者或施工者对工程项目后评价的介入和干扰。

（2）真实性原则。真实性原则是指在开展工程项目的后评价中，评价所用的一切数据和资料都要真实可靠，必须是既成事实的真实材料，不能将没有根据的个人言论作为评价依据。

（3）客观性原则。客观性原则是指开展工程项目后评价时，从事工程项目后评价的人员必须尊重客观事实，以工程实际为依据，既不能夸大成果，也不能掩盖问题，要真实客观地反映工程实际状况，并给出客观实际的评价结果。

（4）全面性原则。全面性原则主要是指对工程项目的后评价既要包含工程项目的各个管理对象，又要考虑工程项目的各方面因素；既要开展对工程项目建设产品等实体硬件的分析与评价，又要开展对工程项目管理方法等虚体软件的剖析与总结，使评价结果能够全面、系统、真实、有效地反映出工程项目的整体状况。

14.5.2　工程项目后评价内容

工程项目后评价是对工程项目整个建设过程及其相关影响范围的系统分析与评价，评价的内容不仅包含工程项目建设前期的计划与决策，而且还包含工程项目建设过程的实施状况、技术经济、环境保护、社会影响及可持续发展等内容。因此，评价的内容多、涉及面广、工作量大，需要开展工程项目后评价的人员对不同评价内容有充分的了解和掌握。

（1）工程项目前期决策效果后评价。工程项目前期决策效果后评价主要是以工程项目前期决策目标、可行性研究结果和项目评估结果为分析对象，以工程完工后的实际建设效果为事实依据，从工程决策的科学性、各种数据分析的有效性、可行性研究的全面性和研究结果的正确性等多个方面进行对比和分析，从中找出计划目标与实际执行效果之间的偏差及其原因，为今后工程项目的立项与决策提供参考依据。

（2）工程项目建设效果后评价。工程项目建设效果后评价是从工程项目建设的角度出发，就工程项目建设前的资金准备情况、勘察设计情况、工程招投标情况、征地拆迁情况、手续办理情况、计划落实情况、项目组织情况以及工程质量、进度、费用、安全、风险、物资供应、合同管理、试运行结果等情况进行的全面分析与评价。通过工程实际效果与原计划之间的对比与分析，可以发现工程项目建设管理中存在的优势与不足以及经验和教训，为改进和提高工程项目管理水平提供依据。

（3）工程项目经济效益后评价。工程项目经济效益后评价主要包含财务后评价和国民经济后评价两个部分。财务后评价是从财务角度分析和计算工程项目财务盈利和贷款偿还能力，以此来判断工程项目经济效益的分析工作。评价的内容主要包含两个方面：一是对主要财务基础数据进行的分析与评价；二是对项目实际运行后财务效益进行的分析与评价。国民经济后评价是在财务评价的基础上，从整个国民经济或全社会角度出发，根据工程项目的实际数据和国家颁布的影子价格及有关参数，利用社会折现率、内部收益率、经济净现值和投资净效益率等指标，分析工程项目所产生的实际成本效益与前评估经济预测的偏离程度及其原因，为今后提高工程项目的宏观决策水平提供依据。

（4）工程项目环境影响后评价。工程项目环境影响后评价是在项目建成后，从工程项目对区域环境质量的影响、自然资源的利用和保护、区域生态平衡、环境管理和工程项目污染与控制等方面产生的环境影响或未来可能产生的环境影响进行的分析与评价。通过这一评价，不仅可以审查工程项目管理者在工程项目建设中落实环保设施和污染治理措施的情况，而且还可以检测原定工程环保措施的科学性和有效性，为今后提高工程建设环保管控工作积累丰富的实践经验。

（5）工程项目社会效益后评价。工程项目社会效益后评价是工程项目后评价的一个重要组成部分，评价的内容包含社会影响评价、工程项目与所在地区的互适性分析以及社会风险分析。其中，社会影响评价主要是分析工程项目对社会发展所产生的影响，如对工程项目所在地区居民生活水平的影响，以及对当地居民就业的影响，以及对当地群众利益、文化教育、民族风俗、宗教习惯等方面的影响。工程项目与所在地区的互适性分析主要是从不同利益群体、当地组织机构和当地技术水平等方面对工程项目建设效果进行的分析与评价。社会风险分析则是在对影响项目的各种社会因素进行全面分析、识别和排序的基础上，就工程建设可能给社会带来不稳定的因素进行的分析和研究。据此分析结果，可以及时避免和消除这些因素给社会带来的潜在不利影响与危害。

（6）工程项目可持续发展后评价。工程项目建成后，其后续的运营可能会给当地社会经济发展带来不同程度的影响。因此，若要了解和掌握工程项目的后续发展趋势，就需要从工程项目的可持续发展角度对工程项目进行分析。分析的内容主要包括工程项目自身的可持续性以及工程项目与所在地区经济、社会和环境之间的发展协调性。通过这一分析，可以从中找出阻碍和影响工程项目可持续性的不利因素，为优化投资决策提供科学的依据。

14.5.3 工程项目后评价方法与程序

目前，对工程项目进行后评价的方法有很多种，如逻辑框架法、比较评价法、层次分析法、模糊综合评价法等，选用的一般性原则是根据工程项目的特点和评价对象的不同而选择相应的评价方法。在此基础上，再按照工程项目后评价的程序开展工程项目的后评价工作。

（1）逻辑框架法。逻辑框架法是一种概念化描述和分析工程项目状况的方法，即用一张简单框图来描绘出工程项目各对象内在因素之间的关系。在此基础上，通过分析各因素之间的逻辑关系来分析和评价工程项目目标实现程度和项目实施的效果、作用与影响，进而查找原因，以达到改进和完善工程项目管理水平的目的。

（2）比较评价法。比较评价法是把工程项目实际建造情况与项目立项时确定的目标和指标相对比，从中找出目标偏差及其原因的方法。对比的方法主要有前后对比和有无对比两种模式。其中，前后对比是将工程项目完成之后的情况与项目实施之前的情况加以对比，以确定工程项目实施效果的一种方法。有无对比则是将工程项目建成投产后所产生的实际效果和影响与假设没有这个项目的情况进行对比，以分析和度量工程项目建成后产生效果的一种方法。

（3）层次分析法。层次分析法是根据问题的性质和要求，把复杂的研究对象和问题分解成若干层次，然后建立起一个有序的递阶系统，根据客观实际情况把同一层次的各种要素通过两两比较来确定层次中各因素相对重要性的方法。这种方法可以把复杂问题变得层次分明，并从中找到最为主要的因素，以此来确定其对工程项目产生影响的程度。

（4）模糊综合评价法。模糊综合评价法是以模糊数学为基础，把一些边界不清晰的定性问题转化为定量问题后，用定量分析工具来分析和解决工程项目后评价中含有的较多定性信息的评价方法。与其他后评价方法相比，采用模糊综合评价法最大的优势就是在分析工程项目的大量定性因素中，可以尽可能地减少评价者的主观臆断和个人干扰，使评价结果更为客观可信。

除这些方法外，从事工程项目后评价的人员还可以采用其他更为合适的方法来开展工程项目的后评价工作。选定后评价方法后，即可按照工程项目后评价的程序开展后评价工作。工程项目后评价的程序主要包含接受后评价任务、成立后评价小组、确定后评价对象、开展后评价工作、编写后评价报告和汇报后评价结果这几个步骤。

（1）接受后评价任务。后评价任务既可以由上级主管部门来安排，也可以从后评价招标项目中获取。一旦获得后评价项目，就要与委托后评价的单位签订工程项目后评价合同或协议。通过合同可以明确后评价的对象、评价目的、完成时间、所需费用、双方责任及其他要求，确保达到后评价的预定目的。

（2）成立后评价小组。工程项目的后评价是一项涉及工程项目多个方面的工作，需要不同专业人员的共同合作才能完成。因此，在开展工程项目的后评价之前，要预先成立后评价小组并确定相应的后评价人员。这些人员既要有一定的专业技能，又要有较强的责任心，以保证评价结果的真实性、客观性和可靠性。

（3）确定后评价对象。根据后评价合同及合同条款，即可明确后评价对象及其所需要评价的内容。在此基础上，组织后评价小组的所有成员，研究和确定后评价所用的主要方法、主要评价指标、所需资料、评价程序及各评价人员的具体工作任务，为科学高效地开展工程项目后评价奠定基础。

（4）开展后评价工作。开展后评价工作时，首先要做的工作就是收集资料和阅读文件。在获得工程项目的工程档案后，要先开始了解和掌握工程项目的基本情况，再就每一个评价对象所涉及的内容进行更为深入的分析。其次，在了解和掌握评价对象的基础上，为了进一步确定资料的真实性和可靠性以及工程项目的即时状况，还应进行必要的工程现场调查，更为详细地了解和掌握工程项目的运行或使用现状以及对当地产生的各种影响。最后，利用已确定的后评价方法，以所获得的真实数据为依据，即可全面系统地开展工程项目的后评价工作。

（5）编写后评价报告。完成工程项目的后评价后，要按照工程项目后评价报告的编写格式编写出系统完整并能客观真实地表述评价过程与方法以及评价结果的评价报告。后评价报告一般由七个部分组成，即评价背景与评价目的、评价组织及其成员、评价对象概况和评价的具体内容、评级方法和评价原则与依据、详细评价过程、评价结果、相关对策与建议。

（6）汇报后评价结果。完成工程项目的后评价并编写完后评价报告后，要将后评价成果提交给后评价委托单位，并向委托方汇报后评价的详细工作过程，对后评价结果进行汇报和答疑，对提出的有关意见和建议进行解释和说明，为有关部门和单位提高工程管理水平和决策水平提供有价值的参考依据。

14.6 工程竣工结算与决算

14.6.1 工程竣工结算

工程竣工结算是指工程承包商完成合同约定的工程建设项目任务后，根据工程预决算规定而编写的工程全部费用计算清单。与工程预算相比，工程结算是在工程完工后，以工程竣工验收报告和竣工验收证明、工程竣工图、设计变更通知单及施工变更记录、现行工程结算定额和工程管理费用取费标准的有关规定为依据，并经过工程监理师的认可而对工程项目所发生的实际费用进行的造价分析与计量，是工程项目建设单位向工程承包单位支付工程费用的重要依据。

工程项目费用结算工作的开展是按照一定程序进行的，主要的工作步骤如下。

（1）工程承包商整理工程有关资料，明确工程设计计划与实际的不同之处。

（2）以工程预算为基础，对实际发生的工程项量变更进行调整和修正，确保计算内容与工程实际保持一致。

（3）按照现行工程结算定额和工程管理费用取费标准的有关规定编制工程结算书。

（4）工程结算书由监理工程师审查签证后，再提交给工程建设单位有关部门进行审查，同时提交有关必要的工程项量变更证明文档资料。

（5）工程建设单位有关部门审核工程结算书。

（6）工程承包商对工程建设单位有关部门在审核工程结算书中提出的有关问题进行答疑，并对结算书进行修正。

（7）工程结算书经工程建设单位审核通过后，转交财务部门，并作为支付工程费用的重要依据。

工程建设单位有关部门审核工程结算书时，重点审查的内容有：土石方工程中是否有异常项目的处理，工程施工中设计变更所引起的工程项量变化，工程材料替代所发生的工程项量变化，工程设备材料价格调整所引起的工程造价变化，工程施工中发生的变更与结算内容的一致性，工程结算中有无多算或漏算的工程项量，工程项量所对应的单价是否与现行工程结算定额相一致，工程管理费用取费标准是否执行了现行规定，工程结算是否符合合同中的有关特殊约定，工程结算中是否存在不符合合同规定的情况，单项工程综合结算书与单位工程结算书的有关主要内容是否相符等。

14.6.2 工程竣工决算

工程竣工决算是指工程项目全部完成后，工程建设单位依据国家有关规定编制的工程建设费用书。决算中的费用不仅包含工程结算中的所有费用，而且还包括：工程项目前期决策阶段开展项目调研和可行性研究以及项目立项所发生的费用，工程准备阶段开展工程设计、工程招投标、办理工程开工手续等所发生的费用，工程实施过程中发生特殊事件后非基本预备费或不可预见费之内的费用，工程竣工阶段和后期所发生的与工程项目直接相关的其他费用。因此，工程决算费用是工程项目所有费用的总和，是正确核定新增固定资产价值、考核和分析投资效果、建立健全经济责任制的主要依据。

工程竣工决算一般由竣工决算编制说明和竣工决算报表两部分组成，具体内容如下：①工程概况表；②工程造价报表；③工程设备材料报表；④工程财务决算表；⑤工程项目交付使用财产总表；⑥工程项目交付使用财产明细表；⑦结余设备材料明细表；⑧结余资金明细表；⑨竣工决算编制说明。

其中，竣工决算编制说明是对竣工决算报表进行分析和补充说明的文件，主要内容包括：工程概况，工程资金来源和使用情况，工程概算、预算和结算的对比分析结果，各项技术经济指标的完成情况，结余设备、材料和资金的处理意见。

工程竣工决算完成编制后，须提交给工程建设主管部门、投资单位和其他主要部门进行审查。审查的内容主要有以下几个方面：工程建设项目中有无计划外工程项目；工程建设费用是否超支；工程建设成本是否超标；工程建设各项费用开支是否符合规定；工程建设中有无扩大开支范围和提高开支标准的问题；工程建设投入和结余资金是否真实准确；工程建设投资效果是否达到预定目的；工程建设中增减的费用是否合理；各项费用的使用是否合规；工程建设中涉及工程建设资金的其他问题。

14.7 工程后期保修

14.7.1 工程后期保修内容与期限

工程竣工验收后，虽然通过了交工前的各种检验和测试，但仍可能存在若干质量问题或隐患，这些问题可能会在后期的使用过程中逐步暴露出来。对此，为了明确职责，国家有关建设法规明确规定，工程竣工验收并交付使用后，在一定期限内，对工程中出现的确实是由于施工单位的施工责任而造成的问题，须由施工单位负责修理，直至达到正常使用要求为止。这种工程项目的后期维修就是工程后期保修的含义。这一保修制度不仅体现了工程建设者对用户负责的宗旨，提高了建设单位和施工单位的社会信誉，而且还有利于促使工程施工单位更加重视工程质量管理，不断改进施工工艺，总结施工经验，持续提高工程项目的管理水平。

按照我国《建设工程质量管理条例》的规定，尽管工程施工单位应对工程项目的保修负责，但保修的范围主要是那些由于施工质量不合格而造成的问题，如屋面、地下室、外墙、阳台、厕所、浴室及厨房等处渗水、漏水问题，各种通水管道（包括自来水、热水、污水、雨水等）的漏水问题，各种气体管道漏气以及通气孔和烟囱不通问题，水泥地面有较大面积的空鼓、裂缝或起砂问题，内墙抹灰有较大面积的起泡或空鼓脱落问题，由于施工不良而造成的无法使用或使用功能不能正常发挥的多种问题。然而，凡是由于用户使用不当而造成的问题，不属于工程保修范围；凡是使用过程中非工程实体本身而引起的工程本体问题，也不属于工程保修的范围。

同时，按照我国《建设工程质量管理条例》的规定，在正常使用条件下，建设工程的最低保修期限如下：①基础设施工程、地基基础工程和主体结构工程，保修期限为设计文件规定的工程合理使用年限。②屋面防水工程、有防水要求的卫生间、房间和外墙面的防渗漏工程，保修期限为 5 年。③供热与供冷系统，保修期限为 2 个采暖期和供冷期。④电气管线、给排水管道、设备安装和装修工程，保修期限为 2 年。⑤其他项目的保修期限由发包方与承包方约定，建设工程的保修期自竣工验收合格之日起计算。

建设工程在超过合理使用年限后需要继续使用的，产权所有人应当委托具有相应资质等级的勘察设计单位进行鉴定，并根据鉴定结果采取加固、维修等措施，且重新界定使用期。

14.7.2 工程后期保修方式

根据我国《建设工程质量管理条例》的规定，建设工程承包单位在向建设单位提交工程竣工验收报告时，应当向建设单位出具质量保修书。质量保修书中应当明确建设工程的保修范围、保修期限和保修责任。对于建设工程在保修范围和保修期限内发生的质量问题，施工单位应当履行保修义务，并对造成的损失承担赔偿责任。具体的维修、保修方式如下。

（1）发送保修证书。在工程竣工验收和移交的同时，施工承包单位向业主单位发送工程质量保修证书，保修证书中要写明工程使用管理要求、保修范围和内容、保修时间、保修方法和保修情况记录，以及保修单位的名称、详细地址、联系电话和联系人。

（2）在保修期内，若使用单位或用户发现工程保修范围内的问题，可以口头或书面方式通知施工单位或保修单位。

（3）施工单位或保修单位自接到保修通知之日起，必须在约定的时间内完成修理工作，如施工单位或保修单位未能按期到达现场并完成修理工作，使用单位或用户应再次通知施工单位或保修单位。施工单位或保修单位自再次接到通知书起一周内仍不能到达时，使用单位或用户有权自行返修，所发生的费用由施工单位或保修单位承担。施工单位或保修单位并承担由此而造成的其他直接损失。

（4）施工单位或保修单位完成修理工作后，应将修理时间、修理内容、发生问题的部位和原因等记录在质量保修证书的保修情况记录栏目中，并经使用单位或用户验收认可合格后方可结束维修任务。

在维修中，所发生的维修费用将根据维修问题的原因及责任方来确定。凡是由于施工承包单位未按国家有关规范、标准和设计要求施工而造成的质量缺陷，应由施工承包单位承担相应的经济责任。凡是由于设计方面造成的质量缺陷，须由设计单位承担相应的经济责任，施工承包单位负责维修。凡是由于工程材料、构配件和设备质量不合格引起的质量缺陷，属于施工承包单位采购的或经其验收同意的，由施工承包单位承担经济责任；属于业主单位采购的，由业主单位承担相应的经济责任。

参考文献

丛培经. 2006. 工程项目管理[M]. 北京：中国建筑工业出版社.

丁士昭. 2006. 工程项目管理[M]. 北京：中国建筑工业出版社.

范秀兰，张东黎. 2008. 建设工程项目管理[M]. 重庆：重庆大学出版社.

李晓东，张德群，孙立新. 2004. 工程管理信息系统[M]. 北京：机械工业出版社.

李玉芬，冯宁. 2008. 建筑工程项目管理[M]. 北京：机械工业出版社.

戚振强. 2015. 工程项目管理[M]. 北京：中国建筑工业出版社.

盛天宝，陆明心，韩岗. 2005. 工程项目管理与案例[M]. 北京：冶金工业出版社.

曾赛星. 2007. 项目管理[M]. 北京：北京师范大学出版社.

附录一

中国项目管理知识体系框架目录

4.11 资源计划
4.12 费用估计
4.13 费用预算
4.14 项目计划集成
第 5 章 项目实施阶段相关知识
5.1 采购招标
5.2 合同管理
5.3 合同收尾
5.4 质量保证
5.5 质量控制
5.6 质量验收
5.7 生产要素管理
5.8 进展报告
5.9 范围控制
5.10 进度控制
5.11 费用控制
5.12 综合变更控制
5.13 范围确认
第 6 章 项目结束阶段相关知识
6.1 项目资料验收
6.2 项目交接或清算
6.3 费用决算
6.4 项目审计
6.5 项目后评价
第 7 章 项目管理领域相关知识
7.1 项目范围管理
7.2 项目时间管理
7.3 项目费用管理
7.4 项目质量管理
7.5 项目人力资源管理
7.6 项目信息管理
7.7 项目风险管理
7.8 项目采购管理
7.9 项目综合管理
第 8 章 项目管理常用方法与工具
8.1 工作分解结构
8.2 网络计划技术

8.3 甘特图
8.4 里程碑图
8.5 项目融资
8.6 资源费用曲线
8.7 资源负荷图
8.8 质量控制方法
8.9 质量技术文件
8.10 标杆管理
8.11 责任矩阵
8.12 激励理论
8.13 沟通方式
8.14 模拟技术
8.15 挣值方法
8.16 并行工程
8.17 要素分层法
8.18 方案比较法
8.19 SWOT 分析法
8.20 资金时间价值
8.21 评价指标体系
8.22 项目财务评价
8.23 项目国民经济评价
8.24 不确定性分析
8.25 项目环境影响评价
8.26 有无比较法
第 9 章 项目化管理
9.1 项目化管理体系框架
9.2 项目化管理方法
9.3 项目化管理组织
9.4 项目化管理机制
9.5 项目化管理流程

附录二

《建设工程安全生产管理条例》

第一章　总则

第一条　为了加强建设工程安全生产监督管理，保障人民群众生命和财产安全，根据《中华人民共和国建筑法》、《中华人民共和国安全生产法》，制定本条例。

第二条　在中华人民共和国境内从事建设工程的新建、扩建、改建和拆除等有关活动及实施对建设工程安全生产的监督管理，必须遵守本条例。

本条例所称建设工程，是指土木工程、建筑工程、线路管道和设备安装工程及装修工程。

第三条　建设工程安全生产管理，坚持安全第一、预防为主的方针。

第四条　建设单位、勘察单位、设计单位、施工单位、工程监理单位及其他与建设工程安全生产有关的单位，必须遵守安全生产法律、法规的规定，保证建设工程安全生产，依法承担建设工程安全生产责任。

第五条　国家鼓励建设工程安全生产的科学技术研究和先进技术的推广应用，推进建设工程安全生产的科学管理。

第二章　建设单位的安全责任

第六条　建设单位应当向施工单位提供施工现场及毗邻区域内供水、排水、供电、供气、供热、通信、广播电视等地下管线资料，气象和水文观测资料，相邻建筑物和构筑物、地下工程的有关资料，并保证资料的真实、准确、完整。

建设单位因建设工程需要，向有关部门或者单位查询前款规定的资料时，有关部门或者单位应当及时提供。

第七条　建设单位不得对勘察、设计、施工、工程监理等单位提出不符合建设工程安全生产法律、法规和强制性标准规定的要求，不得压缩合同约定的工期。

第八条　建设单位在编制工程概算时，应当确定建设工程安全作业环境及安全施工措施所需费用。

第九条　建设单位不得明示或者暗示施工单位购买、租赁、使用不符合安全施工要求的安全防护用具、机械设备、施工机具及配件、消防设施和器材。

第十条　建设单位在申请领取施工许可证时，应当提供建设工程有关安全施工措施的资料。

依法批准开工报告的建设工程，建设单位应当自开工报告批准之日起 15 日内，将保证安全施工的措施报送建设工程所在地的县级以上地方人民政府建设行政主管部门或者其他有关部门备案。

第十一条　建设单位应当将拆除工程发包给具有相应资质等级的施工单位。

建设单位应当在拆除工程施工 15 日前，将下列资料报送建设工程所在地的县级以上地方人民政府建设行政主管部门或者其他有关部门备案：

（一）施工单位资质等级证明；

（二）拟拆除建筑物、构筑物及可能危及毗邻建筑的说明；

（三）拆除施工组织方案；

（四）堆放、清除废弃物的措施。

实施爆破作业的，应当遵守国家有关民用爆炸物品管理的规定。

第三章　勘察、设计、工程监理及其他有关单位的安全责任

第十二条　勘察单位应当按照法律、法规和工程建设强制性标准进行勘察，提供的勘察文件应当真实、准确，满足建设工程安全生产的需要。

勘察单位在勘察作业时，应当严格执行操作规程，采取措施保证各类管线、设施和周边建筑物、构筑物的安全。

第十三条　设计单位应当按照法律、法规和工程建设强制性标准进行设计，防止因设计不合理导致生产安全事故的发生。

设计单位应当考虑施工安全操作和防护的需要，对涉及施工安全的重点部位和环节在设计文件中注明，并对防范生产安全事故提出指导意见。

采用新结构、新材料、新工艺的建设工程和特殊结构的建设工程，设计单位应当在设计中提出保障施工作业人员安全和预防生产安全事故的措施建议。

设计单位和注册建筑师等注册执业人员应当对其设计负责。

第十四条　工程监理单位应当审查施工组织设计中的安全技术措施或者专项施工方案是否符合工程建设强制性标准。

工程监理单位在实施监理过程中，发现存在安全事故隐患的，应当要求施工单位整改；情况严重的，应当要求施工单位暂时停止施工，并及时报告建设单位。施工单位拒不整改或者不停止施工的，工程监理单位应当及时向有关主管部门报告。

工程监理单位和监理工程师应当按照法律、法规和工程建设强制性标准实施监理，并对建设工程安全生产承担监理责任。

第十五条　为建设工程提供机械设备和配件的单位，应当按照安全施工的要求配备齐全有效的保险、限位等安全设施和装置。

第十六条　出租的机械设备和施工机具及配件，应当具有生产（制造）许可证、产品合格证。

出租单位应当对出租的机械设备和施工机具及配件的安全性能进行检测，在签订租

赁协议时，应当出具检测合格证明。

禁止出租检测不合格的机械设备和施工机具及配件。

第十七条 在施工现场安装、拆卸施工起重机械和整体提升脚手架、模板等自升式架设设施，必须由具有相应资质的单位承担。

安装、拆卸施工起重机械和整体提升脚手架、模板等自升式架设设施，应当编制拆装方案、制定安全施工措施，并由专业技术人员现场监督。

施工起重机械和整体提升脚手架、模板等自升式架设设施安装完毕后，安装单位应当自检，出具自检合格证明，并向施工单位进行安全使用说明，办理验收手续并签字。

第十八条 施工起重机械和整体提升脚手架、模板等自升式架设设施的使用达到国家规定的检验检测期限的，必须经具有专业资质的检验检测机构检测。经检测不合格的，不得继续使用。

第十九条 检验检测机构对检测合格的施工起重机械和整体提升脚手架、模板等自升式架设设施，应当出具安全合格证明文件，并对检测结果负责。

第四章 施工单位的安全责任

第二十条 施工单位从事建设工程的新建、扩建、改建和拆除等活动，应当具备国家规定的注册资本、专业技术人员、技术装备和安全生产等条件，依法取得相应等级的资质证书，并在其资质等级许可的范围内承揽工程。

第二十一条 施工单位主要负责人依法对本单位的安全生产工作全面负责。施工单位应当建立健全安全生产责任制度和安全生产教育培训制度，制定安全生产规章制度和操作规程，保证本单位安全生产条件所需资金的投入，对所承担的建设工程进行定期和专项安全检查，并做好安全检查记录。

施工单位的项目负责人应当由取得相应执业资格的人员担任，对建设工程项目的安全施工负责，落实安全生产责任制度、安全生产规章制度和操作规程，确保安全生产费用的有效使用，并根据工程的特点组织制定安全施工措施，消除安全事故隐患，及时、如实报告生产安全事故。

第二十二条 施工单位对列入建设工程概算的安全作业环境及安全施工措施所需费用，应当用于施工安全防护用具及设施的采购和更新、安全施工措施的落实、安全生产条件的改善，不得挪作他用。

第二十三条 施工单位应当设立安全生产管理机构，配备专职安全生产管理人员。

专职安全生产管理人员负责对安全生产进行现场监督检查。发现安全事故隐患，应当及时向项目负责人和安全生产管理机构报告；对违章指挥、违章操作的，应当立即制止。

专职安全生产管理人员的配备办法由国务院建设行政主管部门会同国务院其他有关部门制定。

第二十四条 建设工程实行施工总承包的，由总承包单位对施工现场的安全生产负总责。

总承包单位应当自行完成建设工程主体结构的施工。

总承包单位依法将建设工程分包给其他单位的，分包合同中应当明确各自的安全生产方面的权利、义务。总承包单位和分包单位对分包工程的安全生产承担连带责任。

分包单位应当服从总承包单位的安全生产管理，分包单位不服从管理导致生产安全事故的，由分包单位承担主要责任。

第二十五条　垂直运输机械作业人员、安装拆卸工、爆破作业人员、起重信号工、登高架设作业人员等特种作业人员，必须按照国家有关规定经过专门的安全作业培训，并取得特种作业操作资格证书后，方可上岗作业。

第二十六条　施工单位应当在施工组织设计中编制安全技术措施和施工现场临时用电方案，对下列达到一定规模的危险性较大的分部分项工程编制专项施工方案，并附具安全验算结果，经施工单位技术负责人、总监理工程师签字后实施，由专职安全生产管理人员进行现场监督：

（一）基坑支护与降水工程；

（二）土方开挖工程；

（三）模板工程；

（四）起重吊装工程；

（五）脚手架工程；

（六）拆除、爆破工程；

（七）国务院建设行政主管部门或者其他有关部门规定的其他危险性较大的工程。

对前款所列工程中涉及深基坑、地下暗挖工程、高大模板工程的专项施工方案，施工单位还应当组织专家进行论证、审查。

本条第一款规定的达到一定规模的危险性较大工程的标准，由国务院建设行政主管部门会同国务院其他有关部门制定。

第二十七条　建设工程施工前，施工单位负责项目管理的技术人员应当对有关安全施工的技术要求向施工作业班组、作业人员作出详细说明，并由双方签字确认。

第二十八条　施工单位应当在施工现场入口处、施工起重机械、临时用电设施、脚手架、出入通道口、楼梯口、电梯井口、孔洞口、桥梁口、隧道口、基坑边沿、爆破物及有害危险气体和液体存放处等危险部位，设置明显的安全警示标志。安全警示标志必须符合国家标准。

施工单位应当根据不同施工阶段和周围环境及季节、气候的变化，在施工现场采取相应的安全施工措施。施工现场暂时停止施工的，施工单位应当做好现场防护，所需费用由责任方承担，或者按照合同约定执行。

第二十九条　施工单位应当将施工现场的办公、生活区与作业区分开设置，并保持安全距离；办公、生活区的选址应当符合安全性要求。职工的膳食、饮水、休息场所等应当符合卫生标准。施工单位不得在尚未竣工的建筑物内设置员工集体宿舍。

施工现场临时搭建的建筑物应当符合安全使用要求。施工现场使用的装配式活动房屋应当具有产品合格证。

第三十条　施工单位对因建设工程施工可能造成损害的毗邻建筑物、构筑物和地下管线等，应当采取专项防护措施。

施工单位应当遵守有关环境保护法律、法规的规定，在施工现场采取措施，防止或者减少粉尘、废气、废水、固体废物、噪声、振动和施工照明对人和环境的危害和污染。

在城市市区内的建设工程，施工单位应当对施工现场实行封闭围挡。

第三十一条 施工单位应当在施工现场建立消防安全责任制度，确定消防安全责任人，制定用火、用电、使用易燃易爆材料等各项消防安全管理制度和操作规程，设置消防通道、消防水源，配备消防设施和灭火器材，并在施工现场入口处设置明显标志。

第三十二条 施工单位应当向作业人员提供安全防护用具和安全防护服装，并书面告知危险岗位的操作规程和违章操作的危害。

作业人员有权对施工现场的作业条件、作业程序和作业方式中存在的安全问题提出批评、检举和控告，有权拒绝违章指挥和强令冒险作业。

在施工中发生危及人身安全的紧急情况时，作业人员有权立即停止作业或者在采取必要的应急措施后撤离危险区域。

第三十三条 作业人员应当遵守安全施工的强制性标准、规章制度和操作规程，正确使用安全防护用具、机械设备等。

第三十四条 施工单位采购、租赁的安全防护用具、机械设备、施工机具及配件，应当具有生产（制造）许可证、产品合格证，并在进入施工现场前进行查验。

施工现场的安全防护用具、机械设备、施工机具及配件必须由专人管理，定期进行检查、维修和保养，建立相应的资料档案，并按照国家有关规定及时报废。

第三十五条 施工单位在使用施工起重机械和整体提升脚手架、模板等自升式架设设施前，应当组织有关单位进行验收，也可以委托具有相应资质的检验检测机构进行验收；使用承租的机械设备和施工机具及配件的，由施工总承包单位、分包单位、出租单位和安装单位共同进行验收。验收合格的方可使用。

《特种设备安全监察条例》规定的施工起重机械，在验收前应当经有相应资质的检验检测机构监督检验合格。

施工单位应当自施工起重机械和整体提升脚手架、模板等自升式架设设施验收合格之日起 30 日内，向建设行政主管部门或者其他有关部门登记。登记标志应当置于或者附着于该设备的显著位置。

第三十六条 施工单位的主要负责人、项目负责人、专职安全生产管理人员应当经建设行政主管部门或者其他有关部门考核合格后方可任职。

施工单位应当对管理人员和作业人员每年至少进行一次安全生产教育培训，其教育培训情况记入个人工作档案。安全生产教育培训考核不合格的人员，不得上岗。

第三十七条 作业人员进入新的岗位或者新的施工现场前，应当接受安全生产教育培训。未经教育培训或者教育培训考核不合格的人员，不得上岗作业。

施工单位在采用新技术、新工艺、新设备、新材料时，应当对作业人员进行相应的安全生产教育培训。

第三十八条 施工单位应当为施工现场从事危险作业的人员办理意外伤害保险。

意外伤害保险费由施工单位支付。实行施工总承包的，由总承包单位支付意外伤害保险费。意外伤害保险期限自建设工程开工之日起至竣工验收合格止。

第五章　监督管理

第三十九条　国务院负责安全生产监督管理的部门依照《中华人民共和国安全生产法》的规定，对全国建设工程安全生产工作实施综合监督管理。

县级以上地方人民政府负责安全生产监督管理的部门依照《中华人民共和国安全生产法》的规定，对本行政区域内建设工程安全生产工作实施综合监督管理。

第四十条　国务院建设行政主管部门对全国的建设工程安全生产实施监督管理。国务院铁路、交通、水利等有关部门按照国务院规定的职责分工，负责有关专业建设工程安全生产的监督管理。

县级以上地方人民政府建设行政主管部门对本行政区域内的建设工程安全生产实施监督管理。县级以上地方人民政府交通、水利等有关部门在各自的职责范围内，负责本行政区域内的专业建设工程安全生产的监督管理。

第四十一条　建设行政主管部门和其他有关部门应当将本条例第十条、第十一条规定的有关资料的主要内容抄送同级负责安全生产监督管理的部门。

第四十二条　建设行政主管部门在审核发放施工许可证时，应当对建设工程是否有安全施工措施进行审查，对没有安全施工措施的，不得颁发施工许可证。

建设行政主管部门或者其他有关部门对建设工程是否有安全施工措施进行审查时，不得收取费用。

第四十三条　县级以上人民政府负有建设工程安全生产监督管理职责的部门在各自的职责范围内履行安全监督检查职责时，有权采取下列措施：

（一）要求被检查单位提供有关建设工程安全生产的文件和资料；

（二）进入被检查单位施工现场进行检查；

（三）纠正施工中违反安全生产要求的行为；

（四）对检查中发现的安全事故隐患，责令立即排除；重大安全事故隐患排除前或者排除过程中无法保证安全的，责令从危险区域内撤出作业人员或者暂时停止施工。

第四十四条　建设行政主管部门或者其他有关部门可以将施工现场的监督检查委托给建设工程安全监督机构具体实施。

第四十五条　国家对严重危及施工安全的工艺、设备、材料实行淘汰制度。具体目录由国务院建设行政主管部门会同国务院其他有关部门制定并公布。

第四十六条　县级以上人民政府建设行政主管部门和其他有关部门应当及时受理对建设工程生产安全事故及安全事故隐患的检举、控告和投诉。

第六章　生产安全事故的应急救援和调查处理

第四十七条　县级以上地方人民政府建设行政主管部门应当根据本级人民政府的要求，制定本行政区域内建设工程特大生产安全事故应急救援预案。

第四十八条　施工单位应当制定本单位生产安全事故应急救援预案，建立应急救援组织或者配备应急救援人员，配备必要的应急救援器材、设备，并定期组织演练。

第四十九条 施工单位应当根据建设工程施工的特点、范围，对施工现场易发生重大事故的部位、环节进行监控，制定施工现场生产安全事故应急救援预案。实行施工总承包的，由总承包单位统一组织编制建设工程生产安全事故应急救援预案，工程总承包单位和分包单位按照应急救援预案，各自建立应急救援组织或者配备应急救援人员，配备救援器材、设备，并定期组织演练。

第五十条 施工单位发生生产安全事故，应当按照国家有关伤亡事故报告和调查处理的规定，及时、如实地向负责安全生产监督管理的部门、建设行政主管部门或者其他有关部门报告；特种设备发生事故的，还应当同时向特种设备安全监督管理部门报告。接到报告的部门应当按照国家有关规定，如实上报。

实行施工总承包的建设工程，由总承包单位负责上报事故。

第五十一条 发生生产安全事故后，施工单位应当采取措施防止事故扩大，保护事故现场。需要移动现场物品时，应当做出标记和书面记录，妥善保管有关证物。

第五十二条 建设工程生产安全事故的调查、对事故责任单位和责任人的处罚与处理，按照有关法律、法规的规定执行。

第七章 法律责任

第五十三条 违反本条例的规定，县级以上人民政府建设行政主管部门或者其他有关行政管理部门的工作人员，有下列行为之一的，给予降级或者撤职的行政处分；构成犯罪的，依照刑法有关规定追究刑事责任：

（一）对不具备安全生产条件的施工单位颁发资质证书的；

（二）对没有安全施工措施的建设工程颁发施工许可证的；

（三）发现违法行为不予查处的；

（四）不依法履行监督管理职责的其他行为。

第五十四条 违反本条例的规定，建设单位未提供建设工程安全生产作业环境及安全施工措施所需费用的，责令限期改正；逾期未改正的，责令该建设工程停止施工。

建设单位未将保证安全施工的措施或者拆除工程的有关资料报送有关部门备案的，责令限期改正，给予警告。

第五十五条 违反本条例的规定，建设单位有下列行为之一的，责令限期改正，处20万元以上50万元以下的罚款；造成重大安全事故，构成犯罪的，对直接责任人员，依照刑法有关规定追究刑事责任；造成损失的，依法承担赔偿责任：

（一）对勘察、设计、施工、工程监理等单位提出不符合安全生产法律、法规和强制性标准规定的要求的；

（二）要求施工单位压缩合同约定的工期的；

（三）将拆除工程发包给不具有相应资质等级的施工单位的。

第五十六条 违反本条例的规定，勘察单位、设计单位有下列行为之一的，责令限期改正，处10万元以上30万元以下的罚款；情节严重的，责令停业整顿，降低资质等级，直至吊销资质证书；造成重大安全事故，构成犯罪的，对直接责任人员，依照刑法有关规定追究刑事责任；造成损失的，依法承担赔偿责任：

（一）未按照法律、法规和工程建设强制性标准进行勘察、设计的；

（二）采用新结构、新材料、新工艺的建设工程和特殊结构的建设工程，设计单位未在设计中提出保障施工作业人员安全和预防生产安全事故的措施建议的。

第五十七条　违反本条例的规定，工程监理单位有下列行为之一的，责令限期改正；逾期未改正的，责令停业整顿，并处 10 万元以上 30 万元以下的罚款；情节严重的，降低资质等级，直至吊销资质证书；造成重大安全事故，构成犯罪的，对直接责任人员，依照刑法有关规定追究刑事责任；造成损失的，依法承担赔偿责任：

（一）未对施工组织设计中的安全技术措施或者专项施工方案进行审查的；

（二）发现安全事故隐患未及时要求施工单位整改或者暂时停止施工的；

（三）施工单位拒不整改或者不停止施工，未及时向有关主管部门报告的；

（四）未依照法律、法规和工程建设强制性标准实施监理的。

第五十八条　注册执业人员未执行法律、法规和工程建设强制性标准的，责令停止执业 3 个月以上 1 年以下；情节严重的，吊销执业资格证书，5 年内不予注册；造成重大安全事故的，终身不予注册；构成犯罪的，依照刑法有关规定追究刑事责任。

第五十九条　违反本条例的规定，为建设工程提供机械设备和配件的单位，未按照安全施工的要求配备齐全有效的保险、限位等安全设施和装置的，责令限期改正，处合同价款 1 倍以上 3 倍以下的罚款；造成损失的，依法承担赔偿责任。

第六十条　违反本条例的规定，出租单位出租未经安全性能检测或者经检测不合格的机械设备和施工机具及配件的，责令停业整顿，并处 5 万元以上 10 万元以下的罚款；造成损失的，依法承担赔偿责任。

第六十一条　违反本条例的规定，施工起重机械和整体提升脚手架、模板等自升式架设设施安装、拆卸单位有下列行为之一的，责令限期改正，处 5 万元以上 10 万元以下的罚款；情节严重的，责令停业整顿，降低资质等级，直至吊销资质证书；造成损失的，依法承担赔偿责任：

（一）未编制拆装方案、制定安全施工措施的；

（二）未由专业技术人员现场监督的；

（三）未出具自检合格证明或者出具虚假证明的；

（四）未向施工单位进行安全使用说明，办理移交手续的。

施工起重机械和整体提升脚手架、模板等自升式架设设施安装、拆卸单位有前款规定的第（一）项、第（三）项行为，经有关部门或者单位职工提出后，对事故隐患仍不采取措施，因而发生重大伤亡事故或者造成其他严重后果，构成犯罪的，对直接责任人员，依照刑法有关规定追究刑事责任。

第六十二条　违反本条例的规定，施工单位有下列行为之一的，责令限期改正；逾期未改正的，责令停业整顿，依照《中华人民共和国安全生产法》的有关规定处以罚款；造成重大安全事故，构成犯罪的，对直接责任人员，依照刑法有关规定追究刑事责任：

（一）未设立安全生产管理机构、配备专职安全生产管理人员或者分部分项工程施工时无专职安全生产管理人员现场监督的；

（二）施工单位的主要负责人、项目负责人、专职安全生产管理人员、作业人员或者特种作业人员，未经安全教育培训或者经考核不合格即从事相关工作的；

（三）未在施工现场的危险部位设置明显的安全警示标志，或者未按照国家有关规定在施工现场设置消防通道、消防水源、配备消防设施和灭火器材的；

（四）未向作业人员提供安全防护用具和安全防护服装的；

（五）未按照规定在施工起重机械和整体提升脚手架、模板等自升式架设设施验收合格后登记的；

（六）使用国家明令淘汰、禁止使用的危及施工安全的工艺、设备、材料的。

第六十三条　违反本条例的规定，施工单位挪用列入建设工程概算的安全生产作业环境及安全施工措施所需费用的，责令限期改正，处挪用费用 20%以上 50%以下的罚款；造成损失的，依法承担赔偿责任。

第六十四条　违反本条例的规定，施工单位有下列行为之一的，责令限期改正；逾期未改正的，责令停业整顿，并处 5 万元以上 10 万元以下的罚款；造成重大安全事故，构成犯罪的，对直接责任人员，依照刑法有关规定追究刑事责任：

（一）施工前未对有关安全施工的技术要求作出详细说明的；

（二）未根据不同施工阶段和周围环境及季节、气候的变化，在施工现场采取相应的安全施工措施，或者在城市市区内的建设工程的施工现场未实行封闭围挡的；

（三）在尚未竣工的建筑物内设置员工集体宿舍的；

（四）施工现场临时搭建的建筑物不符合安全使用要求的；

（五）未对因建设工程施工可能造成损害的毗邻建筑物、构筑物和地下管线等采取专项防护措施的。

施工单位有前款规定第（四）项、第（五）项行为，造成损失的，依法承担赔偿责任。

第六十五条　违反本条例的规定，施工单位有下列行为之一的，责令限期改正；逾期未改正的，责令停业整顿，并处 10 万元以上 30 万元以下的罚款；情节严重的，降低资质等级，直至吊销资质证书；造成重大安全事故，构成犯罪的，对直接责任人员，依照刑法有关规定追究刑事责任；造成损失的，依法承担赔偿责任：

（一）安全防护用具、机械设备、施工机具及配件在进入施工现场前未经查验或者查验不合格即投入使用的；

（二）使用未经验收或者验收不合格的施工起重机械和整体提升脚手架、模板等自升式架设设施的；

（三）委托不具有相应资质的单位承担施工现场安装、拆卸施工起重机械和整体提升脚手架、模板等自升式架设设施的；

（四）在施工组织设计中未编制安全技术措施、施工现场临时用电方案或者专项施工方案的。

第六十六条　违反本条例的规定，施工单位的主要负责人、项目负责人未履行安全生产管理职责的，责令限期改正；逾期未改正的，责令施工单位停业整顿；造成重大安全事故、重大伤亡事故或者其他严重后果，构成犯罪的，依照刑法有关规定追究刑事责任。

作业人员不服管理、违反规章制度和操作规程冒险作业造成重大伤亡事故或者其他严重后果，构成犯罪的，依照刑法有关规定追究刑事责任。

施工单位的主要负责人、项目负责人有前款违法行为，尚不够刑事处罚的，处 2 万元以上 20 万元以下的罚款或者按照管理权限给予撤职处分；自刑罚执行完毕或者受处分之日起，5 年内不得担任任何施工单位的主要负责人、项目负责人。

第六十七条　施工单位取得资质证书后，降低安全生产条件的，责令限期改正；经整改仍未达到与其资质等级相适应的安全生产条件的，责令停业整顿，降低其资质等级直至吊销资质证书。

第六十八条　本条例规定的行政处罚，由建设行政主管部门或者其他有关部门依照法定职权决定。

违反消防安全管理规定的行为，由公安消防机构依法处罚。

有关法律、行政法规对建设工程安全生产违法行为的行政处罚决定机关另有规定的，从其规定。

第八章　附则

第六十九条　抢险救灾和农民自建低层住宅的安全生产管理，不适用本条例。

第七十条　军事建设工程的安全生产管理，按照中央军事委员会的有关规定执行。

第七十一条　本条例自 2004 年 2 月 1 日起施行。

附录三

《建设工程质量管理条例》

（2000 年 1 月 10 日国务院第 25 次常务会议通过　2000 年 1 月 30 日中华人民共和国国务院令第 279 号公布　自公布之日起施行）

目录

第一章　总则

第一条　为了加强对建设工程质量的管理，保证建设工程质量，保护人民生命和财产安全，根据《中华人民共和国建筑法》，制定本条例。

第二条　凡在中华人民共和国境内从事建设工程的新建、扩建、改建等有关活动及实施对建设工程质量监督管理的，必须遵守本条例。

本条例所称建设工程，是指土木工程、建筑工程、线路管道和设备安装工程及装修工程。

第三条　建设单位、勘察单位、设计单位、施工单位、工程监理单位依法对建设工程质量负责。

第四条　县级以上人民政府建设行政主管部门和其他有关部门应当加强对建设工程质量的监督管理。

第五条　从事建设工程活动，必须严格执行基本建设程序，坚持先勘察、后设计、再施工的原则。

县级以上人民政府及其有关部门不得超越权限审批建设项目或者擅自简化基本建设程序。

第六条　国家鼓励采用先进的科学技术和管理方法，提高建设工程质量。

第二章　建设单位的质量责任和义务

第七条　建设单位应当将工程发包给具有相应资质等级的单位。

建设单位不得将建设工程肢解发包。

第八条　建设单位应当依法对工程建设项目的勘察、设计、施工、监理以及与工程建设有关的重要设备、材料等的采购进行招标。

第九条　建设单位必须向有关的勘察、设计、施工、工程监理等单位提供与建设工程有关的原始资料。

原始资料必须真实、准确、齐全。

第十条　建设工程发包单位不得迫使承包方以低于成本的价格竞标，不得任意压缩合理工期。

建设单位不得明示或者暗示设计单位或者施工单位违反工程建设强制性标准，降低建设工程质量。

第十一条　建设单位应当将施工图设计文件报县级以上人民政府建设行政主管部门或者其他有关部门审查。施工图设计文件审查的具体办法，由国务院建设行政主管部门会同国务院其他有关部门制定。

施工图设计文件未经审查批准的，不得使用。

第十二条　实行监理的建设工程，建设单位应当委托具有相应资质等级的工程监理单位进行监理，也可以委托具有工程监理相应资质等级并与被监理工程的施工承包单位没有隶属关系或者其他利害关系的该工程的设计单位进行监理。

下列建设工程必须实行监理：

（一）国家重点建设工程；

（二）大中型公用事业工程；

（三）成片开发建设的住宅小区工程；

（四）利用外国政府或者国际组织贷款、援助资金的工程；

（五）国家规定必须实行监理的其他工程。

第十三条　建设单位在领取施工许可证或者开工报告前，应当按照国家有关规定办理工程质量监督手续。

第十四条　按照合同约定，由建设单位采购建筑材料、建筑构配件和设备的，建设单位应当保证建筑材料、建筑构配件和设备符合设计文件和合同要求。

建设单位不得明示或者暗示施工单位使用不合格的建筑材料、建筑构配件和设备。

第十五条 涉及建筑主体和承重结构变动的装修工程，建设单位应当在施工前委托原设计单位或者具有相应资质等级的设计单位提出设计方案；没有设计方案的，不得施工。

房屋建筑使用者在装修过程中，不得擅自变动房屋建筑主体和承重结构。

第十六条 建设单位收到建设工程竣工报告后，应当组织设计、施工、工程监理等有关单位进行竣工验收。

建设工程竣工验收应当具备下列条件：

（一）完成建设工程设计和合同约定的各项内容；

（二）有完整的技术档案和施工管理资料；

（三）有工程使用的主要建筑材料、建筑构配件和设备的进场试验报告；

（四）有勘察、设计、施工、工程监理等单位分别签署的质量合格文件；

（五）有施工单位签署的工程保修书。

建设工程经验收合格的，方可交付使用。

第十七条 建设单位应当严格按照国家有关档案管理的规定，及时收集、整理建设项目各环节的文件资料，建立、健全建设项目档案，并在建设工程竣工验收后，及时向建设行政主管部门或者其他有关部门移交建设项目档案。

第三章 勘察、设计单位的质量责任和义务

第十八条 从事建设工程勘察、设计的单位应当依法取得相应等级的资质证书，并在其资质等级许可的范围内承揽工程。

禁止勘察、设计单位超越其资质等级许可的范围或者以其他勘察、设计单位的名义承揽工程。禁止勘察、设计单位允许其他单位或者个人以本单位的名义承揽工程。

勘察、设计单位不得转包或者违法分包所承揽的工程。

第十九条 勘察、设计单位必须按照工程建设强制性标准进行勘察、设计，并对其勘察、设计的质量负责。

注册建筑师、注册结构工程师等注册执业人员应当在设计文件上签字，对设计文件负责。

第二十条 勘察单位提供的地质、测量、水文等勘察成果必须真实、准确。

第二十一条 设计单位应当根据勘察成果文件进行建设工程设计。

设计文件应当符合国家规定的设计深度要求，注明工程合理使用年限。

第二十二条 设计单位在设计文件中选用的建筑材料、建筑构配件和设备，应当注明规格、型号、性能等技术指标，其质量要求必须符合国家规定的标准。

除有特殊要求的建筑材料、专用设备、工艺生产线等外，设计单位不得指定生产厂、供应商。

第二十三条 设计单位应当就审查合格的施工图设计文件向施工单位作出详细说明。

第二十四条 设计单位应当参与建设工程质量事故分析，并对因设计造成的质量事故，提出相应的技术处理方案。

第四章 施工单位的质量责任和义务

第二十五条 施工单位应当依法取得相应等级的资质证书，并在其资质等级许可的范围内承揽工程。

禁止施工单位超越本单位资质等级许可的业务范围或者以其他施工单位的名义承揽工程。禁止施工单位允许其他单位或者个人以本单位的名义承揽工程。

施工单位不得转包或者违法分包工程。

第二十六条 施工单位对建设工程的施工质量负责。

施工单位应当建立质量责任制，确定工程项目的项目经理、技术负责人和施工管理负责人。

建设工程实行总承包的，总承包单位应当对全部建设工程质量负责；建设工程勘察、设计、施工、设备采购的一项或者多项实行总承包的，总承包单位应当对其承包的建设工程或者采购的设备的质量负责。

第二十七条 总承包单位依法将建设工程分包给其他单位的，分包单位应当按照分包合同的约定对其分包工程的质量向总承包单位负责，总承包单位与分包单位对分包工程的质量承担连带责任。

第二十八条 施工单位必须按照工程设计图纸和施工技术标准施工，不得擅自修改工程设计，不得偷工减料。

施工单位在施工过程中发现设计文件和图纸有差错的，应当及时提出意见和建议。

第二十九条 施工单位必须按照工程设计要求、施工技术标准和合同约定，对建筑材料、建筑构配件、设备和商品混凝土进行检验，检验应当有书面记录和专人签字；未经检验或者检验不合格的，不得使用。

第三十条 施工单位必须建立、健全施工质量的检验制度，严格工序管理，作好隐蔽工程的质量检查和记录。隐蔽工程在隐蔽前，施工单位应当通知建设单位和建设工程质量监督机构。

第三十一条 施工人员对涉及结构安全的试块、试件以及有关材料，应当在建设单位或者工程监理单位监督下现场取样，并送具有相应资质等级的质量检测单位进行检测。

第三十二条 施工单位对施工中出现质量问题的建设工程或者竣工验收不合格的建设工程，应当负责返修。

第三十三条 施工单位应当建立、健全教育培训制度，加强对职工的教育培训；未经教育培训或者考核不合格的人员，不得上岗作业。

第五章 工程监理单位的质量责任和义务

第三十四条 工程监理单位应当依法取得相应等级的资质证书，并在其资质等级许可的范围内承担工程监理业务。

禁止工程监理单位超越本单位资质等级许可的范围或者以其他工程监理单位的名义承担工程监理业务。禁止工程监理单位允许其他单位或者个人以本单位的名义承担工程监理业务。

工程监理单位不得转让工程监理业务。

第三十五条 工程监理单位与被监理工程的施工承包单位以及建筑材料、建筑构配件和设备供应单位有隶属关系或者其他利害关系的，不得承担该项建设工程的监理业务。

第三十六条 工程监理单位应当依照法律、法规以及有关技术标准、设计文件和建设工程承包合同，代表建设单位对施工质量实施监理，并对施工质量承担监理责任。

第三十七条 工程监理单位应当选派具备相应资格的总监理工程师和监理工程师进驻施工现场。

未经监理工程师签字，建筑材料、建筑构配件和设备不得在工程上使用或者安装，施工单位不得进行下一道工序的施工。未经总监理工程师签字，建设单位不拨付工程款，不进行竣工验收。

第三十八条 监理工程师应当按照工程监理规范的要求，采取旁站、巡视和平行检验等形式，对建设工程实施监理。

第六章 建设工程质量保修

第三十九条 建设工程实行质量保修制度。

建设工程承包单位在向建设单位提交工程竣工验收报告时，应当向建设单位出具质量保修书。质量保修书中应当明确建设工程的保修范围、保修期限和保修责任等。

第四十条 在正常使用条件下，建设工程的最低保修期限为：

（一）基础设施工程、房屋建筑的地基基础工程和主体结构工程，为设计文件规定的该工程的合理使用年限；

（二）屋面防水工程、有防水要求的卫生间、房间和外墙面的防渗漏，为 5 年；

（三）供热与供冷系统，为 2 个采暖期、供冷期；

（四）电气管线、给排水管道、设备安装和装修工程，为 2 年。

其他项目的保修期限由发包方与承包方约定。

建设工程的保修期，自竣工验收合格之日起计算。

第四十一条 建设工程在保修范围和保修期限内发生质量问题的，施工单位应当履行保修义务，并对造成的损失承担赔偿责任。

第四十二条 建设工程在超过合理使用年限后需要继续使用的，产权所有人应当委托具有相应资质等级的勘察、设计单位鉴定，并根据鉴定结果采取加固、维修等措施，重新界定使用期。

第七章 监督管理

第四十三条 国家实行建设工程质量监督管理制度。

国务院建设行政主管部门对全国的建设工程质量实施统一监督管理。国务院铁路、交通、水利等有关部门按照国务院规定的职责分工，负责对全国的有关专业建设工程质量的监督管理。

县级以上地方人民政府建设行政主管部门对本行政区域内的建设工程质量实施监督管理。县级以上地方人民政府交通、水利等有关部门在各自的职责范围内，负责对本行政区域内的专业建设工程质量的监督管理。

第四十四条 国务院建设行政主管部门和国务院铁路、交通、水利等有关部门应当加强对有关建设工程质量的法律、法规和强制性标准执行情况的监督检查。

第四十五条　国务院发展计划部门按照国务院规定的职责，组织稽察特派员，对国家出资的重大建设项目实施监督检查。

国务院经济贸易主管部门按照国务院规定的职责，对国家重大技术改造项目实施监督检查。

第四十六条　建设工程质量监督管理，可以由建设行政主管部门或者其他有关部门委托的建设工程质量监督机构具体实施。

从事房屋建筑工程和市政基础设施工程质量监督的机构，必须按照国家有关规定经国务院建设行政主管部门或者省、自治区、直辖市人民政府建设行政主管部门考核；从事专业建设工程质量监督的机构，必须按照国家有关规定经国务院有关部门或者省、自治区、直辖市人民政府有关部门考核。经考核合格后，方可实施质量监督。

第四十七条　县级以上地方人民政府建设行政主管部门和其他有关部门应当加强对有关建设工程质量的法律、法规和强制性标准执行情况的监督检查。

第四十八条　县级以上人民政府建设行政主管部门和其他有关部门履行监督检查职责时，有权采取下列措施：

（一）要求被检查的单位提供有关工程质量的文件和资料；

（二）进入被检查单位的施工现场进行检查；

（三）发现有影响工程质量的问题时，责令改正。

第四十九条　建设单位应当自建设工程竣工验收合格之日起 15 日内，将建设工程竣工验收报告和规划、公安消防、环保等部门出具的认可文件或者准许使用文件报建设行政主管部门或者其他有关部门备案。

建设行政主管部门或者其他有关部门发现建设单位在竣工验收过程中有违反国家有关建设工程质量管理规定行为的，责令停止使用，重新组织竣工验收。

第五十条　有关单位和个人对县级以上人民政府建设行政主管部门和其他有关部门进行的监督检查应当支持与配合，不得拒绝或者阻碍建设工程质量监督检查人员依法执行职务。

第五十一条　供水、供电、供气、公安消防等部门或者单位不得明示或者暗示建设单位、施工单位购买其指定的生产供应单位的建筑材料、建筑构配件和设备。

第五十二条　建设工程发生质量事故，有关单位应当在 24 小时内向当地建设行政主管部门和其他有关部门报告。对重大质量事故，事故发生地的建设行政主管部门和其他有关部门应当按照事故类别和等级向当地人民政府和上级建设行政主管部门和其他有关部门报告。

特别重大质量事故的调查程序按照国务院有关规定办理。

第五十三条　任何单位和个人对建设工程的质量事故、质量缺陷都有权检举、控告、投诉。

第八章　罚则

第五十四条　违反本条例规定，建设单位将建设工程发包给不具有相应资质等级的勘察、设计、施工单位或者委托给不具有相应资质等级的工程监理单位的，责令改正，处50万元以上100万元以下的罚款。

第五十五条 违反本条例规定，建设单位将建设工程肢解发包的，责令改正，处工程合同价款百分之零点五以上百分之一以下的罚款；对全部或者部分使用国有资金的项目，并可以暂停项目执行或者暂停资金拨付。

第五十六条 违反本条例规定，建设单位有下列行为之一的，责令改正，处20万元以上50万元以下的罚款：

（一）迫使承包方以低于成本的价格竞标的；

（二）任意压缩合理工期的；

（三）明示或者暗示设计单位或者施工单位违反工程建设强制性标准，降低工程质量的；

（四）施工图设计文件未经审查或者审查不合格，擅自施工的；

（五）建设项目必须实行工程监理而未实行工程监理的；

（六）未按照国家规定办理工程质量监督手续的；

（七）明示或者暗示施工单位使用不合格的建筑材料、建筑构配件和设备的；

（八）未按照国家规定将竣工验收报告、有关认可文件或者准许使用文件报送备案的。

第五十七条 违反本条例规定，建设单位未取得施工许可证或者开工报告未经批准，擅自施工的，责令停止施工，限期改正，处工程合同价款百分之一以上百分之二以下的罚款。

第五十八条 违反本条例规定，建设单位有下列行为之一的，责令改正，处工程合同价款百分之二以上百分之四以下的罚款；造成损失的，依法承担赔偿责任；

（一）未组织竣工验收，擅自交付使用的；

（二）验收不合格，擅自交付使用的；

（三）对不合格的建设工程按照合格工程验收的。

第五十九条 违反本条例规定，建设工程竣工验收后，建设单位未向建设行政主管部门或者其他有关部门移交建设项目档案的，责令改正，处1万元以上10万元以下的罚款。

第六十条 违反本条例规定，勘察、设计、施工、工程监理单位超越本单位资质等级承揽工程的，责令停止违法行为，对勘察、设计单位或者工程监理单位处合同约定的勘察费、设计费或者监理酬金1倍以上2倍以下的罚款；对施工单位处工程合同价款百分之二以上百分之四以下的罚款，可以责令停业整顿，降低资质等级；情节严重的，吊销资质证书；有违法所得的，予以没收。

未取得资质证书承揽工程的，予以取缔，依照前款规定处以罚款；有违法所得的，予以没收。

以欺骗手段取得资质证书承揽工程的，吊销资质证书，依照本条第一款规定处以罚款；有违法所得的，予以没收。

第六十一条　违反本条例规定，勘察、设计、施工、工程监理单位允许其他单位或者个人以本单位名义承揽工程的，责令改正，没收违法所得，对勘察、设计单位和工程监理单位处合同约定的勘察费、设计费和监理酬金1倍以上2倍以下的罚款；对施工单位处工程合同价款百分之二以上百分之四以下的罚款；可以责令停业整顿，降低资质等级；情节严重的，吊销资质证书。

第六十二条　违反本条例规定，承包单位将承包的工程转包或者违法分包的，责令改正，没收违法所得，对勘察、设计单位处合同约定的勘察费、设计费百分之二十五以上百分之五十以下的罚款；对施工单位处工程合同价款百分之零点五以上百分之一以下的罚款；可以责令停业整顿，降低资质等级；情节严重的，吊销资质证书。

工程监理单位转让工程监理业务的，责令改正，没收违法所得，处合同约定的监理酬金百分之二十五以上百分之五十以下的罚款；可以责令停业整顿，降低资质等级；情节严重的，吊销资质证书。

第六十三条　违反本条例规定，有下列行为之一的，责令改正，处10万元以上30万元以下的罚款：

（一）勘察单位未按照工程建设强制性标准进行勘察的；

（二）设计单位未根据勘察成果文件进行工程设计的；

（三）设计单位指定建筑材料、建筑构配件的生产厂、供应商的；

（四）设计单位未按照工程建设强制性标准进行设计的。

有前款所列行为，造成工程质量事故的，责令停业整顿，降低资质等级；情节严重的，吊销资质证书；造成损失的，依法承担赔偿责任。

第六十四条　违反本条例规定，施工单位在施工中偷工减料的，使用不合格的建筑材料、建筑构配件和设备的，或者有不按照工程设计图纸或者施工技术标准施工的其他行为的，责令改正，处工程合同价款百分之二以上百分之四以下的罚款；造成建设工程质量不符合规定的质量标准的，负责返工、修理，并赔偿因此造成的损失；情节严重的，责令停业整顿，降低资质等级或者吊销资质证书。

第六十五条　违反本条例规定，施工单位未对建筑材料、建筑构配件、设备和商品混凝土进行检验，或者未对涉及结构安全的试块、试件以及有关材料取样检测的，责令改正，处10万元以上20万元以下的罚款；情节严重的，责令停业整顿，降低资质等级或者吊销资质证书；造成损失的，依法承担赔偿责任。

第六十六条　违反本条例规定，施工单位不履行保修义务或者拖延履行保修义务的，责令改正，处10万元以上20万元以下的罚款，并对在保修期内因质量缺陷造成的损失承担赔偿责任。

第六十七条　工程监理单位有下列行为之一的，责令改正，处50万元以上100万元以下的罚款，降低资质等级或者吊销资质证书；有违法所得的，予以没收；造成损失的，承担连带赔偿责任：

（一）与建设单位或者施工单位串通，弄虚作假、降低工程质量的；

（二）将不合格的建设工程、建筑材料、建筑构配件和设备按照合格签字的。

第六十八条 违反本条例规定，工程监理单位与被监理工程的施工承包单位以及建筑材料、建筑构配件和设备供应单位有隶属关系或者其他利害关系承担该项建设工程的监理业务的，责令改正，处5万元以上10万元以下的罚款，降低资质等级或者吊销资质证书；有违法所得的，予以没收。

第六十九条 违反本条例规定，涉及建筑主体或者承重结构变动的装修工程，没有设计方案擅自施工的，责令改正，处50万元以上100万元以下的罚款；房屋建筑使用者在装修过程中擅自变动房屋建筑主体和承重结构的，责令改正，处5万元以上10万元以下的罚款。

有前款所列行为，造成损失的，依法承担赔偿责任。

第七十条 发生重大工程质量事故隐瞒不报、谎报或者拖延报告期限的，对直接负责的主管人员和其他责任人员依法给予行政处分。

第七十一条 违反本条例规定，供水、供电、供气、公安消防等部门或者单位明示或者暗示建设单位或者施工单位购买其指定的生产供应单位的建筑材料、建筑构配件和设备的，责令改正。

第七十二条 违反本条例规定，注册建筑师、注册结构工程师、监理工程师等注册执业人员因过错造成质量事故的，责令停止执业1年；造成重大质量事故的，吊销执业资格证书，5年以内不予注册；情节特别恶劣的，终身不予注册。

第七十三条 依照本条例规定，给予单位罚款处罚的，对单位直接负责的主管人员和其他直接责任人员处单位罚款数额百分之五以上百分之十以下的罚款。

第七十四条 建设单位、设计单位、施工单位、工程监理单位违反国家规定，降低工程质量标准，造成重大安全事故，构成犯罪的，对直接责任人员依法追究刑事责任。

第七十五条 本条例规定的责令停业整顿，降低资质等级和吊销资质证书的行政处罚，由颁发资质证书的机关决定；其他行政处罚，由建设行政主管部门或者其他有关部门依照法定职权决定。

依照本条例规定被吊销资质证书的，由工商行政管理部门吊销其营业执照。

第七十六条 国家机关工作人员在建设工程质量监督管理工作中玩忽职守、滥用职权、徇私舞弊，构成犯罪的，依法追究刑事责任；尚不构成犯罪的，依法给予行政处分。

第七十七条 建设、勘察、设计、施工、工程监理单位的工作人员因调动工作、退休等原因离开该单位后，被发现在该单位工作期间违反国家有关建设工程质量管理规定，造成重大工程质量事故的，仍应当依法追究法律责任。

第九章 附则

第七十八条 本条例所称肢解发包，是指建设单位将应当由一个承包单位完成的建设工程分解成若干部分发包给不同的承包单位的行为。

本条例所称违法分包，是指下列行为：

（一）总承包单位将建设工程分包给不具备相应资质条件的单位的；

（二）建设工程总承包合同中未有约定，又未经建设单位认可，承包单位将其承包的部分建设工程交由其他单位完成的；

（三）施工总承包单位将建设工程主体结构的施工分包给其他单位的；

（四）分包单位将其承包的建设工程再分包的。

本条例所称转包，是指承包单位承包建设工程后，不履行合同约定的责任和义务，将其承包的全部建设工程转给他人或者将其承包的全部建设工程肢解以后以分包的名义分别转给其他单位承包的行为。

第七十九条　本条例规定的罚款和没收的违法所得，必须全部上缴国库。

第八十条　抢险救灾及其他临时性房屋建筑和农民自建低层住宅的建设活动，不适用本条例。

第八十一条　军事建设工程的管理，按照中央军事委员会的有关规定执行。

第八十二条　本条例自发布之日起施行。

附：刑法有关条款

第一百三十七条　建设单位、设计单位、施工单位、工程监理单位违反国家规定，降低工程质量标准，造成重大安全事故的，对直接责任人员处五年以下有期徒刑或者拘役，并处罚金；后果特别严重的，处五年以上十年以下有期徒刑，并处罚金。

附录四

《中华人民共和国招标投标法》

第一章　总则

第一条　为了规范招标投标活动，保护国家利益、社会公共利益和招标投标活动当事人的合法权益，提高经济效益，保证项目质量，制定本法。

第二条　在中华人民共和国境内进行招标投标活动，适用本法。

第三条　在中华人民共和国境内进行下列工程建设项目包括项目的勘察、设计、施工、监理以及与工程建设有关的重要设备、材料等的采购，必须进行招标：

（一）大型基础设施、公用事业等关系社会公共利益、公众安全的项目；

（二）全部或者部分使用国有资金投资或者国家融资的项目；

（三）使用国际组织或者外国政府贷款、援助资金的项目。

前款所列项目的具体范围和规模标准，由国务院发展计划部门会同国务院有关部门制订，报国务院批准。

法律或者国务院对必须进行招标的其他项目的范围有规定的，依照其规定。

第四条　任何单位和个人不得将依法必须进行招标的项目化整为零或者以其他任何方式规避招标。

第五条　招标投标活动应当遵循公开、公平、公正和诚实信用的原则。

第六条　依法必须进行招标的项目，其招标投标活动不受地区或者部门的限制。任何单位和个人不得违法限制或者排斥本地区、本系统以外的法人或者其他组织参加投标，不得以任何方式非法干涉招标投标活动。

第七条　招标投标活动及其当事人应当接受依法实施的监督。

有关行政监督部门依法对招标投标活动实施监督，依法查处招标投标活动中的违法行为。

对招标投标活动的行政监督及有关部门的具体职权划分，由国务院规定。

第二章　招标

第八条　招标人是依照本法规定提出招标项目、进行招标的法人或者其他组织。

第九条　招标项目按照国家有关规定需要履行项目审批手续的，应当先履行审批手续，取得批准。

招标人应当有进行招标项目的相应资金或者资金来源已经落实，并应当在招标文件中如实载明。

第十条　招标分为公开招标和邀请招标。

公开招标，是指招标人以招标公告的方式邀请不特定的法人或者其他组织投标。

邀请招标，是指招标人以投标邀请书的方式邀请特定的法人或者其他组织投标。

第十一条　国务院发展计划部门确定的国家重点项目和省、自治区、直辖市人民政府确定的地方重点项目不适宜公开招标的，经国务院发展计划部门或者省、自治区、直辖市人民政府批准，可以进行邀请招标。

第十二条　招标人有权自行选择招标代理机构，委托其办理招标事宜。任何单位和个人不得以任何方式为招标人指定招标代理机构。

招标人具有编制招标文件和组织评标能力的，可以自行办理招标事宜。任何单位和个人不得强制其委托招标代理机构办理招标事宜。

依法必须进行招标的项目，招标人自行办理招标事宜的，应当向有关行政监督部门备案。

第十三条　招标代理机构是依法设立、从事招标代理业务并提供相关服务的社会中介组织。

招标代理机构应当具备下列条件：

（一）有从事招标代理业务的营业场所和相应资金；

（二）有能够编制招标文件和组织评标的相应专业力量；

（三）有符合本法第三十七条第三款规定条件、可以作为评标委员会成员人选的技术、经济等方面的专家库。

第十四条　从事工程建设项目招标代理业务的招标代理机构，其资格由国务院或者省、自治区、直辖市人民政府的建设行政主管部门认定。具体办法由国务院建设行政主管部门会同国务院有关部门制定。从事其他招标代理业务的招标代理机构，其资格认定的主管部门由国务院规定。

招标代理机构与行政机关和其他国家机关不得存在隶属关系或者其他利益关系。

第十五条　招标代理机构应当在招标人委托的范围内办理招标事宜，并遵守本法关于招标人的规定。

第十六条　招标人采用公开招标方式的，应当发布招标公告。依法必须进行招标的项目的招标公告，应当通过国家指定的报刊、信息网络或者其他媒介发布。

招标公告应当载明招标人的名称和地址、招标项目的性质、数量、实施地点和时间以及获取招标文件的办法等事项。

第十七条　招标人采用邀请招标方式的，应当向三个以上具备承担招标项目的能力、资信良好的特定的法人或者其他组织发出投标邀请书。

投标邀请书应当载明本法第十六条第二款规定的事项。

第十八条　招标人可以根据招标项目本身的要求，在招标公告或者投标邀请书中，要求潜在投标人提供有关资质证明文件和业绩情况，并对潜在投标人进行资格审查；国家对投标人的资格条件有规定的，依照其规定。

招标人不得以不合理的条件限制或者排斥潜在投标人，不得对潜在投标人实行歧视待遇。

第十九条　招标人应当根据招标项目的特点和需要编制招标文件。招标文件应当包括招标项目的技术要求、对投标人资格审查的标准、投标报价要求和评标标准等所有实质性要求和条件以及拟签订合同的主要条款。

国家对招标项目的技术、标准有规定的，招标人应当按照其规定在招标文件中提出相应要求。

招标项目需要划分标段、确定工期的，招标人应当合理划分标段、确定工期，并在招标文件中载明。

第二十条　招标文件不得要求或者标明特定的生产供应者以及含有倾向或者排斥潜在投标人的其他内容。

第二十一条　招标人根据招标项目的具体情况，可以组织潜在投标人踏勘项目现场。

第二十二条　招标人不得向他人透露已获取招标文件的潜在投标人的名称、数量以及可能影响公平竞争的有关招标投标的其他情况。

招标人设有标底的，标底必须保密。

第二十三条　招标人对已发出的招标文件进行必要的澄清或者修改的，应当在招标文件要求提交投标文件截止时间至少十五日前，以书面形式通知所有招标文件收受人。该澄清或者修改的内容为招标文件的组成部分。

第二十四条　招标人应当确定投标人编制投标文件所需要的合理时间；但是，依法必须进行招标的项目，自招标文件开始发出之日起至投标人提交投标文件截止之日止，最短不得少于二十日。

第三章　投标

第二十五条　投标人是响应招标、参加投标竞争的法人或者其他组织。

依法招标的科研项目允许个人参加投标的，投标的个人适用本法有关投标人的规定。

第二十六条　投标人应当具备承担招标项目的能力；国家有关规定对投标人资格条件或者招标文件对投标人资格条件有规定的，投标人应当具备规定的资格条件。

第二十七条　投标人应当按照招标文件的要求编制投标文件。投标文件应当对招标文件提出的实质性要求和条件作出响应。

招标项目属于建设施工的，投标文件的内容应当包括拟派出的项目负责人与主要技术人员的简历、业绩和拟用于完成招标项目的机械设备等。

第二十八条　投标人应当在招标文件要求提交投标文件的截止时间前，将投标文件送达投标地点。招标人收到投标文件后，应当签收保存，不得开启。投标人少于三个的，招标人应当依照本法重新招标。

在招标文件要求提交投标文件的截止时间后送达的投标文件，招标人应当拒收。

第二十九条　投标人在招标文件要求提交投标文件的截止时间前，可以补充、修改或者撤回已提交的投标文件，并书面通知招标人。补充、修改的内容为投标文件的组成部分。

第三十条　投标人根据招标文件载明的项目实际情况，拟在中标后将中标项目的部分非主体、非关键性工作进行分包的，应当在投标文件中载明。

第三十一条　两个以上法人或者其他组织可以组成一个联合体，以一个投标人的身份共同投标。

联合体各方均应当具备承担招标项目的相应能力；国家有关规定或者招标文件对投标人资格条件有规定的，联合体各方均应当具备规定的相应资格条件。由同一专业的单位组成的联合体，按照资质等级较低的单位确定资质等级。

联合体各方应当签订共同投标协议，明确约定各方拟承担的工作和责任，并将共同投标协议连同投标文件一并提交招标人。联合体中标的，联合体各方应当共同与招标人签订合同，就中标项目向招标人承担连带责任。

招标人不得强制投标人组成联合体共同投标，不得限制投标人之间的竞争。

第三十二条　投标人不得相互串通投标报价，不得排挤其他投标人的公平竞争，损害招标人或者其他投标人的合法权益。

投标人不得与招标人串通投标，损害国家利益、社会公共利益或者他人的合法权益。

禁止投标人以向招标人或者评标委员会成员行贿的手段谋取中标。

第三十三条　投标人不得以低于成本的报价竞标，也不得以他人名义投标或者以其他方式弄虚作假，骗取中标。

第四章　开标、评标和中标

第三十四条　开标应当在招标文件确定的提交投标文件截止时间的同一时间公开进行；开标地点应当为招标文件中预先确定的地点。

第三十五条　开标由招标人主持，邀请所有投标人参加。

第三十六条　开标时，由投标人或者其推选的代表检查投标文件的密封情况，也可以由招标人委托的公证机构检查并公证；经确认无误后，由工作人员当众拆封，宣读投标人名称、投标价格和投标文件的其他主要内容。

招标人在招标文件要求提交投标文件的截止时间前收到的所有投标文件，开标时都应当当众予以拆封、宣读。

开标过程应当记录，并存档备查。

第三十七条　评标由招标人依法组建的评标委员会负责。

依法必须进行招标的项目，其评标委员会由招标人的代表和有关技术、经济等方面的专家组成，成员人数为五人以上单数，其中技术、经济等方面的专家不得少于成员总数的三分之二。

前款专家应当从事相关领域工作满八年并具有高级职称或者具有同等专业水平，由招标人从国务院有关部门或者省、自治区、直辖市人民政府有关部门提供的专家名册或者招标代理机构的专家库内的相关专业的专家名单中确定；一般招标项目可以采取随机抽取方式，特殊招标项目可以由招标人直接确定。

与投标人有利害关系的人不得进入相关项目的评标委员会；已经进入的应当更换。

评标委员会成员的名单在中标结果确定前应当保密。

第三十八条 招标人应当采取必要的措施，保证评标在严格保密的情况下进行。任何单位和个人不得非法干预、影响评标的过程和结果。

第三十九条 评标委员会可以要求投标人对投标文件中含义不明确的内容作必要的澄清或者说明，但是澄清或者说明不得超出投标文件的范围或者改变投标文件的实质性内容。

第四十条 评标委员会应当按照招标文件确定的评标标准和方法，对投标文件进行评审和比较；设有标底的，应当参考标底。评标委员会完成评标后，应当向招标人提出书面评标报告，并推荐合格的中标候选人。

招标人根据评标委员会提出的书面评标报告和推荐的中标候选人确定中标人。招标人也可以授权评标委员会直接确定中标人。

国务院对特定招标项目的评标有特别规定的，从其规定。

第四十一条 中标人的投标应当符合下列条件之一：

（一）能够最大限度地满足招标文件中规定的各项综合评价标准；

（二）能够满足招标文件的实质性要求，并且经评审的投标价格最低；但是投标价格低于成本的除外。

第四十二条 评标委员会经评审，认为所有投标都不符合招标文件要求的，可以否决所有投标。

依法必须进行招标的项目的所有投标被否决的，招标人应当依照本法重新招标。

第四十三条 在确定中标人前，招标人不得与投标人就投标价格、投标方案等实质性内容进行谈判。

第四十四条 评标委员会成员应当客观、公正地履行职务，遵守职业道德，对所提出的评审意见承担个人责任。

评标委员会成员不得私下接触投标人，不得收受投标人的财物或者其他好处。

评标委员会成员和参与评标的有关工作人员不得透露对投标文件的评审和比较、中标候选人的推荐情况以及与评标有关的其他情况。

第四十五条 中标人确定后，招标人应当向中标人发出中标通知书，并同时将中标结果通知所有未中标的投标人。

中标通知书对招标人和中标人具有法律效力。中标通知书发出后，招标人改变中标结果的，或者中标人放弃中标项目的，应当依法承担法律责任。

第四十六条 招标人和中标人应当自中标通知书发出之日起三十日内，按照招标文件和中标人的投标文件订立书面合同。招标人和中标人不得再行订立背离合同实质性内容的其他协议。

招标文件要求中标人提交履约保证金的，中标人应当提交。

第四十七条 依法必须进行招标的项目，招标人应当自确定中标人之日起十五日内，向有关行政监督部门提交招标投标情况的书面报告。

第四十八条　中标人应当按照合同约定履行义务，完成中标项目。中标人不得向他人转让中标项目，也不得将中标项目肢解后分别向他人转让。

中标人按照合同约定或者经招标人同意，可以将中标项目的部分非主体、非关键性工作分包给他人完成。接受分包的人应当具备相应的资格条件，并不得再次分包。

中标人应当就分包项目向招标人负责，接受分包的人就分包项目承担连带责任。

第五章　法律责任

第四十九条　违反本法规定，必须进行招标的项目而不招标的，将必须进行招标的项目化整为零或者以其他任何方式规避招标的，责令限期改正，可以处项目合同金额千分之五以上千分之十以下的罚款；对全部或者部分使用国有资金的项目，可以暂停项目执行或者暂停资金拨付；对单位直接负责的主管人员和其他直接责任人员依法给予处分。

第五十条　招标代理机构违反本法规定，泄露应当保密的与招标投标活动有关的情况和资料的，或者与招标人、投标人串通损害国家利益、社会公共利益或者他人合法权益的，处五万元以上二十五万元以下的罚款，对单位直接负责的主管人员和其他直接责任人员处单位罚款数额百分之五以上百分之十以下的罚款；有违法所得的，并处没收违法所得；情节严重的，暂停直至取消招标代理资格；构成犯罪的，依法追究刑事责任。给他人造成损失的，依法承担赔偿责任。

前款所列行为影响中标结果的，中标无效。

第五十一条　招标人以不合理的条件限制或者排斥潜在投标人的，对潜在投标人实行歧视待遇的，强制要求投标人组成联合体共同投标的，或者限制投标人之间竞争的，责令改正，可以处一万元以上五万元以下的罚款。

第五十二条　依法必须进行招标的项目的招标人向他人透露已获取招标文件的潜在投标人的名称、数量或者可能影响公平竞争的有关招标投标的其他情况的，或者泄露标底的，给予警告，可以并处一万元以上十万元以下的罚款；对单位直接负责的主管人员和其他直接责任人员依法给予处分；构成犯罪的，依法追究刑事责任。

前款所列行为影响中标结果的，中标无效。

第五十三条　投标人相互串通投标或者与招标人串通投标的，投标人以向招标人或者评标委员会成员行贿的手段谋取中标的，中标无效，处中标项目金额千分之五以上千分之十以下的罚款，对单位直接负责的主管人员和其他直接责任人员处单位罚款数额百分之五以上百分之十以下的罚款；有违法所得的，并处没收违法所得；情节严重的，取消其一年至二年内参加依法必须进行招标的项目的投标资格并予以公告，直至由工商行政管理机关吊销营业执照；构成犯罪的，依法追究刑事责任。给他人造成损失的，依法承担赔偿责任。

第五十四条　投标人以他人名义投标或者以其他方式弄虚作假，骗取中标的，中标无效，给招标人造成损失的，依法承担赔偿责任；构成犯罪的，依法追究刑事责任。

依法必须进行招标的项目的投标人有前款所列行为尚未构成犯罪的，处中标项目金额千分之五以上千分之十以下的罚款，对单位直接负责的主管人员和其他直接责任人员处单位罚款数额百分之五以上至百分之十以下的罚款；有违法所得的，并处没收违法所得；情节严重的，取消其一年至三年内参加依法必须进行招标的项目的投标资格并予以公告，直至由工商行政管理机关吊销营业执照。

第五十五条 依法必须进行招标的项目，招标人违反本法规定，与投标人就投标价格、投标方案等实质性内容进行谈判的，给予警告，对单位直接负责的主管人员和其他直接责任人员依法给予处分。

前款所列行为影响中标结果的，中标无效。

第五十六条 评标委员会成员收受投标人的财物或者其他好处的，评标委员会成员或者参加评标的有关工作人员向他人透露对投标文件的评审和比较、中标候选人的推荐以及与评标有关的其他情况的，给予警告，没收收受的财物，可以并处三千元以上五万元以下的罚款，对有所列违法行为的评标委员会成员取消担任评标委员会成员的资格，不得再参加任何依法必须进行招标的项目的评标；构成犯罪的，依法追究刑事责任。

第五十七条 招标人在评标委员会依法推荐的中标候选人以外确定中标人的，依法必须进行招标的项目在所有投标被评标委员会否决后自行确定中标人的，中标无效。责令改正，可以处中标项目金额千分之五以上千分之十以下的罚款；对单位直接负责的主管人员和其他直接责任人员依法给予处分。

第五十八条 中标人将中标项目转让给他人的，将中标项目肢解后分别转让给他人的，违反本法规定将中标项目的部分主体、关键性工作分包给他人的，或者分包人再次分包的，转让、分包无效，处转让、分包项目金额千分之五以上千分之十以下的罚款；有违法所得的，并处没收违法所得；可以责令停业整顿；情节严重的，由工商行政管理机关吊销营业执照。

第五十九条 招标人与中标人不按照招标文件和中标人的投标文件订立合同的，或者招标人、中标人订立背离合同实质性内容的协议的，责令改正；可以处中标项目金额千分之五以上千分之十以下的罚款。

第六十条 中标人不履行与招标人订立的合同的，履约保证金不予退还，给招标人造成的损失超过履约保证金数额的，还应当对超过部分予以赔偿；没有提交履约保证金的，应当对招标人的损失承担赔偿责任。

中标人不按照与招标人订立的合同履行义务，情节严重的，取消其二年至五年内参加依法必须进行招标的项目的投标资格并予以公告，直至由工商行政管理机关吊销营业执照。

因不可抗力不能履行合同的，不适用前两款规定。

第六十一条 本章规定的行政处罚，由国务院规定的有关行政监督部门决定。本法已对实施行政处罚的机关作出规定的除外。

第六十二条 任何单位违反本法规定，限制或者排斥本地区、本系统以外的法人或者其他组织参加投标的，为招标人指定招标代理机构的，强制招标人委托招标代理机构办理招标事宜的，或者以其他方式干涉招标投标活动的，责令改正；对单位直接负责的主管人员和其他直接责任人员依法给予警告、记过、记大过的处分，情节较重的，依法给予降级、撤职、开除的处分。

个人利用职权进行前款违法行为的，依照前款规定追究责任。

第六十三条 对招标投标活动依法负有行政监督职责的国家机关工作人员徇私舞弊、滥用职权或者玩忽职守，构成犯罪的，依法追究刑事责任；不构成犯罪的，依法给予行政处分。

第六十四条 依法必须进行招标的项目违反本法规定，中标无效的，应当依照本法规定的中标条件从其余投标人中重新确定中标人或者依照本法重新进行招标。

第六章 附则

第六十五条 投标人和其他利害关系人认为招标投标活动不符合本法有关规定的，有权向招标人提出异议或者依法向有关行政监督部门投诉。

第六十六条 涉及国家安全、国家秘密、抢险救灾或者属于利用扶贫资金实行以工代赈、需要使用农民工等特殊情况，不适宜进行招标的项目，按照国家有关规定可以不进行招标。

第六十七条 使用国际组织或者外国政府贷款、援助资金的项目进行招标，贷款方、资金提供方对招标投标的具体条件和程序有不同规定的，可以适用其规定，但违背中华人民共和国的社会公共利益的除外。

第六十八条 本法自 2000 年 1 月 1 日起施行。